古汉语丛稿

何九盈 著

商务印书馆
The Commercial Press
2016年 · 北京

图书在版编目(CIP)数据

古汉语丛稿/何九盈著.—北京：商务印书馆,2016
ISBN 978-7-100-12195-8

Ⅰ.①古… Ⅱ.①何… Ⅲ.①古汉语－文集
Ⅳ.①H109.2-53

中国版本图书馆 CIP 数据核字(2016)第 090937 号

所有权利保留。
未经许可,不得以任何方式使用。

古汉语丛稿
何九盈　著

商　务　印　书　馆　出　版
(北京王府井大街 36 号　邮政编码 100710)
商　务　印　书　馆　发　行
北京市松源印刷有限公司印刷
ISBN 978-7-100-12195-8

2016 年 6 月第 1 版　　开本 850×1168　1/32
2016 年 6 月北京第 1 次印刷　印张 17
定价:48.00 元

生命与文章结缘
—— 自序

是生命书写文章,还是文章书写生命?

生命的质量如何,文章可以见证;文章的价值如何,生命最知情。

生命为文章而呕心沥血,直至凋谢;文章将以生命的名义穿越时空,结缘大千世界。文在缘分在,缘分无边!

从大学四、五年级起,我就在权威学术刊物发表文章。与王显、邵荣芬论《切韵》,与高本汉论《切韵》,还日夜苦干主编了《汉语发展史》,同学少年谁不狂,何须问天高地厚!

于我而言,生命与文章结缘即始于此时,淡泊名利勇于挑战的书生性格也形成于此时。所谓"挑战",看似挑战客体,实则我一生都在挑战自己,我一生都立于四战之地。燕山脚下,一介终身"北漂",长忆湘水白云,梦绕故国书山,手披万卷,笔走沧桑。两《史》、三《论》、三《丛稿》、《重建华夷语系》、《汉字文化学》……数百万言,生命铸就,由人评章。蓦然回首,竟然不知何时踏入了老境。文章未老人已老,顺应造化,超越凡俗,平生不知垂头丧气为何物!"存,吾顺事;没,吾宁也。"有此从容彻悟,方显哲人本色。

大学三年级时我被告知内定为预备师资。毕业后一直从事古汉语教学与研究。20世纪80年代初，曾与几位先生受聘于中央广播电视大学，共同主讲"古代汉语"一课。我的教学业绩如何，生命可以作证，文章可以作证。

《丛稿》所收文章，其发表过程历时五十余年。从学生宿舍32斋（由斋变楼，始于"文革"，这是北大校园文化观念变化之一例）到蓝旗营抱冰庐，从"千万不要忘记阶级斗争"到国门大开"自媒体"兴起，往日的时代刻痕以及自身的局限，高明的读者自会用历史眼光来看待一切。好在这些文章与阶级斗争无关，亦无关乎富贵荣华。雕虫小技，丛脞短章，无甚高论，多为普及传播知识而作。说白了，也就是一些杂粮、土豆、萝卜、白菜而已。但自信也有益于健康，为生命不可或缺，尤其是对我们这样的寻常百姓而言。故结集出版，心里还过意得去，我也就不说什么"敝帚自珍"之类的套话了。

包诗林先生为此书责编，他的勤勉高效，使此书的出版受益匪浅，感佩之余，特记于此。

何九盈
2016年3月
蓝旗营抱冰庐

目　　录

正确认识和评价中国的传统语言学 …………………… 1
汉语史研究中的几个问题 ………………………………… 16
关于高本汉的《切韵》构拟学说 ………………………… 28
*sr-新证 ……………………………………………………… 52
《〈广韵〉反切今读手册》序 ……………………………… 56
"不立诸部"新解 …………………………………………… 67
上古音和通假问题 ………………………………………… 70
清儒研究假借的经验 ……………………………………… 78
唐写本《说文·木部》残帙的真伪问题 ………………… 90
再谈《说文·木部》残帙的真伪问题 …………………… 98
《曝书杂记》标点商榷 …………………………………… 107
《汉唐方志辑佚》标点商榷 ……………………………… 120
怎样学习古代汉语 ………………………………………… 138
怎样学习说理文 …………………………………………… 146
诗词格律问答 ……………………………………………… 152
诗词语言的音乐美 ………………………………………… 164
刘勰的文体论 ……………………………………………… 173
关于文选的教学和学习 …………………………………… 179

古汉语答疑	188
十七篇自学课文答疑(上)	194
十七篇自学课文答疑(中)	205
十七篇自学课文答疑(下)	215
古汉语教材建设的里程碑	224
要提高古诗文今注的质量	233
古文今译中的一些问题	236
古汉语语法札记一则	247
要重视古汉语词义的学习	250
词义的时代性	260
古汉语的特殊词汇	269
古代汉语词义答问	277
词义答问	286
"词义分析举例"介绍	293
词义札记三则	307
古汉语词义札记四则	315
答《两点质疑》	326
古汉语词义札记二则	328
词义辨惑	331
词义商榷	338
词义杂辨	346
词义质疑	370
词义琐谈之一	392
词义琐谈之二	405

目 录

词义琐谈之三……………………………………………… 417
词义琐谈之四……………………………………………… 426
词义拾零…………………………………………………… 433
《庄子》札记(一)…………………………………………… 444
《庄子》札记(二)…………………………………………… 465
《辞源》午集释义商榷…………………………………… 479
从"叔远甫"谈起…………………………………………… 494
"亭午"解…………………………………………………… 497
"家人"解诂辨疑…………………………………………… 499

正确认识和评价中国的传统语言学

一 什么是"传统语言学"

《中国大百科全书·语言文字卷》并没有设立"传统语言学"这个条目,这不能不说是一个很大的疏漏。

山东教育出版社出版的《王力语言学词典》第 81 页设立了"传统语言学"这个词条,词条的内容是根据 1980 年王先生在山东的一个讲话编写的。在那个讲话中,王先生说:"所谓传统语言学,指的是原来西洋那套语言学。传统语言学在欧洲是旧的,在中国是新的。"他之所以这样讲,是因为他对语言学有两种划分:一是语文学和语言学的划分,二是语言学又分传统语言学和现代语言学。他认为:"狭义的中国语言学大约只有八十年的历史。在此以前,中国只有语文学(philology),没有语言学(linguistics)。"[①]他的这个说法在国内颇有影响,有的书在讲"传统语言学"时,只讲三个传统,即:古印度传统、古希腊传统、阿拉伯传统[②]。但请注意,王力

[①] 《王力文集》16 卷,第 76 页。
[②] 冯志伟编著《现代语言学流派》,第 1 页,陕西人民出版社,1987 年。

说的"传统语言学"是"狭义的"。我想我们今天说的"传统语言学"应该是"广义的"传统语言学,把范围扩大到传统的语文学。王先生本人写的《中国语言学史》,其中"语言学"一词,就是采用了最广泛的意义[①]。

当然,这种划分,在观念上还是西方的。我们可不可以这样说,所谓"中国传统语言学",其研究对象主要是古文字、古文献,也就是以古代汉语书面语为主。我说"为主",是因为研究古代汉语也必然会涉及现代方言乃至汉语的亲属语言,甚至涉及"汉文化圈"中的非亲属语言。从这个意义上来说,也就是从研究对象、研究内容、研究范围来说,"传统语言学"也可以称之为古典语言学、经典语言学、文献语言学。但是,我们应该有一个统一的提法,这个统一的提法还是以"传统语言学"为最好。因为这个提法包含更为丰富的文化内容,而且能唤起我们的责任感、使命感。

1937年出版的《国语词典》(1957年重印改为《汉语词典》)对"传统"的释义是:

谓由历史沿传而来之风俗、道德、习惯、信仰、思想等。[②]

1980年出版的《词海》,对"传统"的释义也是:

由历史沿传的思想、道德、风俗、艺术、制度等。[③]

[①] 《中国语言学史》一书"前言"。
[②] 第835页,商务印书馆,1962年。
[③] 缩印本,第215页,上海辞书出版社。

《现代汉语词典》对"传统"的释义是：

> 世代相传、具有特点的社会因素，如文化、道德、思想、制度等。①

我比较赞同《现汉》的释义。但这三个释义都未提到"学术"，因为都是举例性的。"如"什么、什么。

《现汉》释义很好的地方是，明确指出了"传统"是"世代相传"的。中国传统语言学就是中国人两千多年来世世代代相传的一门学问。到我们这一代还要不要传下去，还能不能传下去，如何传下去，怎么发扬光大。责任感、历史使命感的问题就提出来了。

《现汉》释义很好的另一点是，指出了"传统"是"具有特点的"。中国传统语言学就必然具有中国自己的"特点"。而现在的问题是，有人千方百计反对建立有中国特点的语言学，这种反对无论在理论上还是在事实上都是讲不通的。不要小看这个"特点"问题。这个问题的实质是一般语言理论如何与汉语实际相结合的问题。可以说一百多年来，这个问题一直在困扰我们。哪个领域结合得好，不盲目抄袭西方，哪个领域就成绩突出；哪个领域忽视自己的特点，也就是忽视汉语实际，盲目跟着西方跑，哪个领域就问题最多。

早在1839年（道光十九年），德国有一位来华传教士名叫郭士

---

① 第194页，商务印书馆，2002年增补本。

立的(此人中文翻译名字很多,香港有一条街就是以他的名字命名的,叫"德忌笠街")。郭士立于1833年在广州创办了中国第一本中文月刊,名叫《东西洋考每月统记传》,他能用文言写作,通晓四书五经、中国历史。马克思1850年2月的一篇文章叫《国际述评》也提到这个人,称之为"有名的德国传道士"。郭士立是1842年中英南京条约中文本的起草人①。发表了《论中国的语言》一文,批评当时一些传教士,不顾汉语的特点,把英语的结构形式强加给汉语。他说:

> 欧洲学者的一个重大缺点在于,他们总是给中文披上西方的外衣……谈论什么单数、复数、现在、过去和将来时态,好像天朝的人研究过亚里斯多德(古希腊哲学家,柏拉图学生)和昆体良(盈按:quintilian,又译为昆提利安,公元一世纪古罗马修辞学家与教师,约35—96)一样。
>
> 而正确的方法应该是向他们(指中国人)和他们的文化学习,用他们的语言来表达我们的思想。②

一百五十多年过去了,现在的汉语研究已取得了巨大的成绩,从西方传进来的语言学知识对中国语言学的发展起了很积极的促进作用。但我们认真思考一下:郭士立说的那个"缺点"和他所谓"正确的方法",现在如何? 第一,关于"缺点",并没有彻底纠正,所

---

① 转引自雷雨田主编《近代来粤传教士评传》,第151页,百家出版社,2004年。
② 同上,第144—145页。

不同的是主语变了。过去是西方人"给中文披上西方的外衣",现在是中国人自己给汉语穿西装。第二,郭士立说的"方法"是"用他们的语言来表达我们的思想",也就是西方人要用汉语来表达西方的思想。这一条也是主语变了,现在不只是西方人用汉语来表达西方的思想,而是我们中国人自己用汉语来表达西方的思想。对此,我们当然会取分析态度。人类的先进思想不管是西方的或是东方的、中国的,是人类的共同财富,我们当然要学习要利用。马克思主义就是西方的。但郭士立说的"思想"是马克思主义吗?当然不是。他说的"思想"也有进步的内容,值得学习,而主要的是基督教思想体系。传教士的目标非常明确,态度非常坚定,要用基督教思想体系占领整个中国。为了达到这个目的,他们主张用武力进攻中国。现在是全球化时代,各行各业都在提倡与国际接轨。国内有人甚至公开主张:我们只要跟国际接轨,不要跟古人接轨。这意味着什么?意味着彻底西化。西方人用宗教征服中国,用武力征服中国的梦想都落空了,但用思想征服中国,用文化征服中国的可能性是否存在呢?这当然不是传统语言学所能回答的问题。但汉语是否应当穿西装的问题,汉语应当表达什么样的文化观、价值观的问题,这就很值得我们关注。多年来,在文化领域和学术领域,一直存在反传统和继承传统的二元对立,其中有许多经验教训值得总结。我以为每一个从事传统语言学研究的人,对"传统"应当有起码的敬意和正确的认识与评价,缺少这样一个基本立场,就很难有段王那种奉献精神,章黄那种反潮流的勇气,陈寅恪那种自由独立的品格。

二　传统语言学的地位问题

所谓地位问题,是指一门科学在整个文化体系中、学术体系中应该处于什么样的位置,是基础学科还是前沿学科,是可有可无还是必不可缺。对于一门学科来说,这都是极为根本的大问题。一门学科的地位都成问题,怎么可能健全地发展。而一门学科的地位之所以成问题,并不一定都是这门学科本身的责任,这里有许多外在的因素。如一个时代的主流思想、文化思潮,乃至社会因素,都可能起决定性的作用。如对待孔夫子,就不是孔子个人的问题。社会一稳定,人们日子比较好过的时候,就想起孔夫子来了,对孔夫子客客气气,恭恭敬敬。一旦有了大动荡,就翻脸不认人。说得好听一点是"孔老二",说得不好听就是"盗丘"[1]。据说,"文革"期间,中国的学者、教授只有两个人不批孔。一个是中山大学的容庚,一个是西南师范学院的吴宓[2]。在当时,他们是极其孤立的少数,而他们对孔子、对传统文化的坚定立场,就很值得研究。

传统语言学的遭遇也和孔子的遭遇一样,社会一动荡就反传统,古文献就成了烂古文、故纸堆;社会一稳定,我们就想起传统来了,就呼唤传统,这说明中国传统语言学的地位问题,一直没有从理论上进行过认真的论证。我们从古代说起,古代并没有语言学

---

[1] 《庄子·盗跖》。
[2] 吴宓说:"批林,我没意见;批孔,宁可杀头,我也不批。"见《吴宓与陈寅恪》(增补本),第496页,三联书店,2014年。

的独立地位,虽然在事实上传统语言学早已是一门独立的学科。古代的"小学"大体上相当于今天的"传统语言学",而又不等于今天"传统语言学"。今天的"传统语言学"有相当一部分内容在古代是归在"小学"名下的。自从刘歆将"小学"归入"六艺略",直到清代的《四库全书》,"小学"一直处于经学附庸的地位。"六艺"就是"六经",古人认为小学就是为经学服务的,这反映了古代儒学思想占统治地位。这种简单而又违背事理的分类,在初期是可以理解的。随着传统语言学的发展,弊端就暴露出来了。最严重的弊端是不利于人们对语言本质的认识,不利于人们对语言做理论上的探讨,也不利于整个传统语言学的发展。因为没有地位,许多第一流的头脑不愿意把目光瞄准语言学,在语言学上下功夫。尽管如此,传统语言学还是由于内在力量的推动,在自生自灭的状态下,不断地而又是相当缓慢地在向前发展,终于形成了一门完整的学科,取得了事实上的独特地位,出现了一批又一批杰出的语言学家。他们在文字学、音韵学、训诂学等方面留下了许多杰出的成果。尤其是乾嘉时代,传统语言学取得了辉煌成就。梁启超指出:"清代学术,在中国学术史上,价值极大。"[①]这种"极大"的"价值"不只是表现在产生了不少名著,更重要的是"头脑"的进步。梁启超说:

>自经清代考证学派二百余年之训练,成为一种遗传,我国学子之头脑,渐趋于冷静缜密,此种性质,实为科学成立之根

---

① 《清代学术概论》,第170页,民国十年二月初版,商务印书馆。

本要素。①

　　第一流的人才，第一流的头脑产生了第一流的成果，第一流的成果又能训练促使第一流人才的产生。

　　乾嘉而后，辉煌不再，且有江河日下之势。原因有二：一是传统语言学内部的原因。由于语言视野不开阔，语言理论不发达，这门学科就很难创新，很难扩大领域，很难提升研究方法。与此同时，西方的普通语言学、历史语言学、乃至对汉学的研究，都处于兴旺发达的阶段。1845年（清道光二十五年），一位美国传教士在巴黎能购买到中文铅字，他注意到：法国的皇家图书馆中文藏书极其丰富，有许多书在中国也难以买到，其中有中国某个省的地形图，有大量的中国经典和法律书，有精通中文的教授、学者，法国皇家印刷局，能够印刷36种语言的文字②。而中国学者由于闭关锁国，对西方语言一无所知，对西方的语言学理论同样是一无所知。即使有第一流的头脑，而无第一流的研究环境，缺少外来刺激，缺少语言比较，还是不行。德国语言学家赫尔德（1744—1803）、阿隆德（1732—1806）、洪堡特（1767—1835）、施来格尔（1772—1829）等，与戴震、钱大昕、段玉裁、王念孙、王引之等都是18世纪的人，他们的头脑和智力不应该有什么差别。戴、段、二王等人的头脑里长不出普通语言学理论，责任不在他们自己。

　　乾嘉之后，传统语言学不再辉煌的第二个原因是，19世纪中

---

① 《清代学术概论》，第178页，民国十年二月初版，商务印书馆。
② 卫斐列著，顾钧、江莉译《卫三畏生平及书信》，第77页。

期,也就是从道咸年间(1821—1861)开始,中国社会发生了从秦汉以来所未有的大变局。百余年间,中国学术风气发生了三次重大变革,这三次变革都不利于传统语言学的发展。

第一次大变革是清末发生的,今文学与古文学之争,今文学派重义理,重微言大义,鄙薄考据训诂之学。魏源批判戴震,龚自珍不再重复外祖父段玉裁的学术道路。到了康有为,更力反乾嘉考据之学,认为东汉以来的经学,都是"歆学"(刘歆之学。刘歆伪撰古文,杂乱诸经)或"新学"(新莽一朝之学)。他1891年说:"自刘歆始尚训诂,以变异博士之学,段王辈扇之,乃标树汉学,耸动后生,沉溺天下,相率于无用。"①康有为21岁(1878年光绪四年)时就"日有新思,思考据家著书满家,如戴东原,究复何用? 因弃之"②。孙诒让于1903年《古籀余论·后叙》中说:"我国学子略涉译册,辄鄙弃古籀如弁髦。政教之不竞,学术亦随之……古学将湮,前尘如梦,余又何能无概于心哉!"③康有为的汉学无用论正好说明孙氏"古学将湮,前尘如梦"的喟叹是有根据的。

第二次变革是"五四"运动时期。废文言,兴白话,线装书要扔到茅坑里去。传统语言学与西方语言学发生撞击,二者如何磨合,要有一个过程。但学术界崇洋迷外的风气相当严重。有人认为清人"最用心的声韵之学简直是没有多大成绩可说"。号召青年人

---

① 《长兴学记》,见《万木草堂口说》(外三种),第136页,中国人民大学出版社,2010年。
② 康有为《我史》,第8页。
③ 《古籀余论》,第1页,中华书局,1989年。

"一拳打倒顾亭林,两脚踢翻钱竹汀"①。传统语言学完全成了边缘科学。

第三次学术大变革是1949年以后。从1949年到1978年,将近30年,凡是带"古"字的东西都属于封建主义文化范畴,都在清算批判之列。批判"厚古薄今";主张"大破大立""破旧立新""批判地继承";认为"考据无用",甚至是玩物丧志。在这样的形势下,传统语言学进一步被削弱,甚至出现了断裂。当然,由于西方语言学理论的输入,由于新材料的发现(如甲骨文、敦煌文献等),传统语言学的某些分支,也取得了前所未有的重大进步。但专科进步了,整体水平下降了,文化人的传统语言学素质下降了,文言阅读能力下降了,传统意识也大大下降了。

从总体来检讨,这三次学术大变革,传统语言学所受到的伤害,一次比一次严重。如果我们还不认真总结这百余年来的教训,传统语言学的地位就很难确立。而地位得不到确立,就会给中国的文化复兴造成严重后果。

这不是危言耸听。传统语言学的重要性是由语言文字本身决定的。在一个民族的各种文化形态中,只有语言文字才是命根子。所以,犹太人不仅要恢复他们的祖国,还要恢复他们的语言——希伯来语。西方人对语言与民族的关系,两三百年前就已有很多论述。如18世纪普鲁士基督教思想家康德的友人哈曼(1730—1788)就说:

---

① 《治学的方法与材料》,胡适《胡适文存》,三集,第102页,黄山书社,1996年。

> 语言是一个民族的特征,是一个民族从事一切精神活动和维持社会联系的必要基础;一个民族的语言记录着该民族走过的漫长的历史道路。对于民族的独立和统一,语言的作用和地位是至关紧要的。①

另一个德国人,18世纪狂飙运动的领袖人物、诗人、哲学家赫尔德(1744—1803)认为,每一个民族的民族特性的主要载体是语言。"一个民族难道还有比自己祖先的语言更宝贵的东西吗?它的整个心和灵魂全都装在它的语言里。"②

法国人、英国人、美国人都有关于语言和民族和国家关系的论述,这里不一一列举。

值得注意的是,语言和文化都有可能走向灭亡。自有人类以来,语言不断地在消失。两河流域曾是世界古文明发祥地之一,有多少种语言在这里消亡了。苏末尔语消失了,代之而起的阿卡得语消失了,亚述语、巴比伦语也消失了。汉语会不会消失呢?这样提问题好像是杞人忧天。在全球化的今天,这种语言忧患意识并非多余。从积极意义来说,保护我们的汉语,研究我们的汉语,汉语也要走向国际,参加国际语言竞争。汉语虽然也是国际语言,可跟英语相比一直处于劣势。面对这样的形势,大力发展传统语言学,提高传统语言学的地位,意义当然极为深远。

---

① 姚小平《洪堡特》,第143页。
② 〔英国〕布洛克著,董乐山译《西方人文主义传统》,第116、117页,三联书店,1998年。

三　传统语言学和现代语言学的关系

二者之间的关系有许多话可说，由于来不及细说，我只讲两点。一点是二者的异同，一点是作为研究者个人如何处理二者之间的关系。

先说第一点。在讲二者异同时，当然我们要了解什么叫"现代语言学"。

《中国大百科全书·语言文字卷》也没有为"现代语言学"设立专门的词条，王宗炎编写的"语言学"这个条目中出现了"现代语言学"这个名称。他说：

> 语言学有广义狭义之分，狭义的语言学是指19世纪以来的语言研究和语言理论，广义的语言学包括语文学。语文学以研究古代文献和书面语为主，而现代语言学却以研究近代、现代语言和口语为主，兼顾其他方面。[①]

在西方语言学史中，以索绪尔（1857—1913）为现代语言学的奠基人。瑞士人索绪尔比马建忠（1845—1900）小十几岁，比章炳麟大十几岁，他们基本上算是同代人。我们尊马建忠、章炳麟为现代语言学的奠基人，这不是以研究对象来界定的，而是根据理论与方法来界定的，我在《中国现代语言学史·绪论》中说：

---

① 《中国大百科全书·语言文字卷》，第480页，大百科全书出版社，1988年。

我们所说的现代语言学和西方所说的现代语言学,在时代上大体差不多,而内涵不完全一样。

传统语言学跟现代语言学的根本区别是研究对象不同,另一点就是理论与方法有别。中国传统语言学对语言理论也有过研究,但先秦产生的这个传统到汉代就断了,而西方现代语言学在理论上产生了许多流派,理论语言学是现代语言学中的一个独立体系,这个独立体系是不分民族,不分国界的。我们可以说建立有中国特色的语言学,却不可以说建立有中国特色的普通语言学或有中国特色的理论语言学。因为,理论语言学的研究对象不局限于汉语,具有普世性。

在谈"现代语言学"的时候我们还应注意到:当我们说"中国现代语言学史""中国现代语言学家"时,这个"现代"完全是指时代,而不指研究对象。许多先生都是研究传统语言学的,而他们又都是中国的现代语言学家。

现在说共同点。无论是"传统"也好,"现代"也好,所研究的都是汉语、汉字。对于汉语、汉字来说,古与今存在于一个共同生命体中。语言是有生命的,文字也是有生命的,所有有生命的事物,都处在发展过程中,都有血脉贯通其中。研究者截取它的过去或现在来进行研究,这是可以的,但不能割断它的历史,斩断它的血脉。传统语言学有两千多年,现代语言学才百余年。一百与两千是一个什么样的比例关系。不了解那个两千,不懂得那个两千,能搞好这个一百吗!没有那个两千,能有这个一百吗!所以,我们要讲的第二点是,研究者个人如何处理传统与现代的关系问题。我提出六个字：一、学养；二、制度；三、评价。

学养就是学术修养，也就是语言修养。从原则上来要求，一个汉语研究者应贯通古今，兼通语言理论。这是知识结构问题。事实上，现在从事传统语言学研究的人，不仅很注意"今"的问题，就是在语言理论修养方面，也大大超过了前人。现在的训诂学、文字学、音韵学都有语言理论作为指导，都在为现代化而努力。一般来说，由古通今易，由今通古难，我因此想到制度问题。我们的教育制度、学术制度应为传统语言学的传播提供更广泛的制度保证。如大学文科的课程设置，文科教师的学术考核、学术修养，都应当把古代汉语，把文字、训诂、音韵等方面的知识摆在一定的位置上。老一辈的文科教授有不通晓古文献的吗？有不知道《说文》、不读《四书》《五经》的吗？现在有的文科教授连"十三经"也不知道，《说文》四大家是谁也不知道，这就很不正常。大学里许多传统语言学的基础课程被砍掉了，或削弱了，怎么能指望出现通才呢！

如何评价传统语言学，这是百余年来未解决好的一个大问题。清末今文派否定传统语言学的理由是：传统语言学乃"无用"之学。"五四"时期否定传统语言学的理由是：传统语言学不科学。1949年后否定传统语言学的理由是：传统语言学是为封建主义服务的东西，是散发毒素的故纸堆。年轻人不能钻故纸堆。

"无用""不科学""封建毒素"三大罪名，导致传统语言学的发展困难重重。这些"罪名"全都不能成立。

我个人是这样评价传统语言学的。中国的传统语言学因为负载着三千年的文化信息，包含着中华民族的世界观、价值观、民族意识，所以，它不仅是一种学术资源，而且是一种知识资源（如《说文》《尔雅》《切韵》等）；不仅是一种知识资源，而且是一种人文资源，一种道德资源。无论是为学术而学术，还是为社会而学术，都应该大力加强传统语言学的研究，提高传统语言学的地位，扩大传统语言学的研究队伍，加大对传统语言学的投入，进行这门学科的基本建设，为复兴中华文明做贡献。

我们要埋头搞学问，也要抬头看世界。清代末年，19世纪下半期，当时中国的权威人士李鸿章已经认识到：中国当时面临的形势，"此三千余年一大变局也"（1872，同治十一年）。那个"大变局"，迫使中国大开放，走向国际社会。经过百余年的流血牺牲，中国终于站起来了。但那只是中华民族复兴的第一步，更重要的是文化复兴，这是时代赋予我们的使命！在这个复兴过程中，传统语言学大有可为，有广阔的前景，这是肯定的。

（原载《陆宗达先生百年诞辰纪念文集》，
北京师范大学民俗典籍文字研究中心编，
中国广播电视出版社，2005年8月）

汉语史研究中的几个问题

在党的领导下,在党的教育和培养下,我们全班学生集体写出了一部《汉语发展史》初稿。下面,我们想简单地探讨一下在汉语史研究中的几个主要问题。

一 语言和社会

"语言是随着社会的产生而产生,随着社会的发展而发展。……因此要了解某种语言及其发展的规律,只有密切联系社会发展的历史,密切联系创造这种语言、使用这种语言的人民的历史,去进行研究,才有可能。"(斯大林《马克思主义与语言学问题》,第20页)当我们着手编写汉语史时,就感到必须解决这样的问题,就是:怎么在汉语史研究中解决语言与社会的关系问题。经过全班大会小会多次的讨论,终于克服了两种倾向。一种倾向是认为:"与其说语言是社会现象,不如说它更接近自然现象"。另一种倾向是机械的联系,想把语言中的个别要素的演变都给以社会的解释。

经过讨论,认识明确后,我们在《汉语发展史》的编写过程中坚持了这一点:语言的发展是受社会制约的。毛主席指出:"自秦始皇统一中国以后,就建立了专制主义的中央集权的封建国家;同时,在某种程度上仍旧保留着封建割据的状态。"(《中国革命和中国共产党》)社会发展中的这样两个基本事实,就规定了汉语发展历史的辩证进程:一方面是统一的中央集权社会使得汉语发展的总趋势是统一的,这表现为民族共同语的基本词汇和基本语法的一致性,表现为数千年来没有任何一种汉语方言发展成为独立的语言;但另一方面,又因为封建割据的长期存在,政治经济发展的极不平衡,方言的分歧始终保存,而没有被共同语融化。由此我们又可以预见:随着社会主义事业的飞跃发展,汉语发展到一定阶段之后,它的地方方言终归是要消磨的,懂得这一点,就可以明白当前的推广普通话,使方言加速向普通话集中的措施,是完全符合汉语发展的历史潮流的。

我们还认为,汉语发展的速度也是受社会制约的。近百年来,特别是新中国成立以后所发生的许多活生生的事实,给我们提供了分析以往汉语发展的钥匙。这些活生生的事实,就是近百年来汉语的发展,它的基本词汇和基本语法的大丰富、大发展,尤其是在"一天等于二十年"的新中国,日日夜夜都有新事物产生,日日夜夜都有新词汇产生,我们能在哪一本词典里查出"人民公社""插秧机""试验田"这些闪光的字眼呢!当我们理解了这个现象之后,再去认识古代汉语发展的速度问题,就不至于迷失方向。

对于社会来说,语言不仅是被制约的关系,它能最全面最及时地反映社会的多种变化。在《汉语发展史》中,我们论证了,以渔牧业为中心的甲骨文时代的一套词汇系统,就与以农业为中心的封建时代的一套词汇系统,不仅有着继承的关系,而且有着最鲜明的时代特色,这些词汇的发展变化,正是社会发展中所产生的深刻变化的反映。例如:由于阶级地位的转换,"百姓"与"臣"都转化为自己的对立面,词义也随之发生变化。在甲骨文时期,"臣"本是奴隶的一种,以后有部分变为统治阶级,"臣"就不再具有奴隶的意义了。而"百姓"一词却恰恰往相反的方向变化,它原本是贵族的通称,到春秋末年,宗族制度消亡,新兴的地主阶级代替了领主阶级,"百姓"沦为平民,词义也就变了。可见,了解古代语言,对于整理古代文化遗产,研究古代社会的历史,都是一个极其重要的工具。

二　语音、词汇、语法

汉语的发展是一个完整的体系,语音、词汇、语法,鼎足而三。但由于以往研究中的片面倾向,所以,语音一足特长,语法这一足次之,词汇这一足更是短得很,以至这只"鼎"只能歪躺在地下,立不起来。

因此,我们在工作中,始终注意了要把语音、语法、词汇当作一个完整的体系来看待。从人的培养方面着眼,也需要一反过去那种不管科学事业需要、只顾个人兴趣的歪风。

事实上,语音、词汇、语法三者之间的联系与矛盾,是促进整个汉语发展的重要规律,只抓一点,不顾其余,是不能对于汉语发展有一个总认识的。因为语音的变化往往引起语法、词汇的变化,在现代汉语中,"於""于"不分,可是在上古,它们完全是两个不同的词,发着不同的音,起着不同的语法作用。后来由于语音的同化,不同的语法功能也随之消失,终于变成一个词了。又如根据《说文解字》的记载，在古代汉语中，刚生下来的牛叫"犊"，两岁的牛叫"牭"，三岁的牛叫"犙"，四岁的牛叫"牭"；猪和马也有这种区别。但由于汉民族思维长期抽象化演变的成果，人们可以从语法形式上来加以区分，而不需要这样啰嗦，这些词也就逐渐死亡了。这个例子，说明词汇的变化与语法的发展有着密切的联系。其他如语音声调的区别，不仅有区分词汇意义的作用，而且代表不同的语法功能。这一切都说明，对于汉语中这三个部门之间的联系认识得越深，就越能掌握汉语发展的特点。在这一方面，我们还需要积累经验，深入钻研，从理论上进行概括。

三　阶级和语言

关于语言运用规律的研究，是不是语言学的对象，还是有争论的。我们认为，研究语言发展的最终目的全在于运用；否则，就是为科学而科学。

在《汉语发展史》中，关于语言运用问题，我们提出了三点：时代的不同，文体的不同，阶级的不同，对语言的运用都是不一样的。提起不同的阶级在语言运用上有不同的态度时，有的人怕陷到"语言阶级论"的泥坑里去，其实语言对阶级和阶级对语言完全是两回事，我们应该加以区分。语言本身是没有阶级性的，但是，阶级对语言并不是漠不关心的。只有理解这一点，才能从本质上理解语言不仅是生产斗争的工具，也是阶级斗争的工具。

在《汉语发展史》中，我们把《国风》与《雅》《颂》中带"示"旁的字做了一个统计。这些表示祭祀、祸福、迷信的词，在《雅》《颂》中大量使用，与《国风》构成了鲜明的对比：

例字	福	禄	祉	社	神	礼	祀	祷	祥
国风	3	0	0	0	0	1	0	0	0
雅颂	41	27	6	6	19	6	17	4	5

从上述的对比和分析中，我们清楚地看到：不同阶级的人在运用词汇上，表现出不同的阶级特色。这显然是思想内容和作者的世界观所决定的。《雅》《颂》基本上是贵族的庙堂文学，《国风》主要是农民的口头创作，在语言运用上就是不一样。

我们在分析虚词的运用规律时，曾举司马迁与扬雄为正反两例，前者由于具有进步的人民的立场，所以在自己的著作中尽量博采口语，把死的文言翻译成当时的白话；而后者则有时抛弃活口语不用，为了炫耀自己的渊博，把一些死去一千多年的虚词也翻出来了。

毛主席的著作是我们当代运用汉语最熟练最精确的典范，他屡次教导我们："应当认真学习群众的语言"（《在延安文艺座谈会上的讲话》）；"言语必须接近民众"（《新民主主义论》）。历史上一切杰出的语言巨匠都注意向劳动人民学习语言，白居易向老妪请教，普希金向保姆学习语言。高尔基和青年作家谈话时曾强调："一般说来，朴素的保姆、赶集的渔夫、乡村的猎人和其他生活穷苦的人，对文学语言的发展，都有过一定的影响。"因此，我们在研究汉语发展的时候，注意探索语言运用的规律，不仅对于社会实践有价值，就是对于使汉语更纯洁更健康地向前发展也是有意义的。

四　批判和继承

毛主席教导我们,马克思主义者应该通过批判的手段,继承人类一切优秀的文化遗产。在汉语史的研究中怎样批判地继承呢?这是一件很细致很严肃的工作。我们根据汉语史研究的现状,认为有必要在全书的每一编都有一定数量的关于前人研究成果的评价与批判。前人研究成果主要是音韵学,而音韵学主要的研究对象和依据又是一部《广韵》。《广韵》曾经成为音韵学中的"圣经",它规定了二〇六韵,有胆敢易者,就被斥之为"旁门邪道"。这是"朴学家"的态度。有的语言研究工作者也认为:"承认二〇六韵系统是有好处的,因为由此可以上推古音,下推现代方言。"我们经过认真的讨论,一致认为,不能硬"推"。于是我们触犯了那种"以《广韵》为基点,上推古音,下推今音"的清规戒律,大胆探索了研究音韵系统的新的途径。韵书当然不能一脚踢开,但像《广韵》这样古今南北杂凑的百衲韵部,只能具有参考价值。要想建立某一个时期的比较近似的语音系统,必须以当代的韵文为主要依据,而当代的韵文又该以民间诗歌或接近口语的文人作品为主体。

我们就根据这样的原则试行建立了从古到今的六大音系,这就是:以《诗经》为根据的先秦音系;以"乐府"为根据的东汉音系;以南北朝民歌为主体,以文人作品为旁证的南北朝音系;以"变文"为主体,以白居易为旁证的唐代音系;以辛弃疾为主体,以李清照、岳飞为旁证的宋代音系;以关、马、王为主体,以白、郑为旁证的中原音系;并在此基础上,追溯现代汉语的渊源。这样的汉语音韵系统的建立,在汉语研究史上还是一次新的尝试。

以上我们探讨了汉语史研究中的几个问题,也谈到了我们编写《汉语发展史》的几个原则,把这些原则归纳为一个基本的指导思想,就是力图以历史唯物主义的观点,以"古为今用"的原则,研究汉语的发展规律与运用规律,为建设社会主义文化服务。

(1960年底完稿于北大燕园学生宿舍32斋434室)

追记：

此文发表于1961年1月4日的《光明日报》,至今已有54年了。文章的署名为:北京大学中文系1956级《汉语发展史》编委会。因为我是编委会的主编,又是此文的实际撰稿人,故收入此书留作历史资料,供后来者分析批评。

关于学生自己编书,近年来已有人写批判文章,不乏讽刺挖苦之词。我和我的同学对这种探索有什么实际感受呢?一是日夜苦干,读了不少书(原始资料)。当时系里(中文系负责人程贤策先生全力支持)将文史楼三层一间可容纳百余人的阅览室提供给我们编书用,从学校图书馆调来了大批图书资料,还从校外有关单位借来了大批图书,班上设专人管理这批图书,所以,我们在大学五年级时已经对汉语史这个领域的原始资料(有的是善本、孤本)及历代重要著作多有接触或粗疏的研究,语言视野大为开阔。二是独立思考能力受到实际检验、锻炼,也有很大提高。三是写作能力普遍提高。以上三条都是课堂上很难得到的。这个班的同学毕业后多在高等学校或语言研究单位从事汉语、汉语史教学、研究,发表了不少研究成果,恐怕与大学时的科研训练有直接关系。至今,多数同学对这种训练持正面评价。毋庸讳言,后遗症也非常明显,我写的这篇文章也有谬误或简单化的倾向。所以,我个人对现今的批评很能理解。但历史是不能抹杀的,也不应抹杀。而且文科学生如何开发独立思考能力,自己动手的能力(特别是写学术论文的能力),似乎至今仍然是一个有待解决的大问题。我们当年的探索有很多教训,不等于来者就可以不探索了。

何九盈　2013年10月
时年八十有一

附录:北大中文系学生以毛泽东思想为指导写出《汉语发展史》初稿

本报讯　北京大学中文系1956级语言班的学生,最近写成六十多万字的《汉语发展史》初稿。

汉语有悠久的历史,迫切地需要对它进行历史的、系统的研究。同时,要推广普通话、实现汉语规范化和文字改革,都必须进一步研究汉语发展的规律;现代汉语的语音、语法、词汇等许多语言学研究部门要发展,真正联系汉语实际的语言学理论要建立,都需要以汉语史的研究为基础。《汉语发展史》的编写,就是这样被提出来的。

但是，这个愿望刚一提出，就有人嘀咕："汉语史可和文学史不一样，语言有点类似自然科学，更抽象，更复杂。"但是这些学生并没有被困难所吓倒，反而更加坚定了决心。他们坚决要求党总支批准他们写书的请求："第一，语言学界的现状必须改变；第二，我们人多，热气高，干劲足……"还没等他们说完，党总支书记①就笑着打断了他们："我们早已考虑了你们的意见。很好，就应该有这样的风格。好好干吧！语言特殊又不特殊。我们说特殊，只因为它有着自己独特的研究对象，这就要求我们踏踏实实地研究资料，科学地做出结论；但是它又不特殊，像55级编文学史一样，也必须以毛泽东思想为指导。"随后，吴玉章同志亲自接见了他们，给予支持和勉励。郭沫若同志在他们的初稿还没有写成的时候，就亲笔为它的封面题了几个苍劲有力的大字："汉语发展史"，同时还写信给他们，热情地预祝成功。

党给了他们最大的鼓舞。他们下定决心，一定要把《汉语发展史》写好！

他们勇敢地投入了战斗。摆在他们面前的是由甲骨文到现代汉语上下三千多年的历史和浩如烟海的图书资料。提起资料，有的教师认为这是一种复杂而艰巨的工作，曾经提醒他们："你们很快就会知道材料是多么庞杂，整理起来有多少麻烦。你要到《广韵》上查一个字，弄不巧就是三天！"对此，他们立即意识到，必须首先明确一个问题：究竟要写一部什么样的《汉语发展史》？而对这

---

① 总支书记：程贤策先生（1927—1966）。盈按：提起这个名字，心情无比沉痛，愿人世间永远不再上演此类悲剧！

个问题的答案应该是,关键的问题在于运用马克思列宁主义,通过研究具体资料,来揭示汉语发展的规律,决不能迷失在材料的汪洋大海之中,或陷于一字一韵的烦琐考据。

为了设计《汉语发展史》的蓝图,他们派出了一支侦察队,针对前人汉语史研究的成果,反复地阅读、思考,一方面提出旧体系中的问题,更重要的是解放思想,提出新的问题。最后,归纳出大大小小一百二十个思考题,其中如:如何具体贯彻"语言随着社会的发展而发展"这一根本原则?如何把语音、语法、词汇当作一个整体来研究?如何理解和贯彻"各阶级对语言远不是漠不关心的"这一理论?等等。与此同时,他们曾到北京各大图书馆和有关研究单位的图书馆,努力搜集资料。他们要求在大量材料的基础上,探讨各个时期语音、语法、词汇的发展规律。

的确,要想写出一部以毛泽东思想为指导的《汉语发展史》,并不是那么简单的事情。无论语法、词汇或语音的研究,几乎每走一步都要和困难做斗争。例如在上古语音的研究中,仅清代就有着为数众多的大大小小音韵学家的著作,其中最著名的就有十几家,如顾炎武、段玉裁、江有诰等等;而且,在近代,自从西方资本主义文化传入中国,又有着一些以西方语言学理论为基本指导思想、又和中国历代传统汉语研究有着千丝万缕联系的著作。

如何对待这些前人的研究成果?是按照毛主席的教导"吸收其民主性的精神,剔除其封建性的糟粕";还是一脚把它们踢开?或者是,毫无批判地把它们接受下来?是推陈出新呢,还是抱残守缺呢?

和他们共同战斗的一位教师劝他们:"清儒江有诰的研究成果

可以全部接受,因为他具有严谨的治学态度和实事求是的朴学精神。一向为社会所公认。"他们否定了这种做法。他们认识到,对前人的学术成果,凡是具有时代局限性和阶级局限性的,应该无例外地采取批判地继承的态度。如果不这样做,那就是不敢推陈出新,不敢承认在马克思列宁主义指导下的各个学科的质的革新。

他们开始了对前人成果的学习与批判。很快就学会了从圈韵脚、抄卡片到归纳韵部的研究方法。他们做出了《诗经》《楚辞》的全部韵字的卡片。经过反复归纳,得出了十七个韵部(互相押韵的字归为一部)的先秦音系(包括声母、韵母、声调的音韵体系),这和传统的二十九部有了很大出入。他们还写出了好多篇批判清儒音韵学说的文章。

他们把这些文章和关于十七部音系说明的初稿一起送交到师生共同组成的编委会去。在审稿过程中,全体编委和这些学生展开了热烈的讨论:这十七部成立的科学根据是什么?比清儒好在什么地方?清儒的成果有些什么问题?经过讨论,这些同学感到必须对前人成果再做细致深入的分析研究,才能充分地说明这些问题。

编委会为了使学生们透彻了解批判地继承的实质,为了确保《汉语发展史》的质量,决定组织大家再学习毛主席关于批判地继承的理论,并结合已写出的文章进行讨论。在讨论中,大家发现凡是质量较高的稿件,都贯彻了比较彻底的批判精神,有理有据,有说服力,因而对于精华和糟粕区别得也更为清楚。经过讨论,大家认识到,对待文化遗产必须采取批判的态度,对前人成果要经过学习、批判、再学习、再批判,做到批判深透,才能取其精华而去其糟粕。

他们把研究工作向前推进了一步。既然社会舆论认为"朴学大师"江有诰是清儒研究的顶峰,他们就决定把他当成一只麻雀来解剖。他们把江有诰对《诗经》韵部研究的整个过程,由圈韵脚一直到归纳韵部,每一步骤都做了认真的考查。

经过较深入细致的研究,他们认识到十七部的主要问题,在于没有把前人成果分析批判得深透,缺乏合理的继承;而传统的二十九部则是硬套《广韵》,拘泥于旧框子。他们终于在批判地继承的基础上建立了一个新的先秦音系,一共二十八部,其中有好几部和清人有着原则的区别。同时由于弄清了江有诰的问题,其他清儒的问题也就被串了起来。因此,他们在研究江有诰《音学十书》的同时,还研究了清代音韵学家的许多著作以及近代学者有关的研究成果。在这个基础上积累了比较丰富的材料,提出了新的见解,从而写出了比较有力的批判文章,为编写《汉语发展史》做好了准备工作。

经过艰苦的努力,《汉语发展史》的初稿终于完成了。目前他们正在听取意见,讨论修改,以求进一步提高质量,修订后出版。

(原载《光明日报》1961年1月4日)

关于高本汉的《切韵》构拟学说

从十九世纪末到廿世纪初,随着外国帝国主义的政治、经济的侵入中国,在学术上也引起了变化,关于《切韵》系统的研究,从封建学者的治学方法进到资产阶级学者的治学方法。封建学者研究《切韵》音系,只能求出一个声、韵、调相配合的系统,至于其具体的读音到底是什么,他们感到没有办法。资产阶级学者利用历史比较法,企图通过构拟的手段,以达到其对《切韵》音值进行历史的重建的目的。封建学者研究《切韵》音系,只注意古代典籍中韵文、韵书、韵图的考证与归纳,资产阶级学者除了利用这些材料之外,又成批地搬用方言材料及外语译音,想从方言与译音中找出相当于《切韵》时代语言的历史等同现象,作为构拟的立足点。资产阶级治学方法的开路人都是外国的牧师或学者,他们接触的语言面比封建学者、所谓"朴学大师"要广泛得多,但他们的缺点是对于汉民族以及汉语的历史知识缺乏,而且都有严重的资产阶级民族偏见,对汉语发表了许多诬蔑性的言论。外国资产阶级学者研究古代汉语的音韵,影响比较大的可以用高本汉于1915年开始出版的《中国音韵学研究》一书作为代表。全书共分四卷,其中的第三卷名为《历史上的研究》。在这里,他在Schaank(译作商克或桑克,沙昂克)以及Pelliot(伯希和)等人研究的基础上对《切韵》的音值进行了系统的构拟。当高本汉制造出这个体系之后,几十年来,中国许多资产阶级语言学家也都把高本汉所拟测的音系奉为圣经,到处转抄引用,我们认为有必要对于高本汉的《切韵》构拟学说进行一次初步的检查。

一 高本汉是怎样构拟《切韵》声母系统的

根据《广韵》的反切上字及一些等韵材料中所反映的清浊开合等情形分出声类,然后主要根据现代方言或外语译音定出音值,这就是高本汉声母构拟学说的根本方法,下面将他拟的音值及所谓的"根据"做一介绍:

见溪的拟音是 K K'

根据有二:a. "一向人都以为古代汉语的见 溪……是 K K',……我不反对。"(251页——系《中国音韵学研究》中译本页数,下同)

b. "只要看一看现代语言中的读法,就可以使我们明了这种解释是满意的。"(251页)

群母的拟音是 g'

根据有二:a. 在高本汉以前的西洋语言学家有人将它拟为 g,高本汉说:"至于我呐,我就不承认 g,而认它为送气浊塞音 g'……在 g 除阻后有一种强的浊气流,就是完全梵文的音素 gh〔ɦ〕相似。从这样的一种假设,我们就可以得到些很自然的解释了。"(253页)

b. 群母字在现代某些方言中读 K'，而 K' 一定是由 g' 变来的，因为"g'＞K'"的变化不仅是自然而且在印欧的一个语言(希腊)里还有实例"(253 页)。

疑母的拟音是 ŋ

根据："这个声母在韵表里所占的位置证明它在近古汉语的时代里是舌根鼻音 ŋ。对于中古汉语我们也没有理由来假设一个别的音。"(259 页)

晓 匣的拟音是 x ɣ

根据有二：a. 马伯乐的拟音是这样。

b. 根据北方方言。他甚至进一步推断："我们一定要假设在很古的一个时期所有的方言都把晓母的字读作 x；这个 x 在北方的方言中还存着，但是已经不见容于南方方言了。"(273 页)又说："北方方言一向没有读晓 匣作喉音的。"这种主观的判断他本人也有些怀疑，不得不"承认这个证据不是很充分的"(274 页)。

影 喻的拟音。前者是喉部爆发音？后者是元音起头，没有爆发作用。

根据："我们一考察从前归到这两个声母的字的现代读音，就可以发现在中国南部，域外方言，以及在中国北部不少的地方它是完全没有口部声母的。……所以我就假定在某一个时期之中所有这些方言都像南部的方言那样没有口部声母"，"我觉得显然它们是喉音"，"它们的正确音值……影应当是喉部爆发音如德文的 ecke 的起音，喻是拿元音起头的没有爆发音的起音，如英文的 air

的起音"(271—272 页)。

知 彻 澄 照 穿 床 审 禅的拟音

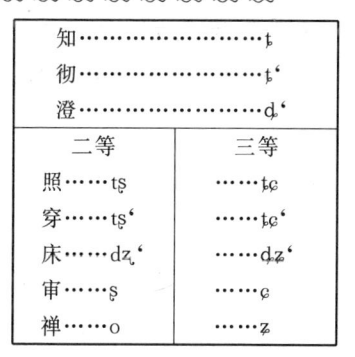

知............ṭ	
彻............ṭ'	
澄............ḍ'	
二等	三等
照......tṣ	......tɕ
穿......tṣ'	......tɕ'
床......dẓ'	......dʑ'
审......ṣ	......ɕ
禅......o	......ʑ

根据：a. "知 彻 澄等母的反切上字，二三等写的一样，可是照组的二三等却严格的分成两类。"所以知组拟成一套，照组分拟成两套。

b. "Schaank(沙昂克)曾经指出来，而且我也认为是他最重要的观察——就是说韵表的全部排列可以使我们得出下列的比较式：

t(端)：知＝ts(精)：照

还可另外得：

知：照＝t：ts

ts 既然是 t 加一个同部位的摩擦，那么，照就应当是知加一个同部位的摩擦。所以我们就可以拿这个做起点来说知(像 t 似的)是一个后面不随着摩擦音的爆发音，换言之就是 t_2，照是这个爆发音加同部位的摩擦音，结果就是塞擦音 $t_2 s_2$。"(32 页)这是最典型的数学公式的玩弄！已经超出了语音学的范围而走向了死胡同。

c. 从方言和韵表和"照别的语言的例"，"有好些个观察都合于爆发音知 彻 澄在中古汉语是颚音的说法"。（34页）

日母的拟音是 nʑ

"拟测古代汉语的声母系统，日母是最危险的暗礁之一。"下面且看高本汉是怎样摆脱危险绕过暗礁的。

根据：在高本汉以前，有"Chavanne（沙畹）跟 Pelliot 把这个声母解释作 žn"（339页）。

高本汉认为：a. "这样的音是很难读的。"

b. "无论怎么样也解释不了我们在近代方言里所遇到的塞擦音。"于是他就"先把没有软化的 z（ž）变成与它相当的软化摩擦音 ʑ，再把两个音节简单的掉一个过儿，成了 nʑ 音。"发起音来也"自然而容易"了。近代方言也好"解释"了，如甲方言日母字读为 n，乙方言日母字读为 ʑ，他就说，因为甲方言"失掉"了 ʑ，乙方言失掉了 n。总之，经过先"软化"，后"掉一个过儿"就认为问题解决了。由此使我们想起了威廉·汤姆逊对"使用增减和转换字母的方法来构词"的批评，他说："这个原则……是建立在对语言的历史和发展那样毫无半点理解的基础之上的，以致我们甚至都难想象那是可能的。""使

关于高本汉的《切韵》构拟学说

用这种方法可以随心所欲地证明一切词的来源。"(《十九世纪末以前的语言学史》,44页,黄振华译,科学出版社,1960年)

泥 娘 来的拟音是 n, nj, I.

根据:a. 泥 来的拟音是从现代方言中选择出来的。这是高本汉的老一套。

b. 这里重点介绍一下高本汉对于娘母的"精辟"见解。音韵学家之所以要设立娘母,在高本汉看来,"不过为求韵表的各部分相称罢了,当他们起初把发音部位相同的声母合成一类的时候,泥 n 是跟端 t,透 t',定 d'放在一块儿的。于是跟它并列的 知 彻 澄 一套,就留出一个很讨厌的空当儿来了:

   端 透 定 泥
   知 彻 澄

那么再自然没有的办法就是把空当儿填起来,不认为用'女'字切的是泥母的 j 化,而认为是知 彻 澄 的鼻音,就管它叫娘了!"(36页)

高本汉不是从音韵本身出发而是从主观想象出发去填补空缺。

端 透 定 精 清 从 心 邪的拟音

端	t	精	ts
透	t'	清	ts'
定	d'	从	dz'
		心	s
		邪	z

根据：a. 因为"它们都是齿音"。
　　　b. 按群母送气的理由类推出定从也是送气的。

帮 滂 并的拟音 P P' b'

根据：a. "在《切韵》的反切里（纪元后 600 年左右）跟在最古的声母系统里（就是三十字母的系统），都只有双唇音。"(417 页)
　　　b. 按群母送气的理由类推出并母也是送气的。

明母的拟音是 m

根据：高本汉没有给我们什么理由，只是说："古代明母的音值好久已经确定作 m。"(430 页)然后就去找他的由 m 到近代方言的"变化"去了。

以上我们把高本汉所拟的三十二个"单纯"声母的音值做了全面的揭示，至于所谓"根据"当然有可信的，也有的不可信以为真。现在我们就要谈到高本汉在声母拟测上的一条重要法宝：就是所谓单纯声母跟 j 化（即喻化或湿音）声母问题。

j 化这个观念是沙昂克（Schaank）提出来的，高本汉视为至宝。他说："Schaank 有一个大功劳就是他提出了〔j〕化（一种软化）的观念，〔j〕化现象在中国古音中无疑占很重要的地位。在这一点上就可以看出他是一个很聪敏的语言学家了。"(29 页)高本汉把这条荒谬的规律做了更多的发展。

首先是在时间上，"Schaank 只想在近古汉语里适用此说，而在中古汉语里他还正在那里想要证明其不然呐。"高本汉说："不但在韵表上的近古汉语是如此，就是在中古汉语也是一样的。"(30 页)

另外是在范围上，Schaank 认为"唐代的声母系统只在舌尖音的几类里才有单纯音跟〔j〕化音两套声母,其余的就不然"(28页)。高本汉却推出了十五个 j 化声母。什么 kj、k'j、pj、p'j 之类的东西都来了。他还说:"所以要作我的音类表,只要在每个声母底下能把照这样分的都分成单纯跟〔j〕化的两套,就行了。"

把凡三等的都称之为 j 化,这显然是主观主义的设想,并不是所有三等反切上字都与一二四等不同,有些三等字之所以别于其他等,则可能是韵母的原因,有的则干脆就是两套声母。高本汉拘泥于"等"而不自拔,所以才在沙昂克的错误基础上,又向前迈了一步。

二　高本汉是怎样构拟韵母系统的

"夫韵部分至二百六,固已多矣!"(陈澧《切韵考》)而高本汉在此基础上公然构拟了 290 多个"真韵母",所谓"真韵母",就是一时一地实际存有的韵母,这个错误下面将要提到,这里只提示出所谓"真韵母"是怎么构拟出来的。当然,我们用不着像声母那样一个一个的去考核,只要检查一下高本汉在拟测韵母时所规定的那些"共同的原则",就明了他的基本方法了。

深 a 浅 a

第一个"原则"就是等不同则韵不同,韵不同则主要元音不同。所以主要元音"可以决定韵部的分合"。他说:"假如两等的主要元音真相同,古人就不踌躇的合为一韵,不管它们韵母上别的方面的异同,如有元 i 介音之类。"(51 页)话说得这么死,似乎刘臻等八人那天晚上在陆法言家里开的讨论会他也列席了。但是,高本汉最后目的是要知道这些主要元音的读音到底是 x,还是 y？于是他就要"像代数一样用一定的数值通给求出来"(46 页),怎么"求"呢？只得乞灵于假设:"我们假设一等是一个深 a(写作 *a*),二等是一个浅 a(写作 a)。"高本汉说:"方言可以证实这个假设。"可是,"在现代方言里,一等字最常读的是 o,二等字普通读 a",那么,一等里的深 *a* 呢？高本汉说"别的语言的经验告诉我们深 *a* 最容易变成 o",至于"别的语言"的"别"到底何在？而且其"经验"是什么样,是否适用于汉语,高本汉只字不提,并且赶快下结论说:"这两等古代汉语既然严格的分成不同的韵,所以我们完全有理由定一等为深 *a*,二等为浅 a。"(461 页)这是什么逻辑！"分成不同的韵"与"深 *a*"和"浅 a"又有什么内在的必然的联系呢？可是高本汉就运用这个作为通例,把果 咸 蟹 山 宕 效等摄的一等及独立成韵的二等的字都分别构拟为"深 *a*"和"浅 a"。韵母的拟测问题就解决了一大半。

长 a 短 a

"可是,在一、二等也常常有重复的韵。"(478 页)如蟹摄一等咍 泰,二等佳 皆,这些重复的韵的主要元音是否相同呢？按照高本汉的第一个原则,既然同等就应该同韵,古人不是毫不犹豫地将他们"合为一韵"吗？然而,这些等虽相同,但在《广韵》上的韵目却是明明分着的,其意义何在呢？高本汉下定决心:"得要找出他们的意义来"(478 页),这一次他看中了"高丽译音",他说:"要拟定古代元音,这个方言非常重要","在现代高丽语的读音所有蟹摄开口一、二等的字一律都用-ɜ 收音,可是……现代的-ɜ 来自两个古代有分别的复合元音 ai 跟 ăi。"(478 页)按上下文来看,所谓"古代",

当然是指高丽的"古代",但他却拉扯到上古汉语了,他说:"现在得要指明一件很重要的事实,就是在一等里 a 韵(咍 海 代 灰 贿 队)的元音用 ăi,b 韵(泰)的元音用 ai,分得很严格的。"(479 页)上面的例子说的是高丽"古代有分别的复合元音 ai 跟 ăi",他却一点弯子也不转,就把这个分别说成是汉语的"分别"了,并且做出了结论:"高丽译音这个分别既然跟中国古代音类如此的切合,那么,我们就可以说无疑的在 a 韵里是短 a,在 b 韵里是长 a：。"(479 页)这一点连陆志韦先生也说:"他把咍 海拟以短音 a,a,泰 佳作长音 a,a,这话不近情。"(《古音说略》31 页)但高本汉说:"看了蟹摄的读法,我们就看出来元音长短的不同,可以成为古韵分部的一个理由。这个结果可以同样应用到咸摄(并且可以类推到完全相似的山摄),如果把 a 韵(覃 咸等)定一个短 a,把 b 韵(谈 衔等)定一个长 a,那就可以帮助我们解释咸摄里用别的法子解释不了的一个现象,可见这办法在咸摄里也适用了。"(480 页)从二十世纪的高丽音出发,来说明中国六世纪的语音已经是非常不合理了,何况,他还要把二十世纪的高丽读音追溯到不知何时的古代高丽音,这种追溯得出来的结论是否正确,还完全是个问号,而高本汉又在这个问号的基础上引申到"中国古代音类",再由"古代音类"折回来证明切韵有长短 a 之分。混淆了时间和地域的区别,民族和文化的特点、怎么说得上是"共同的原则"呢!

i 介音

高本汉用假设一点,类推其余,乞灵外语,求证方音的办法,构拟了一、二等的主要元音之后,"现在要三、四等的主要元音"了。

在高本汉的拟音中,三、四等除了以主要元音不同区别于一、二等之外，还有一条原则，就是赞同 Schaank 的三、四等中都有 i 介音的假设。"Schaank 的功劳就在他发现一等没有 i，而三等却毫无例外的全有 i。""四等跟三等用同一套的反切下字作切，所以真韵母相同，都是有 i 介音的。"(45 页) Schaank 假设的根据是什么？高本汉只是说："不另外寻求什么更确实的证据也没有什么危险。"(45 页)他又按照声母的不同，分出元音性的 i 和辅音性的ĭ，"在这个 i 前的声母都不 j 化"，"在这个ĭ前的声母都 j 化"。(473 页)这种刻板而机械的什么元音性、辅音性的 i 介音，是否符合当时语音实际呢？

在三、四等主要元音的拟测上，他同样是采取了一种极其刻板化的态度。运用高丽译音跟日译汉音，用估计的方法对山摄进行了拟测，他先把山摄的三、四等韵分成以下三类：

a)　仙韵：kjĭɛn, kjĭʷɛn

b)　元韵：kjĭɐn, kjĭʷɐn

c)　先韵：kien, kiʷen

有了这样一个框子之后，他就开始类推了。他说："我们可以稳稳当当把这一摄的结果应用到蟹咸庚几摄，因为它们在事实上是和山摄很显著的并行的。"(475 页)这里没有摆出任何事实，"稳稳当当"四字显得多么无力啊！

强 u 弱 w

高本汉说："我们直到现在只讨论了开口的字，合口的字还得要解释解释。"(462 页)

在这里高本汉主要利用了一个事实，就是各摄中的各等开合口同韵与分韵的情况。合口字与开口字既同韵又同等的是一类，共计23韵,合口字与开口字虽同等而不同韵的又是一类,如果摄,蟹摄,山摄合口一等以及臻摄一等三、四等共计7韵,高本汉认为这个事实反映了合口元音的音值的区别,而且认为"这种分别在古韵系统的整个的解释上实在是根本重要的"(464页)。根据他的解释,臻摄等7韵之所以开合口同等而不同韵,是因为合口元音强的缘故,反之,那23韵就是弱的了。用u表示强的合口元音,用一个提高写的ʷ"表示一个细微音质还不晓得的弱的唇元音"(465页)。最后,他宣布:"所以我们认为这个关于合口的学说已经完全成立了。"(466页)关于合口的解释漏洞多得很哩!第一,这个提高写的弱ʷ,完全是高本汉主观主义的产物,高本汉是喜欢用现代汉语来推测古音的,但现代方言恰恰证明,根本没有这个提高写的弱ʷ,而高本汉为了自圆其说,只得说这个弱ʷ"失掉了"。第二,到底什么叫作合口呢?它的内涵是否和后来四呼中的合口呼相当呢?如果是的话,为什么在合口韵类中也有很多相当于后来四呼中的开口呼字呢?这都是一些悬而未决的问题。只用强u弱ʷ来加以区分肯定是不会符合当时语音实际的。第三,高本汉根据的是《广韵》206韵所分出的开合口,至于《切韵》时代分开合口的情形又是如何呢?这里的问题大得很,从《切韵》残卷来看,寒 桓不分,歌 戈合韵,这是普通的常识,而高本汉竟然也拟出了an,uan;a,ua之类的东西来了,真是奇谈。

当我们弄清了高本汉的这些"共同的原则"之后,就懂得高本汉这个复杂的《切韵》韵母系统是怎么构拟出来的了。当然,这个构拟也有碰对了的情形,但从其构拟的方法和体系来看是大可商榷的。

三　高本汉的《切韵》构拟学说

以上我们对于高本汉的构拟音进行了较为系统的介绍,因为着重在介绍,所以尽量让事实本身说话。在这里我们要就高本汉在拟音当中所暴露出来的缺乏科学根据的地方,分别加以评论:

直把《广韵》当《切韵》,他认为"在《切韵》的时代(601年)实际的韵系有206韵",就是说和《广韵》一样,这当然错了。因为《切韵》与《广韵》虽然有密切的联系,但毕竟少十三韵,它只有193韵。清朝的学者由于材料的局限,把《广韵》就看成是《切韵》,这个错误还情有可原,而到了高本汉时代,各种写本的《切韵》残卷接连被发现,已足以证明《切韵》的分韵是与《广韵》有出入的,如在《切韵》中,真谆不分,而高本汉则根据《广韵》分成两套,并且给它拟出了音值的差别:jiěn;jiuěn。显然与史实不符。

以206韵作为长安方言的代表,这个错误早就有人指摘过,为什么到了1954年他还坚持说:"《切韵》是描画一种真正的活的内容一致的语言。""《切韵》所注定下来的语言,主要是陕西长安方言"呢?(《中古上古汉语语音简论》)由此可见高本汉连《切韵》前面的陆序都未读通:"因论南北是非、古今通塞,欲更捃选精切,除削疏缓",这就是陆法言的编辑意旨,哪里说到是长安方言的代表呢?

高本汉之所以认为《切韵》所代表的是长安方言,完全是为了维护其构拟系统服务的! 因为只有把《切韵》看成是一时一地之音,他才能任意运用外语译音,来找什么对应关系,他才能由此出发,上推"成周国语",下推现代方言。所以要高本汉否定《切韵》是长安方言的结论,等于从根本上否定他自己构拟的系统。

可是,当我们严肃认真地批判他的"《切韵》所注定下来的语言,主要是陕西长安方言"这一结论时,他却并不怎么当真,原来他只是把这个"结论"当作一种理论上的幌子,在实际上他并不把《切韵》看作是一种"方言",而是把它看作现代的"三十三个方言的'母语'呢!"(527页)这个错误就更为严重了:

第一,语言的发展成了"母鸡生鸡蛋",《切韵》这只老母鸡生下三十三个蛋,这就是他所引证的当时的北京、归化、大同、太原、太谷、凤台、兴县、文水、平阳、开封、固始、怀庆、兰州、泾州、平凉、西安、三水、桑永镇、汉口、扬州、南京、上海、宁波、温州、福州、厦门、汕头、客家、广州、四川南部等30个地方的方言,还有安南译音、高丽译音、日本译音都是他所构拟的那个六世纪存在过的"母语"的"后裔",都是老母鸡孵出来的小鸡。这根本不符合汉语发展的历史情况,而高本汉却满意地说:"在这儿我们只要拟出我所研究过的三十三个方言的'母语'(Une lángue mère)在《切韵》的古代汉语里,我们把它们所有的特征都找着了。"(527页)三十三个方言中,"所有的特征"都能在他的"母语"中找着,这恰恰证明:他构拟的那个"母语"系统不正是由这三十三个方言的"特征"拼凑而成的吗!因此,高本汉要再调查几十个方言点的话,那么,还可以保证,在他的"母语"中也能"把它们所有的特征找着"。为了使人们对于高本汉的"母鸡下蛋"有个形象的认识,兹列举日母的"变化"为例:

|　　　　　日　　ȵʑ　　　　|

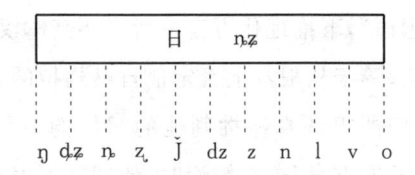

ŋdẓ　nẓ　ʝ　dz　z　n　l　v　o

下面的十一个现代方言读音(335页),都是由《切韵》这只"老母鸡"生出来的。也就是所谓"条条道路通《切韵》"。

第二,就是在《切韵》时代,不仅中国而且包括日本、朝鲜、越南都说的是一种"母语",在此以前,那就更不用说了。这个错误太明显,我们也不需要引经据典来反驳了。

可是高本汉说,我并不否认当时有方言分歧,只不过是"古代别有一个或几个方言,而现在已经没有它的直系'后裔'了"(528页)。原来别的方言都"绝子绝孙"了,只有高本汉所拟定的那个长安方言"子孙发达""万寿无疆"。可是为什么别的方言"没有它的直接后裔"了呢?从什么时候起别的方言"没有它的直接后裔"了呢?长安方言为什么会成为"母语",又怎么能产生三十三个方言呢?像吴方言、楚方言……这些都是从春秋战国时期的史料中,就证明是早已自成"音系",与中原存在着较大的差异,现代的吴方言与楚方言不是由春秋战国时期直线发展而来,反而认为是"《切韵》所代表的古代汉语直接演变下来的缩影"(528页)。这当然是与事实不符。按照高本汉的理论,汉语的发展道路是这样的:

上古汉语

他说:"从前的中国范围很小,人口也比较少,很重要的方言分歧是不会有的。"

中古汉语

其他方言都没有了"直接后裔",可是长安方言成了"母语"。

现代汉语

所有的方言都由母语发展而来。

归纳起来,其公式是:方言——母语——众多方言。

只要对汉民族社会发展稍有了解的人就会明白:高本汉所设想的这种汉语发展的道路是完全不符合汉民族发展的历史的。

只要对语言发展稍有知识的人就会明白:由方言到母语再到众多方言这个道路是行不通的,语言的发展是随着社会的发展而发展的,并不是按照"母鸡生鸡蛋"的方式来演变的。

很显然,高本汉根本不可能想到研究语言还要联系人类社会发展的历史。让我们引用《马克思主义与语言学问题》的第十九条注解来说明这个"母语"理论的实质:"印欧派学者便拟定一个假想的母语,主要目的是为了解释'音变'条例的方便,但到底有几分真实性,那是无从证明的。"高本汉之所以要把《切韵》说成"母语",其目的也正是为了构拟音系以解释"音变"的条例。

由于高本汉在《切韵》与《广韵》的关系,《切韵》与当时长安方言的关系,《切韵》与现代方言的关系上都导致了错误的结论,所以他的拟音也不可能是正确的。高本汉相信290多韵类是一时一地的"真韵母",其实不仅现代方言中很难找出这样一个复杂的韵母系统,就是当时的方言也不会有这样复杂。唐朝就有人嫌陆法言的分韵过分苛细,于是产生"通用""合用"的情形。而高本汉为了保护他构拟的韵母系统,采取了两个办法:其一是对《切韵》的作者进行廉价的赞扬,他说:"《切韵》的韵是一个(或几个?)很有训练的语言学家作出来的,凡于辨字上有关的音,就是很细微的区别,也都记载下来,为的是给他的按韵母排列的字典可以作一个灵活方便的纲目。"(526页)下面又说:"我们要记得这个系统的作者是从印度先生直接学来的(注:重点是我们加的)语音学,而印度人关于语音的分析在语言学的历史上是很难超过的,前几章研究的声母系统已经告诉我们反切的作者是有多么灵敏的耳朵,那么他们对于韵母也有同样透彻的分析,自在意料之中。"(526页)高本汉正是在通过赞扬古人而炫耀自己,在这段话里还抬出了"印度先生"显示自己。

第二个办法就是对中古汉语大加赞扬,对现代汉语大肆贬抑。在这里,我们受到一个很重要的启示:为什么在同一本书里,时而对汉语大加赞扬,时而又对汉语大肆贬抑呢?当他把《切韵》弄出了一套290多个韵母的非常复杂的元音系统之后,怎么交代呢?只有在这时候,高本汉才给汉语唱赞歌,说汉语本来就有着"丰富的元音系统","这个中古汉语也许代表元音丰富的最高点"(527页)。这样一来,他那套复杂化的符号系统就站得住脚了。可是当人们从现代汉语的眼光出发,怀疑他对中古汉语的拟音太复杂时,他就毫不犹豫地对现代汉语大肆贬抑了,他说:"实是因为这语言里曾经真有过语音上的变迁,一套很丰富的元音变成了一套极端贫枯的元音。"(52页)又说:"现代汉语的韵母是极端贫枯的,这个语言从那时候起到现在当然是一步一步朝着这个方向变。"(23页)像他所说的这种"变迁",当然是为了给现代汉语加上一个莫须有的罪名,事情很明白:高本汉之所以赞扬汉语也好,贬抑汉语也好,完全是为了维护他构拟的那套"很丰富的元音"系统。

关于高本汉的《切韵》构拟学说　　45

高本汉不单分出了四十七类"真声母",二百九十几类"真韵母",他还给这些声韵系统一个个地标上了音值,这些音标符号到底是怎么弄出来的呢?它又如何依附到用汉字标目的声母和韵母上去了呢?这是弄清高本汉构拟学说的关键所在。他在《中国音韵学研究》中有一段话,回答了这个问题,他说:"为研究汉语的语音演变,我们首先以古书上的材料为主,如反切跟韵表,尽量来试定古代汉语的音系。这样我们就定出古代音韵的分类:哪些字是有 x 声母的,哪些字是有 y 韵母的等等。若想把这些 x、y 拿确切的音值代出来,这些古书上的材料就不够了。那我们就得利用一批重要的材料,就是现代方言。"(451 页)我们把这段话,其实也是把高本汉的全部构拟学问提炼到一点,就是七个大字:**用今音以求古音**。换句话说就是:用千年以前的死材料分类,用千年以后的活口语拟音。这是打开高本汉音韵学研究的一把钥匙,也是他的构拟学说的不科学的地方。

高本汉所犯的这个错误,就是资产阶级语言学家也认为不妥当:"从现代方言推求《切韵》的音值,中间相隔一千年,历史上留下一个大窟窿。"一个日本教授说得很微妙:"应该说高氏的古音研究在某种程度上是近代音研究。"应该补上一句,是一种不准确的杂乱的近代音研究。因为他所运用的方言材料,并不是深入群众认真调查记录下来的,所以这些方言材料本身就是不可靠的,为了使人相信它的可靠性,他曾说:"在大体上我就凭我自己的耳朵,我的耳朵曾经在优越的斯坎第那维亚语言学家 Lundell 指导之下,研究过瑞典的方言,那么一个受过训练的耳朵的确可以算是一个很有用的仪器。"(140 页)光凭"耳朵"是不够的,如果既不了解汉民族发展的历史，又不了解汉语发展的历史，那是非犯错误不可的。

高本汉为了填补这相隔一千多年的"大窟窿"，于是运用高丽译音、日译吴音、日译汉音、安南译音来系统地构拟中古汉语。

高本汉为了引用这些译音能够名正言顺，他干脆称"日译汉音跟高丽译音"是汉语的"域外方言"，上面说的三十三种方言里，就包括有这两种语言，他说："把日译汉音跟高丽译音算作中国方言——实在也应当。"(469页)朝鲜语和日语都是满洲—通古斯语系，从形态上说都是黏着语，它们在历史上虽然接受过汉语极大的影响，但是它们都各有自己的语音系统，所谓"日译汉音跟高丽译音"，都必然受它们自己语音系统所制约；而且，这些译音到底是何时译过去的呢？汉语有方言的分歧，这些译音又根据的是哪种汉语方言呢？日本、朝鲜也有方言，这些译音到了该地之后是不会不受影响的，不仅会受到方言的影响，而且随着时代的发展，这些译音也必定是要起变化的，到了现代，一定会与当初译过去时不一样，且变化当中不仅有规律，也有不规则的破格。总之，语系不同，年代荒远，要想从译音中成系统地找出其与中古汉语的对应关系来，这是非常渺茫的。当然，若是经过鉴别与考订，引用这些译音来做旁证，那是允许的。

高本汉之所以能运用现代方言、外语译音的音值来代 x 声 y 韵，还得力于韵图这个工具。摄、等、呼的分辨，是高本汉分类的根据，同时也使高本汉的类推技能得到大大的发挥，他的逻辑方法就是根据个别的材料推断出普遍的结论，只要假设一个字的音值，就可以推广到同等，甚至可以类推到全摄，还可以由一摄类推到其他摄。只要我们联系本文第一、第二部分所揭示的声母构拟和韵母构拟的情况,就会明白高本汉正是用这种简单化的反逻辑的办法求出了一个复杂化的系统。

利用韵图来分析韵书,厘析韵类,在一定的条件之下,是可以的。但是,高本汉所利用的《切韵指掌图》和附在《康熙字典》前面的《等韵切音指南》(高本汉错误地把它当作是刘鉴的《经史正音切韵指南》)并不就是分析《切韵》的韵表,它们在一定程度上反映了自己时代的实际语音,又经过了后人的窜改,这一点高本汉是知道的;但他还是要根据这些图表来分别《切韵》的等呼,这也是错误的。

在一个韵图的内部,韵图与韵图之间,韵图与反切之间,韵图、反切与现代方言之间是互有矛盾的,往往同一个韵目,甲韵图是开口,而乙韵图偏偏是合口,而现代方言和外语译音呢,根本开合不分。高本汉说:"这种事实很叫人不舒服的。"于是高本汉就运用所谓"历史比较法"主观地假设几个条例,这样一来,中古汉语的体系就成了糅合《广韵》、《指掌图》、《指南》、现代方言、外语译音等材料的大杂凑,表面上是古今中外、无所不通,实际上根本不可靠。

"现在应该第一次用科学的语言学方法来研究中国的语言。"(139页)"提议用我们瑞典的方法来研究直到现在还未经十分垦殖的中国音韵学。"(原序)——这种主观武断的态度,使他根本不愿考虑汉语的特点。

所谓"科学的语音学方法""瑞典的方法",就是印欧语言学派的历史比较法。他们以构拟"母语","重建"古音作为自己的任务。高本汉就是搬用了这套方法。他根本不重视汉语的特点,以至于直接用希腊语、意大利语、英语、法语等西欧语言的演变规则来证明汉语的变化。例如,为了支持他的"母语"理论,他就以希腊语为证。他说:"希腊近代语都是从 Hellénislique 时代的'母语'来的,而经典时代的方言差不多全不见了。"(526 页注二)"这样子汉语就跟希腊有个有趣的类似的地方。"这种所谓"有趣的类似",完全是人工制造的。又如,在声母拟测时,他为了解释某些方言里把古日母读为 dz 的情形,说"这个声母的演变经过下面的阶段:dz＞ndz＞nz",并请"希腊先生"为证:"希腊话 mrotos＞mbrotos＞brotos,就是在中国话里也有。"这种牵强的类比,完全是捕风捉影。高本汉根本没有探寻过汉语和希腊语以及意大利语、英语、德语……之间到底在语音发展上有些什么样的对应规律,就摘取个别语音事实"某种程度"的类似之处来作为自己拟音的依据。而且,在引证西欧语音事实时,根本置意义于不顾,完全从符号出发,他不了解"只有在比较有意义的语言单位的情况下,就是说,只有在比较真正的语言单位,即具有外部的(语音的)方面和内部的(意义的)方面的那些两面俱全的单位的情况下,语音的历史比较才有可能。"(斯米尔尼茨基《历史比较法和语言的亲属关系的确定》)要不,世界上这样多的语言,随便找几条偶合的材料,那是可以毫不费力的。因为"社会生活现象极端复杂,随时都可以找得任何数量的例子或个别的材料来证实任何一种意见"(《列宁全集》第 22 卷,第 182 页)。由此,我们也可以看到高本汉是把"构拟"和"比较"当作了目的,而不是当作手段,也就是为构拟而构拟,为比较而比较,这对于阐明汉语语音发展的历史规律及汉语和其他语言之间的联系没有任何科学的积极的意义。

当然,对于高本汉《切韵》构拟学说的批判,并不意味着历史比较法绝对不能用。比较是要有条件的,最根本的问题是要运用这个方法的人应该具有辩证唯物主义和历史唯物主义的态度,科学地选择材料,尊重语言发展事实的可比性。而且,历史比较法本身也是有缺点的,正如斯米尔尼茨基所说:"重要的是要注意到,这个方法不是随处都可应用的,它不是任何时候都是同样可靠的。"(《语言学论文选译》第四辑)

另外,对于高本汉《切韵》构拟学说的批判,也不能理解为我们根本反对拟音这个工具,工具本身与如何运用这个工具完全是两回事。拟音的方法传到中国来,使中国音韵学研究摆脱了封建的、古老的治学方法,克服了像段玉裁虽然分出了支、脂、之三部,但不知其音值分别究竟何在,以至于有"仆老矣,倘得闻而死,岂非大幸乎"的感慨!这就是清儒拙于工具的局限。但是,拟音这个工具,并不是在任何时候、任何地方、任何条件之下都是行之有效的,由于国大、人多、方言分歧的缘故,特别是由于汉字不标音的缘故,应该说,给古汉语拟音时,比起西欧语言来更为困难复杂,所以我们觉得在目前的条件下,不能盲目地为上古、中古的语音系统进行拟测,特别不同意高本汉的那种用主观成见歪曲客观事实,从而臆造"规律"的办法。

一个日本教授曾说:"唯其证明陷入了循环论,结果终于失败了。"是的,"循环论"的方法也是高本汉《切韵》音构拟的错误之一。

人们若问高本汉:"你怎么知道《切韵》时代见母是 k?"他会回答:"因为现代某方言里念 k。"如再问他:"现代方言的 k 从何而来?"他则说:"这是从古代的 k 变来的。"结果,就是现代方言的 k 变为古代方言的 k,古代方言的 k 变为现代方言的 k。这从逻辑上看是在玩弄同语反复的把戏,用中国的俗话来形容,就叫作"驴推磨",或称之为"团团转"。这一点,在《汉语发展史》(初稿)上册《高本汉对上古汉语构拟的批判》一节中,已有详细论述,此处不再重复。

主观唯心主义,这也是高本汉构拟学说中所暴露出来的一个大错误。人们也许会说,为了一个拟音,高本汉手里往往拿着一打一打的"证据",怎么能说是"主观唯心"呢?要知道,事物有主客观之分,"证据"也有真假之别。例如,他参照意大利语 Planu>Piano 的演变规律就证明汉语的 Piǎn 也是由 Plan 变来的(527 页),你信不信呢?"证据"是可以凭空捏造的,打开《中国音韵学研究》,到处都是以"假设""设想""或者"之类的东西作为前提,错误的前提只能得出错误的结论,要轻信了这些结论,就会上当的。

最根本的问题是他不了解语言是属于社会现象之列的,以至脱离社会的发展,脱离人们的交际,玩弄符号的演变,企图以数学的方法求出中古汉语的音值,结果得出了汉语越来越贫乏这样荒唐的结论。人们可以想一想:社会越来越向前发展,而语言倒是越来越贫乏,那么,它还能充当交流思想的工具吗?高本汉也不是从联系的观点来了解语言的各部分的。语音要是越来越贫乏的话,这势必要影响词汇的发展,要影响语法的发展,以至影响整个汉语的发展,而且说"现在是当然朝着这个方向一步一步的变",这还了得!

高本汉的这些错误,除了观点与方法的原因之外,还有其时代的特点,十九世纪末和廿世纪初,正是印欧学派最吃香的时候,"比较"成性,"构拟"成风,普遍地忽视语言与社会的关系、语言和民族的关系、语音和意义的关系。高本汉的《中国音韵学研究》就是这种风气下的产物。

1960年完稿于北大燕园学生宿舍 32 斋 434 室

追记:

此文原载《北京大学学报(人文科学)》1961年第 2 期,署名为中文系 1956 级汉语发展史编委会,执笔人何观荫。观荫是我的乳名。此文曾经魏建功师审阅。文中的用语、观点具有那个年月的烙印,今仍其旧。对这篇文章,当年(1961 年 2 月 1 日)看校样时,我就有如下批评:"说理不透,比较肤浅。"之所以还收入《丛稿》,因为这也反映了我大学本科阶段的思想、立场和专业兴趣、批判能力,是我个人语言学传记的一个内容,不必自惭少作。至于我后来对高本汉先生的学术评价,当以拙著《中国现代语言学史》的有关章节为定评。

2015 年 11 月 11 日记

*sr-新证

如果单从文字训诂的角度来说,这篇小文章的题目也可以叫作《说"行李"》,但要正确解决"李"字的读音问题,必须与复辅音声母*sr-联系起来考虑,*sr-是十多年前我在《商代复辅音声母》(以下简称《声母》)一文中构拟的一个复声母[1],现在我要论证"行李",的"李",与*sr-有关,不仅可为殷商时代存在*sr-添一佳证,也可以证明我的另一观点:"文字训诂中某些疑难问题,也要在复辅音声母研究的基础上才有可能求得满意的解决。"[2]

《左传·僖公三十年》:"若舍郑以为东道主,行李之往来,共其乏困,君亦无所害。"杜注:"行李,使人。""李"本木名,为何有"使"义呢?这是一大疑问。孔疏引证了相关资料,对我们进一步研究"李"的音义有启发作用:

襄八年《传》云:"一介行李。"杜云:"行李,行人也。"(1940页)
昭十三年《传》云:"行理之命。"杜云:"行理,使人。"(2073页)
"李""理"字异,为注则同,都不解"理"字。《周语》:"行理以节

---

[1] 何九盈《音韵丛稿》,第7页,商务印书馆,2002年。
[2] 同上,第1页。

逆之。"贾逵云："理，吏也，小行人也。"（盈按：可参阅清董增龄《国语正义》卷二"周语中"32 页）孔晁（晋五经博士）注《国语》，其本亦作"李"字。注云："行李，行人之官也。"然则两字通用，本多作"理"，训之为"吏"，故为"行人"、"使人"也（《十三经注疏》下册，1831 页，中华书局，1982 年 11 月）。

据贾逵、孔颖达等人的训诂，"李""理"均假借字，其本字为"吏"还是"使"呢？我在《声母》中已经证明：史、使、吏同源，其声母为 *sr-。"李"无论是"吏"的假借字还是"使"的假借字，其声母都是 *sr-。唐朝人李匡义《资暇集》卷上"行李"条，认为"使"与"李"乃形近而误。他说：

> 李字除果名、地名、人姓之外，更无别训义也。《左传》"行李之往来"，杜不研穷意理，遂注云："行李，使人也。"遂俾今见远行结束次第，谓之"行李"，而不悟是"行使"尔。按旧文"使"字作"夌"，传写之误，误作"李"焉（原注：旧文"使"字，山下人，人下子）。（《资暇集》卷上 1—2 页，辽宁教育出版社，1998 年）

李匡义的形误说，影响深远，近人朱起凤《古欢斋杂识》也说：

> 按古"使"字作夌，形与"李"似。……沿流讨源，行李也，行理也，行事也，并即"行使"之通假也！（《辞书研究》1980 年 3 辑 225 页）

从《宋本玉篇》到《汉语大字典》均收有"岺"字,"所几切,古使字"[①]。李、朱均认为古使字与"李"字形似,"行李"即"行使"。也就是说,不是"行吏"。"使"有出使、使者、使节义,而"吏"无此义。朱起凤不同于李匡义的是肯定了"李"乃"使"之通假,这一点很重要,"李"与"使"不仅形似,应该音同。音同是通假的条件,而朱起凤还不能给出这个条件,因为他的语言视野有限。我们肯定二者音同的证据有:

《说文·木部》:"李,从木子声。杍,古文。""杍"即"梓","李"的古文作"杍"也有文献为证。《尚书·梓材》的"梓""本亦作杍"。《十三经注疏》尚书校勘记云:"案杍乃古文李字,借为梓匠之梓,取音同也。"(210页)孙星衍《尚书今古文注疏》引《尚书大传》亦作"杍"。"南山之阴有木焉,名曰杍……见杍实晋晋然而循……"(384页)《说文》与《尚书》中的材料证明"李"与"梓"同音,是否其声母就是后来的精母$[ts\text{-}]$呢?如果是$[ts\text{-}]$,跟*sr-有什么关系!我以为"李(杍)"、"梓"在殷商时代均音*sr-。1930年王静如在《史语所集刊》第一本第三分发表《跋高本汉的〈上古中国音当中几个问题〉并论冬蒸两部》指出:"中国从子声的'李',有藏文复子音sr-在那里作印证,更可以得到有力的证明。"藏文"子"的音为sras(415页)。

藏文的"子"音只可作为旁证。我在《声母》中构拟*sr-时,并未引用王静如的这条材料,我是根据汉语本身存在的同源、异文、又音、假借等四方面的材料来论证的。现在加上王静如说,证明的力量就更强了。《左传》时代的"行李"应读为"行使",说明那时的"李"字已读s-音。"理"从里声,里的复声母亦为*sr-,我在《声母》中已有论证。

[①] 《宋本玉篇》,北京市中国书店,1983年,山部402页。《汉语大字典》此字归子部(第二卷1013页)。四川辞书出版社、湖北辞书出版社,1987年。

方音情况如何？陈章太、李如龙《闽语研究》63页指出："部分古'来'母字今口语的读法：闽中和闽北读为 s（或 ʃ），其他点读 l。"（语文出版社，1991年）沙县、建瓯、建阳等地"李"的声母为 s。

"使""李"同音，宋代姚宽（1105—1162）在《西溪丛语》中已经指出。姚氏批评李匡义的形误说。认为"或言理，或言李，皆谓行使也。但文其言谓之行李，亦作理耳，以此知其非改古文为岑也"。他还举南朝梁刘孝威《结客少年场行》的两句诗为证："少年李六郡，遨游遍五都。"姚说："李作使音。"（57页，中华书局，1997年）由于"李作使音"不见于古韵书，在中原地区和大多数方音中早已失传，诗中的"李"字不知从何时起被改为"本"字。唐欧阳询撰《艺文类聚》卷四十一"乐部"引此诗作"本"（汪绍楹校本739页，上海古籍出版社，1999年）、宋郭茂倩《乐府诗集》第六十六卷"杂曲歌辞"录此诗亦作"本"（第三册，949页，中华书局，1979年）、逯钦立纂辑的《先秦汉魏晋南北朝诗》还是作"本"（下册，1869页，中华书局，1984年）。从文意看，作"本"、作"李"都能解释得通。"少年本六郡"意为"少年本是六郡良家子"。"少年李（使）六郡"意为"少年行使西北六郡之地"。姚宽的引文必有所据，宋本的价值不可忽视。但仅据姚氏引文而无其他旁证，我们还不敢说作"本"就错了。且"本""李"是非的判断，与本文关系不大。我最看重的是下面这四个字："李作使音"。

本文将多种文献资料及闽语材料结合起来，考证"史""李"同音，并推断其 s、l 分化之前的早期（殷商时代）形式为复声母 *sr-，自信拟测有据，可供赞成早期汉语有复声母的人和反对汉语有复声母的先生们参考。无论如何，这种探索是有积极意义的。

（原载《中国语文》2007 年第 6 期）

《〈广韵〉反切今读手册》序

书的品质取决其对研究对象结构内容表达的完整性、准确性；取决其能否认真对待前人而且超越前人，建立自己的新体系；还取决其在文化史上具有什么样的独特地位；还取决其实用价值如何。以此标准衡量《〈广韵〉反切今读手册》[①]，我给出的分数是全优。所以，在此书就要出商务版时，先擢学长命我写几句话作为序言，我当即满口答应。记不清是哪一位古人说过这样的话："序，绪也，盖有所推明作者之指意而引其端绪也。"《手册》的"指意"是什么？如何"引其端绪"？这是作者、读者对我的考问，我不求得满分，就算是说说研读此书后的一些体会吧。

从 20 世纪以来，就不断有人用现代语音学的方法对古反切与今音的对照关系进行系统性研究，形成了大同而小异的不同路子。所谓"大同"是指古今音对照所遵循的规律所使用的材料基本上是一致的，对照的结果也应该是一致的；所谓"小异"是指对照的范围有相对开放与绝对封闭之别，这就是"指意"有所不同。如《〈广韵〉反切今读手册》与《古今字音对照手册》都取《广韵》反切与今音对照，这是"大同"，而二书的"指意"是有区别的。丁编《对照

[①] 语文出版社，2005 年 7 月第 1 版。序中的有关信息均依据此版。

手册》的"指意"是什么？《例言》第1条就交代了：

> 这本手册所收的字以今音为主，把古代的音韵地位注在后面，以供方言调查和音韵研究的参考。手册里所依据的古音是《广韵》所代表的中古音系统，所依据的今音是现代普通话的语音系统，也就是北京的语音系统。（丁声树编《古今字音对照手册》iii）

曹、李所编《手册》的"指意"又是什么呢？《例言》第1条也交代了：

> 本手册是为查检《广韵》反切今读而编写，依据反切注出今音。今音为现代普通话的语音系统，也就是北京话的语音系统。

丁氏的"指意"重在今音，"以今音为主"，故每一个条目都是先出今音后出反切，反切要服从今音，如不能"服从"，即不能为今音的来源提供历史依据，就要采取必要的措施，或做出必要的说明。

曹、李重在反切，故每一个条目都是先出反切后出今音。与丁编相反，今音要服从反切，而且是绝对服从。

这谁先谁后，可不是半斤与八两的关系，而是构成了"相对开放与绝对封闭"的原则性差异。

因为以今音为主，对反切的选择就具有"相对开放"的特点，即《广韵》反切如果与今音不能契合时，就可以"参考《集韵》"（《例言》7)或采用其他合适的反切。如：

>"忿"字《广韵》匹问切,又敷粉切,与今方言不合。《集韵》有父吻切一音,与"愤"字同音,今方言多用之。(《古今字音对照手册》"忿"字注,158 页,科学出版社,1960 年)

又如"瘪"字,《广韵》《集韵》的反切均与今音不合,则用必列切(未注明来历),舍《广韵》而择取他书反切,体现的是"以今音为主"的"指意"。

《广韵》有不少又音反切,丁编《手册》根据"以今音为主"的"指意"择其所需,而曹、李《手册》则没有这样的"自由"。

曹、李研究的反切是一个有特定历史背景的语音系统,这个系统是固定的、静态的,它与今音虽有内在的密切联系,而又有种种矛盾。如何处置矛盾?今音要听反切的。于是,某些字的注音,既不同于丁编《手册》,也不同于辞书的注音。如上文说的"忿"字,现代各类辞书及丁编《手册》均音 fèn,而曹编情况如何?请看:

46 页:敷粉切　忿 fěn
129 页:匹问切　忿 pèn

又如"瘪"字,丁编音 biě。曹编:

44 页:芳灭切　瘪 piē
131 页:蒲结切　瘪 bié

我们看《辞源》这个字如何注音:

瘪 biě　蒲结切,入,屑韵,并
　　　　芳灭切,入,薛韵,滂

请再看《汉语大字典》的注音：

瘪(一)biě(旧读 bié)蒲结切……

曹的注音与《大字典》的注音都正确。曹处理的反切是一个"绝对封闭"系统,只能跟着反切走;《大字典》的注音是一个实用系统,必须与丁编一样,以今音为主。它的高明之处是用括号加注"旧读 bié"。这样,反切(蒲结切)的"今音"就与曹书完全一致。只有《辞源》的注音比较鲁莽,它列出的两个反切均与 biě 不符,又不加"旧读",显然不可取。

　　曹书因为只能跟着反切走,所以某些字的"今音"与通常所说的"今音"就有性质上的差异,这是一般人所未曾注意的一个很有理论意义的问题。

　　一般辞书及丁书的"今音"是指口头上正在使用的"今音"。曹书的"今音"实则有两个内涵:其中绝大部分"今音"与口头上正在使用的今音是一致的;有少量的"今音"在口头上并不存在,它是按反切折合出来的"今音",是用北京语音系统对照出来的"旧音"。正因为如此,所以该书在这类"今音"下面往往加一小注:"今读某"。如:

而蜀切　辱①rù

注①"今读 rǔ。"(40 页)

对"今音"还要加"今读某",因为这个字的"今音"在口头上已发生演变,实为"旧音"。"今读某"是曹书一个重要体例,可惜贯彻不彻底。但能关照到此,读者应能举一反三,从中受到启发,从而正确认识此编的"指意"、价值。

古今音对照,原本就是一个极为复杂的问题,有些问题处理起来比较棘手。如"盾"字《广韵》有两个反切,曹书的处理如下:

185 页:徒损切　盾 dùn
158 页:食尹切　盾 shùn

根据浊上变去的原则,根据今音服从反切的"指意",这两条注音均正确无误。问题在于一切音变规律均可能发生例外。徒损切是正例,而食尹切是变例。我在《〈中州音韵〉述评》中谈到"浊上变清上"的问题,食尹切的演变也属于这种情况,故各种辞书及丁编《手册》均音 shǔn。《现代汉语词典》"盾"字已不收 shǔn 这个音,而早年的《汉语词典》(即民国年间的《国语词典》)还有 shǔn 这一读。再往前追溯,《中原音韵》"盾"字也有两读,相当于食尹切的"盾"读上声(此书已无浊声母)。曹书在食尹切下,注明了"吮、楯,今读 shǔn",未涉及"盾"字。可能是因为"盾"字 shǔn 一读在《现代汉语词典》中已经取消,只能说是旧读不能再注为"今读"了。细微处,我似乎见到了作者斟酌思量的印痕。写到这里,我仍然不敢断然肯定 shùn 一定要改为 shǔn。清代王鵕《音韵辑要·真文》上声

"盾"字注:殊允切,"中州音顺"。这不就是 shùn 吗?

一部书确立自己的"指意"之后,还要有一个符合此"指意"的完善结构,通过结构体现"指意"的具体内容。

在同类著作中,《〈广韵〉反切今读手册》的结构达到了极致,与周祖谟先生的《〈广韵〉四声韵字今音表》(中华书局,1980 年)相比,称得上是"前修未密,后出转精"。我以为后来者也难以有新的突破,叹观止矣。

此《手册》的第一个最高层级是将《广韵》中的全部反切按反切上字的音读分别归入 22 个字母之中,查检极为方便。

具有创新意义的是第二个层级,即反切的古今对照及其在古代的音韵地位。这个层级由三个部分组成。

第一部分为反切,并标注切上字和下字的读音,此为本书首创。

第二部分有两个内容:一是单独列出反切小韵的领头字,以汉语拼音标注今读,用括号标出注音字母;二是"另提行列出此韵所辖其他的字(即同音字),并按《广韵》体例标出该小韵的字数"(《例言》1 页),这是本书最有创意最为实用的部分。为什么要将同音字组的字一一列出?我揣摩有以下三个方面的原因。

1. 反切是死的,音读是活的。于是,同一小韵的字,在漫长的历史演变过程中可能发生分化。有的是领头字的今读与反切不符,有的是小韵内的某些字与反切不符。必须把领头字与小韵内的字全列出来,才可以做出必要的说明。领头字发生音变的,如:

都了切　鸟 diǎo

在普通话中"鸟"已不读 diǎo,故加注"今读 niǎo"(37 页)。

小韵内部发生音变的例子更多。如:

博陌切　伯 bó

本小韵共计 8 个字,有 3 个字加注了今读。

迫　今读 pò。
百　今读 bǎi,白读音。
柏　白读 bǎi。(6 页)

又如:胡官切,桓 huán。本小韵共收 29 个字,其下加注的有"完、丸、纨、汍、芄,今读 wán"(71 页)。

2.《广韵》中有大量的又切,这些又切字如果居于领头字的位置,《手册》自然会一一列出,如"差"有楚皆切、楚懈切、楚宜切。"差"还有楚佳切(差殊,又不齐)、初牙切(择也,又差舛也),均非领头字,若不是将小韵内的字全部列出,"差"字这两个音读就无法呈现在读者面前,而"差"的这两个音读所反映的乃常用义。

又如"栅"字,《广韵》有楚革、测戟、所晏三切。其中作为领头字的是测戟切,可一般辞书用来注音的都是楚革切(《说文》"栅"大徐音亦如此),《手册》将"栅""今读 zhà"标在 29 页的楚革切下,而不标在 15 页的测戟切下,可见作者心细如发,一丝不苟。所晏切音 shàn(176 页),这个音在现代辞书中已被淘汰[盈按:《汉语大字典》"栅"字音 zhà,括注"又读 shān"(1183 页),这是不妥当的,因为与所晏切不符。《现代汉语词典》(第5版)"栅"有 shān 一读(1187页),但只用于"栅极",这是现代科技词,其音晚出],而它仍然具有一定的现实价值。张清常先生在研究"大栅栏"的读音时,就联系到所晏切。他说:

> 北京前门大街北端西侧有一条胡同叫作大栅栏,……请注意,它要读成"大煞腊儿"。因为蒙古语珊瑚,广义为珍珠宝贝,音为"沙腊"或"沙剌"。这里借用"栅"字,它在《广韵》去声三十谏韵,有所晏切一读。(《北京街巷名称史话》389页,北京语言文化大学出版社,1997年)

《辞源》《汉语大字典》《汉语大词典》"栅"字下都标出了《广韵》所晏切,但没有一家注明音 shàn,其对应关系是比较乱的。只有《手册》严格遵循此切标此音的原则,对今之读者按切索音,大有益处。

还有的又切,均非领头字,且今音又已合并,《手册》将其在不同小韵中的音韵地位列举出来,可为读者提供该字的历史音读知识。如:沛 pèi。《现代汉语词典》一音二义:①盛大;旺盛。②姓。此字在《广韵》为二音二义。相当于义项①的"沛"为普盖切,以"霈"为领头字;作为姓氏的义项②音博盖切,以"贝"为领头字。二者差别在声母不同。

还有的常用字在《广韵》中并无又音,也非领头字,但在后来的发展过程中产生了又音,这个又音是后起的新音。新音与旧音有一个并存阶段,经过规范,新音终于取旧音而代之,如"硕"字的音韵历史就是一例。《手册》对"硕"字的处理,很见功夫。我把整条反切资料及编著者的研究意见都列举在下面：

  常隻切 chángzhī 石 shí(ㄕˊ)……
   硕③祏……
   注③硕，《正字通》：又藥韵，音灼。《康熙字典》：常灼切，音杓。文读为 shuò，白读为 sháo。(《〈广韵〉反切今读手册》17 页）

  试想如果不将"石"的同音字组全部列举出来，"硕"字的音变情况能得到如实反映吗？《手册》的学术价值、实用价值就是靠这类细节体现出来的。

  "硕"由 shuò 取代 shí，历史并不长。从《广韵》到《洪武正韵》《音韵辑要》《韵学骊珠》，均与"石"同音。丁声树先生编录的《古今字音对照手册》(1958 年)，shí、shuò 兼收，均取常隻切。但《新华字典》《现代汉语词典》均不收 shí 音，以 shuò 为正音，故曹、李《手册》对"硕"字音韵地位的处理，就值得我们提出来评说。

  3.《广韵》是一部韵书，也是一部字书，不同于一般字书的是，它以音统字，故将同音字组在一个平面上全面而又集中地展示出来，就有以音辨形之效。如同形字就要靠音来辨别。"谷"有三读，位于三个不同的同音字组之中，均非领头字。若不将同音字组全盘列出，仅出领头字，"谷"的音读情况就无法直接反映到《手册》中来。

  我将同形字分为旧同形字与新同形字。"谷"有三音三义，属于旧同形字，而对于使用简化字的地区来说，因为繁简的原因，又造成了某些新的同形字,还以"谷"为例,"五穀"之"穀"与"山谷"之"谷"本来同音不同形,经简化二者变为同形字了。新同形字虽与《广韵》无直接关系,而对于现代读者来说,要做到以简识繁就有"直接关系"了。《现代汉语词典》分出"谷^1""谷^2(穀)",甚为得当。

第二层级的第三个部分为该反切的音韵历史地位。如:

他鲁切　土　遇合一上姥透

"遇"为摄名,《手册》用的是16摄。"合"指合口,是与"开"相对的一个基本概念。"一"指"等",共有"四等"。"上"指声调,分"平上去入"四调。"姥"为韵名,共有206韵。"透"为声母名,《手册》共有40个声母。关于《广韵》的声母系统,存在一些小的分歧,如"泥""娘"是否合一,这种分歧不影响对"今读"的判定。

段玉裁《王怀祖广雅注序》说:

> 小学有形、有音、有义,三者互相求,举一可得其二;有古形、有今形,有古音、有今音,有古义、有今义,六者互相求,举一可得其五。(《经韵楼集》卷八,187页,上海古籍出版社,2008年)

道理很浅显,话说得也很轻松。可我要问:当今中国有这么多文字学家,"举一可得其五"者有几人?我敢负责地回答:先擢学长算一个,是屈指可数中的一个,《手册》可证吾言不谬。

先擢学长亲炙于王力、魏建功、周祖谟、朱德熙诸师门下,得各家之真谛,成一己之风格。对汉字形音义的研究,纵贯横通,硕果累累,是当之无愧的一流国手。我从青年时代起,与之相交几十年,并有过多次合作,对其缜密的科学头脑,细致的研究作风,精湛的学术修养,知之颇深。亦深知其为人也,有君子量,长者风,严于律己,从不虚张声势。不论身居何种地位,壹以尊德性、道问学为本。斯人也,堪称学界表率。

《手册》乃必传之作,此序若能明其指意,引其端绪,则不胜欣忭。

2011 年 10 月 12 日于抱冰庐

(原载《〈广韵〉反切今读手册》,商务印书馆,2013 年 6 月)

"不立诸部"新解

研究古代韵书的人，都推李登《声类》为韵书之权舆。可惜，对《声类》一书的体例，却所知甚少。只有封演的《闻见记》记载了一点《声类》的情况，但对于这条记载也还没有人做出令人满意的解释。封演的原话是：

> 魏时有李登者，撰《声类》十卷，凡一万一千五百二十字，以五声命字，不立诸部。

何谓"以五声命字"？其说不一，这里不做讨论。至于"不立诸部"，各家都以为是"不立韵部"，未见有人提出异议。如清代邹汉勋说："'不立诸部'，则自东、冬至乏之部名，登书未有也。"(《五均论·十五类三十论》，见《邹叔子遗书》)赵诚同志更肯定说："封演说《声类》是'不立诸部'，即尚未分韵部。"(《中国古代韵书》14页)这样一来，有些问题就不好解释了。

一、陆德明《经典释文·尔雅音义》说："《声类》《韵集》并以'蝗'协庚韵。"可证二书当有"庚韵"这样的名目，若"尚未分韵"，"庚韵"这个名目又从何而来？

二、《魏书·江式传》说："(吕)静别放(仿)故左校令李登《声类》之法,作《韵集》五卷。"吕静《韵集》既然是"仿《声类》之法",而《声类》不分韵部,则《韵集》也是"不分韵部"的了,赵诚同志就是这样推论的(《中国古代韵书》16 页)。"但是,陆法言竟能在韵目下注明《韵集》某韵与某韵同,某韵与某韵异,而且四声秩然不混,这怎么解释呢?"赵诚同志又推测说:"大概《韵集》的编排体例"是"每一篇中,凡是同音字都列在一起","所以王仁昫才能根据陆法言《切韵》所分的韵部以及四声相承的关系,从《韵集》同音字的排列指出其韵部分合的情况"(《中国古代韵书》16—17 页)。这个推论是不可靠的,是由于误解了"不立诸部"一语所造成的。

我认为"不立诸部"的"部"根本就不是"韵部"的意思,而是《说文》"部首"的"部"。理由有二:

(一)唐以前没有称韵目为"部"的。韵目只以"韵"名,部首才以"部"名。如《音辞篇》说:"《韵集》以成、仍、宏、登,合成两韵;为、奇、益、石,分作四章。""两韵"不能说成"两部"。《切韵·序》:"又支、脂、鱼、虞,共为一(亦作"不",非)韵。""一韵"不能说成"一部"。《文镜秘府论》载:"齐仆射阳休之……遂辨其尤相涉者五十六韵。""五十六韵"不等于"五十六部"。

(二)《闻见记》卷二是将"文字"与"声韵"分作两篇的。封氏将《声类》列入"文字"篇,而不放在"声韵"篇,足见封氏认为《声类》是属于《说文》《字林》之类的文字学著作。在《声类》这条记载之前,封氏介绍说:"《说文》凡五百四十部。"在《声类》这条材料之后,紧接着介绍《字林》说:"亦五百四十部,诸部皆依《说文》。"联系前后文字判断,很显然,所谓"不立诸部"的"诸部"与"诸部皆依《说文》"的"诸部",意思完全一样,都是指的部首。还有一例,也可为证。唐张参《五经文字·序例》说：

> 近代字样，多依四声，传写之后，偏傍渐失。今则采《说文》《字林》诸部，以类相从。

张参所说"诸部"，无疑也是部首的意思。"部"特指字书的部首，源于许慎说的"分别部居""五百四十部也"（《说文·叙》）。字书的分目称"部"，韵书的分目称"韵"，唐时尚不混。以"部"称"韵"，"韵部"合为一词，这是后来的情况。

以上材料证明："不立诸部"就是"不分部首"的意思。《声类》"以五声命字"，是一部韵书，当然用不着立部首了。封演将它归入文字篇，已属不当；后人又误解"不立诸部"，从而断定《声类》"不分韵部"，尤为不当。至于《声类》分韵的具体情形究竟如何，跟《韵集》的分韵是否一样，这还是一个谜。

（原载《中国语文通讯》1983 年第 3 期）

上古音和通假问题

古音通假并不神秘。对于初学古汉语的同志来说，这个"王国"也是可以认识的。而且为了培养独立解决问题的能力，我们很有必要认识一下这个"王国"。

一 掌握上古音系是弄通古音通假的前提

所谓"古音通假"的"古音"本是一个特定的概念。具体说就是指上古音，即先秦两汉的语音。两汉音系与先秦音系有些差别，但只要我们掌握了先秦古音，整个上古音系的情况就不难掌握了。只有掌握了上古音系的基本情况，就知道所谓"通假"是怎么回事了。否则，即使教材[①]上注明了某字是某字的假借，我们也只能是知其然，而不知其所以然。

关于上古音系，教材中的第二十六节通论已经有系统的介绍，其要点就是三十韵部，三十二声母。什么叫作"韵部"？把主要元音和韵尾相同的字归在一起，就叫作韵部。同一韵部的字可以互相押韵。就通假字而言，在多数情况下，也要韵部相同，即使韵部

---

① 指王力、林焘校订本《古代汉语》，北京出版社，1981年9月第1版。

不同,也要主要元音相同或相近。下面我们按照王力先生的意见,把上古韵划分为甲、乙、丙三类,根据这种"类"的划分,我们就能解释各种复杂的通假现象了。

甲类	①	之	支	鱼	侯	宵	幽	-o
	②	职	锡	铎	屋	药	觉	-k
	③	蒸	耕	阳	东		冬	-ŋ
乙类	④	微	脂	歌				-i
	⑤	物	质	月				-t
	⑥	文	真	元				-n
丙类	⑦	缉		叶				-p
	⑧	侵		谈				-m

韵尾的发音部位相同是划分三个类别的主要依据。甲类第②行的韵尾为-k,第③行的韵尾为-ŋ,发音部位都是舌根音(旧名牙音),与之相对的(第①行)为无尾韵,-o;乙类第⑤行的韵尾为-t,第⑥行的韵尾为-n,发音部位都是舌尖音(旧名舌头音),与之相对应的(第④行)为-i尾韵;丙类第⑦行的韵尾为-p,第⑧行的韵尾为-m,发音部位都是双唇音(旧名重唇音)。

三大类的划分显示出上古韵部是一个严密的体系,对应关系很整齐,为说明"一声之转"提供了音理根据。如对转、旁转、通转的确定,都与类的划分有关。同类同一直行的字相通假叫作对转,如之、蒸两部的字相假借,叫作阴阳对转,之、职两部的字相假借,叫作阴入对转;同类同一横行的字相假借,叫作旁转,如鱼、侯两部的字相假借,幽、宵两部的字相假借,都叫作旁转;不同类而同一直行的字相假借,叫作通转,如之、侵可以通转,蒸、文也可以通转,通转的条件是它们的主要元音相同。我没有把各部的主要元音写出来,是因为对初学者而言,知道类别即可,音值问题暂不掌握也关系不大。

通假字不仅韵部相同或相近,一般而言,声母也应相同或相近。声母相同的叫双声,声母不同但同类的叫旁纽,所谓"类"是指喉、牙、舌、齿、唇五大类(请看王力、林焘校订本《古代汉语》1030页)。我们掌握了上古声、韵系统,就为识别古籍中的通假字创造了必要的前提。

二 音同假借和音近假借

从语音条件看,通假字可以分为两类:一类是音同假借,一类是音近假借。所谓音同,就是假借字和本字的读音完全一样,二者既双声,又叠韵;至于旁纽或对转、旁转等,就只能算是音近假借了。从我们教材中出现的假借字来看,音同假借占多数,如:

1. 以借作已(喻四,之部)[①]
   a. 得鱼腹中书,固以怪之矣。(170)[②]
   b. 赴公家之难,斯以奇矣。(395)
   c. 及以至是,言不辱者。(399)
   d. 无以,则王乎?(609)

(前三例借作"已"的"已"是副词,已经;后一例的"已"是动词,停止。)

2. 媒借作酶(明母,之部)

而全躯保妻子之臣,随而媒孽其短。(395)

[①] 以和已都是喻母四等、之部字。
[②] 括号中的数字为教材上的页码,下同。

3. 寤借作啎（疑母，鱼部）

庄公寤生，惊姜氏。（125）

4. 无借作毋（明母，鱼部）

a. 无使滋蔓。（126）

b. 苟富贵，无相忘。（169）

c. 无令舆师陷入君地。（141）

5. 並借作傍（並母，阳部）

並南山，欲从羌中归。（188）

6. 罔借作网（明母，阳部）

a. 及罪至罔加，不能引决自裁。（399）

b. 是罔民也，焉有仁人在位，罔民而可为也！

7. 蚤借作早（精母，幽部）

旦日不可不蚤自谢项王。（160）

8. 罢借作疲（並母，歌部）

a. 庶民罢敝。（146）

b. 老弱罢于内。（177）

c. 罢夫羸老易子而鲛其骨。（387）

d. 仆虽罢驽。（390）

以上八例都是音同假借，下面我们再分析几种音近假借的情况。

甲、叠韵假借。

1. 适借作谪（适，审母①，锡部；谪，端母，锡部）

---

① 此字若取《集韵》陟革切，则上古为端母。

发间左适戍渔阳九百人。(170)

2. 借党作倘(党,端母,阳部;倘,透母,阳部)

怪星之党见(xiàn),是无世而不常有之。(631)

3. 借卒作猝(卒,精母,物部;猝,清母,物部)

卒卒无须臾之间,得竭指意。(391)

乙、双声假借。

1. 借为作谓(为,匣母,歌部;谓,匣母,物部)

夫宋,所为无雉兔狐狸者也。(591)

2. 借培为凭(培,並母,之部;凭,並母,蒸部)。

故九万里,则风斯在下矣,而后乃今培风。(595)

按:培、凭不仅双声,就韵而言,又属阴阳对转。

丙、旁纽兼对转。

借倍为背(倍,並母,之部;背,帮母,职部)

a. 愿(项)伯具言臣之不敢倍德也。(160)

b. 倍道而妄行,则天不能使之吉。(629)

丁、旁纽兼旁转。

借阙为掘(阙,溪母,月部;掘,群母,物部)

若阙地及泉,隧而相见。(129)

三　在辨别假借方面存在哪些问题

我们要承认,辨别假借字是一件比较复杂的事情。可以说,目前的一些古籍注本在辨别假借方面还存在一些混乱现象。

甲、把本字当作假借字。

1. 莫春者,春服既成。(《论语·先进·侍坐章》)

有不少注本都说:"莫:通暮。"这种说法是有问题的,因为"莫"的本义就是:"日且(将)冥也。"《说文》将"莫"字归在茻(mǎng)部,茻代表草丛,太阳(日)落进了草丛中,不就是"日且冥"的景况吗?由日将冥引申为"晚"的意思,"莫春"三月,正是晚春,这里的"莫"是本字,怎么能说是"暮"的假借呢?我们编的教材说:"莫,暮的本字。"(575页)这就对了,因为"暮"是后起的分别字。

2. 身直为闺阁之臣,宁得自引深藏于岩穴邪?(司马迁《报任安书》)

我们编的教材406页说:"阁,通阁。"这也是误将本字当借字。请看段玉裁的意见。段说:"按汉人所谓阁者,皆门旁户也,皆于正门之外为之。前《书》(指《汉书》)注曰:闺阁,内中小门也。公孙弘传:起客馆,开东阁以延贤人。师古云:阁者,小门也,东向开之,避当庭门而引宾客,以别于掾史官属也。亦有云南阁者,如许冲云:臣父故太尉南阁祭酒是也。有云西阁者,如《晋书》卫玠为太傅西阁祭酒是也。唐时不临前殿,御便殿,谓之入阁。谓立仗于前殿,唤仗,则自东西阁入也。凡上书于达官曰阁下,犹言执事也。今人乃讹为阁下。"(《说文解字注》,587页)《说文》对"阁"的释义是:"所以止扉者。"(直檖,所以扞格者)可见,"阁下"之"阁"乃假借字,今人反而误以借字为本字,以本字为借字,真是"是非颠倒"了。

以上两个例子情况稍有不同,例一是把后起字当作本字,这类例子相当多,如说"反通返""知通智""竟通境""取通娶""孰通熟"(顾野王《玉篇》始有"熟"字)之类都是,王筠把这种后起字叫作"分别字"。他给"分别字"下的定义是:"字有不须偏旁而义已足者,则其偏旁为后人递加也。其加偏旁而义遂异者,是为分别文(即分别字)。其种有二:一则正义为借义所夺,因加偏旁以别之者也;一则本字义多,既加偏旁,则衹分其一义也。"(《说文释例》,卷八,697页)"正义为借义所夺,因加偏旁以别之",如"孰"原本指熟食,"孰"后来借作疑问代词,于是"熟"下加"火"以别之。"本字义多"而加偏旁的如"返""境""取"等等都是。

例二是把借字当本字,上文已说过了。

乙、把同源字当作假借字。

什么叫同源字,王力先生有一个定义。他说:"凡音义皆近,音近义同,或义近音同的字,叫做同源字。"(《同源字典》,3页)

从这个定义我们就可以了解:同源字与假借字只有一个条件类似,即音同或音近;而另一个条件则完全相反,即同源字要求义同或义近,而假借字则必须彼此在意义上毫无关系。实际上,注家往往把一些意义有关的同源字当作假借字来处理了。如:

3. 必能裨补阙漏。(《出师表》)

教材 409 注:"阙:通缺,缺点。"所谓"通缺"就在认为"阙"是"缺"的假借字。我们知道:水缺为"决",玉缺为"玦",器缺为"缺",门缺为"阙"(《同源字典》,3页)。"阙""缺"本是同源字,意义上的联系很密切。这条注应改为:"阙指缺失。在这个意义上现在只写作'缺'。"古人只写作"补阙",未见有写作"补缺"的。

4. 古之治天下,至孅至悉也。(贾谊《论积贮疏》)

教材 387 页:"孅:通纤。这里当细致讲。""孅""纤"音义皆同。《说文》:"孅,锐细也。"又:"纤,细也。"二字古通用(《汉书·司马相如传》:"妩媚孅弱。"师古曰:"纤,细也。……孅即纤字耳。"),属于同源字。而且在这句话中,按照"孅"的本义完全可解,不必再说"通纤"之类的话了。

丙、把古今字当作假借字。这里的问题一般是误以为今字反而借用了古字,这是缺乏历史观点。如:

5. 昔召康公命我先君大公。

教材注:"大:通太。"(136)

以太为本字,大为借字。

6. 王祭不共,无以缩酒。

教材注:"共:通供。"(136)

7. 食舍肉。

有的注本说:"舍:通捨。"教材130页注:"舍,捨的古体。现代捨又简化为舍。"这条注就比较周密得当。如果"太""共"都按此法处理就好了。

教材关于假借字的处理,一般来说是比较谨慎的。它的缺点是体例不周,何者是假借,何者不是假借,标准不明确。如果把标准统一一下,这些问题不难解决。当然,即使标准统一,由于水平不同,对具体字的处理,仍会有误。现在各类古汉语辞书,对假借字的判断以及处理方式,也是问题多多。不仅今人,就是清代专门研究假借的《说文》大家朱骏声,其《说文通训定声》所言假借,也有不少错误。

(原载《湖北电大通讯》1983年第6期)

清儒研究假借的经验

学习、研究古代汉语,必须要明假借。假借不明,就会对原文做出不正确的解释。如《左传》隐公六年说:"恶之易也,如火之燎于原。"杜预注:"言恶易长,如火焚原野。"杜预把"易"字解为"容易"的"易",然后又凭空增加一个"长"字,于是原文的意思完全被曲解了,这段话的前后文也联不起来了。直到清代王念孙才指出:"易者延也,谓恶之蔓延也。"(《经义述闻》卷十七)释"易"为"延",就是以本字破借字。

明假借是一件很复杂的事情,从许慎到清朝乾嘉之前,一千七百年间,对假借问题的研究没有什么重大的进展。许慎本人给假借下了个定义:"假借者,本无其字,依声托事,令长是也。"定义本身就欠完整,以"令""长"作为说明这个定义的例证就更不恰当了。至于落实到具体的文字材料,在哪种情况下是本字本训,非假借;在哪种情况下算是假借,在朱骏声的《说文通训定声》之前,从未有人进行过这种性质的全面研究。清以前的学者对于什么叫"假借"都说不太清。卫恒说:"假借者,数言同字,其声虽异,文意一也。"(《晋书·卫恒传》)"声异""意一",这根本不是假借的特点。宋代的郑樵对假借进行过一番研究,他批评许慎"惟得象形、谐声二书以成书,牵于会意,复为假借所扰,故所得者亦不能守焉。"又批评许慎"惑象形于假借"(《通志·六书略》)。还认为:"先儒所以颠沛沦于经籍之中,如航(本亦作汎)一苇于溟渤,靡所底止,皆为假借之所魅也。"这些意见都很有道理。但他将假借区分为"有有义之假借,有无义之假借",还是不得要领。明代赵古则等人更是抓不住假借的本质特点,最明显的一个错误是把引申义与假借义混为一谈。

清儒(主要是指乾隆、嘉庆、道光时候的语言文字学家)对假借问题的研究做出了很好的成绩,我以为他们明假借的主要经验有三条。

第一,因声求义,不拘形体。

朱骏声说:"假借者,亦训诂之事,而实音声之事也。"(《说文通训定声》37页,万有文库本)又说:"不知假借者,不可与读古书;不明古音者,不足以识假借。"王念孙说:"窃以诂训之旨,本于声音。故有声同字异,声近义同,虽或类聚群分,实亦同条共贯。譬如振裘必提其领,举网必挈其纲。……此之不寤,则有字别为音,音别为义。或望文虚造,而违古义;或墨守成训,而鲜会通。易简之理既失,而大道多岐矣。今则就古音以求古义,引申触类,不限形体。"(《广雅疏证·序》)

王念孙、朱骏声的意见都很正确。一个说"假借……实音声之事",一个说"就古音以求古义,……不限形体。"他们都把假借问题当作语言问题来看待,从语言的角度来研究假借,彻底摆脱字形的束缚,做到了"提其领","挈其纲",这个"领",这个"纲",就是"音声"。如《诗·豳风·七月》有一句诗说:"四之日其蚤。"如果将这个"蚤"字理解为"跳蚤"的"蚤",这就是"望文虚造,而违古义",也就是"限"于"形体",这句诗就无法讲通了。如果我们懂得"就古音以求古义",就会明白"蚤"与"早"音同,所以"蚤"是"早"的假借字。

假借必须以音声为纲,其理的确至为"易简"。但用此"易简之理"来解决具体问题时,还是十分复杂的一件事情。这里特别值得注意的有两点:

一、王念孙说的是"以古音求古义"。他为什么强调"以古音"呢?因为语音是有时代特点的,解决上古文献资料的假借字问题,当然就要明上古音,如果对上古音不了解,就今音以求古义,同样解决不了问题。在这一方面是有教训的。我们知道,"因声求义"这个主张,并不是乾嘉学者首先提出来的,宋末元初的戴侗,明末清初的方以智、黄扶孟都讲到了"因声求义"的问题,他们有讲对了的,也有讲错了的。讲对了的往往是古今音(这里所说的今音不是指现代汉语,而是指中古音,习惯上把《切韵》音系称为今音)一致的地方,讲错了的主要是由于他们不明古音。如黄扶孟认为"乐"与"角"音近通借。清人钱熙祚批评说:"古音'乐'在药部,'角'在屋部,绝不相通,何云音近?"(《义府·跋》)他们在理论上很懂得"因声求义"的重要性,而在事实上却未能取得像样的成就,原因就在于"不通古韵,而于今韵又限于方音,往往执今议古,无事自扰,此其所短也"(《义府·跋》)。到了乾嘉时代,情况就大不相同了,经过顾炎武、江永的努力,上古音的基本体系已确立起来,当时的文字学家、训诂学家如段玉裁、王念孙等人,都是第一流的古音学家,他们都在早年就对上古音进行了全面深入的研究,并且有不少创见,建立了自己的体系,然后再运用古音学的成果来解决训诂学、文字学中的问题,所以他们"以古音求古义"时,就很少犯"执今议古，无事自扰"的错误了。后来的王引之、朱骏声、王筠等人，虽然在上古音方面没有什么创见，但他们都是精通上古音的，有了这样的条件，方可与言假借。

二、要懂得古音通假的具体条例。语音有自己的严密结构，明假借就是要证明甲乙二字之间在语音结构上的一致性。但这种一致性有时是全面的一致，有时只是某一方面的一致。它的具体条例是什么呢？朱骏声总结了四条。他说：

> 假借之例有四：有同音者，如"德"之为"悳"，"服"之为"犌"；有叠韵者，如"冰"之为"掤"，"冯"之为"淜"；有双声者，如"利"之为"赖"，"答"之为"对"；有合音者，如"茺（chōng）蔚"为"萑"（tuī，益母草），"蒺藜"为"茨"也。（《说文通训定声》48页）

"德""悳"都是端母职部字，"悳"的本义是"道德""恩德"的意思，"德"的本义《说文》解为"升也"，古书中常用"德"作"悳"。"服""犌"都是并母职部字，古书中实际上只有"服"字，假"服"为"犌"，而"犌"废矣。

叠韵假借是指韵部相同而声母不同的假借字。如"冰"的本义是"水坚也"。《左传》昭公二十五年："公徒释甲执冰而踞。""执冰"并不是拿着冰块，"冰"的本字应该是"掤"。"掤"是箭筒的盖子，《诗·郑风·大叔于田》"抑释掤忌"就是用的本字本训。"冰"与"掤"在上古都是蒸部字，是为叠韵，故得假借，而它们的声母并不相同，"冰"是帮母字，音〔p-〕，"掤"是并母字，音〔b-〕。又如"淜"的本义是:"无舟渡河也。"(《说文·水部》)但古书中实际上都借"冯"作"溯"。如:《诗·小雅·小旻》:"不敢暴虎,不敢冯河。""冯"与"溯"都是蒸部字,是叠韵关系;它们的声母也相同,"冯"属并母,"溯"也属并母。实为叠韵兼双声。

双声假借是指声母相同而韵部不同的假借字。朱骏声举的例子是借"利"为"赖"。"利"与"赖"都属来母,但不同韵。"利"是质部字(朱骏声归履部),"赖"是月部字。还有一个例子是借"答"为"对"。"答""对"都是端母字,但"答"是缉部字,"对"是物部字。

朱骏声所说的"合音"假借,并没有为后人所接受。"菶芜"双声,"菶蔚"叠韵;"茨蒺"双声,"茨藜"叠韵,这种语言现象究竟应怎么解释呢?有人认为是方音问题,有人认为是快读造成的二合音,有人还以"蒺藜为茨"证明上古有复辅音,总之,谁也不认为这是假借问题。所以,朱骏声列举的四个条例,真正管用的只是前三条,掌握了前三条规律,明假借的困难就可扫除大半。

但由于上古音的研究还有待于进一步深入,有些问题大家意见还不一致,所以从语音上分析假借字的时候,各人的说法就可能不完全一样。如朱骏声认为"冰掤"非双声,"冯溯"也非双声,他是立足于谐声系统来看待双声的。董同龢的《上古音韵表稿》把"冰掤"当作同音字,他是从中古音来推上古音的,"冰掤"在《广韵》中都是"笔陵切"。"冯"在中古是并母字,上古也应归并母,可是,朱骏声根据《说文》"冯"字从"仌声",认为它是帮母字,这样,"冯"与"溯"就非双声了(《广韵》"冯""溯"都是扶冰切,是同音字)。

对叠韵的看法也有分歧,产生分歧的原因是由于各家所分的韵部并不完全一样。如段玉裁分古音为十七部,朱骏声分为十八部,还有二十一部、二十八部、三十部等差别,分部不同,字的归属必然有别,甚至于分部一样,由于对谐声的看法不一,或对诗韵的处理不一,具体归字的结果也会产生分歧。这些问题,我们并不要求每一个初学古汉语的同志都有深透的了解,但略微懂得一点这方面的知识,对明假借乃至于研读段注《说文》之类的著作,都是有用的。

第二,本无其意,依声托字。

朱骏声说:"假借者,本无其意,依声托字,'朋''来'是也。"朱骏声给假借下的定义,显然与许慎的定义有别。许慎说的"本无其字,依声托事",只是假借中的一种情形,即清人所说的无字之假借。"至于经典古字,声近而通,则有不限于无字之假借者,往往本字见存,而古本则不用本字,而用同声之字。"(《经义述闻》卷32)朱骏声的定义就是对有字之假借的概括,但是,他举的这两个例字并不可信。他说:"往来之来,正字是'麦',菽麦之麦,正字是'来'。"(见颐部来字注)后半部分说对了,前半部分是错误的。他又认为"朋友"的"朋",本字是"佣",这也缺乏说服力。朱骏声在理论上犯了一个错误,他认为:"假借,数字供一字之用,而必有本字。"于是凡遇假借,他就硬去找"本字",这就等于不承认无字之假借了。

但朱骏声的定义是很值得我们重视的。所谓"本无其意",是清儒检验假借的一个重要标准。所有的假借字都应该是"本无其意"的,如果该字"本有其意",那还算什么假借呢!这个问题看起来很简单,有许多人却认识不清,不仅宋元明的某些学者没有彻底讲清,就是清代某些学者也没有讲清。如钱大昕说:"古书假借之例,假其音并假其义,音同而义亦随之。"(《潜研堂文集》卷三,42页)"假其义"的说法就很不确切。

在朱骏声之前,江永已经说过:"其无义而但借其音,或相似之音,则为假借。"(转引自戴震《答江慎修先生论小学书》)"无义"并不是说这个字没有意义,而是说当它作为假借字出现时,它是"无义"的。段玉裁进一步发展了江永的观点。他说:"依形以说音义,而制字之本义昭然可知;本义既明,则用此字之声而不用此字之义者,乃可定为假借。本义明而假借亦无不明矣。"(《说文解字注》757页)在段玉裁看来,明本义与明假借是一个问题的两个方面,这个见解是卓越的,因为他提出了以词义系统作为区分假借的又一标准。每一个词都有它自己的意义系统,它有本义,有引申义,如果在一个具体的语言环境中,这个字的出现既非本义,又非引申义,而是"无义",那就是假借字了。可见,判断何者为假借,并不是一件孤立的事情,并不是说抓住了声音这个纲,就万事大吉了,还必须要对这个字的意义系统有一个相当完整的了解,才能得出可靠的结论,段玉裁正是从这个意义上强调指出:"本义明而假借亦无不明矣。"因为"凡与本义不符者,皆假借也"(王筠《说文释例》478页)。我们可以举一个例子证实这个观点。《孟子·万章》说:"杀三苗于三危",有人把这句话译为"将三苗的君主杀死在三危"。可是《博物志》说:"帝杀有苗之民,叛浮入南海,为三苗国。"这两个"杀"字是一样的,都不可解为"杀死"。王筠说:"夫民不可尽杀,果杀之,又何由叛!"(《菉友臆说》11页)按照"杀"的本义来解释"杀三苗",于义难通,这就要考虑是假借问题了。下面的材料为我们提供了确切的答案。

1. 竄三苗于三危。(《尚书·舜典》)

2. 投三苗于三危。(《庄子·在宥》)

3. 迁三苗于三危。(《史记·五帝本纪》)

4. 歘,读若《虞书》曰"歘三苗"之歘。(《说文》卷七下。段注改为"竄三苗"之"竄",可从)

5. 粲,放也。若"粲蔡叔"是也。(《广韵·曷韵》)

6. 周公杀管叔而蔡蔡叔。杜注:蔡,放也。(《左传》昭公元年)

"竄""投""迁""歘""粲""蔡"等,都是"放逐"的意思。三苗并没有被"杀死",而是被投竄、被放逐。"杀"无疑是假借字。在上古语音中,"杀""歘""粲""蔡"都是月部字,"竄"有两个读音,一个读音属元部,一个读音属月部(《说文》"歘"字段注:"《易·讼·象传》、宋玉《高唐赋》……吕忱《字林》'竄'皆音七外反。"(342页)),元、月主要元音相同,可以对转。其实,段玉裁、朱骏声早已解决了这个问题。

段玉裁说:"'粲'本谓散米,引申之凡放散皆曰粲。字讹作'蔡'耳,亦省作'杀'。《孟子》曰:杀三苗于三危。即粲三苗也。"(《说文解字注》333页)

朱骏声说:蔡"假借为'粲',按实为'歘',投诸边塞也。"(《说文通训定声》2675页)又于"粲"字下注云:"《左昭元年传》,周公杀管叔而蔡蔡叔。注,蔡,放也。以'蔡'为之。《孟子》杀三苗于三危。以'杀'为之。按:实皆借为歘。"(《说文通训定声》2758页)段朱二人的意见,稍有不同。段认为"杀"的本字是"粲",朱认为"杀"的本字是"歘"。但"杀三苗"的"杀"非本义,这是不存在分歧的。

这个例子也说明,我们在遇到假借问题时,要注意吸收清儒的研究成果。

第三,旁征博引,言之有据。

这是清儒明假借的第三条经验。明假借的过程就是一个论证的过程。一要论证借字和本字在语音结构上是有联系的,二要论证借字和本字在语义系统上是不存在联系的,但仅止于此还不够,论证的任务还没有完成,起码是论据不充分。还有一件要做的事情,就是要拿出证据来。有人以为出示证据还不容易吗,把有关的资料排比一下就行了。这样谈问题,显然是不了解求证的艰苦所在。

我认为,列举丰富而有力量的证据,它本身就显示了一个人的学问和功底。因为要做到这一点,不仅要博及群书,而且要求对所阅读的资料有精细透彻的理解,而且还要有调遣组织材料的能力。清代的语言文字学家也不是所有的人都能做到这几点的。有的人博而不精,引据失当;有的人不会条分缕析,堆砌证据;下焉者不精不博,就很难拿出像样的证据来。清代破假借的能手当推高邮王氏父子,王念孙的《读书杂志》,王引之的《经义述闻》《经传释词》都以证据博洽精审而著称于世。他们求证的方法主要有以下三种。

一、引异文以明假借。

如《逸周书·时则解》:"大暑之日,腐草化为萤。"王引之说:"萤"本作"蚈"。唐段公路《北户录》引《周书》正作"腐草为蚈"。(原注:"公路误解为蛙黾之蛙,盖不知为'蠲'之借字。")而"蚈"乃

"蠲"之借字。王引之引证了三条异文：

1.《说文·虫部》"蠲"字注："马蠲也。"并引《明堂月令》曰："腐草为蠲。"王引之说："蛙"从圭声。"圭""蠲"古同声。

2.《诗·小雅·天保》："吉蠲惟馈"。（原注："《释文》：'蠲，古元反，旧音圭。'"）郑注《周官·蜡氏》《士虞礼记》并引作"圭"。（盈按：郑注《周礼》原文是："蠲，读如'吉圭惟馈'之'圭'。"）"腐草为蠲"之"蠲"作"蛙"，亦犹是也。

3.《吕氏春秋·季夏篇》："腐草化为蚈。"高注：蚈，马蚿也（一种多足虫）。蚈，读如"蹊径"之"蹊"。声与"圭"亦相近。王引之认为"即'蠲'之或体也"。（《读书杂志·逸周书第三》）

又如《史记·韩世家》："公战而胜楚，遂与公乘楚，施三川而归。公战不乘楚，（楚）塞三川守之，公不能救也。"《正义》对这个"施"字的解释是："施犹设也。三川，周天子都也。言韩战胜楚，则秦与韩驾御于楚，即于天子之都，张设救韩之功，行霸王之迹，加威诸侯，乃归咸阳是也。"张守节的这番议论纯系"望文生训"。所以王念孙说"张说甚谬"。王念孙认为这个"施"字应当"读为移。移，易也。言与韩乘楚，而因易三川以归也"。接着他就举《战国策·韩策》的异文为证。《韩策》作"易三川而归"。（《读书杂志·史记第三》。盈按：也有不同意王说者，在此不展开讨论。）

二、引注疏以明假借。

如《经义述闻》解"恶之易也"的"易"为"蔓延"的"延"，就引用了三种注疏材料。

1.《诗·大雅·皇矣》："施于孙子。"郑笺曰："施犹易也，延也。"

2.《尔雅·释诂》："弛，易也。"郭注曰："相延易。"

3.《东观汉记》载杜林《疏》曰:"见恶如农夫之务去草焉,芟夷蕴崇之,绝其本根,勿使能殖,畏其易也。"正取"延易"之义。(《经义述闻》卷十七)

三、引假借以明假借。

古书中的假借字往往在多处出现。它在某一特定语言环境中容易误以为本字,而在另一特定语言环境中则不难判断这是假借字。所以,有时可以引用一处之假借以明另一处之假借。如《战国策·韩策》:"秦攻陉,韩使人驰南阳之地。秦已驰,又攻陉,韩因割南阳之地。秦受地,又攻陉。陈轸谓秦王曰:'国形不便故驰,交不亲故割。今割矣而交不亲,驰矣而兵不止,臣恐山东之无以驰割事王者矣。'"这段话共出现了五个"驰"字。南宋鲍彪解"驰南阳"之"驰"说:"驰,反走,示服也。"解"秦已驰"的"驰"为"进也。韩避之,而秦进也"。王念孙说:"鲍说甚谬。驰读为移。移,易也。谓以南阳之地易秦地也。下文曰'国形不便故驰',谓两国之地形不便,故交相易也。"王念孙解"驰"为"易",事实上就是以本字破借字,在文意方面完全可以贯通。但王念孙并不就此满足,他还找到了另外一个"驰"借为"易"的例子为证。《竹书纪年》:"梁惠成王十一年(盈按:《纪年》这条材料所据为《水经注·河水五》,原文作"十三年",戴校改为"十一年"。一说"十三年"不误),及郑驰地。我取枳道,与郑鹿。"这里的"驰地"无疑就是"易地"。(《读书杂志·战国策第三》)

以上三种求证方法往往是综合利用,所以王氏父子谈假借往往无懈可击(不是说字字可信)。同治年间,曾国藩《题俞荫甫〈群经平议〉〈诸子平议〉后》云:"顾阎启前旌,江戴绍休烈。迭兴段与钱,王氏尤奇杰。大儒起淮海,父子相研悦(原注:谓高邮王怀祖先生念孙及其子文简公引之)。子史及群经,立训坚于铁。审音明假借(原注:王氏精于古音,谓字义多从音出,经籍多假借字,皆古音本同也。),课虚释症结。旁证通百泉,清辞皎初雪。九原如有知,前圣应心折。"(《曾国藩诗文集》119页,上海古籍出版社,2005年)曾氏的评价至今仍然不可动摇。清朝末年,王氏的私淑弟子俞樾也好谈假借,而博洽精审远不如王氏父子。他大胆假设有余,认真求证不足。如《韩非子·诡使》:"而士卒之逃事状匿,附托有威之门以避徭赋,而上下不得者万数。"俞樾说:

"状匿"即"藏匿"也。"状"与"壮"通。《考工记》㮚氏:"凡铸金之状"。"故书状作壮"是也。"壮"与"庄"通。《汉书·古今人表》柳壮,《檀弓》作柳庄是也。而"藏"字《说文》所无,古书多以"臧"为之。"臧""庄"声近,"状"通作"壮","壮"又通作"庄",则亦可通作"臧"矣。(《诸子平议》,434页)

俞樾为了说明"状匿"即"藏匿",拐了多大一个弯呢?由状——壮——庄——臧——藏,声音上是讲"通"了,可是却没有一条像样的证据。故难免"迂曲"之讥。其实,这个"状"根本不是通假字,而是由"伏"字形近而讹。梁启雄说:"迁评本、赵本、凌本作'伏匿',谓伏藏隐匿。"这就对了。《史记·范雎传》:"范雎亡,伏匿。"亦可以为证。这个例子说明:声近而通,本是明假借的一个法宝,若滥用一声之转,就不足为训了。

(原载《电大语文》1983年第10期,辽宁电大编。
又收入语文出版社编《怎样学好古代汉语》,1986年。
这次收入《丛稿》,略有补充)

唐写本《说文·木部》
残帙的真伪问题

最早断言唐写本《说文·木部》残帙为赝品的是同治三年(1864)年仅十七岁的孙诒让。由于百余年来相关材料从未公诸于世,故孙氏的质疑和断语学界知之者稀。2003年7月上海社会科学出版社出版了孙诒让的哲嗣孙延钊撰写的《孙衣言孙诒让父子年谱》(孙延钊撰,徐和雍、周立人整理。以下简称《谱》。原本为两书,即《孙逊学公年谱》《孙征君籀庼公年谱》。整理者自作主张将两《谱》合而为一,并有增删,令人遗憾),该《谱》同治三年甲子条披露了孙诒让对"残帙"的质疑。《谱》文说:"时莫子偲得唐写残本《说文》木部之半,自撰《笺异》,曾国藩命刊行世,杨见山、张啸山为之校勘。诒让览而疑之,有书一篇以著其说。"(《谱》59页)

莫友芝字子偲(1811—1871)、杨岘字见山(1819—1896)、张文虎字啸山(1808—1885),同治三年,他们均在曾国藩(1811—1872)幕府充当文化学术幕宾。孙诒让的父亲孙衣言(字琴西,1814—1894)也在幕宾之列。

孙衣言与曾国藩为师生关系。道光三十年(1850)庚戌科孙衣言中进士,曾国藩为座师。孙衣言为人、为学、为政均深受曾国藩影响,曾国藩亦很器重孙衣言。孙衣言日记载:"同治元年七月,予以涤生师相召赴皖。"同治二年二月"初五日晴,午刻抵安庆省城","二十九日,谒见节相。予自庚戌馆选一见,至今十三年矣,是时予年三十六,节相四十,尚为内阁学士也","(十一月)二十二日晴,奉节相饬署庐凤颍道"(《谱》368、395、398、416页)。孙衣言此次应召赴皖,乃携眷同行,孙诒让亦随侍左右。因战火纷飞,只得绕道闽赣。同治元年十月十四日抵南昌,在此小住数月。同治二年正月二十八日舟行赴皖,家眷暂留南昌。同年五月二十二日,"诒让奉母叶夫人自赣赴皖"(《谱》46页)。衣言就庐凤道任,"诒让侍父衣言于寿州官斋"(《谱》58页)。此时诒让的学术修养如何呢? 早在咸丰十年(1860),年仅十三岁的"诒让草《广韵姓氏刊误》一卷,始为校雠之学"(《谱》43页)。同治二年,"诒让读江藩《汉学师承记》及《皇朝经解》,始知清儒治经史小学家法"(《谱》46页)。

了解孙氏父子与曾氏安庆幕府的关系,了解孙诒让的学术功底,才能理解:为什么一个十七岁的少年,敢于向曾国藩、莫友芝、张文虎这样一些学术权威提出挑战,断言所谓唐写本《说文·木部》残帙为赝品。

孙氏断为赝品的理由有二。

一是行款与唐宋古制不合。孙诒让说:

> 二徐本惟部首字跳行书,余文则皆随注之繁简连属书之。唐本均排字数,每叶必三十六文,上下分为二列(此处整理者标点有误,今改正),与二徐本绝异。或谓二徐注文增多,今本行款或其所改。然宋刻字书,若《玉篇》《类篇》诸书无不如是,

即《五经文字》、《九经字样》、唐石刻本亦然,是二徐本固未可遽谓非许书旧式矣。(《谱》60页)

二是所谓米友仁鉴定实不足信。孙诒让说:

至篇末有米友仁跋二行云:"右唐人书篆法《说文》六纸,臣米友仁鉴定恭跋。"莫君据以为南宋初曾入秘府,经元晖鉴定,故夹缝中尚有绍兴小玺。此则可疑之大者。盖唐本之在宋代,犹今日之明写本耳,流传虽少,要非绝无仅有之物。故南渡后,晁、陈书目尚有著录,其时内府所储当尚不少。而许书唐钞,汴宋时尚有全帙,晁以道犹得见其异文。此六叶者在全书止四十四分之一,既非知名人书,且原书具在,又非若《文馆词林》(见《中兴馆阁录》)、《文思博要》(见《云烟过眼录》)诸书之残帙仅存者,乃何以亦蒙收录,登诸秘阁,且命词臣为之鉴定?(《谱》60页)

除以上两点理由之外,孙诒让"又识于戴侗《六书故》册尾云":

此书所引唐本《说文》,今之治小学者习知之。近独山莫氏友芝得唐本《说文》木部之半,笺校刊行。以此书木部所引唐本二条核之,并不合。(此书木部柠字注,唐本及莫本止有竹革一组(盈按:此处疑有脱误),械字注,唐本《说文》或说内盛为器,外盛为械;莫本作一曰有盛为械,无盛为器。)友人歙汪茂才宗沂语余曰:此乃其乡一通小学者所伪作,其人彼尚识之。莫号为能鉴别古书,乃为所欺,可笑也。近人得莫本,多信为真。虑世之为雠校之学者将据以羼改许书,故附识之。(《谱》60页)

如果说,一些推论性的断语尚有可商榷的余地①,那么汪宗沂明确指出"乃其乡一通小学者所伪作"这一事实,可谓铁案难移。

汪宗沂(1837—1906)何许人也?汪氏乃安徽歙县西溪人,光绪六年(1880)进士。同治三年(时年27)亦供职曾国藩幕府,任忠义局编纂。《说文·木部》残帙的持有者为黟县令张廉臣,可是张廉臣又是从何处获得这一残帙的呢?对于这一极为重要的来源问题,莫氏兄弟并未查清。张廉臣"权黟未一年,……贫瘵卒官"。于是残帙"授受久近,未从质诘"②。黟县与歙县在清代均属徽州府,汪宗沂有条件成为知情人,由他指证残帙乃"伪作"而且还能说出作伪者是谁,可信程度当然相当高。

当时判定残帙为伪作的人不只是少年学者孙诒让,青年学者汪宗沂,孙诒让的父亲孙衣言也是这么看的。《年谱》同治三年条有用星号标识的两段文字是属于孙衣言的:

> 宋时法书、名画及秘本书籍,悉降付秘书省,《中兴馆阁

---

① 以二徐本行款例唐写本,非确证。周祖谟说,"唐代日人之摹本""口部残简则每行三篆"(《问学集》,第723页,中华书局,1982年),那么木部残本每行二篆就不足为奇了。

② 莫友芝《唐写本说文解字木部笺异叙》,见《说文解字诂林》第一册,第234页,中华书局,1988年。又见梁光华《唐写本说文解字木部笺异注评》(有错字),第338页,贵州人民出版社,1998年。

录》载之颇详,亦无唐本《说文》也。(此条附于"诒让……有书一篇以著其说"引文之后)

　　唐本字书今不可见,然石刻《五经文字》《九经字样》,并不匀排字数,足验唐本字书行款不甚相远。又,莫本卷尾附米友仁鉴定跋,称篆法《说文》六纸。按:唐本在宋时犹今之明写本,固非绝无仅有之物,况许书唐本全帙彼时尚有流传,何得残剩六纸遽登秘府,又命词臣鉴定?其为伪迹显然,莫氏自不察耳。(此条附于"戴侗《六书故》册尾"引文之后)

孙氏父子的看法完全一致。只是整理者将两《谱》合为一处,故不知孙衣言的这些话是以什么样的方式(题跋?书信?日记?)表达的。

　　查孙衣言《赴皖日记》,同治二年二月初五日抵安庆后,与莫友芝过从甚密,与杨见山、张啸山亦时有往来,言谈中理应涉及唐写本残帙问题,而日记中未留下只言片语。很可能,这桩公案在当时并未拿到桌面上来公开讨论,反对者只是在私下(书信、题跋、个人交谈)表达了自己的看法。至于为什么不能公开讨论,恐怕是慑于权威与官威。唐写本残帙的出现,在当时的安庆幕府产生了极大的反响。曾国藩治军从来文武并重,如今有这样千载难逢的大题目好题目降临幕府,岂能不把文章做大做够!莫友芝获此"千岁秘笈"[①],更是"亟思流传,与海内学者共"[②]。于是,"湘乡相公命刊

[①] 莫友芝《唐写本说文解字木部笺异叙》。见《说文解字诂林》第一册,第234页,中华书局,1988年。

[②] 同上。

《唐写本说文残帙笺异》,且许为题诗","谓余此卷虽晚出,试数四部官私谁第一? 元钞宋刻总奴隶,为子性命盹书报良值。即呼镌木印万本,把似海内学者岂在多?"①曾国藩的《题辞》一开头就说:"插架森森多于笋,世上何曾见唐本!"②

一件赝品能一步登天成为稀世珍品,固然由于作伪者、邀功者、当权者投入了相应的精力、真诚,考据家、鉴赏者的合谋几乎具有决定性的意义。

黟县令君张廉臣为什么能轻而易举地获得这样的"千岁秘笈",又为什么要"慨然归我"莫友芝,这中间本来大有疑问。而考据家、鉴赏家对此等疑问几无一人置疑。而且,作伪者即使费尽心机,能以假乱真,露出马脚的可能性还是存在的。孙氏父子指出的行款问题,唐本在宋时的地位问题,秘府藏书目录和私家藏书目录均无记载的问题,就不只是"马脚"问题了,简直连"马屁股"都露出来了。可证作伪者虽"通小学",而对于版本目录之学以及宋代秘阁藏书情况,都缺少足够的知识。而考据家、鉴赏家对此类问题也无人置疑。这不是莫友芝们知识不够,而是他们面对这样一件"千岁秘笈",已被盲目的喜悦冲昏了头脑,宁可信其是,不愿疑其非。先入为主的成见引导他们的考据工作完全遵循作伪者的思路以证成其说。例如,莫友芝、曾国藩、张文虎等都盛赞段《注》严《校》"多与暗合"的问题,安知不是作伪者取段严校注作为造假的资料呢? 光绪年间著名学者朱一新(1846—1894)就公开指出:"莫子偲《木

---

① 《唐写本说文解字木部笺异注评》,第 342 页、341 页。
② 同上。

部笺异》多与段《注》暗合,殊不足信。"[1]无疑,朱一新也认为所谓唐写本木部残帙乃赝品。胡玉缙(1859—1940)却不以朱说为然。他说:"要之,友芝非欺人者,其跋明言原纸合缝有'绍兴'小玺,则殆无可疑。……真赝自有定论。"[2]他的老师南菁书院山长黄以周(1828—1899)著有《唐本说文真伪辨》一卷,"其书传本不详"[3]。另外,柯劭忞(1849—1933)有《唐本说文木部笺异质疑》一卷,此书藏辽宁省图书馆[4]。书中究竟提出了哪些"质疑",因未之见,不得而知。为彻底弄清残帙的真伪问题,希望能有人将此书的内容做一全面介绍,以供讨论。

我推断,从朱一新、黄以周(同治九年举人)到胡玉缙、柯劭忞,都不知道孙氏父子、汪宗沂对残帙的看法。他们说"真"也好,说"伪"也好,大概推论成分居多。孙氏父子几乎是当事人,而汪宗沂又能揭其内幕,只要人们不能推翻汪说,木部残帙系伪作这一公案就可以定谳。

从同治元年到现在,140多年过去了。《说文》木部残帙不仅几易其主,而且由中国的"国宝"变成了日本的"国宝",现珍藏在大阪杏雨书屋[5],作为天壤孤本受到极为严密的保护。由于几代学人以之作为研究对象,耗费不少宝贵精力,就算是赝品,其身价也

---

[1] 朱一新《无邪堂答问》卷四,第144页,中华书局,2002年。
[2] 胡玉缙《许庼经籍题跋·仿唐写本说文木部笺异书后》(1922年)。见王元化主编《学术集林》卷五,第128页,上海远东出版社,1995年。
[3] 刘志成《中国文字学书目考录》,第208页,巴蜀书社,1997年。
[4] 同上。
[5] 严绍璗《在杏雨书屋访"国宝"》,《中华读书报》2000年7月5日。

不可等闲视之了。

（原载《中国语文》2006年第5期。日本学人白石将人先生将此文译为日文，文前并有一简短介绍，刊于东京古典研究会编《汲古》第51号，2007年6月。

盈按：白石将人先生毕业于东京大学中文系，为日本著名汉学家大西克也教授的高足。感谢白石君将拙文译介给日本读者和惠赠《汲古》第51号。虽素昧平生，风谊不可不记也。）

2015年11月13日

再谈《说文·木部》残帙的真伪问题

关于木部残帙的真伪问题，尽管有人提出种种证据要证实残帙真是唐写本，要推翻孙氏父子、汪宗沂以及我本人的结论，但细验现有各种证据，即使是所谓的"铁证"，不是不符合规范，就是有懈可击的。论者的方法基本上是就残帙论残帙，就作伪者的设定来为伪作辩护。我本不想为此事再花费精力，可为了维护孙、汪等人的学术品格和求真求实的学术精神，为了揭示残帙的真实身份，不得不再一次献疑以就正于高明。

残帙由两部分内容构成：文本及文本上的鉴赏题跋和收藏者的印章。文本，莫友芝等人考证属于唐"穆宗后人书"[1]；题跋印章属于宋明两代，不仅有"绍兴"小玺，还涉及米友仁（1086—1165）、俞松（1244年著《兰亭续考》）、贾似道（1213—1275）、项元汴（1525—1590）等人。按通常情理而言，按现在的鉴赏水平、古董知识、文化氛围而言，我们几乎不可能对这样的所谓"千岁秘笈"产生怀疑。而孙诒让把话说到了这种地步：

---

[1] 莫友芝《唐人写本说文解字木部六纸横卷》，《郘亭书画经眼录》，第201页，中华书局，2008年。

莫号为能鉴别古书,乃为所欺,可笑也。

友人歙汪茂才宗沂语余曰:此乃其乡一通小学者所伪作,其人彼尚识之。①

博学多能的孙衣言也说:

其为伪迹显然,莫氏自不察耳。②

这些话,我在2006年那篇文章中已经引用过③,现在再一次引用,意义不同。我要请论者注意这些话的分量与真实性。孙、汪与莫氏的接触几乎是零距离,又是在第一时间、第一现场说这番话的,与百余年后的我们相比,他们的话具有证据的性质。汪宗沂说他认识那个作伪者,从法律的观点来看,汪宗沂就是证人。法官判案要靠证据,法官凭什么来推翻汪宗沂的说辞呢!就凭米友仁、俞松、项元汴的题记、跋语、印章?汪宗沂、孙衣言等人难道不知道文本上有这些东西?当他们断言残帙乃伪作时,无疑包括这些跋、记、印章在内。

可我们也不能偏信孙、汪之言,我们凭什么来推翻莫友芝的结论呢?

了结这桩公案的唯一出路是:请出示证据。何谓证据?从"绍

---

① 孙延钊《孙衣言孙诒让父子年谱》,第60页,上海社会科学出版社,2003年。
② 同上书,第61页。
③ 何九盈《唐写本〈说文·木部〉残帙的真伪问题》,《中国语文》2006年第5期,第441—443页。

兴"小玺到项元汴的藏书章,都不能算作证据,至少不是充分证据,更不是"铁证"。因为它们本身就可能是作伪者的"杰作",它们本身就有待于证明。可迄今为止,还没有发现片言只语可以用来充当旁证,证明残帙是真的,残帙上的小玺印章是真的。考证既要注意细节,又要将残帙置于广阔的历史背景之下来验证。在张廉臣出示残帙之前,千余年间没有任何一种记录提到残帙,如果残帙是真品,这就无法理解了。宋元明清有那么多古文物鉴赏大家,有那么多收藏家,有那么多古董家,有那么多公私藏书记录,若真有木部残帙存在,岂不争相记录、脍炙人口、耳熟能详?吴彩鸾书《切韵》就有多家记录,木部残帙的地位、价值如此重要,不会无人问津吧。莫友芝说,此帙"径须冠海内经籍传本,何仅仅压皖中名迹也"[1]。可惜它不是真品呀。所以在张廉臣之前,无记录能证明它的存在,张廉臣本人也没有说出此帙的来龙去脉,人们有理由深表怀疑。

就残帙上那些图章再联系相关记录,也是疑窦丛生。如:

"绍兴"小玺若是真的,米友仁的跋语若是真的,可证残帙为皇家宝物,为什么却变成了俞松家的私藏呢?是皇家赐品呢,还是盗窃官物呢?从绍兴年间到宝庆初年虽有六七十年,可中间并无社会动乱,南宋小朝廷日子过得不错,国之重宝会无故流入私家吗?如果残帙不是先流入俞家而是流入贾似道家,这倒是可信的,因为"理宗时以其姊为贵妃","似道柄国,御府珍秘,多归私家"[2]。

---

[1] 莫友芝《唐人写本说文解字木部六纸横卷》,《邵亭书画经眼录》,第201页,中华书局,2008年。

[2] 叶昌炽《藏书纪事诗》卷一,第14页、76页,北京燕山出版社,1999年。

作伪者之所以留下这样的漏洞,很可能是从"五字不损本《兰亭》"的流传过程受到启发。"五字不损本《兰亭》,元系堂候官卢宗迈(盈按:应即《切韵法》的作者)家物,……既而复归之俞松寿翁……最后为赵子固所得,子固垂死,以此归之贾氏悦生堂。"①归俞松在前,归贾家在后,可《兰亭》原系卢宗迈"家物",其流传过程明明白白,不存在任何疑点。而俞松私藏天府国宝,这就令后人难以置信了。

有文章说,在残帙上"发现"了"贾似道经常钤于秘藏书画的朱文'封'字印"②,以此证明残帙曾是贾家藏品。此说亦疏于考证。残帙上的确有一方类似"封"字的方印,贾家也的确有这么一颗类似"封"字的方印,这对收藏家而言几乎是尽人皆知的事。但此印不是"封"字,而是"长"字。最早纠正"封"字说的是生于宋末长于元初的大鉴赏家吾丘衍(1272—1311)。他在《闲居录》中说:

> 贾师宪所藏书画,皆有古玉一字印。相传是"封"字,又谓之"缺角封",乃"长"字也。印大将及二寸,其篆法用李阳冰新意,盘屈成文,前无此体,当是唐时所造。③

吾丘衍的弟子汤允谟也说:

---

① 周密《云烟过眼录》卷上,第14页,辽宁教育出版社,2000年。
② 《中国语文》2007年6期,第570页。
③ 《闲居录》,第10页,丛书集成初编本,中华书局,1991年。又见《藏书纪事诗》卷一,第76页。

"封"字印，篆文如此，□，当是"长"字，周公谨先生（即周密，1232—1298年）误以为"封"字。叶森尝于图画见贾氏此印，约二寸余阔，印文不甚细。先师吾真白（即吾丘衍，亦号贞白）亦云：言"封"字者，乃"长"字也。①

明末清初徽州古董大家吴其贞（1607—1678?）说："贾秋壑'长'字图书，此印传说是汉玉，秋壑常爱用之，人多以为'封'字，则误矣。"②孙慰祖主编的《唐宋元私印押记集存》亦将此印定为"长"字。

"封""长"之别难不倒作伪者，但贾氏的"长"字印在宋元明时代有无赝品，这也是谜。现在我们要问：木部残帙上的那颗"长"字印，是否"缺角"，是否"约二寸余阔"，篆法是否为"阳冰新意"，是否为古玉，回答这些问题要靠鉴定，我希望能见到这样的鉴定报告。

至于俞松印章的比较研究确有意义，但真假莫辨、以假乱真的假印章历代都有。吴其贞就指出，元人钱舜举的一页画上，"所有宣和小玺是为伪造之物"③。还有，项元汴家是否真的收藏过所谓的唐写本木部残帙，仅凭那一方白文印还难以下结论。诚如有的论者所言："时至于明代晚期，唐人墨迹寥若晨星。"④项家如有这样的一颗"晨星"，那些追"星"族，如嗅觉极为灵敏、熟知"某物在某

---

① 周密《云烟过眼录》卷上，第13页。
② 吴其贞《书画记》卷一，第24页，辽宁教育出版社，2000年。
③ 同上书，卷五，第203页。
④ 《中国语文》2007年6期，第571页。

家"的古董商①,家财万贯的收藏家,鉴赏水平很高的书画家,岂能默不作声、裹足不前、毫无反应?万历年间直至清代初期,东南书画的展览、交流、参观、交易颇为频繁,吴其贞的《书画记》为我们提供了鲜活的原始记载,书中记载了1200多种书画的质地、题跋、图章、保存情况,其中也有唐人法书,如"唐人双勾《万岁通天帖》"(150页)、"唐人廓填《平安、捧诵帖》"(190页)、"唐人廓填王右军《瞻近帖》"(190页)、"陆宣公《文赋》下半卷"(215页)、"仙姑吴彩鸾小楷《唐韵》一卷"(256页),这些藏品都有项氏题跋、图书(印),有项元汴的,也有乃兄项笃寿(1521—1586)的。令人遗憾的就是没有所谓的唐写本《说文·木部》残帙。作伪者不论本领如何高强,他们没有办法把自己的赝品塞进前人的著作中去。19世纪的作伪者虽然造出了一个"唐写本",可以欺骗19世纪以后的人,却永远无法上欺古人。

有一个情况我们也注意到了:顺治二年乙酉,清兵攻占东南地区,引起社会大乱,许多文物收藏家遭遇了一次大浩劫,"项氏累世之藏,尽为千夫长汪六水所掠"②。到顺治九年,"项氏六大房物已散尽"③,项家若真有所谓唐写本《说文·木部》残帙,是否在浩劫中下落不明了呢?

这个残帙会流向何方?既然二百多年后在徽州地区出现木部残帙,就有可能是流入了徽州。可吴其贞正是徽州人,顺治二年他

---

① 吴其贞《书画记》卷五,第188页。
② 姜绍书《韵石斋笔谈》卷下,第214页,华东师范大学出版社,2009年。又见《藏书纪事诗》第216页。
③ 吴其贞《书画记》卷三,第99页。

已经是快四十的人了,已是一位经验丰富阅历颇广的古董家,就他的条件而言,项家如有那么一颗"晨星",他岂能不知?就算当年不知,残帙若后来流入徽州,他应该有所知闻,而且会千方百计要弄到手。如赵子固《水仙花图》,"向藏在嘉兴项氏,余访数十年不见踪迹,忽于康熙十六年,有洞庭山沈子宁携到杭州,欲售于余"①。吴氏对心爱古文物,必欲得之而后快。为了得到李伯时《莲社图》,"恨不得卧于图下,千谋百恳,至今年四月方购到手",那位中间人"为此图说合有百次,走路不知几百里"②。如有木部残帙藏于徽州地区,吴氏岂能不动心!而且,歙县每年八九月就举办古文物交易会,"四方古玩皆集售于龙宫寺中"③。"百物萃集,为交易胜地。"④真有所谓木部残帙流入徽州民间,这个"交易胜地"正好为它提供了现身场所。

吴氏为寻求古画法书,足迹遍及东南。与当时收藏世家(如有"江南第一家"之称、"当世收藏名天下"的绍兴朱家⑤)、有书画癖的鉴赏大家(如获"南北鉴赏大名"的扬州通判王廷宾⑥)以及古董家(如"江左名物几为网尽"的陈以谓⑦)、书画家、书肆等,有极为广泛的联系,对各地各家的收藏情况几乎了如指掌。对项元汴家的收藏尤为关注。《书画记》中提到项墨林、"项墨林图书"、"明项

---

① 吴其贞《书画记》,卷六,第 289 页。
② 同上书,卷五,第 224 页。
③ 同上书,卷二,第 65 页。
④ 同上书,卷二,第 69 页。
⑤ 同上书,卷五,第 217 页。
⑥ 同上书,卷五,第 232—233 页。
⑦ 同上书,卷五,第 221 页。

墨林题"、"明项墨林题识"之类的文字就有三十多处。项氏的题识有时还标明价格。"墨林又题其值八百金。"①"墨林识曰:原价一百二十锭。"②吴氏与项元汴的后人有过直接交往,如:"壬辰端午日,予到嘉禾,过子毗家,得见之。子毗,墨林孙。"③壬辰为顺治九年,项元汴号墨林子,又号墨林山人,这时已经去世六十多年。顺治十四年四月,为观赏"唐人双勾《万岁通天帖》",吴其贞托友好陪同,拜访过此帖藏主项笃寿的夫人,时笃寿去世七十多年,而帖"向在夫人处"④。同年,又在"项子毗吴门之寓",观赏王叔明《怡云图》小纸画⑤。

我们考察吴其贞的这些活动,从中可以得出一个结论:项墨林家收藏过唐写本《说文·木部》残帙的事,恐属子虚乌有。

那么,残帙上那方项氏收藏印鉴又如何解释呢?《书画记》有一条材料颇有启发。吴其贞指出,某画上有"项、陶二氏图书,而项图书系陶氏伪造者"⑥。如果我们说木部残帙上那方项氏收藏印鉴也是伪造的,此话不算太离谱吧。谢国桢先生还指出:"元汴不但负有赏鉴家盛名,且家本巨富,一时珍贵书画文物,多入其手,凡碑帖书画,钤有'项墨林珍藏'印者,人竞宝之。后其印流入民间,作伪者极多,即钤有项墨林者,亦未必真品也。"⑦这一情况就更值

---

① 吴其贞《书画记》卷三,第127页。
② 同上书,卷六,第265页。
③ 同上书,卷三,第99页。
④ 同上书,卷四,第150页。
⑤ 同上。
⑥ 同上书,卷六,第288页。
⑦ 谢国桢《江浙访书记》,第37页,三联书店,2008年。

得注意了,即使印是真的,"亦未必真品也"!请不要低估造假者的能量。

本人读书太少,见闻有限,斗胆为孙、汪辩护,相信经过讨论,有益于弄清事情真相。"辩护"不等于"袒护",谁能揭举确证,证实孙氏父子、汪宗沂的意见乃无稽之谈,老汉我心悦诚服,甘拜下风。

(原载《民俗典籍文字研究》第六辑,2009年)

《曝书杂记》标点商榷

《新世纪万有文库》第二辑(辽宁教育出版社,1998年)将《竹汀先生日记钞》《钮非石日记》《曝书杂记》《前尘梦影录》等合为一册,校点问世,读者称便。不足之处是标点问题颇多,尤其是《曝书杂记》的标点,错谬不胜枚举。

本文以讨论《曝书杂记》为主,也兼及其他三书。分七点来谈。

一　书名号错乱之例

有当用书名号而未用之例,有将书名掐头去尾之例,还有将书名误为人名之例,有将姓氏阑入书名之例,甚至有将两书合为一书之例,有将不同时代不同作者的书归在同一作者名下之例。凡此种种,下列诸例可证。

1. 阮亭于两志之外,谓王渼陂志鄠、吕泾野志高陵……张光孝志华,皆有黄图决录之遗。(《曝书杂记》32页)

按:"两志"指《武功志》和《朝邑志》,这个"志"字应加书名号。"黄图决录"为《三辅黄图》《三辅决录》之省称,应分别加书名号。

2. 明顾德育手书。画继。一帙,得于申江,亦艺芸旧藏。(《前尘梦影录》30 页)

按:《画继》为名著,作者为宋代邓椿。陈振孙《直斋书录解题》《四库全书总目》《书目答问》均著录此书。据载,中华书局《古逸丛书三编》(线装)也收了此书。最近,湖南美术出版社、京华出版社已先后出版此书。

标点者不知《画继》为书名,不仅未加书名号,且将"明顾德育手书《画继》一帙"一语断成了三截,以致文意无法贯通。

3.《藉田》西征咸有旧注,以其释文肤浅,引证疏略,故并不取焉。(《曝书杂记》66 页)

按:《藉田》《西征》二赋均为潘岳所作,均见于《文选》,为何前者加书名号而后者不加呢?

4. 吕氏祖谦《家塾读诗记》三十卷,戴氏溪续《吕氏读诗记》三卷。(《曝书杂记》70 页)

按:据《直斋书录解题》卷二载:《吕氏家塾读诗记》为 32 卷,戴溪《岷隐续读诗记》3 卷。"其书出于吕氏之后,……故以《续记》为名"(《国学基本丛书》本 37 页)。《续记》久佚不传,清人从《永乐大典》中辑得十之七八。《四库全书总目》著录此书,题为《续吕氏家塾读诗记》,标点者将"续"字从书名中割裂出来,容易使人误以为

"溪续"乃人名。

5. 完士见王仲宣《从军诗》,侮食见王元长《曲水诗》序。(《曝书杂记》14页)

按:《曲水诗序》为《三月三日曲水诗序》之简称,收入《文选》卷40。"序"字应纳入书名号中。又,"完士""侮食"均应加引号。

6. 读段若膺《说文解字》,读第一本。(《竹汀先生日记钞》5页)

按:《说文解字读》为书名,不仅钱大昕读过此书,卢文弨还撰有《说文解字读·序》。同时,"读"前的逗号亦当删。

7. 吴县余仲林撰《集古经解钩沉》,极精博。(《曝书杂记》15页)

按:余仲林为余萧客之字,其书为《古经解钩沉》,余氏此书为"钩沉"之作,故云"撰集"。《戴震文集》卷十有《古经解钩沉序》,这都是常识。

8. 覃溪翁氏补正《经义考》……谓《尔雅类》宜备列训诂六书诸目。(《曝书杂记》10页)

按："《尔雅》类"是指《尔雅》之类的训诂著作，"类"字阑入书名号，误。

9. 四月廿八日。至黄荛圃处，观刘平水《新韵》，合百八韵，析为五卷。（《钮非石日记》7页）

按：《平水新韵》为元椠本《平水新刊韵略》之简称，亦简称《平水韵》。标点者以"刘平水"连读，容易使人误以为人名。尽管古人有以姓氏加地名或郡望作为某人代称的，但记载中没有以"刘平水"来指称刘渊的。

顺便说一下，钮非石以此《平水新韵》为刘氏所作，亦有不妥。钮氏在黄丕烈家见此书为乾隆六十年（1795），第二年，也就是嘉庆元年，钱大昕也在黄家见到此书，并借回去做了一番研究。他认为"此书为平水书籍王文郁所定"，"刘书既不可得见，此书世又尟有著录者"。钱大昕很重视这一发现，《潜研堂文集·跋平水新刊韵略》《十驾斋养新录·平水韵》以及《竹汀先生日记钞》卷一都有讨论。黄氏此书后转归铁琴铜剑楼，故瞿良士的《铁琴铜剑楼藏书题跋集录》也收了钱氏的跋文。我将此跋文与《潜研堂文集》卷27所收的同一篇跋文相比较，发现文字上略有出入。《文集》中的《跋平水新刊韵略》是修改后的定稿，且把"嘉庆丙辰五月望日，竹汀居士钱大昕识""五月廿六日雨后大昕再记"删去了。

10. 字书则有仓颉《三仓》、卫宏《古文》、葛洪《字苑、字林声类》、服虔《通俗文、说文音隐》及《汉石经》之属，皆非世所经

见。(《曝书杂记》8页)

按:《仓颉》也是书名,《汉书·艺文志》及许慎《说文解字·叙》都有明确记载。标点者不加书名号,显然是误以为仓颉乃《三仓》作者。至于将"字林声类"合为一书,则更荒谬。《字林》为晋吕忱作,《声类》为魏李登作,这都是常识。标点者不仅将二书合而为一,还都挂在葛洪名下,实在太鲁莽了。《说文音隐》的作者失传(《隋书·经籍志》《旧唐书·经籍志》只载"《说文音隐》四卷",未著录撰人),挂在服虔名下,与《通俗文》共用一个书名号,也是大谬特谬。

11. 小茗尝欲合刊《吕氏古易音训》、《宋氏国语补音》、《孙氏孟子音义》、《殷氏列子释文》、《萧氏汉书音义》等书,而《易音训》独成。(《曝书杂记》8页)

按:上列五书,标点者都把作者的姓氏作为书名的一部分来处理,与实情不符。以姓氏入书名,古有成例,而从这五种书历代著录的情况看,姓氏都不是书名的组成部分。

吕祖谦的《古易音训》,《直斋书录解题》的标目是:"《古易》十二卷,《音训》二卷。"此书不知佚于何时,嘉庆时宋咸熙(字小茗)从元董季真《周易会通》中采出,《金华丛书》《式训堂丛书》《仰视千七百二十九鹤斋丛书》均收录此书,标题均为《古易音训》。《曝书杂记》本条的标题也叫《古周易音训》,可证钱泰吉并没有将"吕氏"当作书名的一部分。

宋庠的《国语补音》、孙奭的《孟子音义》、殷敬顺的《列子释文》,《直斋书录解题》均有著录,均不以姓氏作为书名的组成部分。

萧该的《汉书音义》,从《隋书·经籍志》到清人的辑佚本,都没有把"萧氏"阑入书名。

二 误断人名之例

12. 先生文孙金澜广文遇孙、从孙引树广文、超孙香子明经富孙。(《曝书杂记》30页)

按:遇孙是李金澜之名,超孙是李引树之名,富孙是李香子之名。标点者将"超孙"属下,恐怕根本就没有弄清这些名与字的关系吧。

三 因不明韵语而误之例

13. 赵文敏公书卷末云:吾家业儒,辛勤置书,以遗子孙。其志何如,后人不读,将至于鬻。颓其家声,不如禽犊。若归他姓,当念斯言。取非其有,无宁舍旃。(《曝书杂记》70页)

按:文敏是元代书画家赵孟頫的谥号。标点者不明"儒""书""如"押韵,"读""鬻""犊"押韵,"言""旃"押韵,该用句号的地方用了逗号,该用逗号的地方用了句号,破坏了韵脚的和谐统一,文意也弄得扞格不通。

四 当断不断不当断而断之例

14. 三传之文,皆后之作者,所不可及也。(《曝书杂记》31页)

按:"皆后之作者所不可及也"为表判断的名词性谓语,中间不当逗断。

15. 季父学士公……尝命衎石兄云:"金玉玩好,汝父本不有,有亦勿之爱。书数千卷,吾节廉俸所买,亦未尝取非其有,是吾之布帛菽粟也。子孙受之,其无饥寒乎?"兄志之《正谊堂丛书》编目后族子恬斋方伯尝为泰吉言,山西某部郡守众以为能吏,恬斋不谓然。(《曝书杂记》67页)

按:"衎石兄"即钱泰吉的从兄钱仪吉。衎石将父训记载在张清恪(即康熙时理学家张伯行)《正谊堂丛书》编目之后,与下文"族子恬斋方伯(恬斋为钱宝甫之号,官山西布政使,故尊之为"方伯")尝为泰吉言"本是两件事,标点者不在"编目后"逗断,以致这个长达22个字的句子,内部完全失去了逻辑关系。

16. 秦氏刻卢重元(盈按:本为"玄"字,因避讳改为"元")注《列子》,盖得于金陵道院坊间所刻《道藏目录》仅有林希逸《口义》、江遹《解》、宋徽宗《御注》。高守元《集解》、殷敬顺《释

文》,卢注及张湛注均未著录。(《曝书杂记》62页)

按:秦氏,指清代学者、藏书家秦恩复,他于嘉庆年间刻《列子卢重元注》,序文说:"余于南北藏书家访求卢《注》十余年,今始得于金陵道院。"但"坊间所刻《道藏目录》","卢《注》及张湛《注》均未著录"。标点者不在"道院"之后逗断,"《御注》"之后该用顿号却用了句号,结果层次混乱,不知所云。

17. 宋刻《两汉书》,板缩而行密,字画活脱,注有遗落,可以补入,此真所为(盈按:读作"谓")宋字也。汪文盛犹得其遗意,元大德板,幅广而行疏。锺人杰、陈明卿辈,稍缩小,今人错呼为宋字拘板不灵,而纸墨之神气薄矣。此杭堇浦《欣托斋藏书记》文也。(《曝书杂记》20页)

按:"今人错呼为宋字"应逗断,"锺人杰、陈明卿辈稍缩小"为一完整主谓句,"辈"下的逗号应去掉。

"汪文盛犹得其遗意"应改为句号,"其"指上文"宋刻《两汉书》"。徐康《前尘梦影录》云:"明汪文盛等复刊《两汉书》……纸薄而韧,极可爱玩。"叶德辉《书林清话》卷五:"福建汪文盛,嘉靖己酉(二十八年)刻《前汉书》一百二十卷,《后汉书》一百二十卷。"所谓"得其遗意"即指此。"此真所为宋字也"的句号可改为逗号,使上下文意更为紧密。下文"幅广而行疏"的句号应改为逗号,这一句是将元大德板与明代锺人杰等的刻本相比较,故不宜用句号。

从"宋刻《两汉书》"至"神气薄矣"均是杭堇浦(即杭世骏)的

话,应加引号。

18. 古本俱系能书之士,各随其字体书之,无有所谓宋字也。明季始有书工,寻(盈按:乃"专"字之误)写肤廓字样,谓之宋体,庸劣不堪。(《曝书杂记》20页)

按:"能书之士"和"有书工"下的逗号均应去掉。"能书之士各随其字体书之"为主谓性质的谓语,中间一逗断,似乎"系"字所联系的只是"能书之士",而不是整个谓语。"书工"既是"有"的宾语,又是"专写肤廓字样"的主语,不宜逗断。

五　当属下而属上当属上而属下之例

19. 宋儒之言,理亦无倍于圣经,今欲一齐抹倒,其为门户亦已隘矣!(《钮非石日记》18页)

按:"言"下的逗号要改在"理"字下,"无倍于圣经"的不是宋儒的一切言论,而是"言理"的文字。所谓"门户"即朴学与理学之争。

20. 留曲阜二年归,《左传》克成。又馆于山安,写《礼记》、《毛诗》归锡山,成《尚书》。(《曝书杂记》51页)

按:清人蒋湘帆曾用十余年时间手写全部《十三经》。馆于山安时写完《礼记》《毛诗》,归锡山后写完《尚书》,"归锡山"三字应属下。

21. 萧山汪氏继培,从钱唐何梦华元锡得影宋钞本《列子》张湛注,又录《释文》专本于吴山《道藏》,刻于湖海楼。注及释文,各自为卷。兴化任氏大椿从淮渎庙《道藏》得殷氏《释文》,刻于燕禧堂……惜宋陈景元《补遗》皆不分别于殷氏元本,犹未见真面也。(《曝书杂记》62页)

按:"于殷氏元本"不是"分别"的补语,而是"犹未见"的状语,应属下。钱泰吉的意思不是说陈景元的《补遗》没有"分别于殷氏元本",而是说任氏、汪氏都未能把陈景元的《补遗》分别出来,故殷敬顺《列子释文》原貌如何,仍然不得而知。又,"注及释文"分指张湛的《注》及殷氏《释文》,均应加书名号,"各自为卷"前的逗号应去掉。

22. 于申江见宋名人手迹《千金册》,皆劫前在韩氏宝铁斋见过。以缪文子《寓意编》证之[1],皆合册。首为宋徽宗楷书,所谓瘦金三折笔也。(《前尘梦影录》32页)

按:"皆合册"之"册"应属下,并应加书名号。"《册》首"指《千金册》的开篇。"合"后应逗断。

---

[1] 盈按:缪文子为缪曰藻(1682—1761)之字,缪乃康熙进士,江苏吴县人,其书为《寓意录》。《寓意编》乃明代都穆撰。徐康所记书名疑有误。

六　误用逗号、句号之例

23. 辨说一遵朱文公元文,如"定之方中,终然允臧"。《竹竿》"远兄弟父母",《君子于役》"羊牛下括","以笃于周祜",皆与唐石经同。(《竹汀先生日记钞》24页)

按:《定之方中》为篇名,应与《竹竿》《君子于役》一样,也加书名号,"中"下的逗号应删去,"终"前应加引号,"臧"下的句号改为逗号。"以笃于周祜"属《皇矣》篇,钱氏因为是在写日记,并非最后定稿,故此处漏掉篇名,与上文体例不一。

24. 南丰欲刊此编,以补郡本之缺。求书其后,嘉泰二年季夏中浣,四明楼钥书。(《曝书杂记》36页)

按:"缺"下改用逗号,"后"下改用句号。所谓"求书其后"是指南丰县令陈苘欲刊布《乐书正误》,求楼钥写篇跋文。这是跋文最后一句话,无疑要用句号。

25. 其书简而愈精,其功约而愈博,不出数寸,不逾百日,而得学问之总龟。古今之元鉴,夫亦何惮而不为也。(《曝书杂记》30页)

按:动词"得"是管"学问之总龟""古今之元鉴"这两个偏正结

构的,中间用一句号,前后就失去了联系,"龟"下的句号应改为顿号。

26. 子不善持志,理会古人事不了。又理会今人事,安得不病。(《曝书杂记》31页)

按:"安得不病"承上文两个"理会"而言,"了"下用句号,将文意腰斩成两截,失去了连贯性,故"了"下句号宜改为逗号。"病"下的句号应改为感叹号,才能表示说话者的语气、情态。

七 引号当用不用不当用而用之例

27. 故传曰:少为乡啬夫,得休归,常诣学官,不乐为吏,父数怒之。(《曝书杂记》25页)

按:这段话引自《后汉书·郑玄传》,一字不差,当用引号。"传"宜加书名号。

28. 读《容斋五笔》活字本,明宏(应作"弘")治八年锡山华煜序,板心有会通馆活字铜板印两行八字。(《竹汀先生日记钞》25页)

按:"会通馆活字铜板印"应加引号。叶德辉说:"明人活字板,以锡山华氏为最有名。"(《书林清话》卷八,205页)

29.《汉学师承记》谓仲林亦悔其少作,别撰《文选杂题》三十卷,今未得见。(《曝书杂记》15页)

按:从"亦"至"卷"应加引号,"卷"后逗号改句号,否则会使人误以为"今未得见"亦《汉学师承记》语。

30. 又观其所得"玉刚卯",上有铭文十六字,与《汉书》及《辍耕录》所引不同,定为汉器。(《钮非石日记》10页)

按:刚卯为汉人佩带物,用于逐鬼辟邪。作为器物名,玉刚卯三字,不必加引号。如果指该器物之"铭文",宜用书名号。

标点问题说起来很琐碎,似乎无关宏旨,实则不然,标点是研究古汉语、整理古籍最基础的工作,也最能见真功夫,难度相当大,即使是行家也有可能出错。现在某些点校古籍的人,原本功底不足,却勇气十足。结果,既歪曲了古书的真面目,又给读者添乱。如此标点古籍,怎能不令人担忧!

(原载《书品》2006年第6期,中华书局)

《汉唐方志辑佚》标点商榷

《汉唐方志辑佚》(北京图书馆出版社,1997年)辑录了久已亡佚的汉唐地方志书达440种,40余万字。吉光片羽,极为珍贵。辑佚者用功之勤,采辑之广,令人钦佩。唯标点尚有瑕疵。今以该书页码先后为序,举例讨论。

11页:陈留县裘氏乡,有澹台、子羽冢。

按:澹台子羽即孔子弟子澹台灭明。澹台为复姓,子羽是字。标点者将姓与字点断,误以为是二人合一冢。

22页:许嘉年十三,父给亭治道坐,不竟,当得鞭。嘉叩头流血,请得免,由是感激读书。

按:"坐"是动词,为法律用语。"父给亭治道,坐不竟,当得鞭。""坐不竟"意为因"治道"未能如期完工而获罪,应当受鞭刑。"请"字应属上,"叩头流血请"为状动结构。"得免"是得以免于受鞭刑。

《汉唐方志辑佚》标点商榷　　121

25页：周盘，字坚伯，安成人。江夏都尉，遗腹子也。居贫约而养母，俭薄诵诗，至汝坟末章，慨然而叹。

按：周盘是江夏都尉的遗腹子，标点者将"江夏都尉"逗断，成了江夏都尉是遗腹子。"俭薄诵诗"，语义不通。应改为："居贫约而养母俭薄，诵《诗》至《汝坟》末章，……。"

25页：防尤能诵读，拜为守丞。防以未冠，请去师事徐州刺史盖豫明经，举孝廉，拜郎中。

按："请去"即请求离职，应加句号。"明经"意为通晓经学，"明经"的主语还是周防，"盖豫"之后要加逗号。

26页：新蔡郑敬，字次都，为郡功曹都尉。高懿厅事前，有槐树白露类甘露者，懿问掾属，皆言是甘露。敬独曰："明府政未能致甘露，但树汁耳。"懿不悦，托疾而去。

按："功曹"与"都尉"是两个不同的官职，担任功曹的是郑敬，担任都尉的是高懿。故"郡功曹"下应加逗号，"都尉"下的句号应删去。"懿不悦"下应改逗号为句号，"托疾而去"的不是高懿，而是郑敬。

27页：蔡君仲孝养老母时，赤眉乱。

按:"时"字属下,即"时赤眉乱"。

27页:蔡顺母畏雷,后卒。每有雷震,顺辄环冢。泣曰:"顺在此。"

按:"后卒"下的句号应改为逗号,"泣"字属上,"冢"下句号应删。"环冢泣"为状动结构。

盈又按:闻雷泣墓的故事,一见于《后汉书·蔡顺传》(附《周磐传》中),一见于《晋书·王裒传》。美国传教士丁韪良说:"可爱的白痴!Arcades dmbo!注:'拉丁语:一对活宝!'"(《花甲忆记》,第75页。沈弘、恽文捷、郝田虎译。所谓"一对"是指"二十四孝"中的泣墓者和卧冰求鲤的王祥。从科学观点而言,他们的确是"白痴";从文化观念而言,也不足为法,却反映了中西文化传统的大不相同。)

29页:昔子夏处西河之上,而文侯雍彗(按:原文作"拥篲")。邹子居黍谷之阴,而昭王陪乘夫布衣,穷居韦带之士。王公大人所以屈体而下之者,为道存也。

按:"昭王陪乘"与"文侯拥篲"正好相对,"陪乘"下要加句号,"拥篲"下的句号要改为分号,"夫布衣"下的逗号当删,"士"下句号改逗号。

32页:沙州,天气晴朗,即沙鸣闻于城内。

《汉唐方志辑佚》标点商榷　　　　　　　123

按:应改为"天气晴朗即沙鸣,闻于城内"。

46页:广州俚贼,若乡里负其家债不时还者,子弟便取冶葛,一名钩吻数寸许,到债家门食钩吻而死。其家称怨诬,债家杀之。债家惭惧。以财物辞谢多数十倍。死家便收尸去,不以为恨。

按:"一名钩吻"为解释性的插入成分,可用括号来表明,"冶葛"下的逗号宜删,"冶葛数寸许"为主谓结构(有的语法体系以"数寸许"为定语后置,在此不讨论),中间加逗号,语意失去连贯。"怨诬"并非同义连用,"诬"的宾语为"债家",应改为"其家称怨,诬债家杀之"。

47页:翠唯六翮,毛长寸余。青茸翡,大于燕,小于乌白。

按:翠与翡是两种鸟。"余"下的句号要改为逗号,"青茸"下加句号,"翡"下的逗号当删。改为"翡大于燕,小于乌白"。

49页:有大文贝……不假雕琢,磨莹而光色焕烂。

按:"雕""琢""磨""莹"四个同义动词连用。应改为:"不假雕琢磨莹,而光色焕烂。"《艺文类聚》(1440页,上海古籍出版社)此处标点亦误。

49 页：张帆取风气，而无高危之虑。故行不避迅风，激波安而能疾也。

按："激波"与"迅风"均为"避"的宾语，不宜用逗号隔断，逗号应挪到"波"字后。

49 页：有单迥（盈注：jiǒng，独）者，辄出击之。利得，人食之，不贪其财也。

按："人"是"得"的宾语，"得"后的标点当删。应为"利得人食之"。

51 页：（陈）业仰皇天誓，后土曰："闻亲戚者必有导焉。"

按："曰"的主语是陈业而不是后土，"后土"是"誓"的宾语，应改为"业仰皇天誓后土，曰：……"。"誓后土"意为向后土发誓。此条见《初学记》卷十七《友悌》；辑佚者误以为《恭敬》，非。

53 页：故扬州别驾从事戴矫，赞曰：
奋武将军顾承，赞曰：
又上虞令史胄，赞曰：

按："赞"乃文体之一种，应改为：
《故扬州别驾从事戴矫赞》曰：
《奋武将军顾承赞》曰：

又《上虞令史胄赞》曰：

54页：昔有孔氏之妇，少寡。有子八人训以义，方夜则读书，昼则力田。

按："义方"是一个词语，不宜割裂。《三字经》就有："窦燕山，有义方，教五子，名俱扬。"应改为："有子八人，训以义方。夜则读书，昼则力田。"

54页：庐俗，字君孝，本姓匡，夏禹苗裔，东野王之子。……汉八年，封俗鄡阳男食邑。兹部印曰庐君。俗，兄弟七人，皆好道术，遂寓于洞庭之山，故世谓庐山。孝武元封五年南巡狩浮江，亲睹神灵，刀封俗为大明公。

按："夏禹苗裔东野王之子"，中间不应逗断。"封俗鄡阳男"后应加逗号，"食邑兹部，印曰庐君"为两句。"邑"后句号删，"部"下加逗号。"俗兄弟七人"为一句，"俗"下标点可删。"孝武元封五年，南巡狩，浮江，……"，中间加两个逗号，语意更为明确。

63页：安家之民，悉依深山，架立屋舍于栈格上，似楼状。……父母死亡，杀犬祭之，作四方函以盛尸。饮酒歌舞毕，仍悬着高山岩石之间，不埋土中，作冢墩也。……皆好猴头羹，以菜和中。以醒酒杂五肉臛，不及之。

按:"悉依深山架立屋舍于栈格上"为"安家之民"的谓语部分,其中的"依深山"为介词结构做状语,不当逗断。"不埋土中作冢墩也",中间不应逗断,"不"字所否定的是"埋土中作冢墩"。"以醒酒杂五肉臗",不辞。应改为:"皆好猴头羹,以菜和中,以醒酒,杂五肉臗不及之。"所谓"杂五肉臗"是用五种肉脍杂的臗。《太平御览》卷861引《临海水物志》:"民皆好啖猴头羹,虽五肉臗不能及之。其俗言:宁负千石之粟,不愿负猴头羹臗。"(3825页,中华书局)

64页:得人头砍去脑,驳其面肉,留置骨,取犬毛染之。以作鬓眉,发编具齿作口。自临战斗时用之,如假面状。此是夷王所服。战得头着,首还于中庭,建一大材,高十余丈。以所得头,差次挂之。

按:"得人头"下应加逗号,"取犬毛染之以作鬓眉发"为一句,"编具齿以作口"之"具"疑为"贝"字之误,"编贝齿"即编贝为齿。"着"下"庭"下二逗号宜删,应为:"战得头,着首还,于中庭建一大材,……。"

66页:有邻家牛数食其禾,既不可逐,又为断刍。多著牛家门中,不令人知数。数如此,……

按:"刍"后及"数"后句号均误,应改为:"又为断刍多著牛家门中,不令人知,数数如此。""数数"(shuò)为副词叠用,义为常常、屡屡。

《汉唐方志辑佚》标点商榷

66页：彭城相左尚以赃罪，三府掾属栲，验逾科不竟，更选盛复栲。盛到狱洗沐，尚解械赐席，乃谓尚曰：

按："栲验"是一个词语，不宜割裂。应改为"三府掾属栲验逾科，不竟"，"栲验逾科"指非法拷问。"洗沐"的宾语是"尚"，标点者以"尚"为"解械赐席"的主语，完全违背事理。犯官左尚能为自己"解械赐席"吗？应改为"盛到狱，洗沐尚，解械赐席，……。""洗沐尚"即让左尚洗沐。

77页：今贫如是，我有私财，可分异独居，人多费极，无为空，自穷也。

按："空"是副词做状语，不宜逗断。应作："无为空自穷也。"

78页：韩卓敦厚纯固，恭而多博爱，学洽闻，……

按：此条词序、标点均有错误。查《初学记》原文为："恭而多爱，博学洽闻，……"

82页：人钓鱼，纶绝而去，梦与帝求去其钓。明日帝戏于池，见鱼衔索。帝取其钓放之，间三日复游。池滨得珠一双。

按："去其钓""取其钓"的"钓"字，原书（《初学记》）均作"钩"。"索"后的句号应改为逗号，"间三日复游池滨"为一句，后加逗号，

"游"后句号应删。

99页:于罗山得西施。郑旦作土城贮之,……

按:郑旦与西施均越之美女,并列做"得"的宾语。应改为:"于罗山得西施、郑旦,作土城贮之,……"

101页:刘瑜,字季节,举方正对策。高第人呼为长须方正。

按:"举"的是"方正",而不是"对策","高第人"亦不辞。应改为:"举方正,对策高第,人呼为长须方正。"

101页:吴戒同业生陈叔为贼,戒往见之,故为设食? 戒乃曰:"汝已为贼,奈何为人设食。"

按:"故"是副词,特意。"故为设食"即特意为吴戒设食,问号误,应改为句号。

107页:贞女谢仙女者,谢承孙也。吴归命侯采仙女,充后宫仙女。乃灸面服醇醯,以取黄瘦,竟得免。

按:"充后宫"应属上,"仙女"后的句号当删。正确的标点应是:"吴归命侯采仙女充后宫,仙女乃灸面、服醇醯,以取黄瘦,竟得免。"

《汉唐方志辑佚》标点商榷　　129

110页:陶侃为郡主簿,太守张夔妻病,远迎医。天时寒雪,举朝惮之。侃日资于事父以事君。此小君犹人母也,安有亲病而难迎医。乃自启行,僚属皆愧之。

按:"日"为"曰"之误,陶侃所言宜加引号。可改为:"侃曰:'资于事父以事君,此小君犹人母也,安有亲病而难迎医!'"

119页:㝵山县北有石穴,平居无水。有渴者,至诚请乞辄得水,戏乞则不得。

按:"至"非副词,而是上一句的动词谓语。应改为:"有渴者至,诚请乞辄得水;戏乞则不得。"《太平御览》无"诚"字,"至"的动词义更显著,可这样标点:"有渴者至请乞,辄得水;戏则不得。"(卷五四,263页,中华书局)

121页:孔休伤颊有瘢。王莽曰:"玉屑白、附子香消瘢。"乃以剑鼻并香与之。

按:"玉屑白""附子香"并非专有名词,而是两个主谓结构,"白""香"均为形容词做谓语,下文"并香与之"的"香"是形容词活用为名词,指代"附子"。可改为:"玉屑白,附子香,消瘢。"

122页:(韩)邦,字长林。少有才学。晋武帝时为野王令,有称绩,为新城太守。坐举野王故吏,为新城计吏。武帝大怒,遂杀邦。

按:句号、逗号错乱。可改为:"晋武帝时为野王令,有称绩。为新城太守,坐举野王故吏为新城计吏,武帝大怒,遂杀邦。"

124页:君山上有美酒,数斗得饮之,即不死为神仙。

按:"数斗"当属上,"即不死"亦当属上。可改为:"君山上有美酒数斗,得饮之即不死,为神仙。"

126页:昔禹梦青,衣男子,称苍水使者,……

按:"青"后逗号当删,"使者"后的逗号宜改为句号。《初学记》作"昔禹梦青绣衣男子"(卷二,40页)。

128页:秦兼天下,改州牧为刺史。朱明之明,则出巡行封部;玄英之月则还,诣天府表奏。

按:"朱明"指夏季,"玄英"指冬季,"则出""则还"为对文。应改为:"朱明之时("明"字误排,《御览》本作"时")则出,巡行封部;玄英之月则还,诣天府表奏。"

130页:九真太守陶璜立郡,筑城于土穴中。得一白色,形似蚕蛹,无头。

按:"筑城"应属前,"于土穴中"应属后。可改为:"九真太守陶璜立郡筑城,于土穴中得一白色形似蚕蛹,无头。"

133页:都句树,木中出屑,如面可啖。

按:"如面"为动宾比况词组,应属上。"屑"为兼语,既是"出"的宾语,又是"如面"的主语。可改为:"木中出屑如面,可啖。"

133页:苛母树,皮有盖。状似棕榈。但脆不中用。南人名实为苛,用之当裂,作三四片。

按:前两个句号均应改为逗号,"裂作"为一词语,"裂"后逗号挪至"之"后。即:"苛母树,皮有盖,状似棕榈,但脆不中用。南人名(疑脱一"其"字)实为苛,用之当裂作三四片。"

137页:其根,工人多取为阮,咸槽弹弓棋局。

按:"阮咸"在此为乐器名。唐李匡义《资暇集》卷下:"乐器有似琵琶而圆者曰阮咸。……此仲容(咸)所造。"宋代葛立方《韵语阳秋》卷十五云:"今有圆槽而十三柱者,世号'阮',亦谓'阮咸',相传谓阮咸所作,故以为名。"白居易有《和令狐仆射〈小饮听阮咸〉》(《白居易集》卷33,76页,中华书局,1979年)"槽"为琵琶一类乐器上架弦的格子。全句的标点应改为:"其根,工人多取为阮咸槽、弹弓、棋局。"

138 页：菖蒲生盘石上，水从上过，味甘、冷异于常流。

按："甘、冷"为"味"的形容词谓语，"异于常流"的主语还是"水"，"冷"后应加逗号。

152 页：远望甚小，而高不似山，望之以为一株树在水中也。

按："而"连结"小"与"高"，不应逗断。可改为："远望，甚小而高，不似山，……。"

165 页：（赫连）定据平凉登此山，有群狐绕之，而鸣射之，竟不得一。

按：鸣者为群狐，"鸣"不能修饰"射"。可改为："（赫连）定据平凉，登此山，有群狐绕之而鸣，射之，竟不得一。"

175 页：谢鲲，通简有识，不修威仪。好迹逸而心整，形浊而言清。居身若秽，动不累高。邻有女尝往挑之，女方织以梭投，折其两齿。

按：此条出自《世说新语·赏誉》注。原文"好"下有"老、易"，夺此二字，则所"好"无着落。"尝往挑之"的主语不是"女"，而是谢鲲，"女"后要逗断。可改为："邻有女，尝往挑之。女方织，以梭投，折其两齿。"

《汉唐方志辑佚》标点商榷

178页:(土山)晋太傅谢安归隐会稽东山,因筑此,拟之无岩石,故谓土山。

按:依标点,容易使人误以为"土山"所在地为会稽东山,"拟之无岩石"亦不辞。应改为:"晋太傅谢安归隐会稽东山,因筑此拟之。无岩石,故谓土山。""此"指土山,"之"指东山,即在金陵筑土山以拟会稽之东山。

182页:初坏一冢,砖题文曰,居本在土,厥姓黄,卜葬于此。大富强,易卦吉,龟卦凶。四百年后隋江中当坠。值王颙县令皮熙祖,取数砖置县楼下池中,录之帐然而已。

按:这段文字的标点错误甚多,对其中的韵文割裂尤甚。应改为:"初坏一冢,砖题文曰:'居本在土厥姓黄,卜葬于此大富强。《易》卦吉,龟卦凶,四百年后隋江中。'当坠,值王颙县令皮熙祖取砖置县楼下池中,录之,怅("帐"字误。《太平御览》原文作"怅")然而已。"

186页:岩际有蜜房采蜜者,以葛藤连结,然后得至。

按:"采蜜者"为下文主语,不当属上。应改为:"岩际有蜜房,采蜜者以葛藤连结,然后得至。"

186页:反台中遣使按鞫,总不见人验籍,皆是先死亡人之名。

按："总不见人"后应加句号，因为是死人告状，所以"总不见人"，何以知道告状者是死人，由"验籍"（查户口本）得知。

186页：庙中又有周时乐器，名錞，于铜为之。

按："錞于"为一词，周时军乐器名。"于"前的逗号宜删，"于"后宜加逗号。

193页：七八月中，常有蜜蜂群过，有一蜂，先飞觅止泊处。

按："蜂"为"有"的宾语，又为"先飞"主语。应为："有一蜂先飞，觅止泊处。"

210页：至于夏水，襄陵沿溯阻绝，……

按："襄陵"为"夏水"谓语，连下读则语义不通。应为："至于夏水襄陵，沿溯阻绝，……"

217页：东有博望滩，张骞使外国经此，船没因以名滩。

按：应为："东有博望滩，张骞使外国，经此船没，因以名滩。"

296页：人时往取援，辄断绝。请神而求，不挽自出。

按:应为:"人时往取,援辄断绝;请神而求,不挽自出。"

307页:"蕃蠡学道于此,山上升仙。"

按:应为:"蕃蠡学道于此山上,升仙。"

309页:忽一夕纵火天降,紫云飘然而去。

按:"飘然而去"的是"仙人","紫云"是"降"的宾语。应为:"忽一夕纵火,天降紫云,飘然而去。"

323页:昔欧冶子涸,若郡之溪而出铜,破出堇之山而出锡。

按:"涸"字应属下,"涸若耶之溪"与"破出堇之山",相对成文。"涸"用作使动,使若耶之溪干涸。

325页:县人有谢廪者,行田归路中,忽遇云雾。

按:"路中"应属下。即:"行田归,路中忽遇云雾。"

335页:见养一鹦鹉,背尾有深浅翠毛,臆前淡紫嫩红,间出两腋,别垂黄毛,翅尾甚奇。

按:由于标点错误,以致语意混乱。臆前的淡紫嫩红怎么会在两腋间出呢？"别垂黄毛"的主语是什么？应改为："臆前淡紫嫩红间出，两腋别垂黄毛，翅尾甚奇。"

339页：齐文宣时西巡，百官辞于紫陌，使稍骑围之曰："我举鞭"。一时刺杀淹留。半日，文宣醉不能起。

按："我举鞭"是齐文宣的话还是稍骑的话，由于标点不当，令人费解，"刺杀淹留"更不成话。应改为："使稍骑围之，曰：'我举鞭，一时刺杀！'淹留半日，文宣醉，不能起。"

348页：壶关三老上书明戾太子，冤者死于此而冢存。

按：受冤的是戾太子，上书为戾太子明冤的是壶关三老，"冤者"应属上。可改为："壶关三老上书明戾太子冤者死于此，而冢存。""上书明戾太子冤者"是者字结构做主语。

350页：即汉建安中，曹公于淇水口下大枋木，以成堰遏洪水，东入白沟，以通漕运，故时人号其处为枋头。

按："以成堰"属上，"遏洪水"属下。"下大枋木"的目的是为筑堰，"遏洪水"的目的是使之东入白沟以通漕运。可改为："曹公于淇水口下大枋木以成堰，遏洪水东入白沟，以通漕运。""洪水"既是"遏"的宾语，又是"东入白沟"的主语。

364页：尸着平，上帜朱衣，得铭曰："筮道居朝"。龟言近市五百年间，于斯见矣。

按："帜"是错字，原书作"帻"。"平上帻"为魏晋时武官所戴头巾。对《铭》文的标点亦误。应改为："尸着平上帻，朱衣。得《铭》曰：'筮道居朝，龟言近市，五百年间，于斯见矣。'"选择墓地时，筮与卜的预言不一。

432页：南方尝晴望海中，二山如黛海。人云：去岸两厢各六百里，一旦暴风，雷旦雾露，皆腥，杂以泥涎，七日方已。属有人从山来说云：大鱼因鸣吼吹沫，其一鳃挂山巅。七日，山为之折，不能去鸣。声为雷，气为风，涎沫为雾。

按："海人"为一词，不能割裂，"不能去鸣"亦不辞。应改为："南方尝晴，望海中二山如黛。海人云：去岸两厢，各六百里，一旦暴风，雷旦（盈按：疑为"雨"字之误）雾露皆腥，杂以泥涎，七日方已。属有人从山来，说云：大鱼因鸣（应作"鸣"字，非"鸣"字）吼吹沫，其一鳃挂山巅七日，山为之折，不能去。鸣声为雷，气为风，涎沫为雾。"

（原载《湖北大学学报（哲学社会科学版）》2004年第5期）

怎样学习古代汉语

古代汉语是一门独立的学科,又是文科各系的一门基础课。我在这里要谈的是作为一个电大的文科学生应当怎样学习"古代汉语"这门基础课。在这方面我们还缺乏必要的经验,只能谈一些不成熟的意见,供同学们参考。

一 要抓住三个环节

我以为,在电大学习期间,要掌握好"古代汉语"这门课的基本内容,首先要抓住三个环节。这就是:课前要预习;听讲要专心;课后要复习。我这样讲,有人会说:你讲的这三个环节并没有什么特殊意义,因为学好任何一门课程,都应该如此。我说:是的。我要强调的是学习"古代汉语"尤应如此。

对于初学古代汉语的同志来说,课前预习是十分必要的。学习古代汉语的主要障碍在于语言文字,如果我们听一堂课,对于这堂课要讲的内容事先根本不了解,即使有教科书,有讲授纲要在手头,你听起来也会非常吃力,甚至不知所云,因为语言就听不懂,又怎么能把握其内容呢。而且在听课的时候,一边翻看着教科书,一边做笔记,还要去翻"纲要",就会弄得手忙脚乱,影响听课效果。

要是课前把课文和"纲要"都仔细琢磨了一遍,听起课来就会心领神会、津津有味了。打仗要不打无准备之仗,上课也应该事先做好充分准备,仓促上阵,以为只要带着耳朵来听就行了,这是不对的。

经过了一番预习之后,我们对于教材的内容在认识上会出现三种不同的情况。一是完全理解了;二是自以为理解、实际上理解不准确;三是完全不理解,或半懂不懂。第一、二种情况要靠课堂听讲来检验、印证,尤其是第二种情况,只有通过听讲才有可能得到发现,至于第三种情况,基本上是要靠课堂听讲来解决了。总之,在预习中真正理解了的问题,通过听讲可以得到印证;自以为理解而实际上是误解了的问题,通过听讲可以得到及时纠正;在预习中碰到的难题可以带到课堂上来解决。这一切都要求听课要专心,这就是我要讲的第二个环节。要做到专心,就要养成良好的听讲习惯。譬如说,一打开收音机,教师开始播讲,我们就会随同教师一起进入学习境界。这时候,工作、家务等都应该置诸脑后。真正要做到:"专心致志,惟奕秋之为听",如果"一心以为有鸿鹄将至,思援弓缴而射之。虽与之俱学,弗若之矣"(孟子·告子上)。而且广播教学,教师无法了解学员的听课情绪,无法根据听众的情绪及时做出反应,讲解的详略、深浅,也只能从一般情况出发,这就要求学员与教员取合作态度,不能因为个人在详略、深浅方面要求的不同,从而影响听课情绪。保持稳定而愉快的情绪,是提高听课效率的必要条件之一。

听完课之后,并不就是"万事大吉"了,一定要及时复习,才能把老师讲过的内容经过消化、巩固的过程,转化为自己的认识。古汉语是一门语言课,语言这个东西,不经过反复练习是很难掌握的。怎样复习？既要从内容出发，也要从自己的实际水平出发。方式可以是多种多样的。如：(1)比较，比较教员讲的和教科书上讲的，哪些一样，哪些不一样。(2)默记，一些重要的语法现象、典型的例句和课文中出现的一些常用词，都应该通过默记的方法牢牢地掌握。(3)熟读，凡是课堂上讲过的课文都应熟读，熟到什么程度呢？能背诵自然好，即使不能背诵的话，别人一提起这个句子，我们就知道它出自何篇，是什么意思，这也算是"熟"了。所谓"读"原本就是朗读的意思，朗读与默读的效果是不一样的。(4)翻译，把古汉语译成现代汉语，不仅有助于加深对课文的理解，还能提高自己的文字表达能力。(5)归纳，可以把课文中一些常见的虚词归纳起来，分析它的不同用法。如"之"字很常用，它们的用法可以归为几类呢？(6)存疑，一堂课的内容，经过听讲之后，应该是基本上都能弄懂的，但由于种种原因，某些问题可能一下子还是弄不懂，在复习过程中，我们就要把这些疑点记下来，或则请问其他同学，或则请教师解答，直到弄懂为止。以上三个环节以第二个环节最为紧要，如果三个环节都抓好了，我们的学习就会事半功倍，就有可能在大学阶段，为掌握古汉语这门学科打下坚实的基础。

二　要以文选为基础

现在，大专院校的"古代汉语"课主要有两种不同的讲法。一种是只讲文字、音韵、词汇、语法，根本不讲作品；一种是以文选为主，适当地讲一些语法之类的古汉语常识。讲法不同，学法也就不同。就我个人的主张来说，不仅不赞同第一种讲法，而且反对第一种讲法。因为在大学里开设"古代汉语"这门课的目的,是为了培养学生阅读古书的能力,有了这种能力,就便于批判地继承古代文化遗产。如果在"古代汉语"这门课程中,不以文选为主,甚至于根本不读作品,阅读古书的能力怎么可能得到提高呢!我们学会了《广韵》音系,学会了某种语法学的体系,这当然是一件好事,但光有这些常识是不可能把古书读懂的。在我们培养的学生中,专门从事古汉语研究的人将会是很少的,除了综合大学的汉语专业之外,一般文科大学生,无须在有限的时间之内学那么多音韵、语法方面的知识,无须把专门化的内容放在基础课中来学,那种把基础课本身应学的内容全部挤掉的做法是本末倒置,是不足取的。

我们电大所采用的"古代汉语"教材,是一个文选、常识、词义分析举例三结合的体系。三者不是平列的,文选占主导地位。我们的教学计划也体现了这种思想,我们也用这种指导思想来要求学生,衡量学生,我们也希望电大每一个听"古代汉语"这门课的学生都非常明白:文选占主导地位。这个指导思想是20世纪50年代后期在总结新旧经验的基础上形成的,是大多数从事古汉语教学的同志都赞成的。王力先生主编的《古代汉语》在"凡例"中明确讲到:"这三个内容,不是截然分离的三个部分,而是以文选为纲,其他两部分跟它有机地结合在一起的。"我们在学习中,应坚持"以文选为纲"这个原则。

怎么做到"以文选为纲"呢?一曰精,二曰博。上面我们讲了,对课文要熟读,"熟"是"精"的起码前提。朱熹谈他读古汉语(指先秦古文)的经验时说:"看来百事只在熟,且如百工技艺也只要熟,熟则精,精则巧。"又说:"读书初勤敏,著(着)力子(仔)细穷究,后来却须缓缓温寻，反复玩味，道理自出，又不得贪多欲速，直须要熟，工夫自熟中出。""于今为学之道，更无他法，但能熟读精思，久久自有见处。"他自己读《四书》，就是"逐句逐字，分晓精切"。"熟"不等于"精"。要做到"精"，就要像朱熹说的那样，"逐句逐字"去抠通，要"子（仔）细穷究"，"反复玩味"。这里说的主要是指教师已经讲过的课文和教学计划上要求自学的作品，不是说，凡读一篇古文都要那么去"抠"，因为有些问题，在缺乏指导的情况下，不是十天半月就能"抠"得通的，暂时"抠"不通的地方，应当先放一放。就是说，我们学习古汉语作品，不仅要精，也要注意博的问题，要尽可能地扩大阅读面，要在精的基础上求博。"博"也是相对的，把先秦两汉的文献资料都读遍了，这是"博"；把从先秦到明清的主要范文都读了，这也是"博"。我在这里说的"博"还没有这么高的要求，我所要求的是：我们能不能把教材上选入的全部作品通读一遍呢？古汉语基础比较好的同学能不能读一两种专书呢（如《论语》《孟子》）？我想，我们应当鼓励同学们多读一点才是。没有一定的"面"是很难真正达到"精"的。朱熹在讲"分晓精切"的经验时，他阅读的古汉语（对于宋人来说，先秦两汉的作品就是古代汉语）作品已经相当多了。总之，我们要辩证地看待精和博的关系问题，每一个学员都应根据自己的实际条件，正确地处理好精和博的关系问题。

我们强调文选是基础，"以文选为纲"，并不意味着其他两部分（常识，词义分析举例）不重要，而是认为其他两部分应该跟文选有机地结合起来。怎么"有机地结合"呢？一言以蔽之曰：联系作品去学习常识、词义。教材中关于语法方面的常识共有八节，所论述的主要语法现象都见之于本教材所选的作品中，其他如修辞、文体、诗词格律等方面的常识,基本上也可以结合文选去学习,至于词义分析举例尤应结合文选去学习。如第一单元"古今词义不同辨析例"中的"兵"字,共有三个义项。主要义项指兵器;第二个义项指武装力量、军队,举的例子有"必以长安君为质,兵乃出",出自本教材文选《触龙说赵太后》;第三个义项指军事、战争、战阵之类,举的例子有"故上兵伐谋,其次伐交",见于本教材585页(指王力、林焘校订本《古代汉语》中册,北京出版社,1982年)。当然,有大量的例证不见之于本教材,这也是必要的。因为教材选文毕竟有限,而词义分析应尽量做到比较系统、比较全面,这就不能不从文选以外引用书证;另外,出现一些同学们未曾见过的书证,一则可以扩大知识面,再则也可以培养思考的能力,解决问题的能力。无论是"常识"也好,"词义分析举例"也好,都具有独立性,不能一强调"有机地结合",就忽视其独立性,从而放松对这些内容的学习,这是我们所不赞成的。

我们在教材中,让"常识"和"词义分析举例"这两部分各自独立,是希望同学们学好了这些内容,能"举一反三",能运用这些"常识"以及分析词义的方法,指导今后的阅读,这是我们的本来愿望。

三 两点建议

我原本设想这段文字的标题是:要培养独立解决问题的能力。后来琢磨了一下,觉得这样谈问题还是太泛了一些。所谓"解决问题"是指什么样的问题呢?是前人所未解决的疑难问题,还是仅存于自己头脑中的疑难题问呢?对于一般大学生来说,他的主要任务是学习，还不急于去"解决问题"。当然，自己头脑中的疑难问题也是"问题"，也需要解决，也需要有解决的能力，而且在学习过程中，无疑要培养将来解决疑难问题的能力。但为了把问题说得更实际一些，我们对下面要讲的内容不妨以建议的形式提出来。

首先，我建议同学们有选择地读点课外参考书。再具体一点说，就是要选读一点旧注。我国的古典名著，差不多都有前人的注本，有的名著，注本不只是一种两种，而是十几种，甚至几十种，今人编著的古典作品选注，一般都利用或参考了前人注释的成果，我们教材中绝大多数文选的注释也包含着前人的研究成果在内。我们学习"古代汉语"的时候，不可能也没有必要把旧注都搬出来，但选读一点旧注是有好处的。好处之一是开阔眼界；好处之二是熟悉旧注的面貌（格式、术语等）；好处之三是可以比较异同，培养自己的抉择能力；好处之四是可以提高自己阅读古文的能力。旧注本身就是文言，由于它是随着正文出现的，所以我们开始接触旧注的时候，最好选读与教材课文有关的旧注。如从杜预注的《左传》中选读《郑伯克段于鄢》《曹刿论战》等篇，从朱熹的《诗集传》选读《七月》，从郭庆藩的《庄子集释》选读《庖丁解牛》。我说的"选读"就是这样的意思：一是从旧注中选择好的注本；二是从注本中选读我们熟悉的篇章段落，因为这些篇、段的正文我们已经熟悉，再读关于它的旧注，就不至于望而生畏了。如果你有兴趣的话，当然可以自由选读。我担心的是，尽管我们已经学完了"古代汉语"这门课，也顺利地通过了考试，而对旧注却一无所知，这就不好了。

其次，我建议同学们要勤于动手。"古代汉语"是一门语言课，学习语言，不仅要勤于动嘴（朗读），还要勤于动手（查阅工具书等),但这一点很容易被忽视,因为我们教材中课文的注释已经相当详细,同学们手头还有一份《讲授纲要》,各地还设有辅导教师,因此,学习中的难点按理说都可以及时得到满意的解决。这样,自己动手查阅工具书的必要性似乎就大大减少了。正因为此,我们有必要提请同学们留意:以多查工具书为妙。有难点应当去查,将信将疑的地方也应当去查。所谓"懂""理解",都有一个深度的问题,凡是理解不深不透的东西,都可以进一步查考。有时候你自以为已经理解了的字句,经进一步查考,会获得意想不到的收获,若满足于一知半解,水平就很难提高。我以为像《词诠》《辞源》《康熙字典》《说文解字注》之类的工具书,我们都应该能得心应手地运用。它们也是我们的良师益友,我们常常请教它们,定会受益不浅。

培养勤于动手的习惯,是一种技能性质的训练,也是一个学风问题。严谨的学风,实事求是的学风,需要在学习中,在实践中养成。我们在大学阶段就养成勤于动手查考问题的习惯,不仅能更好地学好"古代汉语"这门课,也能帮助我们养成求实的科学态度,培养虚心好学的品德。当然,我在上面列举了几种工具书,并不是对之进行全面评价,这些书有很大的用处,也有缺点和错误,尤其是《康熙字典》,错误相当多,但暂时还得利用它。

同学们,就谈到这里吧,大家觉得讲得对的,就不妨试一试;讲得不对的,请批评指正。我衷心希望同学们能把"古代汉语"这门课学好,在批判地继承祖国文化遗产方面做出积极的贡献。

(原载《黑龙江电大(文科版)》1983年第4期。
又收入语文出版社编《怎样学好古代汉语》,1986年)

怎样学习说理文

《古代汉语》(王力、林焘校订本,北京出版社,1982年)中册所选的三十篇文章,全都是说理文。同一时代的说理文与记叙文,在语言形式方面并没有什么明显的差别。就是说,它们所运用的语法、词汇是一样的,语音方面也没有什么不同。当然,方言问题,古今杂糅的问题,又当别论。说理文与记叙文的不同主要有两点:一是表达方式不同;二是作品的内容不同。说理文的表达方式以议论、说明为主,它运用抽象思维对主题进行论证。它的内容有政论,如《谏逐客书》《出师表》《答司马谏议书》《戊午上高宗封事》;有哲理论,如《神灭论》《知实》《天论》;有文论,如《答李翊书》;有学术专论,如《封建论》《原臣》等。

学习说理文与记叙文,有些基本要求是一致的。如都要求掌握字、词、句的意义,都要求掌握一些重要语法现象。但是,一般说来,学习说理文要比学习记叙文难一些,有的文章甚至难度很大,所以如何学好说理文,就是值得我们认真研究的一个问题了。

一　掌握概念

说理文中一些带有关键意义的概念,我们要认真掌握,因为概念是立论的基础,是反映作品思想内容的基本形式之一,如果我们对作者所使用的概念了解不深不透,甚至有误解,势必影响对整个作品内容的理解。如《谏逐客书》中"客"这个概念的含义是什么呢?教材中"客"字无注,有几种注本都把这个"客"字解释为"客卿"。我们知道,"客卿"是秦王朝所设置的一种官名,并非所有"异国"人来秦王朝做官的都是担任"客卿",如果秦始皇"逐客"只是逐客卿,那所逐的范围就不是所有"异国"人"来事秦"的了。注者不知:在这里,"客"与"客卿"是两个不同的概念,"客卿"是种概念,"客"是属概念。"客"指所有"诸侯人来事秦者",它与"宾客"的含义是一致的,所以李斯说"却宾客以业诸侯",又说"却客而不内"。"宾客"就是"客",特指"诸侯人来事秦者",这种"客"一般都属于"士"这个阶层,《谏逐客书》一共出现了五个"士"字,除"兵强则士勇"这个"士"字之外,其余四个"士"字都与"客"有关。据上所述,我们可以这样来说明"客"这个概念的内涵:出身于士这个阶层的异国人,来秦国担任官职的。

概念是发展的,要准确地了解概念,必须从概念所出现的具体环境出发。特别是一些抽象概念,如果离开了具体环境,它的本质属性是什么,就很难说得清楚。如韩愈的《答李翊书》说:"气,水也;言,浮物也。"什么叫作"气"?教材注释说:"气,指作家的思想修养。"并引孟子的"浩然之气"为证(见教材416页)。蒋绍愚同志在讲课中说:"气"是与"言"相对而言的,"应是指文章的气势"。蒋同志的意见是对的。韩愈所谓的"气"与孟子所谓的"气"有一定的联系,但内涵并不完全一样。韩愈所说的"气"是指文气,是指作品本身所表现出来的气势,是指文章思想内容方面的问题,所以说它是与"言"(即语言形式)相对而言的。"气势"如何,当然取决于作家多方面的修养(不只是思想修养),韩愈说的"行之乎仁义之途,游之乎诗书之源",就是谈他养气的经验。

概念的古今不同,也是值得注意的。韩愈说的"道德之归也有日矣"中的"道德",柳宗元《封建论》中的"封建",顾祖禹说的"经邦国,理人民"中的"人民"(见教材477页),古今含义都是不一样的。总之,分析概念要有历史观点。

二 弄清论点

说理文都有自己的中心论点。我们学习古代汉语,不能只顾字、词、句,对一篇文章的中心论点是什么,应该要求彻底弄清,因为弄清全文的中心论点有助于对作品大意的了解。抓住中心论点并不是一件很难的事情,有的作品本身往往对中心论点有明确的概括。如《谏逐客书》一开篇就说:"臣闻吏议逐客,窃以为过矣。"这就是本文的中心论点。本文四个自然段都是紧紧扣住"逐客""过矣"来做文章的。《论积贮疏》的中心论点是在最后一段点出来的。"夫积贮者,天下之大命也。"全文的议论都是围绕着"积贮"为何是"天下之大命"这个论点来展开的。

一篇说理文,除了中心论点之外,往往还有若干个分论点。如苏轼的《教战守策》[①],中心论点是说明备战的重要性,下面又有两

---

① 此文原题为《策别安万民五》,本文开篇即子目"其五曰教战守",见《苏轼文集》卷八。作于嘉祐六年(1061),苏轼时年26岁。

个分论点。1."当今生民之患""在于知安而不知危,能逸而不能劳"。2.从士大夫到平民都要习兵。

分论点是为中心论点服务的,它们之间存在密不可分的内在联系。分论点出现的先后次序也不是随意的,它是随着论题的逐步深入来排列的。《教战守策》是论述备战的,所以首先就从"生民之患"入题,论证"兵不可去";它的第二个分论点是针对上述论证所提出的建议、措施,如果离开了第一个分论点,第二个分论点就是"无的放矢",意义就要大为减弱。

还有一点要说明的是:分论点与自然段并不完全一致。有时一个自然段可以包含好几个分论点,有时几个自然段只是说明一个分论点。这些,都要按照文章的具体情形来进行分析。

三 分析论据

论点是不能离开论据的,没有论据的论点或论据不坚实的论点,都不能产生应有的说服力。教科书所选的论说文,都是名篇,我们研究一下这些论说文是怎样使用论据的,这不仅对我们学习古代汉语有好处,就是对于提高鉴赏水平乃至于写作水平,都是有意义的。

所谓论据,无非是摆事实,讲道理。《教战守策》第一个分论点的论据有三:第一个论据是讲历史上的正反两个方面的经验教训。正面经验是"昔者先王知兵之不可去","天下虽平,不敢忘战";反面教训是唐代的安禄山之乱。作者从历史高度来论证"兵不可去",加深了文章的深度。第二个论据是用设譬的方式说明训练民兵的重要性,"善养身者"能逸能劳,能适应"寒暑之变",老百姓也应加强训练,以适应战时的需要。第三个论据是分析当时所存在的民族矛盾,说明战争的不可避免。"战者,必然之势也,不先于我则先于彼,不出于西则出于北",这种逻辑推理因为有充分的事实作为依据,所以是科学的。后来的历史发展证明,年轻的苏轼在这个问题上的确具有远见。

《教战守策》运用论据的方法,在古代说理文中具有极大的普遍性。如不少说理文都喜欢引用历史故事作为论据。《谏逐客书》第一大段全是讲历史,李斯用秦国历史上的四位国君(缪公、孝公、惠王、昭王)"以客之功"使秦富强,证明客不可逐,论据非常有力,坚不可破。司马迁《报任安书》更是大量地引用历史故事作为论据,如为了证明"唯倜傥非常之人称焉"这个论点,用了文王、仲尼、屈原等人的故事;为了证明"刑余之人,无所比数"这个论点,用了雍渠、景监、同子等人的故事,这些论据都属于历史典故。

当然,论据仅仅取材于历史典故还是不够的,一般论说文的主要论据还是来自于社会现实,来自于深刻的推理。如《论积贮疏》《出师表》都对当时形势有精确的分析,都是以实际存在的具体事实作为论据的,而韩愈的《答李翊书》《师说》均以推理取胜,富有强大的逻辑力量,值得我们好好学习。

四 钻研"说明"

教材每篇作品的前面都有一个"说明"。这个"说明"并不是可有可无、可读可不读的。我建议同学们在学习每一篇作品的时候,首先就要逐字逐句地钻研一下"说明",学完一篇作品之后,还要回过头来研究一下"说明",学习说理文尤应如此。"说明"之所以不可不读,是因为它提供了必要的背景材料,如《谏逐客书》的"说明",第一段文字就介绍了李斯为什么要写《谏逐客书》,秦王是在什么时候、在什么情况下发布了逐客令。《论积贮疏》《报任安书》等篇的"说明"也都介绍了背景材料。如果我们对一篇论说文的历史背景一无所知,就会大大妨碍我们对于这篇作品的理解。不少"说明"对于作品的主要论点也有提示,如《答李翊书》的"说明"就是一例。另外,几乎所有的"说明"都对作品本身做出了评价,我个人认为这些评价基本上都是正确的,当然,浮泛之辞,见解不深刻、不公允,也是有的。我们要承认,对作品的评价是一件很复杂、很困难的事情,应该允许出点偏差。

五 结束语

有的人往往把搞古代汉语的人视为"章句之徒"。"章句之徒"这顶帽子是带有几分贬义的,意思是只管章句,不明大义。人家这样看,是有一定的原因所造成的。青年同学们在学习古代汉语时,无疑要重视章句,要扎扎实实地钻研字、词、句,这一点是丝毫含糊不得的,但我们决不可只顾章句,不管大义。学了一篇古文,抠通了词义、语法,而于全文大意茫然无知,这难道是一种正常情况吗?有鉴于此,我写了这篇文章,愿与同学们共勉。

(原载《电大语文》1983年第11期,辽宁电大编)

诗词格律问答

一 为什么要学点诗词格律方面的知识?

我国的古典诗歌非常发达。从下面几个数字就可以证实这一点:《全唐诗》中的诗人有 2300 多家,有诗 48900 多首;《全宋词》中的词人有 1330 多家,有词 19900 多首。我们要研究、整理这些作品,要很好地利用这一份文化遗产,就要研究诗词的语言形式,而"格律"是诗词语言形式的主要标志,无论是为了研究古典诗歌还是为了发展新诗,都有必要掌握起码的格律知识。

二 什么叫诗词格律?诗词格律包括哪些内容?

所谓"格律"就是指诗词在语言形式方面的固定格式和规律。它的主要内容有四点:字数和句数,押韵,平仄,对偶。按照一定的格式写的诗叫作"格律诗",也简称为"格诗"。唐代大诗人杜甫说:"晚节渐于诗律细"(《遣闷戏呈路十九曹长》)。他所说的"诗律"也是格律问题。白居易说："每被老元偷格律"(《编集拙诗成一十五卷因题卷末戏赠元九李二十》)。老元,是指白居易的好友元稹,元稹在诗歌创作方面曾受过白居易的影响,所以白居易跟他开玩笑,说他"偷"了自己的"格律"。这里所说的"格律"主要是指诗歌的风格和韵律,跟我们所说的"格律"在意思上不完全一样。

三 是不是所有的古典诗歌都有格律方面的要求?

要弄清这个问题,就要懂得古典诗歌的体裁。我国的古典诗歌有几千年的历史,体裁丰富多样。总的来说,可分为两个大类:一类是古诗,一类是律诗。

在这里,我们要注意"古诗"这个概念。如果跟现代的新诗相比,所有的古体诗(指旧体诗)都可以叫作"古诗"。而这里所谓的古诗是对今体诗(即近体诗)而言的,也叫古体诗、古风。这种体裁是从唐代开始产生的;唐以前,《诗经》、汉魏六朝的诗,也可以叫作古诗。古体诗继承了《诗经》、汉魏六朝诗的传统,又受到近体诗的影响,形式比较自由,这是它和律诗最本质的区别。古诗可以分为以下几类:

1. 四言古诗:先秦以《诗经》为代表;建安时代以曹操为代表;陶渊明也写过一些四言古诗。唐宋时期也有人写四言古诗,但毕竟是罕见的东西了。

2. 五言古诗:盛行于魏晋。三曹(曹操、曹丕、曹植)、阮籍、陶渊明、谢灵运、鲍照等人都是五言大家;《昭明文选》中的"古诗十九首"（两汉无名氏作）也是五言诗。古体诗以五言为正统。如杜甫的"三吏""三别"都属于五古。

3. 七言古诗：据传起于汉武帝时的柏梁体（不可信）。唐代岑参的《白雪歌》、白居易的《长恨歌》、宋代苏轼的《荔枝叹》都是七言古诗的名篇。

4. 杂言古诗：所谓"杂言"，就是句子长短不齐。有三、七杂言，五、七杂言，三、五、七杂言。李白的《梦游天姥吟留别》以五七言为主，中间还夹有四字句；他的《将进酒》，则是三、五、七杂言。杂言古诗很像乐府歌行，如李白的《蜀道难》用的是乐府古题，实际上与杂言古诗没有什么区别。"杂言"也可归于七言，沈德潜说："七言古或杂以两言、三言、四言、五六言，皆七言之短句也。或杂以八九言、十余言，皆伸以长句，而故欲振荡其势，回旋其姿也。"（《说诗晬语》208 页）

5. 乐府：也属于古诗的范围之内。乐府有五言、七言之分。教材中选的《焦仲卿妻》是五言，曹丕的《燕歌行》是七言。最早的乐府本是依声作辞，即以歌辞配乐，后来有的乐府诗是模拟古题，有辞无声，如高适的《燕歌行》，白居易的"新乐府"。

以上所说的几种古诗都不属于格律诗。律诗始于唐代。明代的吴讷说："律诗始于唐，而其盛亦莫过于唐。考之唐初，作者盖鲜。中唐以后，若李太白、韦应物犹尚古多律少。至杜子美、王摩诘（王维）则古律相半，迨元和（唐宪宗年号）而降，则近体盛而古作微矣。"（《文章辨体序说》56 页，人民文学出版社，1962 年）这段话概括了唐代律诗的发展过程。

诗律分五律、七律、排律三种。五律、七律都是八句、四联，一二句叫首联（也叫起联），三四句叫颔联，五六句叫颈联，七八句叫尾联。五律共 40 字，七律共 56 字。排律也叫长律，因为句子超出了八句，有的一首诗有好几百个字，甚至上千字，所以叫"长律"。长律除了尾联或首尾两联不用对仗之外，中间各联都用对仗，所以又名之为"排律"。长律一般都是五言，如杜甫写了 127 首五言排律，而七言排律只有 8 首。

绝句分古绝与律绝。古绝产生于律诗之前，不受格律限制，实际上应归于古风。

律绝产生于律诗之后。"绝句"这个名字是什么意思呢？《诗法源流》说："绝句者，截句也。后两句对者是截律诗前四句；前两句对者是截后四句；皆对者是截中四句；皆不对者是截前后各两句。故唐人称绝句为律诗。观李汉编《昌黎集》：'凡绝句皆收入律诗内是也。'"（转引自《文章辨体序说》57 页）可见，绝句就是截取半首律诗的意思。如王之涣的《登鹳鹊楼》，前两句就是很工整的对仗，这就是所谓的"截后四句"，即截取律诗的颈联和尾联。也有人不赞同这样的说法，如赵翼说："两句为联，四句为绝，始于六朝，元非近体，后人误以绝句为绝律体。"（《声调后谱》，见《清诗话》上册 344 页，上海古籍出版社，1978 年）绝句"元非近体"，这是不错的，所以我们要从绝句中分出古绝来；但绝句从唐开始又的确深受律诗的影响，所以人们立出了"律绝"这个名目，不得谓之"误"。

古绝与律绝的区别有两点：(1)古绝可以押仄声，如柳宗元的《江雪》用的是入声韵，律绝原则上只能押平声韵，仄韵罕见；(2)古绝不讲究平仄规则，而律绝的平仄格式与律诗一样。如陆游的《柳桥晚眺》（见王力、林焘校订《古代汉语》（下）991 页，北京出版社，

1983年)不仅一二句对仗,而且押平声韵,就是在平仄方面也完全符合格律,这就是一首五言律绝。

四　古典诗歌用韵的规则和依据是什么？

我们可以这样说,从《诗经》开始,所有的古典诗歌都是押韵的。《诗经》305篇,不押韵的只有那么几篇。用韵,是诗歌这种文学形式的一个基本特征。那么,什么叫"韵"呢？我们知道,汉字一般都是由声母和韵母两部分构成的,韵母部分又分为韵头、韵腹(主要元音)、韵尾等三个部分。互相押韵的字不一定整个韵母部分都一样,但韵腹与韵尾要求一样。所以诗韵的"韵",比韵母这个概念要大一些。押韵的字一般都在句子的最后一个字,这个字就叫作"韵脚"。

从《诗经》《楚辞》开始,韵脚的位置一般都出现于偶句,即隔句押韵。古体诗如此,近体诗也如此。所不同的是,律诗押韵的位置是不能变的,都是二、四、六、八等四句押韵,所以古人也把律诗称之为"四韵诗"。律诗的首句也可以押韵。五律的第一句,多数不押韵;七律的第一句则多数押韵。教材选五律六首,有两首(王勃的《送杜少府之任蜀川》,王安石的《孤桐》)第一句押韵,四首第一句不押韵;选七律九首,每一首的第一句都押韵;这都不是偶然的。

律诗的第一句可借用邻韵,叫作"借韵"。借韵始于唐代,到宋代成为风气。借韵不等于换韵。古体诗可以一韵到底,也可以两个以上的相邻的韵通用(叫作通韵),也可以中间换韵,六朝以前的七言古诗句句押韵。

韵脚与声调有密切关系,原则上都是同调相押,不同调不相押。律诗一律押平声韵;古诗也有很多是押平声韵的,押仄声韵的也有。仄声韵包括上去入三声,押韵时只能去声押去声,上声押上声,入声押入声。

古典诗歌的押韵以什么为依据呢?在没有韵书之前,是以口语为依据的。魏晋以后有了韵书,到了唐代,全国有了统一的韵书"官韵",科举考试要按官韵押韵。官韵分206韵,到南宋时归并为106韵,这就是我们熟知的"平水韵"。

五　怎样掌握106韵

掌握106韵是有意义的。不仅学习、研究古典诗词应当了解,就是查阅工具书有时也要掌握106韵,因为有些工具书如《佩文韵府》《经籍籑诂》就是按106韵来编排的,我们不能要求每一个同学都去死记硬背106韵的韵部名称和各韵收的每一个字,但希望同学们熟悉这些韵部的名称,知道各韵部有哪些常用字。起码对三十个平声韵的韵目和十七个入声韵的韵目要比较熟。因为律诗只押平声韵,而且掌握了平声韵,上去二声的韵就不难掌握了。至于入声韵呢,因为在大多数方言中,入声已经消失,如果不有意识地去熟悉一下,就很难分辨得出来。由于语音的变化,古代押韵的现在可能已经不能相押了,这是韵部难以掌握的一个主要原因。我们要了解一个字在古韵中属于哪个部,最主要的办法是利用《诗韵合璧》之类的韵书,王力先生主编的《古代汉语》(第四册)附录中有一个《诗韵常用字表》,也可以利用。

六 关于平仄格式应注意哪些要点?

律诗的平仄格式看起来很复杂,其实基本原则也就是那么几条。

1. 平仄格式的一个基本原则是两个音节为一个小的停顿,如:平平,仄仄。在两个停顿的基础上再进一步扩展为四种不同的句式。扩展的办法有二:一是加尾;二是插腰。

加尾:① 仄仄平平(仄)

   好雨知时 节

 ② 平平仄仄(平)

   当春乃发 生

(第一句在尾部加仄声,第二句在尾部加平声)

插腰:③ 平平(平)仄仄

   随风 潜 入夜

 ④ 仄仄(仄)平平

   润物 细 无声

(第三句在中间插入平声,第四句在中间插入仄声)

2. 从一个句子内部来说,平与仄是交替关系,平平之后接仄仄,仄仄之后接平平。

3. 从一联的出句与对句来说,平与仄是对立关系。如出句是:仄仄平平仄,对句就必然是:平平仄仄平。平平对仄仄,仄仄对平平,最后一个字是平对仄。

如果首句入韵的话,则首联的出句与对句就是不完全的对立。如:

平起平收式:平平仄仄平(出句)

　　　　　单车欲问边

　　　　　仄仄仄平平(对句)

　　　　　属国过居延

　　　　　(王维《使至塞上》)

仄起平收式:仄仄仄平平(出句)

　　　　　戍鼓断人行

　　　　　平平仄仄平(对句)

　　　　　边秋一雁声

　　　　　(杜甫《月夜忆舍弟》)

4. 从两联之间的关系来说,下一联的出句第二字要与上一联对句中的第二字平仄一样,这叫作"粘"。具体一点说,就是第三句与第二句、第五句与第四句、第七句与第六句的第二个字,平与平相粘,仄与仄相粘,如果平仄不一样,就叫作失粘。

腰间羽箭久凋零　　太息燕然未勒铭

老子犹堪绝大漠　　诸君何至泣新亭

一身报国有万死　　双鬓向人无再青

记取江湖泊船处　　卧闻新雁落寒汀

(陆游《夜泊水村》)

"息"与"子"为仄声相粘,"君"与"身"为平声相粘,"鬓"与"取"为仄声相粘。

5. 关于拗救的问题。上述四点是律诗平仄结构的一般原则,也有变例,这就是拗救问题。拗救有以下几种:

① 本句自救。在平平仄仄平这种句式中,第二个平字是固定

的,是不能变为仄声的,如果变为仄声,就要犯失对的毛病。那么,第一个平字是否可以不论呢? 不能。如果第一个平字变成了仄声,这就叫作犯孤平,成了仄平仄仄平,这不是有两个平字,为什么叫作"犯孤平"呢? 因为最后一个字虽是平声,但它是韵脚,不计算在内。所谓孤平,就"孤"在第二个字上。犯孤平乃诗家之大忌。据王力先生说,一部全唐诗,犯孤平的例子只有两个[①]:

a. 醉多适不愁。(高适)
　　| — | | —
b. 百岁老翁不种田。(李颀)
　　| | | — | | —

犯孤平的句子就是拗句,怎么办呢? 要采取本句自救的方法。就五律来说,就是要把第三个仄声字改为平声字。如:

早被婵娟误(出句)
| | — — |

欲妆临镜慵(对句)
| — — | —

(杜荀鹤《春宫怨》)

对句的第三个字"临"是平声(按格式应出现仄声字),就是为了救第一个字"欲"(仄声),由平平仄仄平变成了仄平平仄平。

② 既救本句,又救对句。这种情况见于仄仄平平仄,平平仄仄平这两种句式中。如:

[①] 王力《汉语诗律学》第一章第八节,第99页,上海教育出版社,1962年。盈按:王著是研究格律最深最透内容最丰富的巨著,为本文主要参考文献。

为惜故人去
｜｜｜—｜
复怜嘶马鸣（高适）
｜——｜—

"嘶"字既救本句的第一个字，又救上句的第三个字"故"。

又如：溪云初起日沉阁
　　　——⊖｜｜—｜
　　　山雨欲来风满楼（许浑）
　　　⊖｜｜——｜—

"风"字既救本句的第三个字（欲），又救上句的第五个字（日）。

如果出句仄仄平平仄的第三个字用了仄声，而对句平平仄仄平并不犯孤平的话，则在可救可不救之列。

③ 还有一种本句自救，即平平平仄仄这种格式，可以变为平平仄平仄。五言句第四字仄变平，第三字平变仄。七言句最后三字也是仄平仄。如：

遥怜小儿女（杜甫）
——｜—｜

记取江湖泊船处（陆游）
｜｜——｜—

④ 对句救。在仄仄平平仄这种句式中，如果第四字用了仄声，也是拗句，救正的办法是在下句第三字用仄声的地方改用平声，如：

野火烧不尽
｜｜—｜｜

春风吹又生（白居易）
———｜—

上句"不"字拗,下句"吹"字救。

拗句出现在近体诗中要加以补救,而古体诗的结尾多是拗句(仄仄仄,仄平仄,平平平,平仄平),尤以三平调为最多,如:

忽如一夜春风来,千树万树梨花开
　　　　　　　　　———

莫徭射雁鸣桑弓
　　　　———

汝休枉杀南飞鸿
　　　　———

好恶不合长相蒙
　　　　———

此曲哀怨何时终
　　　　———

古体诗也不讲究"粘""对"。从一个句子来看,它不是平仄交替,而是平仄相因,即二、四字或四、六字都是平声或都是仄声。这样,当然就谈不上"粘""对"了。

七　词韵与诗韵有什么不同?

词这种文学体裁产生于盛唐,当时可能还没有"词"这个名称。到晚唐温庭筠,诗和词才明显分家。五代以后,词韵和诗韵也渐渐不同。词韵原本没有专门的韵书,清代戈载的《词林正韵》"所分十九部,一以唐宋诸名家为据"(《词林正韵·发凡》)。就是说,他分出的十九个韵部是从唐宋词作中归纳出来的。戈载的归纳当然不很准确,但词韵与诗韵的主要不同之点还是反映出来了。

1. 词韵比诗韵要宽。平水韵平声30韵,词韵归并为14个部(包括上去),减少了一半还多,其中与诗韵相同的只有歌、尤、侵三部。

2. 平水韵有17个入声韵,词韵归并为5个部,数量大大减少。从收尾音看,-p、-t、-k已经相混,这证明当时的口语中,入声字已有可能不是用-p、-t、-k来收尾了。

3. 拿十九部与平水韵相比,并不只是简单的归并,有的部没有依从平水韵。如平水韵把《广韵》的元、魂、痕三韵合起来称为十三元,而词韵把魂痕归到真文,把元韵归到寒删先,这是从宋词的实际用韵归纳出来的[①]。平水韵把元魂痕归为一韵是与口语脱节的,写诗的人要掌握元韵非常困难,所以《红楼梦》里有"该死十三元"。

平水韵的灰韵包括《广韵》的灰咍两个韵,词韵将灰韵归到第三部(支微齐),咍韵归第五部。词韵的第五部由《广韵》佳韵的大多数开口字以及《广韵》中的咍韵皆韵(均属开口)组成,有一小部分佳韵字(其中有开口,也有合口)归第十部。

4. 词的韵例也与诗韵有不同之处。如平仄换韵(平转仄,或者仄转平);仄韵之中,上去为一类,入声自成一类;有的词牌规定,上去可以通押;诗韵密,词韵疏,五代以前的词最多两句一韵,宋代新创的却有三、四句乃至五、六句一韵的。

(原载《电大学刊(语文版)》
1984年第3期,北京电大编)

[①] 《古代汉语》教材1070页词韵第六部说:"平声真文,又元韵的开合两呼"。这里说的元韵是平水韵的十三元,开口呼即《广韵》的痕韵,合口呼是指《广韵》的魂韵。第七部说:"平声寒删先,又元韵的齐撮两呼。"这里的"齐撮两呼"就是指《广韵》中的元韵字。

诗词语言的音乐美

诗词语言为什么会存在着音乐美,这种音乐美的具体表现形式又是什么？二十多年前,王力先生写过一篇《略论语言形式美》,对这些问题已经进行过精辟的论述。我在这里只不过略陈管见,聊以续貂云尔。

诗词与音乐

诗词语言之所以存在音乐美,是因为诗与词原本就和音乐存在着密不可分的联系。拿最早的诗歌总集《诗经》来说吧,其中的绝大部分作品都是伴随着音乐而产生的。十五国"风"本是民歌,不仅可以口头歌唱,还可以配乐演奏,孔子称赞演奏"关雎"(国风的第一章)这个乐章说:"洋洋乎盈耳哉！"美的享受,溢于言表。《诗经》的"雅""颂"部分也是配乐的。所以孔子说:"吾自卫反鲁,然后乐正,'雅''颂'各得其所。"(《论语·子罕》)由于这些乐曲早已失传,我们今天只能见到配乐的歌词(诗)了。

楚辞中的某些篇章也与音乐有直接关系,如《九歌》就是在"俗人祭祀之礼、歌舞之乐"的基础上产生的歌词。至于汉魏乐府,"则采歌谣,被声乐,其来盖亦远矣"。乐府诗有的是由乐以定词,有的是选词以配乐,后来一些模拟乐府古题的乐府诗,未必都能入乐,但这些作品的音乐性特点还是很明显的。

词这种艺术形式起源于唐代,人们又用"曲子词""乐府""倚声"等名称称呼它,说明词与音乐的关系也是非常密切的。人们还把作词叫作"填词",因为词要按一定的曲调来填写。许多著名词家都是精通乐律的。柳永"善为歌辞,教坊乐工每得新腔,必求永为词",当时有"凡有井水饮处,即能歌柳词"的说法,这个例子也说明了"词"是可以"歌"的。词在发展过程中逐渐与音乐脱节,而它的平仄模式、韵律结构,仍然保持着内在的音乐美。

唐诗也有能入乐的,也有能歌唱的,尤其是近体诗的那一套严谨格律要求,更包含着丰富的音乐内容。直到今天,那些优秀名篇,如果让有朗诵修养的人来朗诵,我们听起来还会产生铿锵悦耳之感。当然,如果只用眼睛去看字面,这种音乐美是表现不出来的,因为不论文字多么富有表现力,它毕竟是不能发声的。我们在学习唐诗时(宋词也不例外),不妨也采用朗诵的方法,通过朗诵掌握这种音乐语言的韵味,提高我们的鉴赏力,加深对作品内容的了解。

韵脚与旋律

旋律与节奏是音乐的两个基本要素。所谓旋律是指若干不同音高的音经过艺术构思而形成有组织有节奏的和谐运动。诗词的韵脚则是用一元音或近似的元音做有组织有规律的重复,它同样是一种和谐的运动,给人以音乐语言的旋律感。一首律诗,首句要是不入韵的话,都有四个韵脚。这样,同一个元音在等距离的时间单位之内，就可以重复出现四次，如果首句入韵的话，就会有五个韵脚，同一元音（当然也包括韵尾）就要重复五次。如柳宗元的《登柳州城楼寄漳汀封连四州》的韵脚是"荒""茫""墙""肠""乡"，-ang 这个音节就反复出现了五次。这种规律性的重复，古人叫作"同声相应"。刘勰说："同声相应谓之韵。"（《文心雕龙·声律》）这个定义既揭示了"韵"的本质特征，又阐明了韵和音乐的关系。

古典诗词都是押韵的，律诗用韵的要求尤为严格。教材中选了 6 首五言律诗，分别押真、尤（三首）、庚、青四韵；9 首七言律诗，分别押灰、元、阳、尤（两首）、庚、青（两首）、删等七韵。全都是平声韵。《唐诗三百首》有五言律诗 78 首，七言律诗 49 首，也全用平声韵。用平声字作为韵脚，这是律诗的共同规律。古人为什么规定律诗要用平声韵呢？这跟平声所能产生的音响效果和它具有广泛的适应性有关。前人是这样描写平声的："平声者哀而安"，"平声平道莫低昂"，"平声赊缓，有用处最多"。这些话的大意是：平声的音响不高不低，可以延长，能表达多种多样的思想情绪，所以诗人们喜欢选用平声韵，以致把它作为格律来要求。

在古诗和绝句中，也有以仄声字作为韵脚的。柳宗元的《江雪》以"绝""灭""雪"押韵，属入声屑韵。在唐代，屑韵字收-t 尾，〔t〕是一个清塞音，不能够延长。入声字的音响显然不如平声，但它作为韵脚，同样能造成一种旋律运动，同样能使人产生和谐的美感。不过它的音乐性效果往往是沉郁、哀婉、悲壮，所以诗人在选用入声韵时不可能是随意的，其先决条件是思想内容。

词的旋律内容要比律诗丰富得多。词的最常见的一种形式是双调。所谓双调就是一首词分为上阕（què）和下阕，即前阕和后阕。前后阕的分别也与音乐有关。"阕"本来就是一个音乐名词，一曲终了叫一阕。前后两阕的歌词不同，曲调是一样的，后阕是前阕曲调的重复。

词韵比之律诗的用韵，更具有音乐旋律的特点。我们知道，五律和七律都只能一韵到底，而词韵则不然。有的词一韵到底；有的词中间要换韵，并且平韵与仄韵可以交替出现，李煜的《虞美人》就是由仄韵（上声）转为平韵；有的词同部之内可以平仄互押，如辛弃疾的《西江月》用的是第四部的韵，上阕下阕都是两平（鱼、虞）一仄（遇）。词的用韵近似古风，却又不如古风自由，因为古风用韵的可平可仄是任意的，词韵何者用平、何者用仄是规定的。而且，由于词的句式长短不齐，韵脚疏密不等，它的和谐美就更显得丰艳多姿，是古体诗和近体诗都无法比拟的。

词韵的选择也要依声情而定。清代词学理论家周济说："东、真韵宽平，支、先韵细腻，鱼、歌韵缠绵，萧、尤韵感慨，各有声响，莫草草乱用。"又说："阳声字（指收-m、-n、-ng 尾的韵）多则沉顿，阴声字（指以元音或以-i、-u 收尾的韵）多则激昂。重阳间（jiàn）一阴，则柔而不靡；重阴间（jiàn）一阳，则高而不危。"（《介存斋论词杂著》附录《宋四家词选目录序论》，14 页）句子的用字要注意阴阳相间，也是为了追求铿锵谐畅的音响效果。

平仄与节奏

旋律不能离开节奏，无论是音乐还是诗词歌曲，离开了节奏也就谈不上什么旋律了。诗词节奏的表现手段，当然离不开韵脚，但主要的还是要靠平仄。诗词中的平仄规定为什么能造成有节奏的音乐效果呢？回答这个问题之前，我们先得弄清楚什么叫作"节奏"。《现代汉语词典》说："（节奏是）音乐中交替出现的有规律的强弱、长短的现象。"《辞海》说："音响运动的轻重缓急形成节奏，其中节拍的强弱或长短交替出现而合乎一定的规律。节奏为旋律的骨干，也是乐曲结构的基本因素。"（552页）语言中的平仄是声调问题，声调也是一种音响运动，也属于物理现象，但汉语声调的产生，是由声音的高低和长短来决定的，与轻重、强弱无关。古诗中的平仄格式之所以能造成节奏，就因为利用了汉语声调高低长短的不同，组成多种交替、对立的语音系列，在对立中求统一，在不一样中求一样，这就是刘勰所谓的"异音相从谓之和"（《文心雕龙·声律》）。一言以蔽之：律诗的平仄格式就是对"异音"如何才能"相从"的一种规范。

什么叫作"异音"？平与仄的不同就是异音。何谓"相从"？就是平跟着仄，仄跟着平。律诗的节奏以两个音节一小顿为基本单位，如"平平"一顿，"仄仄"一顿。依照"相从"的原则，就构成了"平平仄仄"或"仄仄平平"这两种格式，由这两种格式再加以扩展，就产生了五言律诗的四种句式：

仄仄平平仄

平平仄仄平

平平平仄仄

仄仄仄平平

从一句的内部而言，平与仄是交替关系，即平平之后接仄仄，仄仄之后接平平；从一联的出句与对句而言，平与仄是对立关系，即平平对仄仄,仄仄对平平;从两联之间的关系而言,下一联出句的第二字要与上联对句第二字的平仄一致,这叫作"粘",即平与平相粘,仄与仄相粘,如果不一致就叫"失粘"。失粘有什么不好呢?失粘的结果是只有对立、交替,而失去了统一、和谐。一首格律诗是一个完整的统一体,必须坚持上述的平仄规律,才能实现完整的节奏运动。

律诗中有所谓拗句,即某些句子与正常的平仄格式不同。如"平平仄仄平"这种格式的拗句是"仄平仄仄平",诗人们把这种句式叫作"孤平"。这里明明有两个平声,为什么说是"孤平"呢?犯孤平为什么不好呢?首先,最后一个"平"是作为韵脚出现的,故不计算在内;其次,犯孤平就破坏了节奏的完整性,此乃诗家之大忌,必须要进行补救,补救之法是把第三字改为平声,成为"仄平平仄平"。王力先生说:"我们曾在一部《全唐诗》里寻觅犯孤平的诗句,结果只找到了两个例子:'醉多适不愁'(高适《淇上送韦司仓》)。'百岁老翁不种田'(李颀《野老曝背》)。"(《汉语诗律学》99—100页)"醉多适不愁"是"仄平仄仄平","百岁老翁不种田"是"仄仄仄平仄仄平","醉"与"老"都是以仄声取代平声,两句都犯了孤平。

古体诗的平仄要求不如近体诗严格,它是自由的,不拘一格的,但是否就不存在节奏美呢?我看不能这样认为。请看岑参《白雪歌》的前四句:

北风卷地白草折,胡天八月即飞雪。
｜—｜｜｜｜—　——｜｜｜｜—

忽如一夜春风来,千树万树梨花开。
｜—｜｜———　｜｜｜｜——

从律诗的观点来看,这四句的结尾都是拗句。"白草折"是仄仄仄,"即飞雪"是仄平仄,"春风来""梨花开"都是三平调。这样的结尾,如果孤立起来看,似乎无节奏可言,但把四句诗连起来读,我们就会感到它的节奏是寓于自然的声籁之中,它是在一句之外、数句之内造成一种与律诗不同的节奏感。就一句之内而言,古体诗也还是存在平仄交替的问题,如"北风卷地""胡天八月""忽如一夜""千树万树"都是以两个音节为一个节奏单位,大体上也是平仄相从的。

双声与叠韵

诗歌中适当地使用双声字、叠韵字,读来琅琅上口,听来浏亮悦耳。诚如刘师培所言:"双声叠韵,大抵皆口中状物之词,及用之于诗,则口舌相调,声律有不期然而然者。"(《论文杂记》139 页,人民文学出版社,1959 年)诗人使用双声叠韵字,最初是出于自然,并非刻意追求。《诗经》《楚辞》多用双声叠韵字,但其法不密。随着格律诗的发展,杜甫等人就着意在这方面下功夫了。以杜诗为例:

有叠韵相对的,如:

卑枝低结子,接叶暗巢莺。(《陪郑广文游何将军山林》十首之二)

"卑枝"(支韵)、接叶(叶韵)相对。

蹉跎暮容色,怅望好林泉。(《重过何氏五首》之五)

"蹉跎"(歌韵)、"怅望"(漾韵)相对。

　　穿花蛱蝶深深见,点水蜻蜓款款飞。(《曲江二首》之二)

"蛱蝶"(叶韵)、"蜻蜓"(青韵)相对。
　　有以双声对叠韵的,如:

　　阑干上处远,结构坐来重。(《惠义寺送王少尹赴成都得峰字》)

"阑干"叠韵(寒韵),"结构"双声(见母)。
　　有以叠韵对双声的,如:

　　牢落新烧栈,苍茫旧筑坛。(《王命》)

"牢落"双声(来母),"苍茫"叠韵(阳韵)。
　　有以双声相对的,如:

　　牢落西江外,参差北户间。(《自瀼西荆扉且移居东屯茅屋四首》之四)

"牢落"(来母),"参差"(初母)相对。

> 漂泊犹杯酒,踟蹰此驿亭。(《又呈窦使君》)

"漂泊"(滂母与並母为准双声)与"踟蹰"(澄母)相对。

刘师培说:"迨及宋初,此法渐微,惟苏诗喜用双声。"(《论文杂记》140页)这是指宋诗而言的。在宋词中,关于双声叠韵的使用还是比较讲究的。所以周济说:"双声叠韵字,要蓄意布置,有宜双不宜叠,宜叠不宜双处。重字(即叠字)则既双且叠,尤宜斟酌。"(《介存斋论词杂著》15页)

关于诗词的音乐美,当然不限于以上几点,但这些基本知识我们应当有所了解。

(原载《电大教学(语文版)》1984年第6期,浙江电大编)

刘勰的文体论

无论是学习古代文学史,还是学习古代文艺理论、古代汉语,都应懂得一点古代文体方面的知识。从东汉末年到清代,不断有人对文体问题进行探讨研究,而以刘勰的文体论最具有代表性。

刘勰(据杨明照研究,刘勰的生卒年约 466/467—538/539)是南朝齐梁时人,著有《文心雕龙》,全书 50 篇,有 21 篇(从《辨骚》至《书记》)是讨论文体问题的。这 21 篇文章又分为两组:辨骚、明诗、乐府、诠赋、颂赞、祝盟、铭箴、诔碑、哀吊、杂文、谐隐等 11 篇是讨论韵文的;史传、诸子、论说、诏策、檄移、封禅、章表、奏启、议对、书记等 10 篇是讨论非韵文的。刘勰对南北朝以前的各类文体都做了认真的研究。他在《序志》篇说:"若乃论文叙笔,则囿别区分,原始以表末,释名以章义,选文以定篇,敷理以举统。"这几句话概括地表述了他的文体论的基本内容。所谓"文"是指有韵之文,所谓"笔",就是非韵文。

原始以表末

"原"和"表"在这里都用作动词。"原"是推源,"表"是表述。"始""末"是指各种文体的起源和流变。"原始表末"就是探索各种文体的起源和说明它们的流变。任何一种文体的产生都不可能是偶然的,当它们产生之后又不可能是永远不变的。所以,要全面地了解一种文体的情况,就必须采取历史的、发展的观点来研究它,分析它,刘勰正是这样做的。如他的《诠赋》篇,考察了"赋"这种文体的产生和发展过程,认为"赋自诗出,分歧异派"。"赋"本是《诗经》的六义(风、雅、颂、赋、比、兴)之一,后发展为荀赋、屈宋的骚体赋,"六义附庸,蔚成大国";到两汉出现了司马相如、班固、张衡等赋家,"并辞赋之英杰也";到魏晋又产生了王粲、左思、陆机等作者,"亦魏晋之赋首也"。在《史传》篇,刘勰考察了"左史记事""右史记言"的古制,论述了编年体、纪传体的发生、演变过程。在《诸子》篇,刘勰认为"子"书肇始于《鬻子》,以"子"名篇,"莫先于兹"[①];到了战国,诸子"蜂起","迄至魏晋,作者间出"。在《诏策》篇,刘勰分析了"诏策"的发展过程,唐、虞时代,不称"诏策","同称为命";到了战国时代,"并称曰令";秦始皇统一中国之后,又改"命"为"制";汉初又把"命"分为四类:一曰策书,二曰制书,三曰诏书,四曰戒敕。"策"用于封王侯,"制"用于施赦命,"诏"用来诰百官,"敕"用来戒州郡。刘勰论述各种文体的源流时,大致分为四个历史时期:即远古至春秋时期、战国时期、两汉时期、魏晋时期。他将各种文体的发生,发展放在一定的社会背景下加以考察,这就把"源"与"流"的关系搞清楚了。从这个意义上说,刘勰的文体论不仅是理论性质的著作,也是南北朝之

---

① 此说不可信。《鬻子》一书,前人早已认为乃战国处士假托之辞。

前的文体发展史。

释名以章义

"释名"是解释各种文体名称的含义,"章义"是使意义彰显。所谓"义"是指各种文体的社会意义、作用。"释名章义"是刘勰文体论的内容之一。他在21篇文章中,探讨了35种文体(附类不计在内),对每一种文体都进行了"释名章义"。如:

> 诗者,持也。持人情性。"三百"之蔽,义归"无邪","持"之为训,有符焉耳。(《明诗》)

"诗者,持也",这是"释名";"持人情性"这是"章义"。"三百"至"有符焉耳"是证明把"诗"训为"持"是有根据的。其他如:"赋者,铺也。铺采摛(chī)文,体物写志也。"(《诠赋》)"颂者,容也。所以美盛德而述形容也。"(《颂赞》)"诔者,累也。累其德行,旌之不朽也。""碑者,埤(pí,增补)也。上古帝皇,纪号封禅,树石埤岳,故曰碑也。"(《诔碑》)

刘勰对各种文体的释名,大部分都是不科学的。他采用的是"声训"的方法,如"诗"与"持"为叠韵,"赋"与"铺"为叠韵,"诔"与"累"既叠韵,又双声。这些字彼此在语音上有联系,而意义上并不一定有什么联系。同一文体,若用"声训"法来释名,就有可能产生各种不同的解释。刘勰把"诗"解释为"持也",东汉末年的刘熙却说:"诗,之也。志之所之也。"(《释名·释典艺》)"之"与"诗"也是叠韵关系。

刘勰的"释名"不可信,而"章义"则基本上是正确的。如说"赋"这种文体是用来"体物写志"的就很正确。"体物"就是体现客观景物,描写客观景物;"写志"就是抒发自己的思想感情,宣扬自己的社会主张。无论是荀赋、骚体赋,还是汉赋,全都具有这样的特色。

另外,刘勰对某些相近的文体进行了辨析,指出它们的不同之点。如从语言表达形式来分类,"诸子"和"论说"都属于说理散文,可以划为一类,但刘勰分作两篇,指出"子"与"论"不完全一样。"博明万事为子,适辨一理为论。"(《诸子》)广泛地阐明各种事物道理的属于"子",只辨明某一种道理的是"论"。从先秦两汉子书的内容来看,它们涉及的内容非常广泛,上至天文,下至地理,中言人事,无所不谈;而"论"则带有专题性质。刘勰将"论"又区分为议、说、传、注、赞、评、序、引。其共同点是"弥纶群言,而研精一理者也"(《论说》)。"论"之所以"研精一理",因为"论"大多是以单篇形式出现的;"子"之所以"博明万事",因为"子"大多是以集子的形式出现的。刘勰对于"论"和"说"的辨析也很得当。"述经叙理曰论";即阐明经义,叙述道理,这是"论"的任务;"说"是指游说(shuì)之辞,包括口头的和书面的两种,和后世的说理文相比,在作用上显然不同。

选文以定篇

"选文"就是挑选代表作为例,"定篇"就是确定要撰写的篇目。讨论文体,不能凭空臆说,必须要结合实例进行分析,必须要以大量的作品做基础,进行归纳、对比、分类、总结。刘勰对南北朝以前的作品进行过系统的清算,从先秦到魏晋的主要作家和主要作品,差不多都品评到了。如《诸子》篇提到的作家、作品就有:风后、力牧、伊尹(刘勰指出,此三人的著作:"盖上古遗语,而战伐["伐"当为"代"之讹。古本多作"代"。"战代"即战国时代。]所记者也。")、《鬻子》《道德》、孟轲、庄周、墨翟、尹文、驺子、申子、商子、鬼谷子、尸佼、青史、荀子、管子、晏子、列子、随巢、尉缭、公孙龙、《鹖冠》、《文子》《吕氏》《淮南》、陆贾、贾谊、扬雄、刘向、王符、崔实、仲长统、杜夷(《晋书·儒林·杜夷》:"著《幽求子》二十篇行于世。")等。

刘勰的"选文定篇"也有不当之处。如《论说》篇认为:"群论立名",始于《论语》,其实《论(lún)语》的"论"只不过是"论纂"的意思,与他所说的"弥纶群言,研精一理"的论(lùn)体,还不是一回事。又如,他认为"庄周《齐物》,以论为名",也不可靠。在"定篇"方面,他过分注重应用文,21篇之中,有一半是应用文,而对于故事、小说等文学形式,则没有给以必要的留意,大概他把《搜神记》《世说新语》之类的著作,都当作"谰言""琐语",不值一论。

敷理以举统

刘勰研究文体是为了总结各种文体的写作经验。他说的"敷理以举统",就是分析各种文体的内容,列举它们的基本特征。如《明诗》篇说:"故铺观列代,而情变之数可监;撮举同异,而纲领之要可明矣。若夫四言正体,则雅润为本,五言流调,则清丽居宗。华实异用,唯才所安⋯⋯然诗有恒裁,思无定位,随性适分,鲜能通圆。""雅"与"润"是四言诗的基本特征,"清"与"丽"是五言诗的基本特征。诗的体裁有一定的要求,但作家的才思却各不相同,应该根据自己的条件发挥其创作才能,而能掌握各种特征的人是不多的。在《史传》篇中,刘勰提出历史著作的基本特征应该是"直笔",应该要"析理居正",反对"任情失正",反对为了"爱奇,莫顾实理",反对"穿凿傍说"。在《论说》篇中,刘勰提出:"凡说之枢要,必使时利而义贞……自非谲敌,则唯忠与信。""说"的主要特点是要选择有利的时机,而且说辞的义理要正确,如果不是用谲诈来欺骗敌人的话,一定就要讲究"忠"与"信"。从这些例子可以看出,刘勰在分析文体特征时,也特别强调创作态度要严肃,要端正,没有正确的写作态度,就不可能把握好各种文体的特征。

刘勰也认识到,文体的格式和特征,并不是一成不变的,他说:"夫设文之体有常,变文之数无方。""名理有常,体必资于故实;通变无方,数必酌于新声。"(《通变》)意思是:文有定体,但又变化无方。因此,从事写作的人,不仅要继承"故实",还要酌取"新声",这些观点至今还是有意义的。

在学习、研究刘勰的文体论时,我们应注意两个问题。第一,刘勰的文艺思想有保守的一面,表现为贵古尊经。第二,某些文体在名称上与后世一样,而内容却不完全相同,如他所谓的"说",仅指游说之文;他所谓的"杂文",是指宋玉的《对楚王问》、枚乘的《七发》、扬雄的《连珠》等作品,跟我们所说的"杂文"完全不同。

(原载《电大学刊(语文版)》
1984年第1期,北京电大编)

关于文选的教学和学习

现在,国内高等院校的《古代汉语》教材,在内容的设置上差别颇大。有无文选是最主要的差别。王力先生主编的《古代汉语》,包括三个内容:1.文选;2.常用词;3.古汉语通论。"凡例"说:"这三个内容不是截然分离的三个部分,而是以文选为纲,其他两部分跟它有机地结合在一起的。"(王力主编《古代汉语》上册(第一分册)5页,中华书局,1962年)我们电大使用的《古代汉语》,也是三个部分。"凡例"中虽然没有明文规定"以文选为纲",但在实际教学中,我们是紧紧抓住了这个"纲"的。

"古代汉语"这门课为什么要以文选为纲,在文选的教学和学习中,应当注意一些什么问题,我谈一点个人的意见。

为什么要以文选为纲

古代汉语要以文选为纲,是由这门课程的目的和文选本身的特点所决定的。

无论是在一般高等院校,还是在广播电视大学,开设"古代汉语"这门课的根本目的究竟是什么呢?是为了培养古汉语的专门研究人才或为了传授传统语言学的一些入门知识呢,还是为了提高文科学生阅读古书的能力呢？我认为，对前两个"为了"我们并不排斥，但最主要、最根本的目的还是第三个"为了"，即提高阅读古书的能力。

如果我们的"古代汉语"根本不讲作品，只讲"偏旁部首"，只讲《尔雅》《说文》《广韵》，那么，同学们毕业之后，阅读古书的能力就会很不理想，很难适应实际工作需要，尤其是从事一般文字工作的同志，从事中学教育工作的同志，他们会感到在大学里学的古代汉语知识，有些东西用不上，用得上的又没有学。这不是"学""用"不一致吗？

既然强调以文选为纲，那么，古代汉语的知识部分，应讲哪些，不应讲哪些，哪些应多讲，哪些应少讲，就要看它对文选（特指本教材中的"文选"）学习有无用处，或有多大用处。有用的就要讲，有大用的要大讲，有小用的就小讲，无用（不是说对所有的人都"无用"）的或暂时无用的就不讲。

我们为什么不提以语法为纲，以词汇为纲，或以古汉语知识为纲呢？因为无论是语法也好，词汇也好，以及其他常识部分也好，都不能代替文选。文选具有综合性的特点，各种古汉语常识的内容都在文选中有反映，文选最具有作为"纲"的条件。其综合性的特点是语法、词汇、音韵及其他知识部分所不具备的。自然不能以它们为"纲"。

文选教学的方式问题

多年来，我们北大中文系开设的"古代汉语"，一直坚持以文选为纲。它与文学专业开设的"古代散文选""古代诗歌选"这样一些作品选讲课程,并行不悖。某些作品,如《曹刿论战》《逍遥游》以及其他一些名篇,双方都讲,同学们并无重复之感。这并不是因为教员本身有什么高招,而是我们在教古汉语文选时,懂得守"本分"。我们是从语言的角度去讲作品的。我们立足于语言分析,而不立足于思想、艺术分析,这就跟"古典文学作品选读"之类的课程划清了界限,有了明确的分工。落实到学生头上,这种分工起了互补作用。当然,在讲清语言问题的基础上,扣住作品的字句做简要的思想艺术分析,也是完全可以的。因为弄清字、词、句并不就是最终目的,最终目的是要运用马列主义观点,批判地继承古代文化遗产。如果对糟粕、对不健康的东西,丝毫不加分析和批判,对精华不加以肯定,我只管我的字、词、句,这未必就算是尽到了一个教员的责任。总之,要恰如其分,不可多讲,也不可不讲,也不一定每一篇都要来点艺术分析、思想分析,要具体问题具体对待。

　　这里还要讲一个问题,从语言的角度去讲解作品,并不等于逐字逐句地进行语法分析。王力先生说:"古今语法差别不大。古今相同的语法不必再讲,以免浪费时间,教学效果不好。"又说:"古代汉语的问题,主要是词汇的问题,语法的关系不大,因为语法富于稳定性,古今语法的差别是不大的。学生们读不懂古书,在多数情况下,都是因为他们不懂文字的意义,而不是因为他们不懂古代语法。我们在古代汉语课程中,不讲语法是不对的,大讲语法也是不对的。"(《古代汉语》(修订本)第一册 14—15 页,中华书局,1981年)我认为,这些话都说得非常好,带有指导性。

　　可以这样说:古汉语的文选教学,应该是以解决词汇问题为主要内容的综合性的教学。

所谓综合性,主要是指语言知识方面的综合性。其内容包括文字、音韵、语法、词汇、修辞、名物制度、文化常识等,其中又以词汇为主。但并不是说每讲一篇作品都要有这些内容。内容如何安排才算恰到好处,要从三个实际出发,一要从文章的实际出发;二要从学生的水平出发;三要从整个课程设置的情况出发。

下面我们以《鞌之战》为例,分析一下综合性教学的问题。

1.词汇方面应解决的问题有:师、介、屦、病、合、贯、殪、险、殿、集、擐、兵、即、勉、綦、援、枹、逸、败绩、逐、周、越、毙、寓、木、辖、奉、觞、璧、进、舆、属、当、忝、戎行、戎士、不敏、摄、承、乏、免、劝。

这四十多个词语,在讲法上应有所不同。有的要讲古今义的不同,如"兵""劝""木""毙"等。有的要进行词义辨析,如"病"与"疾"。有的要讲本义,如"败绩""逐"等。有的要讲它在先秦时代的常用义,如"免""师"。有的要讲它在本篇的特殊用法,如"介""进""合"等。

2. 语法方面要解决的问题有:

a. 虚词。於、之、苟、岂、然、其……

b. 固定结构。若之何。

c. 词类活用。介、肘、险……

d. 被动式。郤克伤於矢;故不能推车而及;将为戮乎。

e. 省略。(例从略)

3. 文字方面应解决的问题有:

a. 古今字。陈—阵。辟—避。

b. 异体字。俛—俯。

c. 形似字。郤—卻。

d. 为了加深对词义的了解,还可以适当地分析一些字的形体结构,如"及"(参看教材 364 页)、"承"(参看教材 543 页。均指王力、林焘校订本《古代汉语》,北京出版社,1981 年)等。

4. 修辞方面应解决的问题有:

a. 委婉。从"寡君使群臣为鲁卫请"到"摄官承乏",全是委婉的外交辞令。

b. 谦称。寡君、下臣。

c. 并提。"师之耳目,在吾旗鼓",实际上是耳在鼓,目在旗。

5. 文化常识。"张侯","张"是字、"侯"是名。古人名字连用,字在名前。

6. 名物制度。本篇是写车战的。有关车战的一些制度要讲解清楚。如御者、车右的职责,他们在车上所处的位置,国君或主帅的位置。一车有几匹马,"骖"与"服"是什么意思。"旗"与"鼓"在战争中的作用。

本篇没有什么音韵问题。假借字也只有"无"通"毋"。像《岳阳楼记》有押韵的问题,《滕王阁序》还有平仄问题,诗词既有押韵问题,也有平仄问题,读这类作品,当然就要具备起码的音韵知识。

《鞌之战》这篇作品已足以证明:只要把词义问题解决透,阅读方面的困难大概可以解决百分之九十。文化常识、名物制度、从本质上来看,也是词义问题。

语法分析也很重要,有助于准确地理解文意,这是毫无疑问的。但如根本就不理解词义,语法分析恐怕无从谈起。如:"等死,死国可乎?"(教材 170 页)要想准确地分析"等死"的语法结构,关键在于弄清"等"的词汇意义。如果你认为"等"就是"等待","等死"就成了动宾结构,这样的理解显然不正确。因为在秦汉时期"等"还没有产生"等待"的意思。这个"等"只可解为"一样""同样"。"等"的词汇意义明确了,"等"的语法作用就好说了,它是副词,在句中做状语,修饰动词"死"。下句"死国可乎",没有什么词汇意义上的困难,它的语法结构虽然比较特殊,而一般读者不会误解原义,在这种地方能做点语法分析固然可以,但没有必要引导学生来争论"死国"是述补结构(死于国),还是为动用法(为国事而牺牲),还是特殊动宾关系。因为不论怎么分析,大家对文意的理解并没有什么不同,又何必进行纯概念的争论呢。这种问题还是让专门研究古汉语语法的人去争辩吧。当然,我并不反对教师对这种分歧做简要的介绍。

古代汉语教学应以文选为纲,而文选教学又要以词汇为主,这是我们的指导思想。王力先生主编的《古代汉语》之所以设立常用词部分,我们电大用的《古代汉语》之所以设立词义分析举例,其根本原因就在于此。

课程内容的设置是一个很重要的问题,是一个涉及培养什么业务人才的大问题,我们的意见是否对,请同志们研究。

怎样学习文选

怎样学习文选,古人和今人都已经发表了不少意见。这些意见大多是经验之谈,值得我们重视。我们电大的学生这么多,各人的古汉语修养并不一样,因此,在学习方法上也不应该要求一样,最好是能根据自己的水平、条件,创造一些切实可行的学习方法。

我在这里只能针对一般情况,提些一般性的意见,供同学们参考。

第一,要抓好课内学习。要把教员讲过的作品搞熟搞透,真正弄懂。在这个问题上,我觉得要注意两点:一是要树立信心,克服畏难情绪。有不少同学觉得古文难学,担心自己学不好,这个顾虑是不必要的,我们的学员在中学阶段都学过一点古文,对古汉语并不陌生。我们的教材注解详细,还有一本《讲授纲要》,同学们又随堂听课,课外还有教师辅导,弄懂几十篇古文,难道还会有不可克服的困难吗?二是不可粗枝大叶,粗枝大叶容易出错。一般初学古代汉语的同志,往往满足于了解大意,不愿意细抠字、词、句,而不抠通字、词、句,就不能算是功夫到了家。如"姜氏何厌之有?"这句话,我们仅仅懂得它的大意是:"姜氏有什么满足?"这还不够。在检查你的学习情况时,教员会问你两个问题:1."何……之有"是什么意思,"之"是什么词,在这里起什么作用。2."厌"是什么意思,与"猒""饜"是什么关系?这些问题注解中都有,问题在于注解中有的东西,你不一定都认真去阅读。这样,功夫就难以到家,只能是一知半解。如果学生满足于一知半解,而教师又不严格要求,我们的语言训练就是不严格的,甚至可以说是不成功的。

第二,提倡练习古文今译。学生在学习古文时,练习古文今译,可以检验自己对作品中的字、词、句是否真搞懂了。如果是半懂不懂,那么,只要一翻译原作,问题就暴露出来了。如《归去来兮辞》有一句"策扶老以流憩",有人译为"手里的拐杖扶着年纪老的人跑来跑去,到处休息着",就闹了大笑话。译者把"策"译为"手里的拐杖",把"扶老"译为"扶着年纪老的人",把"流"译为"跑来跑去",完全错误,对词义根本不理解。

练习古文今译，还可以提高文字表达能力。有些句子，可能我们心知其意，但难以言传，就因为自己对原文的理解还不够清晰，语汇不够丰富，文字表达能力有待提高。搞点今译的练习，可以在一定程度上解决这个矛盾。

像《报任安书》《张骞传》这样一些篇幅很长的作品，就不必全文译出，但节译其中的某些难懂的段落，也还是可以做得到的。我认为：古文今译，就是很好的课外练习。有的作品，即使别人已经译了出来，自己也不妨再译一遍，因为读别人的译文和亲自翻译原文，效果是肯定不一样的。

第三，学会归纳整理。对所学课文中的某些虚词、实词，在不同语言环境中的不同意义、作用，可以自己动手进行一番归纳整理。如《崤之战》的课外作业，第一个小题目就是解释该篇出现的五个"及"字。这样的练习题就是引导同学们进行归纳整理。归纳整理不限于一篇的范围之内，也可以跨篇。如《岳阳楼记》"进亦忧"的"进"（教材 51 页），《孙膑》"进孙子于威王"的"进"（教材 176 页），《崤之战》"奉觞加璧以进"的"进"（教材 141 页），《赤壁之战》"水陆并进"的"进"（教材 234 页），《庖丁解牛》"进乎技矣"的"进"（教材 602 页），这五个"进"字在意义上有些什么不同呢？一归纳就明确了。

归纳整理的好处很多，最大的好处就是有助于融会贯通，从而提高理解的精确性。

第四，举纲还要张目。文选是纲，常识和词义分析举例就是目。我们在学习文选的时候，要参阅这两个部分的有关内容。如《夸父逐日》第一句话："夸父与日逐走。"其中的"与"是个介词还是连词呢？课文没有作注，但常识中讲到了。请看教材 335 页。"逐"与"走"这两个字也见于"古今词义不同辨析例"。"逐"字并没有列举"竞逐"这个义项,但"举例"对"逐"字的分析能帮助我们理解"逐"为什么会产生"竞逐"的意思。如果再看看常识之二,还可以获得关于"逐"字的形体结构方面的知识:"逐"是个会意字,是一个人的脚在豕的后面,表示追逐的意思(教材76页)。

常识与词义分析举例跟文选的配合,是指总的关系而言的,并不是说文选中不能解决的问题都可以从这两部分找到答案。常识是解决一般规律性的问题,都有相对的独立性。

第五,我们经常听到有的同学说:古汉语这东西不好学,课堂听讲能听得懂,对着教材也能看得懂,但过后就忘,怎么办?这个问题,在两千多年之前孔夫子就已经总结了两条经验。第一条是:"学而时习之"(论语·学而);第二条是"温故而知新"(论语·为政)。听完课,学了新的课文,要按时去复习它,温习它。这个"习"字有人解为"演习","实习",那也可以。结合我们的实际,就是要多做练习。无论是"复习"也好,"练习"也好,反正要"习",不习,所学的知识就不能巩固。我们不要过多地依赖参考材料,参考材料不能代替"温习""练习"。

温习已经学过的作品,不只是能加深记忆,还会有新的体会、新的收获。孔夫子说:这样做就可以当老师了。可见,孔夫子是非常重视"温故"的。

三国时候的学者董遇说:读书"必当先读百遍","读书百遍,而义自见"(《三国志·魏书》420页)。我们现在要读的书很多,大家的时间都很紧张,读一百遍可能要求太高,办不到,但十遍、二十遍行不行呢?请同学们考虑。

(原载吉林电大通讯《文科之友》1983年第2期)

古汉语答疑

本学期的古代汉语课(20世纪80年代中央广播电视大学的一门基础课)就要结束了。从开学到现在,有不少同学和辅导教师给我们寄来了热情洋溢的信,对我们的教学工作表示支持,同时也提出了一些疑难问题。其中有些问题具有一定的普遍性,所以要占用辽宁《电大语文》的一点篇幅,做一公开答复。

1. 把"越明年"(47①)解释为"经过明年,亦即到了第三年(庆历六年)",对吗?

答:有的书上是这么解释的,但我认为这样的解释是错误的。"越"在这里不是"经过"或"度过"的意思,只能解释为"到"。请看下例:

三月惟丙午朏(fěi,初三),越三日戊申。(《尚书·召诰》)

初三是丙午,可以推知初四是丁未,初五是戊申。从丙午到戊申,正是三天。如果"越三日"是"经过了三日",那就不是戊申,而

---

① 这是教材(王力、林焘校订本《古代汉语》,北京出版社,1981年)中的页码,为了节省篇幅,故不出现篇名。下同。

是"越三日己酉"了。"越明年"是同样的道理，只能是庆历五年，而不是指庆历六年。

《李觏集·袁州学记》："越明年成，舍菜且有日。"（《李觏集》卷二十三，258页）按时间推算，这个"越"也只能解为"到"，而非"经过"。

2. "其必曰……乎"(51)的"其"字是否是指"古仁人"？

答：不是。如果认为"其"是指"古仁人"，这个"其"就成了人称代词，在句中充当主语，与句尾语气词"乎"就不相应了。"必曰"的逻辑主语当然是"古仁人"，但它在句子中并未出现。"其……乎"是一种固定格式，可译为"大概……吧"。但是，既然用了"大概"（其）这种推测性质的语气词，为何紧接着又着一"必"字呢？"大概"和"必"（一定）不是相矛盾吗？我认为不矛盾。范仲淹用大概的语气猜测古仁人一定会说这种话，这本是用一种委婉语气来表示一个肯定的意思，这种句式在古汉语中并不乏例，请看：

今西伯昌，人臣也，修义而人向之，卒为天下患，其必昌乎？（《韩非子·外储说左下》）

"其必昌乎"，意思是"大概一定是西伯昌吧？"这个"其"字显然不能当作主语来看待。

3. 你把"余怜而售之"(44)的"售"解释为"买"，有语言事实为证吗？

答：我在《词义的时代性》（见上海《文科月刊》1983年第9期。盈按：现已收入本书）一文中已有论证，请参阅。手头还有一些例证，无须一一列举。

4. "梁之上有丘焉"(43)的"焉"字,是特殊指示代词吗?

答:它无疑是个特殊指示代词。它指代的内容就是"梁之上"。"焉"字的这种用法例证很多。如:

三人行,必有我师焉。(《论语·述而》)
冀之南,汉之阴,无陇断焉。(《列子·愚公移山》)

两例中"焉"字所指代的内容都在前面出现了。例一的"焉"字是指代"三人行"这个范围,例二的"焉"字是指代"冀南汉阴"这个处所。有人认为既然有了"梁之上",那就用不着再用"焉"来指代它了。这样的理解是错误的,因为"焉"所指代的内容一般都应该在文中已经出现,如果未出现,那就谈不上指代了。

5. "京城大叔"的"大"是什么意思?

答:顾颉刚先生说:"古人用'太'字,本指其位列之在前,实非因其年高……共叔段封京,尚系一少年,而称之曰'京城太叔',以其为郑庄公之首一弟也。"(《史林杂识初编》210页,中华书局,1977年)这个解释很好,可参阅。

6. "谓之京城大叔"的结构应怎样分析?

答:这是一个未出现主语的动词谓语句。谓语是双宾式。就是说,"之"和"京城大叔"都是动词"谓"的宾语。这种双宾式不是直接宾语和间接宾语的关系,而是说明和被说明的关系。"之"是被说明的,"京城大叔"是说明语。

7. "大叔完聚"(128)的"聚"是"聚粮食"的意思吗?

答:是的。东汉人服虔就是这么解释的。《正义》认为是"聚人",不当。《左传》襄公三十年说:"聚禾粟,缮城郭",正是"完聚"的实际内容。

8. "若阙地及泉"(129)的"阙"为什么可以通"掘"呢?

答:在古代"阙"和"掘"都是入声字。"阙"属溪母月部,"掘"属群母物部。溪群都是牙音,故"阙"与"掘"为旁纽关系;月物是邻韵,都收[-t]尾,故从韵部来说,"阙"与"掘"为旁转关系。(关于古声母和韵部方面的知识,请参阅教材1028至1032页)

9.《古代汉语》下册858页说:"公入而赋","姜出而赋"是互文,应如何理解?

答:公不可能只"入"不"出",姜不可能只"出"未"入",所以这两个句子必须当作互文看待。应理解为"庄公姜氏入而赋","姜氏庄公出而赋"。服虔的注文已指出:"明俱出入,互相见。"

10. "以此众战"和"虽众"(137)两"众"字有什么不同?

答:"以此众"的"众",教材上的注释(众,名词,指众将士)是对的。"虽众"的"众"是形容词,义为众多。"虽众,无所用之"是表让步的复合句。前一分句的谓语是"众",主语是以齐方为首的"诸侯之师",在句中未出现。

11. "奉觯加璧"(141)的"觯"是什么意思?

答:《说文·角部》说:"觯,实曰觯,虚曰觯。"所谓"实曰觯",就是指里面装满酒的酒杯。在一般情况下,空酒杯不叫觯。

12. 有人认为"苟富贵,无相忘"(169)的"相"不是"互相"的意思,而是偏指。即假如谁先富贵了,不要忘掉其他人。"相"就是指代"其他人"。这个意见对吗?

答:我认为教材和蒋绍愚同志对"相"的解释是很正确的。"无相忘"是秦汉时期的俗语。汉代的铜镜上常有这样的铭文:"见日之光,长毋相忘。""见日之光,长不相忘。""长相思,毋相忘。""长毋相忘,长乐未央。""无"通"毋"。《史记·外戚世家》:"始姬少时,与管夫人、赵子儿相爱,约曰:先贵无相忘。"(1971页)又,1978页:"即贵,无相忘。"这些"毋相忘"都是"互相"的意思。这种用法后世一直保存。如陆游《京口唱和序》:"又丁宁相戒以穷达死生毋相忘之意。"(《渭南文集校注》卷十四,104页,浙江古籍出版社,2015年)

13. 有人认为"夜篝火"(170)是"置火于笼中","篝"是"笼"的意思,对吗?

答:关于这个"篝"字的释义,历来有分歧。释为"笼"的是采取了《史记》集解徐广的说法。释为"架起"的乃本之于《汉书》颜师古注。教材取颜注,因为《汉书》作"构火"。师古注:"构谓结起也。""结起"译为今语即"架起"。王力《同源字典》说:"篝火应即今所谓篝火,是在空旷的地方或野外架木柴燃烧的火堆。"(182页,商务印书馆,1982年)关于"构"字的意思,教材362页有详细分析,可参阅。

14. 有人认为"守丞"(173)不是一个词,"守"是"居守"的意思,在这里做定语,修饰"丞"。对吗?

答:此说本之于颜师古。颜氏说:"守丞,谓郡丞之居守者。"但颜师古又引述了另外一种意见:"一曰郡守之丞,故曰守丞。"我们认为后一种说法比较可信。清人黄生也说:"汉制凡守之贰(即副职)谓之守丞,令之贰谓之令丞。"(《义府》68页)

15.《讲授纲要》①**179 页转引王引之的说法:"狐疑与嫌疑,一声之转耳",此说可信吗?**

答:了解"一声之转",要具有起码的上古音知识。否则,即使前人已指出这是"一声之转",我们也难以理解。"狐"与"嫌"若按今音来读,当然非双声,但在古代它们都是匣母字。它们的切上字无论是"户""胡",还是"贤""洪",都是匣母字。王引之认为"狐疑"与"嫌疑"乃"一声之转",是有语言事实作为根据的,当然可信。

我在上面回答了十五个问题,还有一些问题,我们已经在《纲要》中或有关的文章中讲清楚了,就不再啰嗦了。这些意见也只是个人的看法,不当之处,请批评指正。

(原载《电大语文》1983 年 12 期,辽宁电大编)

---

① 全称为《古代汉语讲授纲要》,中央广播电视大学出版社,1983 年。

十七篇自学课文答疑（上）*

古代汉语的学习应以文选为纲，所以，在教师讲过的作品之外，我们又从教材（王力、林焘校订本《古代汉语》，北京出版社，1981年）中指定了十七篇自学课文。为了帮助同学们学好这些课文，我写了这个"答疑"。

所谓"疑"，当然因人而异。张同学有疑，李同学不一定"疑"。而我的"答"却无法因人而异。我的原则是：凡是课文中注得很详细、很准确的地方，就不再列为疑点了，只有那些简而不明的地方，容易产生误解的地方，以及某些在看法上有分歧的问题，才把它作为疑点提出来。解答的方式是：有的补充例证，有的解释词语，有的分析结构，有的翻译大意，有的提出驳议。为了帮助同学们加深印象，开阔思路，我还适当地列举了一些原始语言材料。

下面按这些课文在教材中的先后顺序，逐篇提出问题来进行讨论。

---

* 20世纪80年代中央广播电视大学"古代汉语"课，采用的是王力、林焘校订的《古代汉语》上、中、下三册，本文所说的"十七篇"均出自此书。《答疑》非专论，供课外自学参考，尽量与教材保持一致。全文128个问题，有的点到为止。

一 《愚公移山》

1.《列子·汤问》为什么把太行山写作"太形"？

答："行"与"形"古音相近，故可通假。"行"属阳部，"形"属耕部，主要元音相近，声母相同，韵尾相同。清初吴玉搢说："《列子·汤问》'太形、王屋二山，注：'形'当作'行'。按：今读'行'作'杭'，《列子》作'形'，则知古读'太行'如'行路'之'行'矣。……'形''行'实一声也。"(《别雅》卷二，35页)盈按：关于"太行"得名之由，我在《汉字文化学》第二章第九节中有较为详细的讨论。

2."方七百里"的"方"，有人释为"方圆"，有人释为"见方"，哪个说法对？

答：释为"见方"的对。"方……里"，这是古人计算土地面积的一种方法。所谓"方"原是指正方形的一边。"方七百里"是指正方形的每一边为七百里，也就是七百里见方。清代王引之说："古人言地之广狭，皆云方几里，或云广纵几里，无以环绕（即方圆）言之者。"(《经义述闻》卷七，15页)古人所说的"方丈""方尺""方寸"的"方"，都是见方的意思。

3."曾不能损魁父之丘"的"曾"，究竟音 céng，还是音 zēng？

答："曾不"的"曾"，古人就有两读。宋朝已经有人把"曾不"的"曾"读成"层"，但宋人孙奕却认为这个读音错了，应读"增"[①]。"曾"作副词，如表示"曾经……"，应读 chéng；如用于否定句（与"不"

[①] 《新刊履斋示儿编》卷一，13页，"曾字"条。北图古籍珍本丛刊，书目文献出版社。又，《古今韵会举要》平声下之十，"曾"字有咨腾、徂稜二切，可参阅。

字连用)或问句(译为"竟"),应读 zēng。分别的界线是很清楚的。

4. "遂率子孙荷担者三夫"的"夫",如何理解?

答:古代男子成丁受役者曰"夫"。一夫耕一百亩,所以"夫"又表地亩单位,即百亩为"夫"。《管子·乘马》:"二田为一夫,三夫为一家。"又:"方一里,九夫之田也。"这里的"三夫"是指三个成年男子。"三"做定语,直接修饰名词"夫"。

5. "一厝朔东,一厝雍南",这两个"一"字在句中充当什么成分?

答:数词也可以做主语。这两个"一"字都是主语,意为"一座山"。

二 《李寄斩蛇》

6. 何谓"长吏"?

答:长吏这里是指县政府的县令、县丞、县尉等。

7. "气厉不息"的"气厉"是什么意思?

答:"气厉"就是"厉气"。是恶气、疾疫的意思。王充《论衡·偶会》:"厉气所中,必加命短之人。""厉",后来写作"疠"。

8. "怀剑将犬"的"将"和"先将数石米餈"的"将"有何区别?

答:"将犬"的"将"是动词,是"率领"的意思。"将犬"就是"带着狗"。第二个"将"字是介词,可译为"把""用"。

三 《桃花源记》

9. 武陵郡的设置始于何时?

答:据《汉书·地理志》载:"武陵郡,高帝置。"《水经注·沅水》："秦昭襄王二十七年（前280年）使司马错以陇蜀军攻楚，楚割汉北与秦，至三十年（前277年）秦又取楚巫黔（即巫郡、黔中郡）及江南地，以为黔中郡。汉高祖二年（前205年），割黔中故治为武陵郡。"东晋时的武陵郡属荆州。

10. "缘溪行"是连动式吗？

答：不是。"缘溪"是介词结构做状语，修饰动词谓语"行"。"缘"作为介词有"遵循"的意思，这里可译为"沿着"。《搜神记》"缘圹行"，与此结构一样。

11. "落英缤纷"是什么意思？

答："落英"是主语，"缤纷"是形容词做谓语。《离骚》有"夕餐秋菊之落英"，对"落英"的解释历来有两种不同的意见。一说为"落花"；一说为"刚开的花"，因为"落"有"始"义。我赞同后一说。这里的"落英缤纷"应是描写桃花繁盛的景色，而不是花落满地凌乱不堪的样子。"缤纷"是联绵字。"缤""纷"双声，韵亦相近。教材"落"字无注，是考虑到"落"字在这里有两解，取舍两难，故取谨慎态度，由读者自行抉择。

12. "林尽水源"应怎么分析？

答：这句话的解释也有分歧。教科书上的注释是："桃花林的尽头便是溪水的源头。"即"林尽乃水源"。"林尽"是主语，"水源"是谓语。中学语文课本第四册的注释是："（桃）林在溪水发源的地方就没有了。"即"林尽于水源"。"林"是主语，"尽"是动词谓语，"水源"是补语，译成现代汉语是状语，介词"于"省略。两种解释都有道理，可以并存。

13. "便得一山"的"得"是什么意思？

答："得"在这里是"发现"的意思。与"又得钴鉧潭"（教材43

页)的"得"意思一样。这句话的主语为"渔人",承前省略。

14. "复行数十步"与"夹岸数百步"的"步"一样吗?

答:教科书上已经注明,"夹岸数百步"的"步"是"古代长度单位",又说"三百步为一里",这是按五尺为一步计算的。

"复行数十步"的"步"是一般量词,古人举足两次为一步,我们现在所谓的一步,相当于古人的半步,古人叫作"跬"(kuǐ)。

15. 古人对"阡陌"的解释有哪两种不同的说法?

答:一说"南北曰阡,东西曰陌(mò)";一说"河东以东西为阡,南北为陌"(见《史记·秦本纪》"为田开阡陌"司马贞索隐引《风俗通》)。

16. "鸡犬相闻"出自何书?

答:《老子》云:"邻国相望,鸡犬之声相闻,民至老死,不相往来。"

17. "男女衣着,悉如外人","遂与外人间隔","不足为外人道也"。这三个"外人"有区别吗?

答:有人认为第一个"外人"应解作"另外一个世界的人";第二个"外人"是指"秦王朝统治下的人";第三个"外人"是指"和渔人同朝代的人"。其实,"外人"就是指桃花源外面的人。"外"指桃花源外,是对桃花源内而言的。若把"外"理解为"另外一个世界"就欠妥了。渔人又怎么知道"另外一个世界"的男女的衣着是什么样呢?我看不必强生分别,陶渊明在用这个词的时候,不一定有那么多的想法。

18. "黄发"是先秦古词吗?

答:是的。《诗·鲁颂·閟宫》"黄发台背","黄发兒齿"。《尔雅·释诂》:"黄发、齯(ní)齿、鲐背、耇、老,寿也。"郭璞注:"黄发,发落更生黄者。"《疏》引舍人曰:"黄发,老人发白复黄也。"教材采取了这种说法。

19. "问今是何世"的主语是谁?

答:主语是桃花源中人。唐朝诗人刘禹锡《桃源行》有"须臾皆破冰雪颜,笑言委曲问人间"。他把桃花源当作"仙境",所以用"冰雪颜"来形容桃花源中人,并把桃花源与"人间"对立起来,这跟陶渊明的本意完全相违背。但"问人间"这个情节,是从"咸来问讯"和"问今是何世"等细节脱胎而来的。

20. "无论"是一个词吗?

答:不是。现代汉语的"无论"是一个连词。这里的"无论"是一个词组。"无"是副词,可释为"不"。"论"是动词谓语。

21. "叹惋"是什么意思?

答:慨叹、怅恨的意思。也作"惋叹"。曹操《善哉行》:"守穷者贫贱,惋叹泪如雨。"《王子坊》:"融立性贪暴,志欲无限,见之惋叹。"桃花源中人为什么要"叹惋"呢?王安石的《桃源行》做了很好的回答:"闻道长安吹战尘,春风回首一霑巾,重(chóng)华一去宁复得,天下纷纷经几秦!"明代黄文焕说:"皆叹惋,悲革运(即改朝换代)之易也。"(《陶诗析义》卷四)

22. "欣然规往",中华书局 1963 年出版的《古文观止》作"欣然亲往",对吗?

答:"亲"字误,作"规"是。"规"有"打算""计划"的意思。任彦升《奏弹刘整》:"(刘)整规当伯(人名)还,拟欲自取。当伯遂经七年不返,整疑已死亡不回。"(《昭明文选》卷四十)"整规"就是"刘整打算"的意思。《魏书·释老志》:"从官入其便室,见大有弓矢矛盾,出以奏闻。帝怒曰:'此非沙门所用,当与盖吴通谋,规害人耳。'"此"规"亦打算、计划的意思。

23. "问津"是什么意思?

答:津,本指渡口。"问津"就是探询渡口。《论语·微子》:"使子路问津焉。"这里的"问津"是比喻的说法,意为访求、探询。今有"无人问津""不敢问津"之说。

四 《王子坊》

24. 何谓"八荒"?

答:八荒,指八方(四方加四隅,即东、南、西、北、东南、东北、西南、西北)荒远之地。泛指少数民族地区。贾谊《过秦论》(上):"囊括四海之意,并吞八荒之心。"

25. "八荒率职"的"率"和"相率归降"的"率"有何区别?

答:第一个"率"是"遵守""顺从"的意思。如《尚书·大禹谟》:"惟时有苗弗率(顺从)。"《诗·大雅·假乐》:"不愆不忘,率(遵循)由旧章。"这里的"率职"就是"遵守职事"。"职"指纳贡、交赋税等。

第二个"率"字是"率领"的意思。如"遂率子孙荷担者三夫"。

26. 何谓"玉烛"?

答:所谓"玉烛"就是四季气候调和。《尸子·仁意》:"四气(指春夏秋冬的气候)和、正光照,谓之玉烛。"《尔雅·释天》:"四气和谓之玉烛。"邢昺疏:"言四时和气,温润明照,故曰玉烛。李巡云:'人君德美如玉,而明若烛。'《聘义》(《礼记》篇名)云:'君子比德于玉焉。'是知人君若德辉动于内,则和气应于外,统而言之,谓之玉烛也。"(《十三经注疏·尔雅注疏》2607页)意思是说国君有美德如玉,就能有四气调和的祥瑞,这是歌功颂德的美辞。

27. "涕"在古代的常用意义是什么?

答:上古无泪字,"涕"就是眼泪。本篇的"诸羌闻之,悉皆流涕。"与司马迁云"士无不起躬自流涕。"(《报任安书》)都是指眼泪。这是它的常用义。有时又用如动词,作哭泣解。《汉书·食货志》:"于是农商失业,食货俱废,民涕泣于市道"。西汉王褒《僮约》:"目泪下落,鼻涕长一尺。"此"涕"已为"鼻涕"之义。

28. "快马健儿"是北朝的常用语吗?

答:是的。《折杨柳歌辞》:"健儿须快马,快马须健儿。跸跋(马蹄声)黄尘下,然后别雌雄。"(宋郭茂倩编《乐府诗集》卷二十五,370页,中华书局,1979年)这里的"健儿"一般指壮勇之士。也特指军中勇猛之士。如《三国志·吴书·甘宁传》:"(甘)宁虽粗猛好杀,然开爽有计略,轻财敬士,能厚养健儿,健儿亦乐为用命。"

29. 何谓"列钱""青琐"?

答:二者都是门窗上的图案。班固《两都赋》:"金釭(gāng,壁带上金属环状饰物,其形如车之釭。有人释为灯盏,错)衔璧,是为列钱。"注:"谓以黄金为釭,其中衔璧,纳之于壁带,为行列,历历如钱也。"(《后汉书·班固传》1343页)《辞源》的释义是:"[列钱]宫殿墙上的装饰物。金环里面镶着玉石,排列在一条横木上,像一贯钱似的。"(二版0345页)

《汉书·元后传》:"曲阳侯(王)根,骄奢僭上,赤墀青琐。"颜师古注:"青琐者,刻为连环文,而青涂之也。""青琐"后引申为宫门。杜甫《秋兴》:"一卧沧江惊岁晚,几回青琐点朝班?"

30. "恨"的古今义有什么区别?

答:"恨"在古代的常用义是"遗憾"的意思。"不恨我不见石崇,恨石崇不见我。"又如《魏书·释老志》:"道安卒后二十余载,而(鸠摩)罗什至长安,恨不及安,以为深慨。"三"恨"字都应作"遗憾"解。

31. "负绢过任"的"任"是什么意思?

答:"任"的本义是"担东西"。这里是指负担的能力。请参阅《古代汉语》(上册)95页。

32. "侍中"是个什么官?

答:侍中这个官名产生于秦代,原本是皇帝身边的侍从官,汉代的侍中仍是内朝官,是一种荣誉性质的官衔。北魏侍中无常员,参与辅政,有"小宰相"之称。唐代侍中位与宰相等,但往往是荣誉性的加衔。

33. 河阴之役后,为何"王侯第宅,多题为寺"?

答:《魏书·释老志》说:"河阴之酷,朝士死者,其家多舍居宅以施僧尼。京邑第舍,略为寺矣。"(3047页)如城西的追先寺,原是侍中尚书令东平王(元)略之宅,河阴之役元略被杀,其子"舍宅为此寺"(《洛阳伽蓝记·城西·追先寺》)。

五 《游天都》

34. "汤池"的"汤"是什么意思?

答:"汤"在古代是"热水""开水"的意思。《说文·水部》:"汤,热水也。"《孟子·告子上》:"冬日则饮汤,夏日则饮水。"今成语有"赴汤蹈火"。这里"汤池"译成现代汉语即温泉。

35. 硃砂庵、石门和文殊院的今名是什么?

答:硃砂庵今名慈光阁,石门今名天门坎,文殊院今名玉屏楼。

36. "度险"的"险"是什么词?

答:险本是形容词,这里用作名词,指险要的地方。《愚公移山》:"吾与汝毕力平险",《鞌之战》:"苟有险"。二"险"字亦用作名词。

六 《曹刿论战》

37.《曹刿论战》中有哪些常用词应当特别注意呢?

答:"请见"的"见","乡人"的"乡","又何问焉"的"问","肉食者鄙"的"鄙","弗敢加也"的"加","小大之狱"的"狱","必以情"的"情","遂逐齐师"的"逐","望其旗靡"的"靡",都应仔细阅读其注释,掌握其确切的含义。

38."必以分人","可以一战"省略了什么成分?

答:"必以(之)分(于)人"。介词"以"后省略了宾语"之"(指代衣食),"人"字前面省略了介词"于"。"可以(之)一战"。"可以"不是一个词,"可"等于"可以","以"后面省略了宾语"之"(指代"忠之属")。

39."败绩"为什么是"军队崩溃"的意思?

答:"败绩"原本是"翻车"的意思。如《礼记·檀弓上》:"鲁庄公及宋人战于乘丘,县贲(bēn)父御,卜国为右。马惊败绩,公队(坠下车)。佐车授绥(上车的绳索)。公曰:末之卜也。县贲父曰:他日不败绩,而今败绩,是无勇也。遂死之。"清人江永说:"败绩,谓车覆。"由翻车引申为军队崩溃。《左传》庄公十一年:"大崩曰败绩"。(盈按:关于"败绩",我于1984年12月写的《词义质疑》有进一步研究,与此处所言颇不同。此文收入本371页。)

40. "公将鼓之"的"之",现在有三种说法,一说这种"之"只是凑足一个音节;一说它是虚指;一说是代词,指鲁军。哪说正确?

答:我个人赞同"代词,指鲁军"的说法,其他二说均无根据。可参阅《词义杂辨》中的"鼓之"条。

41. 关于"下视其辙,登轼而望之"的标点、释义,存在什么分歧?

答:教科书在"下""登"后都标有逗号,把"下视"当作两个动词谓语,认为"轼"不是"登"的宾语,而是动词。这是采取了王泗原先生的说法(王说见《中国语文》1978年第3期)。有人不同意此说,论证了"轼"是可以"登"的,必须"登轼"而凭其高才能望远,所以"轼"在这里只能作名词讲(见《中国语文》1979年第1期《"下视其辙,登轼而望之"辨》)。关于"登轼",我还可以补充一个例证:"今汝拔剑则不能举臂,上车则不能登轼,汝恶能?"(《吕氏春秋·忠廉》)至于"下视"的"下",还是做状语好,即"往下"的意思。(盈按:王少华著《中国古车舆名物考辨》专门有一节"'登轼而望之'的训诂与考古考察"(148—175页),他的考辨很深入,相当有说服力,值得推荐。2015年11月23日。)

1983年6月于北大蔚香园

(原载《电大文科园地》1983年第5期,中央电大编)

十七篇自学课文答疑(中)

七 《邹忌讽齐王纳谏》

42. "镜"的古今形制一样吗?

答:不一样。当时的"镜"以铜磨制而成,还没有在玻璃后面涂上水银的镜子。

43. "问之客"是双宾语吗?

答:不是。"客"前省略了介词"于"。

44. "忌不自信""窥镜而自视",两"自"字是什么成分?

答:一说这种"自"字是代词(或说反身代词),在句中做宾语。"自信"就是相信自己,"自视"就是看看自己。有人说是副词,或副词性代词。这种概念性质的争论,我们可以暂时不去管它。今成语有"自顾不暇""自欺欺人""自知之明",译成现代汉语时,都应置于宾语的位置上才对。

八 《西门豹治邺》

45. "……浮之河中。始浮"是什么意思?

答:第一个"浮"在这里用作使动,"之"指代女居其上的床席,

"河中"之前省略了介词"于"。全句意为：使之浮于河中。"始浮"的主语是"床席"，承前省。意思是：开头，床席还飘浮着。而不应理解为"开始浮的时候"。

46. "视小家女好者""有好女者"，两"好"字与今义一样吗？"幸来告语之"的"之"指代什么？

答：请注意，"好"在古代是指女子容貌美丽、漂亮。如"鬼侯有子(女儿)而好"(《战国策·赵策三》)，"秦氏有好女"(《陌上桑》)，其中的"好"字都是"美丽"的意思。"好"的这一意义在现代某些方言中还存在，但《新华字典》《现代汉语词典》都不列这个义项，说明它在普通话中已经消失。

"幸来告语之"，教材认为"之，指送女河上的事"；还有一种意见认为这个"之"是第三人称代词活用为第一人称，"告语之"就是"告诉我"。我个人赞同后一种说法。事实上，"告诉我"的时候，必然包含"送女河上"这件事的内容在内，不必对立起来理解。

47. "从弟子女十人所"的语法结构应怎么分析？

答：主语"大巫"省略，谓语动词"从"，在这里用作使动，宾语是"弟子女"，意为使弟子女跟从，"弟子女"又是"十人所"的主语。整个谓语部分为兼语式。

48. "后日送之"的"后日"等于"后天"吗？

答：有人把"后日"译为"后天"，似欠妥。教材释为"迟几天"，我看很正确。"后"在古代本有"落后""迟到"这样的意思，是动词。

49. "巫妪、弟子，是女子也"的"是"是系词吗？

答：不是。"是"乃代词，做主语。巫妪、弟子是主语"是"的外位成分(也叫外位语)。

50."且留待之须臾"的"之"指谁?

答:这个"之"指代被投入河中的大巫妪和三弟子、三老等人。全句的意思是:暂且留下来等待他们一会儿。

九 《华佗传》

51."沛相陈珪举孝廉"是什么意思?

答:"举孝廉",请参阅教材 204 页注 7。所谓"陈珪举孝廉",是陈珪举华佗为孝廉。

52."太尉黄琬辟(bì)"是什么意思?

答:东汉选拔官吏的主要办法一是察举,二是征辟。由皇帝提名为"征",由公卿大臣提名为"辟"。太尉黄琬曾征召华佗任职。

53."年且百岁而貌有壮容"中的"年"与"岁""貌"与"容"有什么区别?

答:"年""岁"在这里是同义词,区别在于"年"表年龄时,在数目字之前,"岁"表年龄时,总出现在数目字之后。"貌"与"容"也是同义词。"容"的本字是"颂","貌"的古字为"皃"。"面之神气曰颂(容),面之形状曰皃。"(朱骏声《说文通训定声》小部"皃"字注)现代汉语中"相貌"指面部形状,"容"是指脸上的神情和气色,如"笑容""怒容""容光"等。

54."每处不过七八壮"的"壮"是什么意思?

答:"壮"是专用于灸法的动量词。为什么一灸叫一壮呢?沈括说:"医用艾一灼谓之一壮者,以壮人为法(以壮年人作为标准)。其言若干壮,壮人当依此数,老幼羸弱,量力减之。"(《梦溪笔谈》卷

十八,186 页)

55. "府吏兒寻、李延共止"的"止"应作何解?

答:这个"止"字有人解为"来到",有人解为"站住,停下来"(见教科书),都欠妥。"止"在这里是"止宿"的意思。府吏兒寻、李延一起住在华佗家,所以下文说"明旦并起"。"止"有"居止""止宿"之义。

56. "立吐虵一枚"的"立"是什么词?

答:"立"在这里是时间副词,立即,立刻。

57. "约以十数"的"数"是什么词?

答:"数"是动词,音 shǔ,是计算的意思。

58. "欲成内疽"的"欲"是什么词?

答:副词,"将要"的意思。

59. "斯须"是一个词吗?

答:"斯须"是双声联绵字(都属心母),时间副词。

60. "此近难济",有人释"近"为"近期""短期",教材释为"近乎"(218 页),哪种意见正确?

答:教材上的释义较好。杨树达《词诠》认为这个"近"字是"副词,殆也"。"殆也"就是"恐怕"的意思,表示推测性质的语气。全句意为:这种病恐怕难以彻底治好。

61. "数乞期不反"的"数"是什么词?

答:这个"数"是副词,屡次、多次的意思,旧读为 shuò。

62. "佗恃能厌食事"中的"食事"是什么意思?

答:"食事"就是"以事为食"(靠侍奉人为生),做"厌"的宾语。类似"食事"这样动宾结构在先秦文献中也可以举出一些例证来,如:"公食贡,大夫食邑,士食田,庶人食力,工商食官,皂隶食职,官宰食加(大夫之加田)。"(《国语·晋语四》,371页)要注意:"食贡"不等于吃贡品,也不能理解为靠贡品(包括赋税)吃饭,"食贡"是以贡赋为生,"食邑"是以邑入为生,"食田"是以公田收入为生,"食力"是靠自己的劳力为生。

63. "于是传付许狱"的"传"是什么意思?

答:好几种注本都把这个"传"字解为"传递",这是可以商讨的。谁来"传递"?凭什么"传递"?当时有"传递"犯人的制度吗?得不到回答。我认为这个"传"字应当读 zhuàn,"传"是古代的驿车,驿站也叫"传舍"。所以"传付(于)许狱",就是用传车交付给许昌监狱(请参阅教材 188 页注(12))

十 《神灭论》

64.《神灭论》的"神"究竟是什么意思?

答:这个"神"包含两层意思。一指灵魂;二指精神。灵魂是对肉体而言的,精神是对物质而言的。"灵魂"本来是不存在的,但有神论者认为人的躯体附有灵魂,这个灵魂是非物质的,是可以独立存在的,而且是不灭的。对于肉体来说,它起主导作用。灵魂是有知的。精神是指人的意识、思维活动和一般心理状态,唯心主义者认为精神也是一个独立存在的实体,是不灭的。范缜所说的"神",既不完全等于灵魂,也不等于我们现在所说的"精神",他所说的"神"是指形体的作用。任继愈先生说:"范缜《神灭论》所说的'神',就是指的当时社会上那些宗教迷信家所说的灵魂。"在"今译"中他又将"神"译为"精神"。同时在"译者按"中又指出:"这篇论文所用的'神'字,固然指的'精神',但也指'灵魂'。"(《关于〈神灭论〉》,见任著《汉—唐中国佛教思想论集》219、222页,三联书店,1963年)

65．"理不容一"是什么意思?

答:理,按理,照理。容,可。一,活用为动词,混一,合到一块。全句是:按照道理不可合而为一。

66．"神"与"质"、"利"与"刃"、"形"与"用"是怎样的一种关系?

答:"形""质""刃"是指物质的实体,"神""用""利"是指由实体所产生的作用。

67．"异哉言乎"这一段话的大意是什么?

答:大意是:(你的)话真奇怪呀!人如果有像树木这样的实体作为形体,又有不同于树木的知觉作为精神,那就可以像你说的那样了(即木有其一,人有其二)。但现在是人的实体是有知觉的,树木的实体是没有知觉的。人的实体不是树木的实体,树木的实体不是人的实体。哪里有像树木这样的实体而还有不同于树木那样的知觉呢?

68．"人而无知"的"而"是什么意思?

答:"而"是连词,用在主语和谓语之间有"假如"的意思。

69．"死者有如木之质"这段话的大意是什么?

答:大意是:死人的质体跟树木是一样的,却没有不同于树木那样的知觉(意思是死人的质体已失去知觉);活人跟树木不一样,是有知觉的,但是活人的质体并不像树木的质体。

70. "形骸(hái)"是什么意思？

答：形骸指人的身体。《说文》："骸，胫骨也。"段《注》云："《公羊传》注：'骸，人骨也。'则引申为凡人骨之称。"(166页)再引申为指整个身躯。

71. "丝"与"缕"有什么区别？

答：《说文》："丝，蚕所吐也。"丝指蚕丝。"缕"有两种：最早的"缕"是"麻缕"(见《孟子·许行》)，后来有丝缕，纺丝为缕，这里是指蚕丝作成的"缕"。《说文》："缕，线也。""线，缕也。"缕、线为同义词。

72. "欻"字的读音，《辞源》《辞海》以及教材都注为 xū，对吗？

答：不对。《说文》："欻，读若忽。"《广韵·物韵》："欻，许勿切。""许"属晓母字，晓母反切下字如果是细音(齐撮)，这个晓母切上字就读 x，反切下字如果是洪音(开合)，这个晓母切上字就读 h，"勿"的韵母是洪音 u，所以欻的读音应是 hū，与《说文》的"读若忽 hū"正好一致。

盈按：30余年后的今天，重读此批评，不能说错，却失之片面。音 hū 当然是有根据的，明代的《正字通》"欻"字还音忽，民国时期，汪怡、黎锦熙、赵元任等人编的《国语辞典》"欻"的首音即 hū。所谓"片面"，即音 xū 也是有历史根据的，不能说"不对"。今检玄应、慧琳、希麟三种《音义》，"欻然"共出现 22 次，"欻"的切下字明显分为两类。一类以"勿、物"为切下字，计 6 条；一类以"律、聿、鬱、屈"为切下字，计 16 条。又，大徐本此字音许勿切，而小徐本音诩屈反。这就是说，读撮口呼的 xū，应是由切下字"鬱"等演变而来。《国语辞典》此字第三音为 xù(读去声)，原因就在此吧。根据尊今

(《现汉》音 xū)不泥古的原则,此字以读 xū 为是。2015 年 11 月 24 日。

73. 何谓"浮屠""桑门"?

答:浮屠是梵文的音译词,又译为佛陀、浮图。它有三个含义:一指佛教;二指和尚;三指塔。

桑门也是梵文的音译词,又译为沙门。《瑞应经》曰:"何谓沙门? 对曰:沙门之为道,舍妻子,捐弃爱欲也。"

74. "风惊雾起"是什么意思?

答:"风""雾"都是名词做状语。像风一样席卷,像雾一样笼罩。

75. "厚我"是什么意思?

答:"厚",形容词活用为动词。"厚我"是使我厚,就是使自己富贵。"我"与下文的"物"相对。

76. "又惑以茫昧之言,惧以阿鼻之苦"的"惑""惧"后面应该有宾语吗?

答:应该有宾语"之"。"惑""惧"都用作使动。以茫昧之言使之惑乱,以阿鼻之苦使之恐惧。下文的"诱""欣"后面也省略了宾语"之"。

77. "兜率"(dōu shuài)是什么意思?

答:兜率是梵文(Tuṣita)的音译,是佛教宣扬的欲界六天中的第四天宫,泛指人死后所升的"天堂"。

78. "蚕以衣"的"以"是介词吗?

答:不是。"蚕以衣"跟上文"耕而食"是一样的句式。"以"与"而"一样,做连词。这句话的意思是:靠养蚕而穿衣。

79．"神不灭"的观念是怎样产生的？

答：这个问题恩格斯已经有论述。他说："在远古时代，人们还完全不知道自己身体的构造，并且受梦中景象的影响，于是就产生一种观念：他们的思维和感觉不是他们身体的活动，而是一种独特的、寓于这个身体之中而在人死亡时就离开身体的灵魂的活动。……既然灵魂在人死时离开肉体而继续活着，那末就没有任何理由去设想它本身还会死亡；这样就产生了灵魂不死的观念，这种观念，在那个发展阶段上决不是一种安慰，而是一种不可抗拒的命运，并且往往是一种真正的不幸。"（《马恩选集》第四卷，219—220页）

十一　《戊午上高宗封事》

80．何谓"市井"？

答："市井"本指做买卖的地方，引申为商人和泛指城市。"市井无赖"略等于"地痞"。

81．"左衽"是什么意思？

答：《论语·宪问》："微管仲，吾其被发左衽矣。"衽，衣襟。华夏礼服皆右衽，夷狄左衽。这里的"赤子尽为左衽"是沦为夷狄的意思。用左衽代夷狄。

82．"陵夷"是联绵字吗？

答：请参阅中央广播电视大学出版社1983年出版的《古代汉语讲授纲要》（上册）240页"以稍陵迟"条。

83．"间关"是联绵字吗？

答：是的。"间"与"关"既为双声（见母），又叠韵（元部）。《汉书·王莽传》：“间关至渐台。”注：“犹言崎岖展转也。”

84. "谤议"的"谤"是什么意思？

答：请参阅"古今词义不同辨析例"（教材上册100页）以及《邹忌讽齐王纳谏》的注释（教材上册151页注[3]）。

85. "参知政事"是个什么官？

答：相当于副宰相。

86. "取容"是"讨人喜欢"吗？

答：教材中《报任安书》"苟合取容"句，注："取容，即取悦，指取得[皇帝的]喜欢。"（《古代汉语》中册，394页）这里的"取容充位"注："意思是只求讨人喜欢，为人所容……"，都欠妥。"取容"是"取得皇帝的容纳"。要注意："容"在这里用的是本义，是容纳的意思。可参阅《词义琐谈之二》"取容"条。

87. "折冲"是什么意思？

答："折"是折还，"冲"是战车。使敌方的战车折还，就是"御侮"。这里的"折冲"就是抗敌的意思。

（原载《电大文科园地》1983年第6期，中央电大编）

十七篇自学课文答疑(下)

十二 《师说》

88. "师者,所以传道……"和"圣人之所以为圣……",两个"所以"有什么不同?

答:第一个"所以"表工具,意为"凭它……";第二个"所以"表示探求原因,"其皆出于此乎"是"圣人之所以为圣,愚人之所以为愚"原因所在。

89. "授之书"是什么意思?

答:教给童子读书(主要指认字)。"之"指代童子,"书"指写在书本上的文字。唐代教育制度,儿童要学习《字林》《说文》之学。《唐语林》说:"稷下有谚曰:'学识如何观点书。'书之难,不唯句度义理,兼在字之正音、借音。"(62页)可见,"点书",不只是句读问题,还包括点定字音。古人圈点字音有一套办法,在这里不细述。

90. "句读之不知,惑之不解,或师焉,或不焉",用的是什么修辞方式?

答:并提式。即两个主语并提,两个谓语并提。"句读之不知"是主谓结构中间加连词"之",做"或师焉"的主语,"惑之不解"也是主谓结构中间插进连词"之",做"或不焉"的主语。"或师""或不"都是主谓结构做谓语。

91. "群聚而笑之"的"群"是什么成分?

答:形容词做状语,修饰动词"聚"。"群聚而笑之"是连动式,主语"士大夫之族",承上省略。

92. "不齿"是什么意思?

答:"齿"有两种解释。一、指年龄。在这里是排列的意思。《左传》隐公十一年:"寡人若朝于薛,不敢与诸任齿。"疏:"齿是年之别名,人以年齿相次列,以爵位相次列亦名为齿。"二、唐人颜师古释:"齿,谓齐列如齿。"(《汉书·陈胜项籍传》赞注)这是把"齿"当作"牙齿"。以第一说为优,"不齿"即不与为列。

十三 《封建论》

93. "无以有封建"的"无以"是什么意思?

答:这个"无以"跟"河曲智叟亡以应"的"亡以"意思一样,都是固定结构,常用于动词谓语前,表示没有可能或没有办法的意思。

94. "鹿豕狉狉"的"豕"指什么?

答:"豕"与"猪"是同义词,在这里是指野猪。古人认为野猪是一种很凶猛的动物。《淮南子·本经训》:"逮至尧之时,封豨修蛇,皆为民害。""封豨"就是"封豕",即大猪。

95. "假物者必争"的"假"是什么意思?

答:"假"是凭借、借助的意思。请参阅教材中册624页。

96. "必就其能断曲直者而听命焉"的"焉"是什么词?

答:兼词。按教材的说法是"特殊的指示代词"。"听命焉"就是听命于他。

97. "有县大夫而后有诸侯"的"县大夫"是"指县长"吗？

答：诸侯以下的封臣为大夫，大夫本来是有封地的，是世袭制度。县这种行政组织产生于春秋后期，有军功的大夫可以"受县"或"受郡"。晋国的赵简子说："克敌者上大夫受县，下大夫受郡。"（《左传》哀公二年）春秋末年到战国时期，郡县的长官都可以称大夫。柳宗元在这里所说的大夫是贵族领主制时代的大夫，他所说的县实际上是指大夫的采邑，也就是大夫的封地。所以他说的大夫不能说是"指县长"。

98. "布履"的"履"与"赐我先君履"的"履"是一样的意思吗？

答：一样。请参阅教材上册136页。

99. "四周于天下"的"周"是什么词？

答：动词。周遍、遍布的意思。"四"是数词做状语。

100. "扞城"是什么结构？

答："扞城"是并列结构。扞，即干、盾，御敌的武器；城，指城墙，也是防敌的军事设施。《诗·周南·兔罝》："赳赳武夫，公侯干城。"朱熹注："干城，皆所以扞外而卫内者。"

101. "为之郡邑""为之守宰"是什么结构？

答：双宾语结构。"为"是动词，"之"是近宾语，"郡邑"和"守宰"都是远宾语。意思是：给它设立郡邑，给它（指郡邑）设立守宰。

102. "据天下之雄图"的"图"是什么意思？

答：图在这里是版图、疆土的意思，由地图的意思引申而来。

103. "咎在人怨"是什么意思？

答：大意是：过错的产生在于民怨沸腾。"咎"是灾祸、过错的意思。上文"末大不掉之咎"的"咎"意思一样,可译为"过错"。

104. "继汉而帝者,虽百代可知也"是什么意思?

答:大意是:继汉王朝而称帝的人,就是过了一百代,也是可以推知的(即郡县制优于封建制)。这句话源于《论语·为政》:"其或继周者,虽百世可知也。"

105. "拜之可也"是什么意思?

答:"拜"是以一定的仪式任命高级官吏。如"于是王(指汉王刘邦)欲召信拜之"(《史记·淮阴侯列传》)。这里的"拜之可也"就是"授与他官职也可以"。

106. "资以黜夏"的"资"是什么意思?

答:"资"是借助、凭借的意思,后面宾语"之"承上省略。全句意为:凭借三千诸侯消灭夏朝。

十四 《谋攻》

107. "全军……""全旅……""全卒……""全伍……"等句和"全国为上,破国次之"的大意一样吗?

答:一样。"全军为上,破军次之",就是使敌人全军完整地投降是上策,击破敌人一个军就次一等了。其余理同。

108. 何谓"辒辒""距闉"?

答:杜牧说:"辒辒,四轮车,排大木为之,上蒙以生牛皮,下可容十人,往来运土填堑,木石所不能伤,今俗所谓木驴是也。距闉者,积土为之,即今之所谓垒道也。"(《十一家注孙子》,37页)"闉"又写作"堙"。《公羊传·宣公十五年》:"(楚)于是使司马子反乘

(登)堙而阙宋城,宋华元亦乘堙而出见之。"注:"堙,距堙。"

109. "屈人之兵,而非战也"是什么意思?

答:意思是:使敌人的军队屈服,而不是用战争的办法。言外之意是靠谋攻,以计谋夺取。

十五 《公输》

110. "何命焉为"的结构应怎么分析?

答:有两种分析法:一种意见认为"焉为犹云'乎哉',皆疑问词"(《古书虚字集释》卷二,127页)。另一种意见就是教材上的说法(590页,注6)。我认为后一种说法比较好,要补充的有两点:(1)"为"字可以释为"有";(2)"焉"字可以释为"之"或"是"。这种"之""是",有人认为是结构助词,我们认为是代词,起复指作用。这种分歧,初学者可不必纠缠。

111. 墨子为何要向公输盘"再拜"?

答:拜两次,表示礼节隆重。

112. 楚国为什么又叫"荆国"呢?

答:楚国的正式称号是"楚","荆"是它的别名。楚国人从来不自称"荆国",主要是楚国以外的人称楚为荆。"楚"含褒义,"荆"含贬义。楚人发迹于荆山地区,故有"荆"名,后以"楚"为国号,故不自称"荆"。先荆后楚,实为一历史演变过程。也有一种意见认为,荆原本是州名。《诗·商颂·殷武》:"奋代荆楚。"毛传:"荆楚,荆州之楚国也。"那么,"荆楚"之称,则是以州名国了。

113．"吾既已言之王矣"是什么意思？

答：意思是，我已经向楚王说了这种情况。"言之王"就是"言之（于）王"，这个"之"指代墨子与公输盘会谈的情况。要注意，"言之王"跟"语之故""告之海"结构意义完全不同。

114．"宋无长木"的"长"是什么意思？

答：长在这里读 cháng，是高大的意思。

115．"善哉！虽然……"，这个"虽然"是什么意思？

答："虽"是虽然，"然"是这样。意为"虽然这样"。

116．"吾请无攻宋矣"的"请"是什么词？

答：这个"请"不是动词，而是表敬副词。请参阅教材 311 页。

十六 《逍遥游》

117．"鲲之大，不知其几千里也。"这句话的结构应如何分析？

答："其"代词，指代"鲲之大"，做主谓词组中的主语，"其几千里"做"知"的宾语，主语不曾出现，从逻辑上说，应是"人们"。全句意思是：（人们）不知道鲲之大有几千里。下文"鹏之背，不知其几千里也"句法同。

118．"鹏之徙于南冥也，水击三千里"，这句话的结构应如何分析？

答："鹏徙于南冥"本是主谓结构，插入连词"之"之后，就变成了整个句子的状语，"水击三千里"的主语是"鹏"，"水"做状语，"击"谓语动词，"三千里"指三千里远，做"击"的补语。全句意思是：当大鹏鸟徙于南冥的时候,它在水面上拍击了三千里之远。教材对"水击三千里"的解释似欠妥。

119."抟扶摇而上者"是什么结构?

答:名词性结构。"抟扶摇"是动宾词组做动词谓语"上"的状语,用连词"而"连接。后面加上代词"者",就变成了名词性结构。"者"在这里的作用是提取主语"鹏"。

120."去以六月息者也"是什么意思?

答:这句话的解释有分歧。关键在于如何解释这个"息"字。一说"息"是休息,鹏飞半年至南冥,才歇息下来。教材取此说。一说"息"是呼吸,鹏鸟一飞,半年才呼吸。一说"息"是风,六月海动时的大风。

我个人认为,无论从上下文义还是从语法结构分析来看,都以第三种说法为优。"去"是离开的意思,后面宾语"北冥"省略。"以六月息者"是介词结构做补语,"六月"是定语,"息"是中心语,"六月息者"做"以"的宾语。介词结构可释为状语。全句意思是:(大鹏)凭着六月的大风离开了北冥。这样,与下文"风之积也不厚,则其负大翼也无力……"正好相照应。

121. 教材关于"三飡而反"的解释对吗?

答:关于"三飡而反",有各种不同的解释。有人说是"吃了三餐去……",有人说:"三餐,在这里指一天的时间",有人说:三餐是带三顿饭。这些说法都与文意不符。我和蒋绍愚合著的《古汉语词汇讲话》(14页)专门讨论过这个问题,请参阅。

十七 《齐桓晋文之事》

122. "仲尼之徒"是什么意思?

答:杨伯峻译为"孔子的学生们"(《孟子译注》,18 页),《古代散文选》(上)注:"仲尼之徒,孔子的门徒。"(80 页)都欠妥。清初的黄生说:"仲尼之徒,犹属也,非师徒之徒。篇中云:圣人之徒,舜之徒,跖之徒,皆此例。"(《义府》卷上,23 页)所谓"属"就是"类"的意思,教科书释为"同一类的人",这是正确的。

123. "无以,则王乎"是什么意思?

答:这个"无以"跟"无以有封建"的"无以"结构不同。这个"无以"不是固定结构,"无"是"不"的意思,"以"是"已"的假借字,是"停止"的意思。"王"本是名词,在这里用作动词,由平声改读为去声 wàng,旧的训诂学把这种情形称之为"破读"或"读破"。哪些改变词性的字应当破读,这些破读音现在应如何处理,尚无统一意见。不过"王"读 wàng,《新华字典》(464 页)和《现代汉语词典》(1177 页)都收了这个音,保留了"旧读"。

124. "以小易大"的"小""大"指什么?

答:"小""大"是形容词活用为名词。"小"指羊,"大"指牛。

125. "夫子之谓也"的"夫子"是什么意思?

答:在先秦文献中,"夫子"有三个常用意义:(1)对老师的尊称;(2)对大夫以上的官的尊称;(3)对长者的敬称。这里用的是后一意义。

126. "不见舆薪"是什么意思?

答:意思是看不见一车柴火。"舆薪"是偏正结构,而不是并列结构。

127. "五亩之宅,树之以桑",两个"之"字有什么不同?

答:第一个"之"字是连词,第二个"之"是代词。值得注意的是第二个"之"字并非宾语,而是"树"的补语,这个"之"字所指代的是一个介词结构(在宅边)。"树之以桑"就是把桑树种在宅边。

128. 本篇值得留意的常用词有哪些?

答:"吾何爱一牛"的"爱","若无罪而就死地"的"就","有复于王者"的"复","则王许之乎"的"许","明足以察秋毫之末"的"明","构怨于诸侯"的"构","然后快于心与"的"快","俯足以畜妻子"的"畜","勿夺其时"的"时"。

(原载《电大文科园地》1984年第1期,中央电大编)

古汉语教材建设的里程碑

——评王力主编的《古代汉语》

王力主编的《古代汉语》问世二十余年来，无论是对"古代汉语"教材的建设还是对古代汉语这门学科的发展，都做出了重大贡献。这部教材分四大册，洋洋百余万言，体大思精，内容宏富。在全国众多的"古代汉语"教材中，还没有任何一部可以与之媲美。现在，这部教材荣获了全国高等学校优秀教材特等奖，我们来介绍一下它的基本特色，对于促进当前的"古代汉语"教学改革，或许是有意义的。

一

高等学校设置"古代汉语"课，始于 20 世纪 50 年代初期。设课伊始，人们对它的性质、目的，认识很不一致，教材的内容也就很不统一。有的是当作历代文选来教，有的是当作文言语法来教，有的把它讲成文字、音韵、训诂，有的把它讲成汉语史。1961 年 5 月，在高等学校文科教材编选计划会议上成立了以王力为主编的古代汉语编写小组，决定以北京大学古代汉语讲义为基础并参考各校古代汉语教材进行改写,作为汉语言文学专业的教科书。1963年11月全书完稿,历时两年半。

这部教材的首要特色是明确肯定了古代汉语这门课程的性质是工具课,而不是理论课;设置这门课程的目的是培养学生阅读古书的能力。根据这样的性质、目的,在内容安排方面创立了三结合的新体系。所谓"三结合",就是把文选、常用词、古汉语通论等三个部分结合起来。全书14个单元,每个单元都包括文选、常用词、通论三部分。如第一单元,先列10篇选文,然后是60个常用词,最后是4节通论。

三结合的体系令人耳目一新,推动了古代汉语的教学改革,提高了这门课的教学质量。这个体系从总体上体现了古汉语作为语言工具课的特点。学习古代汉语,从某种意义上来说跟学习外语差不多,学习外语必须要学习课文,学习单词,学习语法知识。同样,学习古代汉语也一定要学习古人留下来的作品,为了读懂这些作品,就要掌握一批文言词,并掌握为读懂古书所必备的一些基本知识。在教学过程中,只有把三者有机地结合起来,才能收到事半功倍的效果。这个道理说起来非常简单,但正是这个简单的道理使这部教材在总体设计上获得了巨大的成功。

三结合体系的可贵,还在于它从辩证唯物主义认识论的高度纠正了古汉语学习中的两种偏向。我们知道,人们认识客观事物总是发端于感性认识,学习语言,尤其不能离开感性认识,感性认识越是丰富,对语言的掌握就越是牢固,学习古代汉语也不例外。我们要获得古代汉语的感性认识,唯一的办法就是要阅读一定数量的古代作品。王力主编的《古代汉语》提出"以文选为纲",强调

"本书文选部分占有极其重要的地位"。这在一定意义上,就是把感性认识放到了首要地位。与此同时,这部教材也没有忽视理性认识的重要性。前人留下来的作品,浩如烟海,即使像古人那样皓首穷经,也是难以读完的。克服矛盾的办法,就是要对学生加强理性认识的训练,把感性认识上升为理性认识。具体来说,在学习文选的基础上,还要学习古汉语的语法规律,词义演变发展的规律以及汉语音韵、诗词格律等方面的知识,掌握这些知识,就可望举一反三,闻一知十。《古代汉语》全书安排了32节通论,阅读古书时应具备的一些基本知识,几乎都涉及了。它从另一个侧面反映了这部教材博大精深,气势非凡。

三结合体系的出现,事实上是对古汉语学习中的两个传统,即两种偏向进行了批判、革新。"五四"新文化运动以前,人们学习古文的办法就是死读作品,读一篇懂一篇,天天读,年年读,读来读去,可能读懂了,也可能是一知半解,大多是知其然不知其所以然。这个办法的最大缺陷是只重感性认识,不懂得理性认识的重要。"五四"以后,这种死读古文的偏向受到了批判,高等学校设立了文字、音韵、训诂、语法这样一些课程,但相对来说,作品的阅读却被忽视了,其弊端是流于空谈古汉语规律,无助于阅读古书能力的提高。

值得一提的是,这两种偏向在当前仍然存在,所以,重新认识三结合体系的必要性,发扬这部教材的优点,确实很有现实意义。

二

王力主编的《古代汉语》不仅总体安排具有严密的科学性和实用价值,就各个部分而言,也是辛苦经营,独具匠心。

(一)文选是这部教材的三个组成部分之一,跟一般古代汉语教材相比,它的选文既全面而又突出了重点。本书选了散文、骈体文、辞赋、诗、词、曲等方面的作品,而重点是散文,散文的重点又在先秦,先秦时代又以《左传》《战国策》《论语》《孟子》《庄子》为重点,并兼顾到《墨子》《老子》《荀子》《韩非子》《吕氏春秋》等。两汉散文,《史记》《汉书》各选了两篇,并选了贾谊、枚乘、杨恽等人的作品。唐宋散文以韩愈、柳宗元为主,各选四篇,欧阳修、王安石各选一篇,苏轼两篇,苏轼以后的散文均未选入。这个选文原则不但无可非议,也可以说是这部教材的一大优点。因为古汉语教材不同于"历代文选"。通常所说的古汉语,即指文言,它是以先秦口语为基础而形成的上古书面语言以及后代作家仿古的作品中的语言。学习这种语言,无疑应把重点摆在先秦。学习古代汉语,读懂先秦作品具有关键意义。

一般古代汉语教材,都不选韵文方面的作品,但中国的古典诗歌,源远流长,非常发达,是一份非常宝贵的语言资料。王力主编的《古代汉语》对诗歌辞赋给予了高度的重视,第二册有两个单元是诗歌,选了《诗经》《楚辞》的作品,第四册全部是韵文,选有赋、颂、铭、乐府、汉魏六朝诗、唐宋古体诗、近体诗、词、曲、小令、杂剧。门类齐全,主次得当。

至于骈体文,1949年以来一直受到冷遇,往往被斥之为华而不实,美而无用。这样的看法是否公允、正确,在此不做讨论。我们应当注意的是古代有很多作品是用骈体文写的,对骈体文的教学应给予一定的地位。如果一个文科大学生学完了"古代汉语"这门课,而对古代很有影响的骈体文竟然一无所知,能说这是一种正常现象吗?《古代汉语》用一个整单元(第十一单元)的篇幅选了8篇骈体文,其中有脍炙人口的《哀江南赋序》《滕王阁序》等,这在当时来说,是难能可贵的。

如果说,《古代汉语》的文选,反映了编者们的气度和胸怀,那么,对这些选文的注释则反映了编者们的功力、作风和修养。注释中包含着丰富的文字、训诂、音韵、语法方面的知识,显示了作为语言工具课的特色。

这部教材对词的释义,态度相当严谨,一般采用传统的说法,如果是采取一家之言,也注明"依某人说",实在不好懂的地方,则老老实实承认不好懂,不强做解释。如第二单元《鲁仲连义不帝秦》就有两条注释指出:"此句疑有误。意思可能是……","这句话不好懂,疑有误字"。

全部注释,朴实,简洁,准确,鲜明。不猎奇,不采取歧说,不回避难点,不做烦琐考证。作为一部教材来说,这样的风格,非常得当。

注释的语言也很讲究。干净、确切,着重在古今对应方面下功夫。对个别词的释义,力求用跟古汉语相对应的现代语词;对句子的串讲,则力求用跟原句相同或相近的语法结构。例如,第一单元中《郑伯克段于鄢》:"国不堪贰。"有一本《古文观止》(言文对照)译为"国家不能有两个君主"。《古代汉语》则串讲为"国家受不了两属的情况"。前者的译文将"贰"字译为"两个君主",是完全错误的;动词"堪"字在译文中没有着落,更谈不上译为相应的现代词语了。后者的译文则字字有着落,且准确无误。

(二)常用词是《古代汉语》的第二个组成部分,也是这本教材的一个独创。有人问:教材中的选文已有详明的注释,学生在阅读中若还有困难,可动手查阅有关古代汉语的辞书,何必在教材中设立"常用词"这个内容呢?也有的同志主张:"常用词"的内容很好,但不必分散在各个单元,应该集中起来,专门成册。

我们认为:辞书和常用词在性质上是不一样的。辞书是备查检的,而常用词是供学生阅读的。备查检用的辞书,收词多,释义较全,但与教材中的文选不一定有直接联系;供学生阅读的常用词都是从课文中挑选出来的,直接为学习文选服务。因为是供阅读用,故不宜过分集中。分散编排,便于消化。

《古代汉语》共收录了1086个常用词,分析一下这些词的写法,可以看出编写者所坚持的一些主要原则。

词义具有系统性,编者对每一个常用词的解释都力求运用系统的方法。先找出它的常用义,大多就是本义,然后说明它的引申义。如"及"本义为"追赶上",引申为"达到","到那个时候","趁这个时候","品行赶得上","涉及,发生关系",等等。这样的写法比起罗列一大堆义项来要优越得多,其显著功效就是以简驭繁。

词义具有时代性,古义不同于今义,本义不同于后起义,编者对于这些细微差别,对于这些容易被忽略从而产生误解的地方,总是特意着笔,引起读者注意。如"访"字列了三个义项。义项一:"咨询。注意:上古汉语的'访',是咨询的意思,不可误会为探望。……'访'的直接宾语是事,不是人。"义项二:"拜访",注明是"后起义";义项三:"查访,侦查",注明是"晚起义"。

常用词还立有词义辨析一项,这是运用比较法,辨其同,析其异,帮助学生加深对这些词的理解。如"肤"字条对"皮""革""肤"三字进行了辨析:"皮""革"是兽皮:带毛的叫皮,去了毛的叫革。"肤"是人皮的专称。在古代,"皮"和"革"不能用来指人的皮肤,只有在咒骂所憎恨的人时,才说"食其肉,寝其皮",这是把对方当禽兽来看待了。"肤"也不能指禽兽的皮。

一部优秀教科书,在给人以科学的、具体的知识的同时,往往能使读者从中受到理论上、方法上的启迪。细心的读者通过常用词的学习,不仅能获取许多引人入胜的词义知识,也能从中学到分析词义的基本原则和方法,至于语感的训练、培养,更在潜移默化之中。在社会上很有影响的《古汉语常用字字典》以及郭锡良等编写的《古代汉语》,在词义分析、描写方面,都从王力主编的《古代汉语》常用词部分受到启发。

(三)通论是《古代汉语》第三个组成部分。全书32节通论,涉及的范围很广。其主要特点有:

一是只讲最基本的知识。《古代汉语》本来是一门基础课,作为基础课当然要传授基本知识。这些知识包括文字、音韵、训诂、语法、修辞、句读、文体、文化常识等。其中文体方面的知识(包括赋的构成、骈体文的构成、诗律、词律、曲律)以及古代文化常识,不仅使学习古代汉语的学生颇感兴趣,也受到文化界人士的普遍欢迎。

二是不求全面,不求系统。讲音韵并不把各个时期的语音系统一一罗列出来;语法方面的通论虽有8节之多,也只讲了古今语法差别较大的地方。内容的取舍完全以对提高阅读能力有无作用为原则。

三是通论的内容与安排跟文选紧密相配。如第6单元为《诗经》作品选,相配的通论有"《诗经》的用韵""双声叠韵和古音通假"。第14单元为词、曲作品选,相应的通论有"词律""曲律"。有的通论与文选的关系不是很直接,就按照循序渐进的原则穿插在某些单元之中。

四是与通论有密切关系的9个附录,为学习、研究古汉语的人以及从事古典文化研究的人提供了必备的参考资料。

三

最后我想谈一下学风问题。这部教材的质量是与编者们的优良学风分不开的。一代雕龙巨匠王力先生为主编这套《古代汉语》付出了艰苦的劳动,他的谦虚严谨而又勇于开创的治学态度,是这部巨著获得成功的重要原因之一。编写组的其他成员也是兢兢业业,刻苦钻研。已故马汉麟先生负责编写"古代文化常识",为了介绍古代天文学的知识,他开始研究天文学,读了大量有关天文学史的著作,而且还实际观察星象。仅仅写几千字的介绍,足足花了半年时间做准备。

编写组还广泛征求同行学者的意见。上册问世之前,曾四易其稿。1980年又对全书进行了全面修订,这种精益求精的学风是值得我们认真学习的。

(原载《中国高等教育》1988年第10期)

要提高古诗文今注的质量

新中国成立三十多年来,我们在古诗文今注方面做了大量工作。今注的特点正在形成。如:多数注家都采用现代汉语释义,在解释词语的基础上,适当进行串讲,有的注本对一些难懂的句子还进行简要的语法分析;一般注本都不尚烦琐考据,不以旁征博引为能事;有不少注本还注意了通过注释提示作品中的某些错误倾向;另外,随着整个学术思想水平的提高和新中国成立后发现了许多前人所未见的材料,一些昔日聚讼纷纭的问题现在得到了满意的解决。但是,也有一定数量的注本在质量方面的确很成问题,甚至近乎粗制滥造。出现了一些常识性错误,如:

王勃《滕王阁序》:"物华天宝,龙光射斗牛之墟。"苏轼《前赤壁赋》:"少焉,月出于东山之上,徘徊于斗牛之间。"文天祥《念奴娇·驿中别友人》:"堂堂剑气,斗牛空认奇杰。""斗牛"本是二星宿名,"斗"又名"南斗"。可是,有三种颇具影响的注本都把这个"斗"注为"北斗"。

《史记·魏公子列传》:"秦兵围大梁,破魏华阳下军,走芒卯。"有一个注本说:"华阳:韩地。下军:三军中的一军。"注者不知道"下"字应该连上读。"华阳下",就是"华阳城下",《韩世家》正作"华阳之下";另外,"破魏华阳下军"这种句式在《史记》中并不乏其例。

苏轼《文与可画筼筜谷偃竹记》："渭滨千亩在胸中。"有一个注本说："渭滨——渭河之滨。传说姜子牙曾在渭水之阳隐居钓鱼。这里是跟与可开玩笑，对与可'吾将买田而归老'一语而言。"注者说"是跟与可开玩笑"，这是对的。但开什么玩笑？注文解释错了。一是时间不对，《筼筜谷》是苏轼写的《和文与可洋川园池三十首》第二十四首，当时文与可正担任洋州太守，而"吾将买田归老"是文与可离开洋州之后说的，可见"渭滨千亩"不可能是针对这句话来说的；还有，"渭滨千亩在胸中"的上句是"料得清贫馋太守"，如果诗意是说文与可要学姜子牙隐居渭滨，那跟"馋"有什么关系呢！文与可读了此诗又何至于"失笑，喷饭满案"！其实，这句诗与姜子牙隐居渭滨的故事毫无关系。《史记·货殖列传》说："渭川千亩竹……其人与千户侯等"。苏诗的典故就出于此。"渭滨千亩在胸中"是说文与可吃了很多竹笋，这不是"馋"吗！这样的玩笑，不令人"失笑喷饭"吗！

辛弃疾《破阵子·为陈同甫赋壮词以寄》："八百里分麾下炙，五十弦翻塞外声。"注者不知"八百里"是指牛（典出《世说新语·汰侈篇》），误以为"八百里指的是军队驻扎的范围"。

以上四例，有的是缺乏天文、地理常识，有的是不明出典，有的是对词义理解不确。今注中还常见有袭旧注而传谬，或对前人说明文字没有读通而妄加解释的。下面各举一例：

鲍照《登大雷岸与妹书》："向因涉顿，凭观川陆。""顿"本是"停顿""顿处"的意思。清代黎经诰的《六朝文絜笺注》不解释"顿"字的原义，却引"毛苌《诗传》曰：丘一成为顿丘"（100页，中华书局，1962年）。这条注本来不足取，有一个今注本照抄不误，还发挥说:"丘陵一重为顿,顿在这里作'登高'讲"。真是莫名其妙。

《水经注·三峡》:"江水又东,径巫峡。"有一个注本对"径"字的释义是:"凡水道所经之地,水经过叫'过',注入则叫'径'。"注者对"过"与"径"的辨析完全错误,其来源盖由于误解了戴震的一段话。戴说:"凡水道所经之地,《经》则云'过',《注》则云'径'。"原话无书名号,也无单引号,于是注者就把《经》理解为"经过",把《注》理解为"注入"。

上述诸例,都是从发行量很大的注本中随手得来的。我想,这些注本之所以出现一些常识性错误,主要原因可能有三:一、态度欠严谨;二、有的人缺乏从事注释工作的基本条件;三、一时疏忽。

对古典文学作品进行注释,是一件很艰巨很复杂的工作,即使很有修养的人,也难免出错。我们希望的是常识性错误应尽量少出。清代一位学者说:"有一字非其的解,则于所言之意必差。"如果我们把古人的语言文字解释错了,那么思想、艺术分析又从何说起呢?

(原载《光明日报》1983年3月8日。又收入
《古籍点校疑误汇录》(一),国务院古籍整理
出版规划小组编,中华书局,1990年)

古文今译中的一些问题

把古文翻译成现代汉语,是古籍整理工作的一个重要内容。

古文今译的直接目的是为了帮助广大读者克服阅读方面的困难,确切地掌握作品的真实内容,这个工作意义当然是很大的。从事古文今译工作的人,不仅在古代汉语方面应当有很高的修养,现代汉语的表达能力也极为重要。但是,我们为什么要求初学古代汉语的同志也要搞点古文今译的练习呢?为什么高等院校"古代汉语"这门课的考试差不多都要有古文今译这个内容呢?教材说得很对:"通过翻译练习,可以使我们进一步掌握古代汉语的特点和透彻了解原文的思想内容。在学习古代汉语时,是应该适当地做一些古汉语今译的练习的。"(王力、林焘校订本《古代汉语》673页)至于"古代汉语"的考题中往往也有古文今译这个内容,这是为了检查我们的古文水平,检查我们对作品字、词、句的意义是否确切地理解了,同时还能检查我们的文字表达能力。我们在学习古汉语时,常常有这样的情形:一篇作品,甚至是一篇很熟悉的作品,自以为对它的意思已经全懂了,可是,用现代汉语翻译出来之后,就会发现,原来我们对有些词义的理解是不正确的,或许是模糊不清的;对有些句子的语法结构和语气也没有搞清;甚至于句子之间的意思连不起来;段落大意也不甚了然。总之,一搞翻译,问题就暴露出来了。常见的问题有以下三点。

一 译文不准确

准确,是古文今译最起码的一个要求。可是要达到这个要求却很不容易。译文不准确的原因是多方面的:

一是对词义的理解不准确。上学期的古汉语期末考题中有一道翻译题,其中有两个句子是:"文史星历近乎卜祝之间……而世又不能与死节者比。"有一个"言文对照"本《古文观止》,把"文史星历"译为"天文、太史、律历",把"与死节者比"译为"和死节的人相比较"(见该书219页)。译者用"天文"对译"文",把"史"译为"太史",用"比较"对译"比",都是错误的。在这里,"文"是指"文献",即"典籍","星"才是指"天文";"史"是指"历史资料","太史"乃是当时的官名,把"史"译为"太史"根本不通;"比"是"比并""相提并论"的意思,译为"比较",也不恰当。

《西门豹治邺》里有一句话:"当其时,巫行视小家女好(hǎo)者。"有人译为:"当河伯娶妇时,巫婆寻找老百姓家的女子欢喜的人。"还有人译为:"巫婆寻找贫寒家姑娘爱好的人。"把"好者"译为"欢喜的人"或"爱好的人",在情理上就讲不通。哪有一位女子会"欢喜"或"爱好"嫁给河伯呢!"好"在这里本是"漂亮""貌美"的意思,应该读hǎo,译者由于不了解这个意思,因而误读为hào,误译为"爱好"。

词义理解不准确,常常表现为以今义去解古义。如《报任安书》:"因为诬上,卒从吏议。"有人把"诬上"译为"诬蔑主上",译者不了解"诬"在这里是"欺骗"的意思。"诬上"就是犯了"欺君之罪"。又如《荀子·劝学篇》说："青，取之于蓝而青于蓝。"（今成语有"青出于蓝而胜于蓝"）这句话的大意并不难懂，作为成语一般人也会运用，但要把荀子的话确切地译成现代汉语，就不见得都能够译得很准确了。有一个本子是这样翻译的："青颜色是从蓝颜色来的，却比蓝颜色更青。"这样的翻译对不对呢？不对。首先，这句话的两个"青"字，无论是词性还是意义，都有明显的区别。第一个"青"字是名词，指靛（diàn）青，是一种染料；第二个"青"是形容词，指青颜色。其次，蓝，是指蓼（liǎo）蓝，是一种可以做染料的草本植物。准确的翻译应是："靛青是从蓼蓝中提炼出来的，但颜色比蓼蓝还要青。"

还有，《张中丞传后叙》："疑畏死而辞服于贼。"有人译为"怀疑许远因怕死而被叛贼用言辞说服"。将"辞服"译为"用言辞说服"，是由于不了解"辞服"原本是服罪，这里是投降的意思。"辞服"这个词语在《汉书》中经常出现，如：

> 《景十三王传·广川惠王越附孙去》："昭信令奴杀之。奴得（为吏所捕得），辞服。"
> 又："制曰：'王后昭信，诸姬奴婢证者，皆下狱。'辞服。"
> 《赵广汉传》："请逮捕广汉。有诏即讯，辞服。会赦，贬秩一等。"（3204页）

"辞不服"就是不服罪的意思。《汉书·文三王传》："王辞又不服"（2216页），"宜及王辞不服"（2217页）。

对词义理解不确,不全是误以今义释古义,也有以本义释引申义的,尤其是有一定古汉语修养的人更容易出这种问题。如《左传》"齐桓公伐楚"说:"君处北海,寡人处南海,唯是风马牛不相及也,不虞君之涉吾地也,何故?"有一本《古文观止》把"不虞君之涉吾地也"译为"不料你渡水到我这里"。将"涉"译为"渡水"就是用本义解引申义。"涉"的本义是"蹚(tāng)水过河""蹚着水走",但"涉吾地"是进入我们国境的意思,译为"渡水"是错误的。从齐国到楚国,不可能一路都是渡水嘛。又如《赤壁之战》说:"若不能,何不按兵束甲,北面而事之!"有人把"按兵"译为"手按住兵器不用",以为"兵"字在这里用的是本义,是兵器的意思。其实,"兵"在这里用的是引申义,是指军队。按兵是"止兵、屯兵"的意思。《战国策·齐策二》:"故为君计者,不如按兵勿出。"《荀子·王制》:"偃然(休息不动的样子)按兵无动,以观夫暴国之相卒(cù,争打)也。"《吕氏春秋·召类》:"赵简子按兵而不动。"《三国志·诸葛恪传》:"宜且按兵养锐,观衅而动。"所有这些"按兵"都是屯兵不动的意思。

对词义翻译不确,有时是由于对具体历史事实了解不清或者是缺乏文化常识而产生的。如司马迁说李陵这个人"事亲孝",有人把它译为李陵"侍奉双亲很孝敬"。译者不了解李陵是个遗腹子,就是说,李陵还没有从娘胎里出生,父亲就去世了,怎么能说李陵"侍奉双亲…"呢?《左传》"鞌之战"说:"逢(páng)丑父与公异位",有人译为"逢丑父与齐侯(顷公)调换了座位"。"位"在这里并不是"座位"的意思。春秋时候的战车都是立乘,没有坐在车里打仗的。就是平时乘车,也是立乘,只有"妇人不立乘"(礼记·曲礼上)。

造成译文不准确的第二个原因是语法方面的问题。如《史记·

孙子吴起列传》:"批亢(gāng)捣虚,形格势禁,则自为解耳。"有人译为:"只有打在他们的要害处或空虚处,给他们造成无法继续打斗的形势,那架自然就被解开了。"译者还特意加了一条注:"为解,被解开。"把"自为解"译为"自然被解开",欠妥。"自"在这里不应当译为"自然","自"是"自己"的意思,这种"自"兼有副词和代词的性质,有人叫作反身代词,也有人称之为复指代词,在这个句子中,"自"是介词"为"的宾语。在古汉语中,"自"不仅做动词的宾语时总是前置,就是做介词"为"的宾语时也要前置。请看下列例证:

(1)(共)王曰:"止！其自为谋也则过矣,其为吾先君(指楚庄王)谋也则忠。"(《左传》成公二年)

(2)遣人立六国后,自为树党,为秦益敌也。……家自为怒,人自为斗。(《史记·张耳列传》)

(3)翟人有献丰狐玄豹之皮于晋文公。文公受客皮而叹曰:"此以皮之美自为罪。"(《韩非子·喻老》)

(4)举事以为人者众助之,以自为者众去之。(《文子·上义》)

(5)此所谓驱市人而战之,其势非置之死地,使人人自为战。(《史记·淮阴侯列传》)

例一"自为谋"即为自己打算。例二"自为树党"就是为自己树立党羽。"自为怒"就是为了自己而振奋,"自为斗"就是为了自己而战斗。例三"自为罪"就是给自己招罪。例四"自为者"就是为自己(谋私利)的人。例五"自为战"就是为自己战斗。很显然,所谓

"自为解"也就是为了自己而解围。因为敌方"批亢捣虚",造成了"形格势禁"的态势,不得不为了自救而解围。

"为"作为介词时,还有"向""对"这样的意思。如《触龙说赵太后》:"媪之送燕后也,持其踵为之泣。"有人译为:"赵太后送别燕后时,摸着她的脚跟替她掉眼泪。"在这里,介词"为"是"对"的意思,"为之泣"就是对燕后流眼泪,译为"替"是讲不通的,介词"为"的这种用法在古汉语中不乏其例。司马迁《报任安书》说:"事未易一二为俗人言也。""为俗人言"就是"对俗人说","向俗人说"。韩愈《张中丞传后叙》:"皆感激为云泣下。""为云泣下"并不是替南霁云掉眼泪,而是"向南霁云流下了眼泪"。

词义问题跟语法问题有时是连在一块的,由于对词义理解不确,对句子结构的理解也可能发生问题。如《邹忌讽齐王纳谏》中有一句话:"今齐地方千里",有人译为"现在齐国的地方有一千里"。这个译文是不对的。这个句子中关键性的词语是"方千里"的"方","方"在这里是"见方"的意思,译者把"地方"当成了一个词,把"齐地方"当成了主语,"千里"当成了整个句子的谓语。实际上,"齐地"是偏正结构做主语,"方千里"是主谓结构做谓语,其中的"方"是主语,"千里"是谓语。可以译为"齐国的土地纵横各有千里"。《愚公移山》的"太形、王屋二山方七百里",《赤壁之战》的"地方数千里",也都是主谓结构做谓语。

造成译文不准确的第三个原因是由于不了解古文的修辞方式。《岳阳楼记》说:"不以物喜,不以己悲",有的人直译为"不因为外物而高兴,也不因为自己而悲伤。"从字面看似乎也通,但原话的精神实质没有表达出来。范仲淹用的是互文见义的修辞方式,教材(51页)把这两句话译为:"不因外界事物的影响而悲哀欢喜,也不因个人的处境好坏而欢喜悲哀。"这个译文正确地表达了作者的本意,如果把"外界事物"改为"外界景物"就更贴切了。"事物"这个词用在这里太宽泛,用"景物"这个词就跟上文的"览物之情"的"物"联系起来了。

二　衍译和漏译

古文今译应当忠实于原文,如果脱离原文,凭空杜撰,画蛇添足,随意加进原文字里行间所没有的内容,这就是"衍译"。"衍"就是多余的、误增的意思。"漏译"是指把原文一些关键性的词语或句子漏而不译。

衍译等于替古人改文章。如:

《郑伯克段于鄢》最后一段说:"颍考叔为颍谷封人,闻之,有献于公。公赐之食。食舍肉。"有人把"公赐之食"译为"庄公把好吃的东西赐给颍考叔",原文的一个"食"字用"食物"来对译就行了,加上"好吃的"三字就超出了原文的内容。下一句"食舍肉"可译为"吃的时候把肉留着不吃"。有人译为"吃饭的时候把菜里的肉挑了出来",这就增添了好几个原文所没有的内容:①"饭"这个意思是原文所没有的,译者为什么会想到"饭"呢?是什么"饭"?②"菜"也是原文没有的,从原文完全得不出这样的结论,"肉"和"菜"是盛在一个器皿里的;③因此,"挑了出来"也就没根据了,是译者自己想象出来的,"舍"字可译为"留着"或"放在一边",而没有"挑"的意思。

《齐桓公伐楚》说:"楚国方城以为城,汉水以为池。"有一本《古文观止》译为:"那楚国有方城的山,可用做城;有江汉的水,可用做池。"译者对原文的结构显然是不理解的。"方城""汉水"都是介词"以"的宾语,"方城以为城"应译为"拿方城山作为城墙","汉水以为池"应译为"拿汉水作为城池(护城河)",特别值得注意的是译者把原文的"汉水"译为"江汉的水",于汉水之外,又凭空添进一条长江,这就与原文的内容很不一致了。另外,像"城""池"都是古今义有别的词,不加以翻译也是不恰当的。

上述两例所说的衍译,都是译者的水平问题,是不自觉的误增。还有一种衍译是有意歪曲原文,将某种思想强加给古人,这就更不足取了。如孔子说:"其为人也,发愤忘食,乐以忘忧,不知老之将至云尔。"(《论语·述而》)有人为了批孔的需要,把这段话译为:"他的为人,为了恢复周礼,发愤得忘记了吃饭,高兴得忘记了忧愁,连快要老了都不知道,如此而已。""为了恢复周礼"这个内容完全是译者加进去的,整段话的意思都因此而大变,这就不只是替古人改文章的问题了,简直是在替古人做文章了,把自己的想法强加给古人。

我们说,在翻译的时候不能脱离原文,不能够增添字里行间所没有的内容,不是说只能一字一句的直译,也不是说,在任何情况下都不能增添原话所没有的内容。相反,有时必须要增添一点内容才可以把原话的本意确切地表达出来。如《齐桓公伐楚》中有一段话:

> 对曰:"君惠徼福于敝邑之社稷,辱收寡君,寡君之愿也。"

有一本《古文观止》的今译是:

屈完道:"因你的恩惠,使我国家求得幸福,不顾耻辱,收我国君,这是我国君极愿意的事情呢!"(见该书 19 页)

这段译文的每一句话都有问题,在此不细加讨论。我们看教材对这几句话是怎么翻译的呢?教材说:"承蒙您向我国的社稷之神求福,收容我的君主为同好,这本是我的君主的愿望。"(137 页)这里要提出来讨论的是"辱收寡君"这句话应如何翻译的问题。前面提到那个《古文观止》的译本把它译为"不顾耻辱,收我国君",似乎字字都落实了,实则意思很不明确,且不说把"辱"这个谦词译为"不顾耻辱"是错误的,"收我国君"又是什么意思呢?是要齐国把楚国的国君收留下来吗?原文并非这样的意思。教材把"收"译为"收容",将整个句子译为"收容我的君主为同好(hǎo)",补足了"为同好"这个内容,这就把原意确切地表达出来了。因为上文齐侯的问话是:"与不谷同好(共同友好),如何?"所以屈完答以"辱收国君"。"收"的实际内容就是指双方"同好",交个朋友。

漏译有两种:一种是照搬原文,当译不译,如上面说的"城"和"池"就属于这种情况。这样的例子是很多的,如《鞌之战》的"韩厥执絷马前",有人译为"韩厥拿着絷站在马前","絷"字没有译出来,这句话还是不容易读懂,这样的译文有多大的意义呢?

另一种漏译是原文中有的词语或句子在译文中根本没有着落。如《郑伯克段于鄢》:"遂寘姜氏于城颍,而誓之曰。"有人译为:"于是庄公就把姜氏安放到城颍,并且发誓说。"这里漏译了"誓之"的"之"字。

有的漏译是水平问题,也有的漏译是由于粗枝大叶所造成的。

如《鞌之战》:"丑父寝于轏中,蛇出于其下,以肱击之,伤而匿之。"有人译为:"逢丑父在车厢里睡觉,蛇从他下边钻了出来,咬了他的胳臂,逢丑父隐瞒了伤情。"不仅"轏"字没有译对,"以肱击之"完全漏译。整个句子漏译的情况,在某些正式出版物中也有。如《文心雕龙·诸子》:"虽标'论'名,归乎诸子。何者?博明万事为子,适辨一理为论;彼皆蔓延杂说,故入诸子之流。"有一本《文心雕龙译注》译为:"虽然其中有的书名标明为'论',但它们都牵涉到各方面的问题,所以就应该划归诸子百家之列。"(见该书156页)译者把"归乎诸子"到"适辨一理为论"等十八个字,全都漏掉了。可见,我把漏译作为一个问题提出来,不是没有意义的。

三 文字表达方面的问题

把古代汉语译成现代汉语,起码的条件当然是对古汉语的词义、语法结构等要有准确的理解,但文字表达能力也相当重要。文字表达方面最常见的问题有以下三点。

1. 用词不当。如《郑伯克段于鄢》里说:"小人有母,皆尝小人之食矣,未尝君之羹。"有人翻译为:"小人我有一个母亲,小人家里的食物她都尝过了,就是没有吃过您的肉。""没有吃过您的肉"有歧义,容易被误解为"没有吃过庄公身上的肉",如果把"肉"字改为"肉食",这样的误解就可以避免了。

《触龙说赵太后》里说:"今媪(ǎo)尊长安君之位,而封以膏腴之地。""膏腴之地"就是"肥沃的土地",这是很明确的,可是有人把"膏腴之地"译为"肥壮丰美的土地"。土地怎么能用"肥壮""丰美"

这样的词来形容呢？还是这个译本，把"位尊而无功，奉厚而无劳"的"无劳"译为"不劳力"，说是"俸禄丰厚，却是毫不劳力"（见该书144页）。"劳"本是"功劳"的意思，用"劳力"来对译是不对的，"不劳力"更不成话。

2. 用词过于现代化。如"颍考叔为颍谷封人"（《郑伯克段于鄢》），有人把"封人"译为"边防部队的最高司令官"。"愿令得补黑衣之数，以卫王宫。"（《触龙说赵太后》）有人译为："愿使他充当一名警卫员，担任王宫的保卫工作。""司令官""警卫员"都太现代化，与作品的整个风格不协调。

3. 句子不通顺。如司马迁《报任安书》："谚曰：谁为为之，孰令听之。"有一本言文对照《古文观止》译为："俗语道：没有知己的，就是要修名节，立言行，谁可为作之？又令听之呢？"（见该书217页）这样的译文比原文还难懂。什么"谁可为作之？又令听之呢？"文不文，白不白，是什么意思？莫名其妙！又："士为知己者用，女为悦己者容"，译文是："因为士子情愿为了知己的人用，好像女子的情愿为了悦己的人包涵。"（见该书217页）这样的译文根本不通，简直不知所云。

古文今译的确不是一件容易的事情。译者不仅要有较高的古汉语修养，而且还要有相当的文字表达能力。但这种"修养""能力"并不是从天上掉下来的，必须经常练习才行。如果我们能把课堂上讲过的作品都认真地翻译一遍，一定大有益处。同学们不妨试试看。

（原载《湖北电大学刊（语文版）》1984年第2期。
又收入《怎样学好古代汉语》，语文出版社，1986年）

古汉语语法札记一则

"动·之·名"与"动·其·名"

古汉语动词后面的"之·名"或"其·名",既可以是双宾语,也可能是偏正结构。如果是双宾语,则"其"与之"同;如果是偏正结构,则"之"与"其"同。

关于"之""其"在特定的格式中是否等价的问题,颇有争议。远的不说,八十年代初期,《中国语文》还展开过讨论。一方认为"之""其"分工明确,"之"不能代替"其"。"动·之·名"中的"之"只能做间接宾语,不能做定语。另一方认为,古汉语中"动·之·名"结构中的"之"确实有与"其"等价的。

这里且不说"之""其"同源的问题,就方法论而言,也有个一般与个别的关系问题。"之"做宾语,"其"做定语,二者分工明确,这是一般;在特定条件下,"之"可以代替"其",这是个别。

例一,《公羊传》成公十五年:"为人后者,为之子也。为人后者为其子,则其称仲何?"何休对"为之子"的注释是:"为公孙之子。"(《十三经注疏》2296页)马建忠认为"(这是)'之'解'其'字之确证。故'之'居偏次"(吕叔湘、王海棻编《马氏文通读本》93页,上海教育出版社,1986年)。

例二，《孟子·公孙丑》："天下之民皆悦,而愿为之氓矣。"《周礼·地官·载师》郑玄注引郑司农云："孟子曰：则天下之民皆说而愿为其民矣。"（王引之已引此例证明之可训为其）

例三，《韩非子·内储说下》："州吁果杀其君而夺之政。"又："皇喜遂杀宋君而夺其政。"（刘百顺已引此例。《中国语文》1981年第5期）

例四，《战国策·魏策三》："两弟无罪,而再夺之国。"《韩非子·内储说下》："鲁孟孙、叔孙、季孙相戮力劫昭公,遂夺其国而擅其制。"

例五，《史记·楚世家》："牵牛径人田,田主取其牛。径者则不直矣,取之牛不亦甚乎？"

这些例子中的"之""其"可以互换,是"之"可以用作"其"的确证。但应当承认,类似的例子尽管还可以列举一些,毕竟为数不多。在上古汉语中,"之"用作"其"是个别现象。《马氏文通》由于没有讲清这种个别与一般的关系,所以吕、王二位先生批评他"很有点举棋不定"（同上,94页）。至于杨树达先生,则几乎是用个别来代替一般了。他说：

> 其实古人文字,"之"字可用为"其","其"字亦可用"之",颇无划然之界划,此亦初学者所易致疑,而不可不知者也。（《古书疑义举例续补》卷二）

曾经有人批评杨氏此论为"大而化之"。"之"用作"其"已属个别,"其"用作"之"更是罕见,怎么能说"无划然之界划"呢！

我们的结论是:在上古汉语中,"动·之·名"一般是双宾式,只有当"动·之·名"可以转换为"动·其·名"时,其中的"之·名"才可看作偏正结构,不宜作双宾语处理。

下面讨论"其"代替"之"的问题。

目前较为通行的看法,"其"代替"之"做间接宾语始于晋朝,常引的书证是:

可引军避之,与其空城。(《三国志·魏书·陈登传》)

我认为"其"做间接宾语在战国末期就产生了。

例一,《文子·上义》:"丈夫丁壮不耕,天下有受其饥者;妇人当年不织,天下有受其寒者。"(《淮南子·齐俗》亦有此语)

例二,《吕氏春秋·爱类》:"士有当年而不耕者,则天下或受其饥矣;女有当年而不绩者,则天下或受其寒矣。"

例中的"其"相当于"之",可用"之"替换。如:

例一,《管子·轻重甲》:"一农不耕,民或为之饥;一女不织,民或为之寒。"

例二,贾谊《论积贮疏》:"一夫不耕,或受之饥;一女不织,或受之寒。"

"受其饥"等于"受之饥","受其寒"等于"受之寒"。跟一般间接宾语不同的是,这种"之""其"不表对象,而是表原因。译为现代汉语时要加上介词"因",即"因之(其)受饥""因之(其)受寒"。

(原载《中国语文》1993年第3期)

要重视古汉语词义的学习

在古汉语的教授和学习中,我们总是把词义问题放在头等重要的位置来加以强调。在这里,我从三个方面谈谈有关词义的学习问题。

一　问题往往出在词义上

语言是一个完整的体系,它包括语音、语法、词汇三个方面的内容,从阅读古书的角度来看,这三个方面的知识都应该具备才好,但重点是词汇。因为,阅读古书的困难主要在于词义,问题也就往往出在词义上。我们举例谈一谈。

例一,杜甫《石壕吏》:"暮投石壕村,有吏夜捉人。老翁逾墙走,老妇出门看。""出门看"的"看"是什么意思?有的同志说:看,不就是看一看、瞅一瞅、瞧一瞧吗。读音就不确,"看"在此只能读平声(kān),而不能读去声,读去声就与"村""人"不押韵了。还有的同志根据另一种版本如浦起龙《读杜心解》认为:"出门看"应作"出看门"。"看门"就是"守门"。老头子跳墙跑了,老太太去"守门",这恐怕不是杜甫的本意,于情理上也说不过去。这个"看"字应作"照看""照应"解。在唐宋时期,"看"作"照应"解,乃是常用义。如：

a. 贼来须打，客来须看。(《敦煌变文集》27 页)
b. 野老来看客，河鱼不取钱。(杜甫《陪郑广文……》)
c. 木臼新舂雪花白，急炊香饭来看客。(范成大《田家留客行》《范石湖集》卷三)

这些"看"字都是"照应"的意思，都音 kān。《说文》："看，睎也。""睎，望也。"由"睎""望"引申为"照看""照应"。"看"与"应"在这个意义上是同义关系，它们所反映的概念是一致的。《辞源》"看"字的第四个义项就是"照料，招待"(2207 页)，并引范成大诗为证。蒋礼鸿先生的《敦煌变文字义通释》释"看"为"接待"(148 页)，意思一样。"看客"就是"接待客人"，也就是照应客人。来石壕村捉人的小吏，虽非客人，却也是官府的公差呀。老翁既已逃跑，老妇自然就要出门来照应了。下文的"听妇前致词"，就是"看"的具体描写，即老妇的"照应"之词。

人们对"出门看"的"看"之所以会发生误解，就是因为"看"在中古的这一常用意义，在现代汉语中已经不常用了。

例二，《诗·豳风·七月》："七月流火，九月授衣。"这个"衣"字有人解释为"棉衣"。这就有问题。因为《七月》时代并没有棉花。即使当时已经有了棉花，农奴主（或者是奴隶主）能分给农奴们棉衣吗？当时有丝绸制的衣服，这种衣服农奴们是没有资格穿的。湖北云梦出土的秦墓竹简证明，秦王朝还存在受(授)衣制度。"受(授)衣者，夏衣以四月尽六月禀(发放)之，冬衣以九月尽十一月禀之。"(《睡虎地秦墓竹简》66页)这种衣是"褐衣",用粗麻编制而成。余冠英先生译为"寒衣"(《诗经选译》142页),或者译为"冬衣",都是可以的,总之不能译为"棉衣"。

例三,《说苑·建本》:"晋平公问于师旷曰:吾年七十,欲学,恐已暮矣。师旷曰:何不炳烛乎?"有一个注本说:"炳烛,点燃蜡烛。"把"烛"释为"蜡烛",也是不恰当的。《说苑》一书虽然为西汉刘向所作,但晋平公、师旷是春秋时候的晋国人,春秋时候有蜡烛吗?《礼记·曲礼上》:"烛不见跋(本也)。"注云:"古者未有蜡烛,唯呼火炬为烛也。"(《十三经注疏》上册,1240页)可见,先秦时候所谓的"烛",相当于今之火把。

对词义理解不准确、错误,原因是多方面的,若从基本观点进行考察,主要有两点:一是不了解词义的时代性,二是不了解词义的系统性。如前几例,都是以今义解古义,时代观点不明确。下面再谈谈词义的系统性问题。

二 词义的系统性

词义这种东西乍一看来,就好比一盘散沙,无系统可言。实际上并非如此。就个别词而言,每一个词都有自己的意义系统,都有自己发生、演变的历史,我们所说的本义和引申义的问题,就是一种系统性的表现。就词与词之间的关系而言,也存在各种不同的系统性。如:同源词反映了词族亲属关系的系统性,同类词反映了同一偏旁(形符)的字在意义范畴上的系统性,同义词有自己的系统性,反义词也有自己的系统性。我们要承认:词义的系统性是一种客观存在。

我们考察个别词义的系统性,最重要的是抓住本义。只有抓住了本义,才能弄清引申义的关系;才能有效地区别假借义。如"隳突乎南北"的"突",如果我们知道了它的本义,就不难理解它有"奔突""突破"的意思。《说文》:"突,犬从穴中暂出也。"这是"突"的本义。所谓"从穴中暂出"就是突然从穴中跑出来。"暂"和"突"是同义关系(请参阅王力、林焘校订本教材88页"暂"字)。由犬突然跑出,引申为"奔突""唐突""突破"这样一些意思,并虚化为副词"突然",它的意义系统是很清楚的。我们知道了"突"的固有意义系统,也就懂得了作为"灶上的烟囱"这个意思与"突"的本义毫无联系,只不过音同、形同而已。

有的同志问:怎样才能抓住词的本义呢?我们结合教材"词的本义探求例"分析一下求证本义的方法。

1. 据字形以求本义。如"及"、"监"(364页)、"临"(366页)、"天"(370页)、"行"(372页)、"旨"(374页)、"主"(376页)等。对这些字本义的求证都运用了甲骨、金文的资料。甲骨、金文距造字时代比较近一些,字形和字义之间的关系比较明显。但许慎并不知道甲骨文的材料,我们今天运用这方面的材料,能够克服《说文》的局限性,如"行""天"。有的对《说文》的说解做了补充,如"主""旨"等。

2. 据《说文》以求本义。《说文》是一部以解释本义为主的字书,尽管它在说解本义时有缺点,甚至还有错误,但在大多数情况下,它的说解是可信的。"举例"中关于"策"(360页)、"更"(361页)、"集"(364页)、"引"(378页)等字的释义,都直接引证了《说文》的意见。

3. 据引申规律以求本义。教材 98 页说："由具体到抽象,由个别到一般,是本义发展为各种引申义的基本方式。"按照这个原则,我们可以推断,许慎有时说的本义实际上是引申义。如"端"《说文》的释义是"直也"。我们认为"直"不可能是"端"的本义。"端"的本义应该是"站得直",即"立正"。因为"端"字从"立",很显然与"站"有关。而且古文献资料也可以为证。如《庄子·山木说》："颜回端拱……"这个"端"字就是笔直地站着的意思。清代的朱骏声也认为"端"的本义是"立容直也"（《说文通训定声》2940 页），"立容直"就是站的姿势笔直。由"站得直"引申为一般意义的"直",完全符合词义引申具体到抽象的规律。

有一点要加以强调,就是不论用何种方式,都要有语言资料为证才好。

下面我们再分析一下词与词之间的系统性问题。

1. 关于同源词的系统性。王力先生说："通过同源字的研究,我们知道,有许多词是互相联系着的。"（《同源字典》43 页）"互相联系"就是系统性的表现。"互相联系"的条件就是音与义都相近或者音近义同,义近音同。就是说,凡音义有紧密关系的词,就一定有共同的语源。如"改"和"革"是同源词,二者声母相同（都属见母），"改"属之部,"革"属职部,之职对转,音近义同。"基"与"根"也是同源词,二者声母相同（都属见母），"基"属之部,"根"属文部,音义俱近。"解"与"懈"也是同源词,"解"的本义是分解牛,后来引申为松懈,又造出了分别字"懈"。"解"与"懈"在古代都属见母字,大徐本《说文》"懈"音古益切（卷十下,220 页），《广韵》也音古隘切

(《去声·卦韵》),到后来才变为匣母字,在上古,"解""懈"都属支部,是音同义近。

要获得同源词方面的知识,不仅要了解词的本义与引申义的演变过程,而且要了解上古语音系统。判断"音同""音近",不是以现代汉语为根据,而是以上古音为根据。另外,同源词原则上都是同义词(宽泛一点就是近义词)但同义词并不都是同源词,同源词必须音同或音近,而同义词并不一定同音,有的同义词在语音上可以毫不相干。如"疾""病"是同义词,"疾"属从母质部,"病"属并母阳部,"负""担"也是同义词,"负"属并母之部,"担"属定母元部,在语音上都没有什么联系。

2. 关于同义词的系统性。我只想谈三点意见。①要掌握同义词的系统性,必须具有时代观点。不仅要区别古今同义词,就古汉语范围来说,也还有一个时代问题。如"爱""吝""啬"这三个词,在古代汉语中是同义词,到后来,"爱"与"吝""啬"就不是同义关系了,"后"与"君"在先秦时代有一度是同义词,后来也不是同义词了。如果根本不论时代,把不同时代的意义有关的词都拉扯在一起,这种同义关系是难以说清的。②要确立同义词群,必须要确立同义词群的中心义,即共同义,如果没有一个共同义,就很难说它是同义词群。如有一本辨析近义词的书,把"邦国都邑城郭"等六个词算作一组近义词,这就很不恰当。说"邦""国"同义,"都""邑"同义,"城""郭"同义是可以的,但"城""郭"与"邦""国"同义吗,"都""邑"与"城""郭"同义吗,连近义也够不上嘛,怎么可以拉扯在一起呢?这六个词并没有一个共同的中心义,也没有一个共同的近似义,把它们列为一组就失去了起码的根据。③辨析同义词的困难不在于求其同,而在于析其异。《尔雅》《说文》只讲某字与某字同义(互训、同义词组),而不讲同中有异。我们教材中的"同义词辨析例",虽然只有十五组同义词,其重点却在于析异。如对"之适如赴往去"的辨析:

> "之""适""如"都是到某地去的意思,它们是同义词,可能只是方言的不同。
>
> "赴"的本义是奔向,特指奔向凶险的地方。也有泛指奔向的。
>
> "往"也是到某地去的意思,和"之""适""如"同义,但在语法作用上有差别。在上古,"之""适""如"带宾语,"往"不带宾语。到了中古以后,"往"才可以带宾语。
>
> "去"的本义是离开某地,在上古它的意思同"往""之""适""如"正好相反。中古以后,"去"字有了到某地去的意思,与"之""适""如""往"成了同义词。
>
> (摘自王力、林焘校订《古代汉语》(下)870—871页,北京出版社,1983年)

就这个条目来看,主要内容是析异。析异的方法也是多样的。如指出有的是方言的不同;有的是本义不同,而经过引申阶段变得相同了;有的意义相同,而语法作用不同;有的在上古不同义,而中古以后变得同义了。只有经过这样的辨析,这组同义词的内部系统才算比较明确了。

3. 关于反义词的系统性。掌握反义词的系统性,也要有时代观点。如"敬"和"慢"在古代是反义关系,而在现代并非反义关系,现在"慢"的反义词是"快",而在上古汉语中,"快""慢"根本不是反义词,"慢"是"怠慢""做事不认真"的意思。"敬"是办事认真的意思。如"执事敬""敬业"。

掌握反义词的系统性,对提高阅读古书的能力也大有好处。如《左传》昭公二十八年记载了这么一个故事:

> 昔贾大夫(贾国之大夫)恶,娶妻而美,(其妻)三年不言不笑。

一般人很容易误以为这个"恶"是"凶恶""凶狠"的意思,因为这个大夫太凶狠了,吓得他的老婆多年不言不笑。这样理解"恶"字就错了。可是如果仔细想一想,"美"在这里是指貌美,是"漂亮"的意思,而且"恶"在这里是作为"美"的反义词出现的,就不难理解"恶"是指貌丑,是不漂亮的意思,老婆嫌他长得丑,所以不和他说话,也不给他好颜色看。

古人在使用反义词时一般都是比较严密的,往往以对子的形式出现。所谓"对子"就是系统性的表现。如《左传》昭公二十年有一句话就出现了十对反义词:

> 清浊、大小、短长、疾徐、哀乐、刚柔、迟速、高下、出入、周疏,以相济也。

这些反义词的搭配都是很严密的,只要我们了解对子的一面,就能掌握其相对的另一面。如知道"疏"是稀疏,也就可以知道

"周"一定是"周密",知道了"徐"是"徐缓",也就知道"疾"一定是"疾速"。

语言是有社会性的,何者为同义关系,何者为反义关系,都要受社会的制约,所以在某种特定的语言环境中,按照同义关系或反义关系去掌握词义,这是一个科学的行之有效的办法。

三 词义与语音、语法

我们提倡重视古汉语词义的学习,不等于说可以忽视语音、语法的学习。

不论任何一种语言,都具有内部的系统性。语音、语法、词义三者之间有着密不可分的关系,词义的系统性不能不受语言的整个系统性的制约。

1. 词义与语音的关系。这个问题,古人已经注意到了。传统训诂学所谓的"声训""因声求义""右文说",都是企图通过词的语音形式以了解词的意义。

先秦两汉时代的声训大多是不可靠的。到了清代,由于古音学的发达,"因声求义"就有了可靠的依据。王念孙说:"训诂之旨,本于声音。"(《广雅疏证·自序》)乾嘉时代的训诂学家就是在这个指导思想下,在词义研究方面取得了一系列重大的成果。这些成果可以归结为三个方面:a. 探求语源,即同源字的研究。戴震的《转语》(今只存序言一篇),王念孙的《释大》,王筠所说的"分别字",都是同源词问题。b. 明假借。从词义的系统性来说,同源就是同系统,而借假是本义系统以外的,但二者都离不开古音。c. 正确地解释双声叠韵词,不搞望文生义。什么是望文生义,如至今还有人误信"狐疑"是"狐性多疑"。王念孙说:"嫌疑""狐疑""犹豫""踌躇",都是双声字,"狐疑"与"嫌疑"不过一声之转耳("狐"和"嫌"都是匣母字)。他有一个理论:"夫双声之字,本因声以见义,不求诸声而求诸字,固宜其说之多凿也。"(《广雅疏证》卷六上)

2. 词义与语法的关系。词的储备意义与环境意义是有区别的。一个词在词典中可以有许多储备义,而进入具体的语言环境之后,则只能有一个意义,因为不论任何一个词,一进入具体语言环境,即进入句子、段落之后,它就毫无例外地要受到某种语法规则的制约。在这方面值得留意的有以下四点:a. 辨虚实。不要将实词误认为虚词,也不可将虚词误认为实词。在通常情况下,是容易把虚词误解作实词。b. 别词性。上古汉语词类的划分比较困难,但在具体的句子中,每一个词的词性还是可以确定的。c. 辨别词与词组。不要把词误认为词组,也防止把词组当成词,后者尤应注意。d. 弄清词的语法意义。如词类活用等。以上四点,教材中的"古汉语常识"(有关部分)和作品中有大量的实例可以为证。

(原载《语文学刊》1983年第2期,北京电大编。又收入《怎样学好古代汉语》,语文出版社,1986年)

词义的时代性

古书难读,难在词义。

词义有什么难的呢?因为它在漫长的演变过程中,旧义不断地积累,新义不断地产生,致使大部分词的意义都有相当强的时代特点。古代汉语和现代汉语的词义差别很大,这是人所共知的,就古代汉语范围之内而言,各个时代的词义也有很多的差别。我们学习、研究古汉语词义,就是要认识这些差别,揭示这些差别。有的差别已经被人们认识,有的还有待于进一步研究。即使已经被认识了的差别,也不是人人都掌握了它,因为前人的认识不等于今人的认识,别人的认识不等于自己的认识。我们学习古代汉语词义,要认识人们已经认识了的东西,也得经过一番刻苦的努力才行呢。

对初学古汉语的同志来说,大量的、经常碰到的难题是词义的古今差别。如我们听一门课或看一本书,开头往往有个"绪论"。所谓"绪论"就是发端的言论,开头话,其内容以介绍本课或本书的性质、目的为主。而古人所谓的"绪论"就与此不同了。如:

1. 始玉裁闻先生之绪论矣。(段玉裁《戴东原集序》)
2. 锡庚生也晚,年二十而孤,其得闻先子之绪论。(朱锡

庚《笥河文集》卷首①)

3. 据此,则凡汉学家所持以谤程朱者,皆窃朱子之绪论,而反以诬之。(方东树《汉学商兑》卷中)

4. 盖一坏于三国之分鼎,再坏于五胡之乱华,虽绪论略佳,而宗风已坠矣。(皮锡瑞《经学历史》)

这些"绪论"都是"余论"的意思。例一、例二表示前人博大精深,自己所得到的只不过其余论而已。例三"窃朱子之绪论",意为"拾朱子的牙慧"。可见"绪论"的古今义相差颇远。

古义与古义有别的例子也不少。如一提起《史记》这个词,我们很自然就会想到司马迁,但"史记"还另有古义。《史记·周本纪》说:"周太史伯阳读史记。"《史记·十二诸侯年表》:"孔子……论史记旧闻。"又:"鲁君子左丘明……因孔子史记具论其语,成《左氏春秋》。"《史记·六国年表》:"秦既得意,烧天下《诗》《书》,诸侯史记尤甚,为其有所刺讥也。《诗》《书》所以复见者,多藏人家,而史记独藏周室,以故灭。"这些"史记"都是泛指历史记载,是史籍的通称。荀悦《汉纪》说:"司马子长既遭李陵之祸,喟然而叹,幽而发愤,遂著史记。始自黄帝,以及秦、汉,为《太史公记》"(《两汉纪·汉纪》上册,247页,中华书局,2002年)这里所说的"史记"已接近专称,可正式书名还是《太史公记》。

还有的词不仅古今义有别,而且古义亦有别。如"售"字在现

---

① 笥河为朱筠之号。朱氏乃乾隆进士,对当时文化学术发展贡献良多,锡庚为朱筠之子。

代汉语中只有"卖"这个义项,在唐宋时期刚好相反,是"买"的意思,而在上古既无"卖"义,又无"买"义。请先看唐宋时期的例子:

1. 诏度支市牛,召工就诸屯缮完器具。至者家给一牛,耕耨(nòu)水火之器毕具,一岁给二口粮,赐种子,劝之播莳。须一年则使自给,有余粟者,县官倍价以售。(《新唐书·陆贽传》)
2. 藏书画者多取空名,偶传为钟、王、顾、陆之笔,见者争售。(《梦溪笔谈》卷十七)
3. 会市肆有刊武夷先生集者,迺(徐)常所为文,文肃之子(纡)适相国寺,偶售得之。(岳珂《桯史》卷十三)

这些"售"字都是"购买"的意思,不能解为"卖"。但一般字典都没有这个义项,倒是《诗韵合璧》在平去两声兼收"售"字。平声尤韵指出:"售,义兼买卖。"

我们懂得了"售,义兼买卖",是否就掌握了"售"在唐以前的古义呢?没有。"售"字从上古一直到汉魏六朝根本就不能解为"买",也不能解为"卖"。《广韵》、《说文》新附、《韵会》都不把"售"字解为"买"或"卖"。《说文》新附说:"售,卖去手也。""卖去手"是把东西卖掉了的意思。没有卖出去,就叫"不售"。如:

宋人有酤酒者,……为酒甚美,县帜甚高,然而不售,酒酸。怪其故,问其所知间长者杨倩,倩曰:"汝狗猛邪?"曰:"狗猛则酒何故不售?"曰:"人畏焉。或令孺子怀钱挈壶瓮而往酤,而狗迓而龁之,此酒所以酸而不售也。"(《韩非子·外储说

右上》)

这个先秦古义在唐代还保存。如《唐律》:"若和同相卖为奴婢者,皆流二千里,卖未售者,减一等。""卖未售"即卖而没有卖出去。

上述材料说明:"售"字的今义不同于古义,而中古义又不同于上古义,中古义产生之后,上古义并未消失。我们只有弄通了这些意义的时代特点,才不至于发生错误的理解。所以,我和蒋绍愚在《古汉语词汇讲话》中说:"我们在阅读古书时,对词义的辨别,要培养时代观点。对各个词的意义的时代特点了解得越多,越丰富,确定句中词义的能力就会越高。"(见该书133页),反之,就有可能对原义发生误解。归纳起来,大概有三种情况。一、以今义解古义;二、以后起义解古义;三、以古义解后起义。

大量的问题是以今义解古义。不仅对古汉语接触少的人会出这种问题,就是在古汉语方面有一定修养的人也容易出这方面的问题。如"谢"字在现代汉语有四个常用意义:感谢;谢绝;谢罪;凋谢。这些意思在古代都已出现,但下列例句中的"谢"字属于哪一义项呢?

1. 广汉尝记召湖都亭长。湖都亭长西至界上,界上亭长戏曰:"至府为我多谢问赵君。"亭长既至,广汉与语,问事毕,谓曰:"界上亭长寄声(捎话的意思)谢我,何以不为致问?"亭长叩头服实有之。广汉因曰:"还,为吾谢界上亭长,勉思职事,有以自效。"(《汉书·赵广汉传》)

2. 路若经商山,为我少踌躇;多谢绮与角(绮,指绮里季;角,一写作"甪",指甪里。秦末汉初人,隐于商山,与东园公、

夏黄公合称"商山四皓"），精爽今如何？（陶渊明《赠羊长史》）

3．多谢金吾子，私爱徒区区。（辛延年《羽林郎》）
4．多谢后世人，戒之慎勿忘！（《焦仲卿妻》）
5．多谢诸少年，相知不忠厚。（陶渊明《拟古九首》）

这些"谢"字很容易误以为是"感谢"的意思，例五有人解为"谢绝"，也不对。其实例一、例二的"谢"是"问讯""问候"的意思。"多谢"就是"多多问候"。颜师古说："多，厚也。若今人言千万问讯矣。"（《汉书·赵广汉传》注，3203页）例三、例四、例五的"谢"都是"告诉"的意思。"多谢"就是"郑重告诉"。这两个意思在现代汉语中都已不存在，所以容易产生误解。如苏轼《自普照游二庵》诗："作诗寄谢采薇翁，本不避人那避世！"陈迩冬《苏轼诗选》注："谢，辞谢不去。"（73页，人民文学出版社，1957年）陈注误。此"谢"亦"告诉"之义。"采薇翁"指伯夷、叔齐，做"寄谢"的宾语。

又如"狐狸"，现代汉语是一个词，是"狐"的通称，"狸"应当读轻声。有人就误以为"取彼狐狸"（《诗·豳风·七月》）的"狐狸"也是一个词，而不知道《七月》的"狐"与"狸"是同类而有别的两种动物。这一点，《淮南子·缪称》讲得很清楚："今谓狐狸，则必不知狐，又不知狸。非未尝见狐者，必未尝见狸也。狐狸非异，同类也。而谓狐狸，则不知狐狸。"正因为"狐"与"狸"是两种不同动物，所以古代不仅有"狐裘"，也有"狸裘"。这里说的"古代"主要是指上古。后来，"狐"与"狸"虽然可以单用，然所指实为一物。如王度（隋末唐初）《古镜记》："婢再拜自陈云：'某是华山府君庙前长松下千岁老狸，大行变惑，罪合至死……'度又谓曰：'汝本老狐，（盈按：此据徐士年《唐代小说选》2页,中州书画社,1982年。而中华书局丛书集成初编2704种据龙威秘书本《古镜记》不作"狐",仍作"狸",有可能"狐"乃错字。)变形为人,岂不害人也?'"

又如"告诉"这个词,古今义也很不相同。司马迁《报任安书》说:"身非木石,独与法吏为伍,深幽囹圄之中,谁可告愬(诉)者。"我在讲课时,特意指出:"告愬(诉),是告白、诉说的意思。"就因为有人误以为这个"告诉"与今义一样,是"说给人听"的意思。其实,司马迁说的"告愬",比今义重得多。《玉篇》:"诉,讼也。告诉冤枉也。"可证古人所说的"告诉",有申诉之意。我们还可以举出两个例子来证实这一点。

1. 龟来见梦于宋元王曰:"我为江(指长江)使于河(指黄河),而幕网当吾路。泉阳豫且得我,我不能去。身在患中,莫可告语。王有德义,故来告诉。"(《史记·龟策列传》3229页)
2. 凡人之情,冤则呼天,穷则叩心。今呼天不闻,叩心无益,诚自伤痛。俱生圣世,独为匪人。孤微之人,无所告诉。如不哀怜,便为鱼肉。(《后汉书·张奂传》2142页)

以后起义解古义是指以晚出的古义解先出的古义,虽均属古义,但时代有先后,具体意思有别。如"愤"的"愤怒"义是后起义,常见于唐宋时候的作品中,但它的上古义是"愤懑""愤恨"。《水经注》卷六有一段文字很有启发性:

刘备为陆逊所破,走迳此门,追者甚急,备乃烧铠断道。

孙桓为逊前驱,奋不顾命,斩上夔道,截其要径。备逾山越险,仅乃得免,忿恚而叹曰:"吾昔至京,桓尚小儿,而今迫孤乃至于此!"遂发愤而薨矣。(卷三十四,18页)

"奋"是"奋勇"的意思;"忿"是"忿怒""生气"的意思,与"怒"义相近;而"愤"用的是上古义,与"怒"义相差甚远,是"愤恨""满腹忧愤"的意思。可是,新编《辞海》"愤"字的第一个义项就是"忿怒",这就失当了。新编《辞源》对"愤"的释义要谨严一些,它注意了时代性的问题,它列的第一个义项是"忿懑,怨恨",第二个义项是"憋闷,郁积","憋闷"就是"懑"。如果把"憋闷"列为第一个义项,"忿懑"列为第二义项,其本义与引申义的关系就很明确了。另外,两书都收了"愤毒"这个词语,所举的书证也都是《后汉书·袁绍传》:"每念灵帝,令人愤毒。"《辞海》的释义是:"愤怒痛恨。"《辞源》的释义是:"犹言愤恨。"后者注意了词义的时代性,比前者确切。

"绳结""缠束"是"约"的古义,"简约""约集"等都是"约"的后起义,但人们往往用后起义解古义。《荀子·非十二子》:"幽隐而无说,闭约而无解。"这个"约"字本是"绳结"的意思。有一个注本释为"简陋"。《史记·信陵君列传》:"约车骑百余乘",这个"约"是"缠束",即"捆缚"的意思。"约车骑"就是把马系在车辕下,也就是"套车""准备车"。《战国策·赵策》:"于是为长安约车百乘。"《史记·魏世家》:"魏王再拜,遂约车而遣之。"这些"约"字意思都一样。有的本子把这类"约"字注为"凑集""约集",也是用后起义解古义。

后起义不等于常用义,或虽属常用义而有的人对它很生疏,因此,就会出现用古义解后义的问题。如"止"在上古的常用义是"站住,停下来"的意思,汉魏以后又常有"住宿"的意思。《三国志·魏书·武文世王公传》:"明帝少与(曹)宇同止,常爱异之。"曹植《赠白马王彪》:"道路宜异宿止。"向子期《思旧赋》:"余与嵇康、吕安居止接近,其人并有不羁之才。""同止"是同住在一起,"异宿止"是分住。"居止接近"是住处接近。根据这些材料我们可以判断《三国志·魏书·华佗传》的"府吏儿(倪 ní)寻、李延共止"的"止"也是"住宿"的意思。"共止"是指一同在华佗家住宿。有的注本将这个"止"字释为"站住",这就是以古义解后起义了。所谓"后起义"是相对而言,并不是说"止"的"居住"义是汉魏以后才有的。《诗·商颂·玄鸟》:"邦畿千里,维民所止。"这个"止"就是"居住"的意思,但与"站住"的意思相比而言,它是后起的引申义。

　　了解词义的时代特点,不仅对于阅读古书有好处,就是对注释古书、编写字典也都有好处,上面举的一些例证已足以说明这一点。除此之外,我们还可以根据词义的时代特点判断古书的真伪。如"洋"字在诸葛亮时代根本还没有出现"大海"的意思,可是,后人编的《诸葛亮集》有一篇《将苑》,其中有这样的话:"亦如鱼龙脱于江湖,欲求游洋之势。""西至昆仑,东至洋海。"《将苑》在宋元以前未见著录,到明代才有人将它编入《诸葛亮集》,显然是伪作。作伪者不懂得"洋"字意义的发展情况,不觉露出了破绽。

　　词义的时代性,也就是词义的历史发展问题。语音、语法都有自己发展的历史,词义也不例外,但语音、语法的发展史比较好掌握,它们的分期也比较明确,一般都分为上古、中古、近代、现代四个时期,或许还可以分得再细一些,只要掌握了各个时期的一些基本特点,分析起来就能以简驭繁。而词义问题则复杂得多,尽管也有人把词汇的发展史分成了若干个时期,概括了某些特点,但一本词汇发展史不可能将各个词的演变历史都描写出来,而不了解个别词义演变的历史,词义的时代性问题就很难解决。

1965年我曾在一篇文章中提出过一个设想:"假若我们有一部好的词典,能反映每一个词的时代意义,这对于研究古籍的人就要方便得多了。然而,这样大的工程,一定需要时间,需要很多人的努力才可办到。"(见《中国语文》1965年第1期)十八年过去了,我所希望的"好的词典"还未能成为现实。

然而,我们并不灰心,在一部"好的词典"问世之前,正需要我们对词义的时代性进行努力探索。这些年来,有不少同志对唐宋时期的词义进行了大量研究,打破了前人"非先秦两汉之书不敢观"的框框,这是一种可喜的进步。可以说,不分历史阶段、不分专题、不对专书进行研究,词义的时代性问题就不可能彻底解决。

掌握词义的时代特点,当然要充分利用现有的研究成果,如各种各样的辞书(《辞源》《辞海》《诗辞曲语辞汇释》《敦煌变文字义通释》《诗词曲语辞例释》等),但也要靠自己扩大阅读面,要有计划地精读一些先秦、两汉、魏晋南北朝、唐宋这四个时期的作品,在阅读过程中,要细心,要做比较研究。时间一久,我们就能积累丰富的感性知识,有了丰富的感性知识,我们对待词义就会变得敏感起来,就有可能发人之所未发。如果不多读,不多做比较,满足于一知半解,我们辨别词义的能力就很难有较大的提高。

(原载《文科月刊》1983年第9期,上海电大编。又收入《怎样学好古代汉语》,语文出版社,1986年)

古汉语的特殊词汇

古汉语中有几种特殊词汇,是在阅读古书时会经常碰得到的,有必要专门提出来谈一谈。所谓"特殊",是指这类词的意义系统与结构方式跟一般词汇有所不同。我们掌握它们的基本特点,有利于透彻地了解这些词的意义。

一 反训词

我在讲《钴鉧潭西小丘记》时,曾经谈到"售"在唐宋时代是"反训字"。什么叫作"反训字"(词)呢?一个词的意义系统是由两个完全对立的意义构成的,这就是"反训"。可见,反训词并不等于通常所说的反义词,反义词是指两个或两个以上的词在意义上构成相对立的关系,而反训词的意义对立是包含在一个词的意义系统之内的。

关于反训词的研究已有很长的历史,晋朝人郭璞就已经指出:"以徂为存,犹以乱为治,以曩为曏,以故为今,此皆诂训义有反覆旁通,美恶不嫌同名。"(《尔雅·释诂》郭注)"徂"训"往也",又训"存也";"乱"有"治"的意思;"曩"训"久也",又训"曏也"(不久);"故"又训"今",都是反训。

今人徐世荣先生曾经搜集了五百个反训字,这个数字是很可观的。在我们编的《古代汉语》(王力、林焘校订本)中也有一些反训词,下面举一些例子来说明。

1. 观。段玉裁说:"凡以我谛视物曰观,使人得以谛视我亦曰观。"(段注《说文》408页)司马迁《报任安书》"彼观其意",就是"使人得以谛视我"的意思,即"显示给人看"。有些注家因为不了解"观"是反训词,以为只有"我谛视物"这一层意思,于是连"观"字前边的"彼"字也不知道作何解释了。

2. 落。《尔雅·释诂》:"落,始也",又训"死也"。"落"有"始""终"两训。正因为"落"是个反训词,所以"夕餐秋菊之落英"(教材768页),"落英缤纷"(教材25页)的"落"字应作何理解,意见完全相反,一说"落英"是刚开的花,一说是落下来的花(别的还有一些说法),现在尚无一致的看法。

3. 略。有"少略"(略微)和"全""皆"两个相反的意思。"略无阙处"(教材32页)用的是后一个义项。

4. 臭。作气味(盈按:"气味"与"味道"本是有明显区别的两个词。闻主气味,舌主味道。今有不少人用"味道"取代"气味","气味"一词似乎要消失。)讲的时候,包括香气和臭气两个对立的意义。例见教材121页。

5. 衅。有"裂缝"和"涂上裂缝"的反训。"将以衅钟"(教材605页),就是杀牲以血涂上裂缝(详说可参阅徐世荣《反训探原》,见《中国语文》,1980年4期)。

6. 敢。有"敢"和"不敢"两个相反的意思。"敢告不敏"(教材141页)用的是后一个义项。

7. 入。有"收入"和"交纳"两个相反的意思。"尔贡包茅不入""贡之不入"(二例均见教材135页),"岁恶不入"(教材386页)用的是后一个义项。"入"用作"交纳",通常是指交纳贡品、租税等,所以"入"又可用作名词,与"租税"同义。

古汉语中还有一些常见的反训词,如:"逆"有"迎"义;"丐"有"乞求"和"给予"二义;"受"有"接受"和"授与"二义;"子"有"男孩"和"女孩"二义;"览"有"观览"与"给人看"二义。在现代汉语中也有反训词,像"借"就兼有"借出""借入"二义,但这样的词为数不多。关于"反训"至今仍然有不同看法,我在其他文章中也有论述。学术问题有不同看法很正常,不必强求一律。

二 偏义复词

由两个反义或近义语素构成的复词,其中一个语素有意义,另一个语素只起陪衬作用,这样的词叫作偏义复词。

偏义复词在先秦就已经产生了。如《墨子·大取》:"今人非道(指道路)无所行,唯(虽)有强股肱而不明于道,其困也可立而待也。""股"指大腿,"肱"指手臂。行路用腿不用臂。在这里"肱"字无义,义偏在"股"。到了两汉,偏义复词的数量大为增加。教材中选的《刺世疾邪赋》,注明为偏义复词的就有三处(802页注3,803页注1),诸葛亮的《出师表》也有一处注明为偏义复词(408页)。

关于偏义复词的辨别,在多数情况下不会有什么问题。但何者为偏义复词,何者非偏义复词,有时也难以判断。如"陵迟"(陵夷、陵替)这个词在教材中出现了多次。

1. 以稍陵迟。(399 页)

注:"陵迟:衰颓,指受挫折。"

2. 国势陵夷。(423 页)

注:"陵夷:连绵字,衰微。"

3. 陵夷迄于幽厉。(451 页)

注:"陵夷:连绵字,日渐衰落。"

4. 陵迟不救者三代。(454 页)

注:"陵迟:即陵夷。"

5. 而二姓陵替。(459 页)

教材说"陵迟"即陵夷,是"衰微"的意思,这都不错。但认为它是联绵字,这是采用传统说法。我在讲《报任安书》的"以稍陵迟"这句话时,采取了张世禄先生的意见,将"陵迟"当作偏义复词处理,实际上就是不同意"联绵字"的说法。

把非偏义复词说成是偏义复词的例子也有。如"宠辱偕忘"(《岳阳楼记》),有人说"宠辱"是偏义复词,"宠"字无义,义偏于"辱"。我们不赞同这个意见。如果"登斯楼也"的迁客骚人们,"忘"的只是"辱","偕忘"的"偕"(有的本子作"皆")字没有着落了。所谓"偕忘",当然是指"宠"和"辱"二者而言。还有,"无所短长之效"(《报任安书》),也有人把"短长"当作偏义复词看待,我们没有采纳。

三 联绵词

联绵词就是联绵字,也写作"连绵字",指的是双音节的单纯词。教材中的联绵词为数不少,有的已注明,有的未注明。

从语音结构特点分析,联绵词可分为四类:(一)双声的;(二)叠韵的;(三)既双声又叠韵的;(四)非双声非叠韵的。下面我们从教材中选择例证来说明这四种情况,出现在括号中的数字是指教材的页码。

(一)双声联绵词

髣髴:滂母(25)。蒲伏:並母(798)。靡曼:明母(790)。倜傥:透母(403)。陆梁:来母(424)。壹郁:影母(741)。

(二)叠韵联绵词

披离:歌部(783)。徘徊:微部(820)。愠愉:文部(780)。偃蹇:元部(43)。颛领:侵部(769)。龌龊:屋部(256)。

(三)双声叠韵联绵词

间关:见母元部(424)。澹淡:定母谈部(788)。

(四)非双声叠韵联绵词

狐疑:狐,匣母鱼部;疑,疑母之部。(232)

郁陶:郁,影母职部;陶,定母幽部。(732)

在分析双声叠韵字的时候,我们应注意这样一些问题。

1. 所谓"声"和"韵"是指上古音系的声与韵,我们用的"帮、滂、並、明……"等声母,"歌、微、文、元……"等韵部,都是一些代表上古声韵的名称。为什么我们要用上古声韵来分析双声叠韵呢?因为这里分析的双声叠韵字都产生于上古时代。关于上古声韵的情况,同学们可能还不太熟悉,这不要紧,教材中的"古汉语常识"二十六就是"上古音简说",这一节常识虽然放在全书的末尾部分,但我们现在就可以翻一翻,粗略地读它两三遍,能有一个大致上的了解就行了。

2. 探求双声叠韵词乃至于整个联绵词的方法在于"因声求义",即通过声音探求意义,而不能为字形所束缚。如"怳忽"(795)、"恍惚"(471)、"荒忽"(773),字形不同,而语音一样。"怳""恍""荒"都是晓母阳部,"忽""惚"都是晓母物部。"怳忽"是双声联绵词,它的三种不同写法,意思一样(在具体语言环境中的临时义有所不同)。

3. 我们说联绵词是不能拆开的,它的凝固性的特点很突出,这是指的一般规律;也有某些联绵词,中间可以插进虚词。如《七发》中就有这样的情形:

怳兮忽兮,聊兮慄兮……,忽兮慌兮,俶兮傥兮。(见教材795页)

"怳忽""聊慄""俶傥"(即倜傥)都是双声联绵词,中间都插入了"兮"字,意思不变。"怳忽"还可以说成"忽慌",正如"壹郁"也可以说成"郁邑"(郁悒,390,又786)一样。

四 重言词

重言词就是叠字。这类词在古书中也可经常碰到。我大致上统计了一下,我们编的《古代汉语》中就有一百多个重言词。重言词基本上可以分为两类。一类是象声词,如:

潝潝(44)[1] 泠泠(737):表示水声。

混混(797) 庉庉(túntún)(797):表示涛声。

关关(883) 嘤嘤(737):表示鸟声。

---

[1] 括号中的数字为教材页码。

呜呜(382,又828)：表示乐声。

隐隐(918)　甸甸(918)：表示车声。

另一类是形容词，即古人所谓的"貌状之辞"。如：

浩浩(48)　汤汤 shāngshāng(48)　滔滔(723)　漫漫(723)　澹澹(930)：貌水之状。

嫋嫋(773)　飘飘(807)　霏霏(49)　纷纷(952)：貌风雨雪之状。

郁郁(50)　青青(50)　萋萋(892)　采采(892)：貌草木之状。

融融(129)　泄泄(yìyì，盈按：教材原文作"洩洩"。《十三经注疏》校勘记指出："当作'泄泄'。……石经避太宗讳改。"(1721页)《说文》有"泄"无"洩"。)(130)　洋洋(50)　阳阳(244)　惘惘(474)　戚戚(607)：貌人物情态之状。

我们应当注意的是，有的重言词包含好几个意思，如：

泠泠：①表示水声(737)；②表示清爽的样子(784)。

郁郁：①形容芳香(50)；②形容忧郁(779)；③形容茂盛(937)。

区区：①名词，谦称(419)；②形容词，小小的(463)；③形容词，诚挚(918)。

其他义项因未见于教材，这里不列举。

五　外来词

教材中出现的外来词不算多，主要有汉代产生的一些译音词和一些与佛教有关的译音词。要留心的是，有个别译音包含好几个不同的意思。如"浮图"(浮屠)就有三个意义：①指和尚(53)；

②指佛教(440);③指塔(242)。

又,古人也有称"身毒国"(今印度)为"浮屠胡"的,如《汉书·张骞传》"身毒国"注引李奇曰:"一名天笃,则浮屠胡是也。"(2690页),但不常见。

对这类词的注释都比较明白,这里就不细谈了。

(原载《电大教学(文科版)》1983年第5期,浙江电大编)

古代汉语词义答问

一、《出师表》的"不宜偏私","私"字作何解?

"偏私"就是偏向,《讲义》的解释是对的。具体而言,"私"是偏爱。如:

1. 《仪礼·燕礼》:"寡君,君之私也。"郑注:"私,谓独有(受)恩厚也。"
2. 《离骚》:"皇天无私阿兮"。王逸注:"窃爱为私,所私为阿。"
3. 《战国策·秦策一》:"罚不讳强大,赏不私亲近。"注:"私,犹曲也。"曲也就是偏袒,偏爱的意思。
4. 《左传》襄公二十五年:"若为己死,而为己亡,非其私暱,谁敢任之?"

"私""暱",同义词连用,用作名词,意谓所偏爱的人。杜预注:"私暱,所亲爱也"。杨伯峻先生说:"私暱,为个人而暱爱之人"。杜注正确,杨解"私"为"个人",欠妥。

二、《郑伯克段于鄢》的"阙地及泉","阙"为何通"掘"呢?

"阙"与"掘"古音相近。阙归群母月部,"掘"归溪母物部。群、溪都是牙音,二者为旁纽,月、物都收[-t]尾,二者为旁转。在上古

时代,借"阙"为"掘"的例子如:

1.《左传》襄公二十一年:"阙地,下冰而床焉。"
2.《国语·吴语》:"阙为深沟,通于商、鲁之间。"注:"阙,穿也。""穿"就是挖掘的意思。
3.《国语·吴语》:"阙沟深水,出于商、鲁之间"。
4.《管子·山权数》:"北郭有掘阙而得龟者。"注:"掘,穿也。穿地至泉曰阙"。一说"阙"为"阅"之误,阅即穴。"掘阙"即"掘穴"。参阅黎翔凤《管子校注》1317页。

三、《齐桓公伐楚》"无以缩酒"的"缩"是什么意思?

"缩"是"茜"的假借字。"缩""茜"在上古都是生母觉部。

《说文》十四篇下:"茜:礼,祭,束茅加于裸圭,而灌鬯酒,是为茜,象神歆(饮)之也。从酉草。《春秋传》曰:'尔贡苞茅不入,王祭不供,无以茜酒'。"《说文》引《左传》作"无以茜酒",正是用的本字。"茜"字从酉草,以酒灌草(指"茅"),会意也。

"萧"字也可借作"茜"。《周礼·天官·甸师》:"祭祀,共萧茅。"郑大夫(即郑兴;其子郑众,即郑司农。父子皆作《周礼解诂》)云:"萧字或为茜。茜,读为缩。束茅,立之祭前,沃酒其上,酒渗下去,若神饮之,故谓之缩。"(《十三经注疏》663页。可参阅段玉裁《周礼汉读考》卷一)

四、《鞌之战》的"奉觞加璧"是什么意思?

"奉觞加璧"是一种见面礼。捧着装满酒的酒杯,酒杯上再加上一块璧,"加璧"就是加璧其上。如:

1.《韩非子·十过》:"乃盛黄金于壶,充之以餐,加璧其上。"

2.《礼记·郊特牲》:"束帛加璧,往(一作任)德也。"疏:"玉以表德,今将玉加于束帛或锦绣黼黻之上,是以表往归于德故也,谓君主有德而往归之"。

3.《左传》襄公十九年:"贿荀偃束锦加璧乘马"。杨伯峻注:"以璧加于锦,故云加璧"。

五、《晏婴论季世》"其爱之如父母,而归之如流水"。教材说:"两'之'字,均指代陈氏。"[①]**这个说法对不对?**

我以为教材的说法是对的。请看下列四个例子:

1.《左传》襄公十四年:"民奉其君,爱之如父母,仰之如日月,敬之如神明,畏之如雷霆。"

这四个"之"字都是指代国君。其中的"爱之如父母",与《晏婴论季世》的"爱之如父母"意思完全一样。只不过具体对象不同,前者指国君,后者的"之"指代陈氏。

2.《荀子·富国》:"故仁人在上,百姓贵之如帝(天老爷),亲之如父母。"

3.《荀子·富国》:"而百姓皆爱其上,人归之如流水,亲之欢如父母。"

[①] 王力、林焘校订《古代汉语》上册,145页,北京出版社,1981年。中央广播电视大学20世纪80年代"古代汉语"课,以此书为教材。

这两个"之"也是指代国君。

　　4.《文子·上义》:"上视下如子,必王四海,下视上如父,必政(本亦作"正")天下。"

所谓"下视上如父",即"爱之(上)如父母"。

六、"齐其为陈氏矣",这个陈氏是指谁?

田氏(即陈氏)专齐,有一个很长的历史过程。田氏的祖先陈完在齐桓公时逃往齐国,其世系如下:

陈完—穉孟夷—湣孟庄—田文子—田桓子—田乞—田常(田成子)

晏婴论季世,发生在公元前539年,这时候在齐国掌权的是陈氏的第五代田桓子。田氏的第六代田乞"收赋税于民,以小斗受之,其禀予民以大斗,行阴德于民,而景公弗禁"(《史记·田敬仲完世家》)。到了第七代田成子,杀齐简公,从此专齐政。

七、"肸又无子",教材注为"没有好儿子"(147页),对不对?

教材的注释是对的。"肸又无子"与"公乘无人"类似。《讲义》说:"无人,不是说真的没有人,而是没有适合的人。"这个意见很对。同理,"无子",不是说没有儿子,而是没有好儿子。《论衡·艺增篇》引《易》曰:"窥其户,阒其无人也。"王充说:"非其无人也,无贤人也。"此解甚确。此处的"无子",亦当如是解。据历史记载,叔向是有儿子的。他的儿子名叫伯石。伯石一出生,叔向的母亲前往视之。"及堂,闻其声而还,曰:'是豺狼之声也。狼子野心。非是,莫丧羊舌氏矣。'遂弗视。"(《左传》昭公二十八年)可见,伯石一生下来,就被视为不祥之物。果然,鲁昭公二十八年,也就是齐景公三十四年,"夏六月,晋杀祁盈及杨食我。食我,祁盈之党也,而助乱,故杀之。遂灭祁氏、羊舌氏"。杜预注:"食我,叔向子伯石也"。杨,乃叔向的采邑。伯石被杀,羊舌氏绝了后,应了叔向的话:"幸而得死,岂其获祀!"

八、《张骞传》大宛国名的来源。

大宛是希腊人所建立的国家。当时的西域人称希腊人为伊雅安,伊雅安即耶宛(Yavan)之转音,而大宛即耶宛之译音。又,《辞海》"大宛"之"宛"的注音为 yuān(624 页),正确,其音来自于袁切。《辞源》未注音,欠妥。

大宛在匈奴西南,在汉之正西,是一个比较发达的农业兼畜牧业国家,盛产稻、麦、葡萄、酒,而且多良马,贰师将军李广利夺取的所谓天马,就产自大宛国。其地在费尔干那盆地。有人认为"大宛亦得视为 Tochari(吐火罗)之异译。"(余太山《古族新考》5 页)个人对此无研究,不敢置评。

九、《张骞传》"西击塞王"的塞国是什么民族建立的?

塞种人(Scythians)大概是伊利安中的塞西安人。《汉书·西域传》说塞种人"世居敦煌",他们后来遭月氏人的侵略,"南走远徙",由伊犁河流域迁到印度五河流域的东北部,建立罽宾国,即克什米尔(Kashmir)。

可参阅冯承钧原编,陆峻岭增订《西域地名》(增订本)之"塞种"条;还可参阅余太山《塞种史研究》(中国社会科学出版社,1992年)

十、《张中丞传后叙》"辞服于贼"的"辞"是什么意思?

这个"辞"不是指一般的言辞,而是讼辞的意思,即现在所谓的口供。《说文》十四篇下:"辞,讼也。"《书·吕刑》:"两造具备,师听五辞。"所谓"两造"就是两曹,也就是原告和被告。"师"是法官。原告和被告两方都齐全了,法官依照五刑来审问口供。《周礼·秋官·小司寇》:"以五声听狱讼,求民情。一曰辞听,二曰色听……"所谓"辞听"就是看口供是不是合情合理。《礼记·大学》:"无情者不得尽其辞。""情"是事实,实情的意思。要使那些不根据事实、弄虚作假的人,不能尽力去编造假口供。

《张中丞传后叙》的"辞服",意思是招供服罪。教材注为"服罪",并说明"这里是投降的意思"(王力、林焘校订本《古代汉语》上册,239页),这条注文是准确的。

十一、"淫辞"是什么意思?

《张中丞传后叙》"设淫辞而助之攻也",注解说:"邪说,不正确的言论。"这条注是对的。为了帮助同学们加深理解,下面再举几个例子:

  1.《孟子·滕文公下》:"我亦欲正人心,……放淫辞。""放"是放斥,驳斥的意思。

  2.《孟子·公孙丑上》:"淫辞知其所陷"。

要注意的是,这些"淫辞"都不是淫秽猥亵之辞的意思。

十二、"巡起旋"的"旋"是什么意思?

"旋"在这里是"小便"的意思,教材已经有注(245页)。"旋"作小便讲,在《左传》中就产生了。定公三年:"夷射姑旋焉。"注:"小便也。""旋"为什么会有小便的意思呢?"旋"的本义是旋转旌旗,用于指挥。《说文》:"旋,周旋,旌旗之指挥也。"段玉裁说:"旗有所乡（向），必运转其杠，是曰周旋。引申为凡转运之称。"（《说文解字注》311页）朱骏声认为，"旋"作小便讲，是假借字。这个意见是对的。至于作小便讲的"旋"其本字是什么，这就不得而知了，也许是本无其字。

十三、《谏逐客书》的"裹足"是什么意思？

《中华活页文选》（四）229页，将"裹足"训释为"双脚如被缠住"，这是错误的。古人作长途旅行，往往用布把脚裹起来，这是为了远行方便。如：

1. 《吕氏春秋·爱类》："公输般为高云梯，欲以攻宋。墨子闻之，自鲁往，裂裳裹足，日夜不休。"

这是说墨子撕了衣裳来裹脚。

2. 《淮南子·修务》："（墨子）足重茧而不休息，裂衣裳裹足，至于郢见楚王。"
3. 《后汉书·郅恽传》："君不授骥以重任，骥亦俛首裹足而去耳。"（郅恽以骥自喻，因自称骥）
4. 《昭明文选·广绝交论》："是以耿介之士，疾其若斯，裂裳裹足，弃之长骛。"

《谏逐客书》的"裹足不入秦"，是说士人已经把脚裹好，准备入秦，但由于秦国实行错误的"逐客"政策，因此士人不敢到秦国去。《讲义》说："指不敢前行"，是正确的。例三，例四的"裹足"，都是远走高飞的意思。

十四、《论积贮疏》"岁恶不入"的"入"字作何解？

《讲义》说："'入'指交税。"正确。有的本子把"不入"解为"没有收入"，不正确。在古汉语中，"入"有"交纳"的意思，如《齐桓公伐楚》"尔贡包茅不入"，"贡之不入"，两"入"字都是交纳的意思。"入"用作名词，有"赋税""租税"的意思，《捕蛇者说》："当其租入"，"租""入"是同义词连用（详说可参阅拙文《词义札记三则》，见《中学语文教学》1982年第8期）。"岁恶不入"的"入"是动词，意思是交纳赋税，"不入"即不能交纳赋税。

十五、《钴鉧潭西小丘记》的"贵游之士"，有人主张释为"以游为贵的人"，对吗？

不对。关于"贵游之士"，我在《讲义》和《纲要》①中都做过解释，我的解释是正确的。下面再举几个例子：

1. 《搜神记》100页："元康中，贵游子弟相与为散发倮身之饮，对弄婢妾。"

2. 《隋书·李谔传》："于是闾里童昏，贵游总丱（guàn），未窥六甲，先制五言。"

3. 《隋书·何妥传》："（萧该）尤精《汉书》，甚为贵游所礼。"

4. 徐度《却扫编》：一时贵游以蓄东坡之文相尚，鬻者倍价售。"

---

① 《古代汉语讲授纲要》上册，第32页，中央广播电视大学出版社，1983年。

5. 孔广森《送同年洪员外朴督学湖北序》:"虽紫阳讲舍,白鹿精庐,乡老为师,贵游受业,而教不原于今,言不则于古。"

孔广森是清代人,他在使用"贵游"这个词时,其含义与前引各例的"贵游"是一样的,都是指显贵者。

(原载《湖北电大学刊(文科版)》1986年第4期)

词义答问

一、"庙堂"是指宰相或副宰相,有何根据?

关于"庙堂"的释义,我在《古汉语词义札记》中已有详细论述(《中国语文》1983年第1期),这里我再举一些例证:

1. 《邵氏闻见录》卷七,62页:

范鲁公质举进士,和凝(898—955)为主文,爱其文赋。凝自以第十三登第,谓鲁公曰:"君之文宜冠多士,屈居第十三者,欲君传老夫衣钵耳。"鲁公以为荣至。先后为相。有献诗者云:从此庙堂添故事,登庸衣钵亦相传。

例中的"庙堂"就是指宰相这个职称。和凝与范质"先后为相",所以说"衣钵相传","庙堂添故事"。

2. 《铁围山丛谈》卷一,17页:

国朝(指宋朝)之制,立后、建储,命相,于是天子亲御内东门小殿,召见翰林学士,面谕旨意。乃锁院草制,付外施行。其他除拜,但庙堂佥议进呈。

例中的"庙堂",显然是指宰相。意思是其他官员的任命,只要宰相"佥议进呈"就可以了。

3.《鄞史》卷十二,133页:
(王卢溪)后告老终于家,寿九十三。其再召也,庙堂欲予一子官,既而不果。

"庙堂欲予一子官",就是宰相打算任命王卢溪的一个儿子做官。

4.《鄞史》卷十四,160页:
今钦圣纳忠之美未白于天下,而谏官不二之心得罪于庙堂。

"得罪庙堂",既不是指得罪天子,也不是泛指得罪朝廷,而是指得罪当朝宰相。

5.《项氏家说》卷十,116页:
使李林甫不妒贤嫉能,亦须十九年作宰相,秦大师死四十年矣,竟未有坐庙堂而为太师者。

这个"庙堂"是指宰相办公的政事堂,可以说宰相坐庙堂,而不能说宰相坐朝廷。朝廷与庙堂,在唐宋时期及以后,都不能视为同义词。

6.《江湖记闻·一剪梅》：

宰相巍巍坐庙堂，说着经量，便是经量。（转引自游国恩等主编的《中国文学史》726页）

7. 刘基《卖柑者言》：

峨大冠，拖长绅者，昂昂乎庙堂之器也。

例6的"庙堂"也是指宰相办公的政事堂。例7的"庙堂器"就是廊庙器，指具有宰相的才干。好几种《古文观止》都把"庙堂"释为"朝廷"，这是错误的。

8.《剧说》卷三，49页：

《茧瓮闲话》云：《琥珀匙》，吴门叶稚裴（斐）作。……中有句云："庙堂中有衣冠禽兽，绿林内有救世菩萨。"为有司所恚，下狱几死。

今所见抄本，这两句话改为："怪盗跖衣冠，沐猴廊庙；幸官评海岛存公道。"用"廊庙"代替"庙堂"，可证二者义同。

二、《巫峡》的"沿泝阻绝"，教材注为"上行和下行的船都被阻绝了"，而下文有"虽乘奔御风，(和行船比起来)不以疾也"。"船都被阻绝"和"行船比起来"，不自相矛盾吗？

这个问题是广西的一位学员提出的，提得好。这里涉及对"沿""溯"这两个词的理解问题。古书中谈到"沿""溯"的有下面这样一些例子。

1.《诗·秦风·蒹葭》：

溯洄从之,道阻且长;溯游从之,宛在水中央。

2.《尔雅·释水》：

逆流而上曰溯洄,顺流而下曰溯游。

3.《左传》文公十年：

沿汉溯江,将入郢。

4.《国语·吴语》：

率师沿海溯淮以绝吴路。

韦昭注：沿,顺也。逆流而上曰溯。循海而逆入于淮,以绝吴王之归路。

5.《国语·吴语》：

余沿江溯淮,阙沟深水,出于商鲁之间,以彻于兄弟之国。

6.《说文》十一篇上：

沿,缘水而下也。《春秋传》曰：王沿夏。

溯,逆流而上曰溯洄,溯,向也。

水欲下,违之而上也。

溯,作遡,亦作游,是"向"的意思。向着水前进,即逆着水前进。"沿""溯"的方式是什么呢? 是乘船,还是涉水,还是步行? 说法不一。

《诗经》毛传认为是涉水。"顺流而涉曰溯游",陈奂疏："其实逆流而上,亦是涉也。"《毛诗正义》引孙炎曰："逆渡者,逆流也;顺渡者,顺流也。然则逆顺流,皆谓渡水有逆顺。"故下《传》曰：顺流而涉。见其是人渡水也。

余冠英《诗经选译》注:"作者沿直流走向上流,见他三面是水,好像身在洲岛。如沿曲水向上游走去,绕过水源可达到他的身边,但是路太长了而且难走。"(115页)按这个注释,"遡洄""遡游"都是步行。此说也有根据。《方言》十二:"溯,行也。"行,理当是步行。

王筠说:"许(慎)意以'逆流'解'洄'字,以'而上'解'溯'字,无论乘舟、徒涉皆有之,言'溯游'则是泅于水中,不用舟楫。"(《说文句读》1580页)

我认为"沿""泝"的方式,应依具体上下文而定。《诗经》的"溯洄"与"溯游",应以余冠英的解释为优。至于《吴语》的"沿江泝淮"应是舟行,因为是舟行,所以要"阙(掘)沟深水"。

《巫峡》的"沿泝阻绝"主要是指两岸的人行道被水淹没,以致交通阻绝。当然,两岸人行道阻绝,不只是沿江而下和泝江而上成了问题,就是两岸的彼此横渡(舟行)也成了问题。我在讲解这句话时,只说"往来交通断绝",不说"上行和下行的船都被阻绝",也就是基于这样的理解,按照这个理解,与下文的"王命急宣(有人主张"或王命急宣有时"为一句,这是错误的。木华《海赋》也有"王命急宣"一语),……虽乘奔御风,不以疾也",并不矛盾。也就是说,在特定条件下,下水行船还是可以的。

三、《鞌之战》的"自今无有代其君任患者"的"自今",教材注:"'自今以往'的省略。即从今以后的意思。"中华书局出版的《古代汉语》35页注:"直到目前为止,没有能代替自己国君承担患难的人。自今,从现在追溯到以前。"两说相反,孰是孰非?

我们的教材把"自今"释为"自今以往"的省略,这是完全正确的。"自今"和"自今以往"意思完全一样,就是"从今以后"的意思。

请看下列各例：

1.《书·盘庚》："自今至于后日,各恭尔事。"
2.《书·立政》："继自今,我其立政、立事。"
屈万里《尚书今注今译》："继自今,谓从今以后。"
3.《左传》僖公二十八年："自今日以往,既盟之后,行者无保其力。"
4.《左传》襄公九年："自今日既盟之后,……"
5.《左传》襄公二十五年："自今以往,兵其少弭矣。"
6.《左传》襄公三十一年："自今请,虽吾家,听子而行。"
7.《左传》襄公八年："晋楚伐郑,自今郑国不四五年弗得宁矣。"
8.《国语·晋语》四："(叔詹伯)乃就烹,据鼎耳而疾号曰:'自今以往,知忠以事君者,与詹同。'乃命弗杀,厚为之礼而归之。郑人以詹伯为将军。"

按：例中的"自今以往"可省略为"自今"。在《吕氏春秋》里作"自今以来"。

9.《吕氏春秋·上德》："被瞻(即晋语的叔詹伯)据镬而呼曰:'三军之士皆听瞻也；自今以来,无有忠于其君,忠于其君者将烹。'文公谢焉,罢师,归之于郑。"
10.《吕氏春秋·具备》："自今以来,亶父非寡人之有也,子之有也。"

11.《侯马盟书》40页:"自今以往,敢不率从。"

按:《侯马盟书》73页注:盟辞中把"自今以往"作为前词,这是当时的习惯,在盟辞中是常见的。

"自今以往"也可以省略"自"字,如:

12.《韩诗外传》卷五:

季孙悟,告宰通曰:今以往,君有取谓之"取",无曰"假"。

按:"今以往",即从今以后。

王念孙《读书杂志·晏子春秋》第一有"自今已后"条,指出"本作自今已来",后人"改'来'为'后'也,不知自今已来犹言自今已往也。'来'与'往'意相反,而谓'往'为'来'者,亦犹'乱'之为'治'、'故'之为'今'…"。钱锺书也指出:"'前'、'后'、'往'、'来'等字,每可互训。……'往'、'去'皆谓未来或向后。"(《管锥编·周易正义》26则,第一册54页,中华书局1979年)(盈按:《词义商榷》中也有"自今"条,可参阅。)

(原载《电大教学》1987年第1期,浙江电大编)

"词义分析举例"介绍

"词义分析举例"是《古代汉语》(王力、林焘校订本,北京出版社,1981年)三个组成部分之一。全书六个单元,每一个单元都有词义分析举例。其中古今词义不同例39个,词的本义探求例33个,引申义分析例85个,同义词辨析例15组,析词64个,同源词探求例10组,有词66个。不少同志反映,"举例"的写法比较新鲜,有特色,无论是对初学古代汉语的同志还是对研究工作者,都有一定的参考价值。"举例"究竟有哪些特色呢?我谈一些个人的看法,供同学们参考。

一 选词原则

"词义分析举例"既不同于《古汉语常用字字典》,也不同于王力先生主编的《古代汉语》中的常用词。我们当初要在教材中设置这个内容,主要目的是为了帮助学习古代汉语的同志们掌握探索词义的基本原则和方法。因此,在选词方面我们确定了三条原则:

1. 三不选。不选僻词,不选古今义绝然不同的词,不选古今义基本相同的词。我们不选这三类词的原因何在呢?一般说来这三类词的问题比较好解决。如《鞌之战》的"擐""辂",在现代汉语中已经消失,即使在古代,也只能算是僻字,对于这种字,今天的读者已经相当生疏,他不会有先入之见,不懂就是不懂,一看注本,或查一下字典,问题就解决了。至于那些古今义一致的词,如《鞌之战》出现的"手""马""死""逃"等,即使是初学古代汉语的人也不会发生误解,这类词当然就用不着予以考虑了。

2. 我们要选的是那些在古代汉语中非常活跃的常用词,特别是那些古今义有某种联系而又有区别的常用词。如《鞌之战》的"御""为""绝""集""兵""逐""毙""及""奉""隐""劝"等,这些词(字)只要有中等文化程度的人,就能识其形、读其音,知其今义是什么,但知其今义不一定知其古义,问题就常常出在这里。如《新华字典》对"毙"的释义是:

毙。死:～命。枪～。(23页)

这个释义是正确的,在现代汉语中,"毙"只有"死"这一个义项。所以,一般读者在读《鞌之战》的"射其右,毙于车中"这句话时,就很容易误以为"毙于车中"就是"死在车中"。又如"逐",《新华字典》的释义是:

逐。①赶走,强迫离开:追亡～北,追～残敌。②依照先后次序,一一挨着:～日。～步。～字。～渐。(591页)

《鞌之战》说:"逐之,三周华不注。"读者就很容易用《新华字典》的第一个义项来解释这个"逐之"。"逐之"嘛,不就是"赶走他吗"。《新华字典》说的"追亡～北,追～残敌",不正好与此相符吗？这样的理解是错误的,就是《新华字典》的释义也是错误的。它的第一个义项应区分为二：①追赶；②驱逐。《现代汉语词典》就懂得这一点,它在"逐"字下面分出了三个义项：①追赶,追～｜～鹿｜随波～流。②驱～。③挨着。(1346页)

要明白："追亡～北,追～残敌"这两个"逐"字,都不应释为"驱逐",而是"追赶"之义。"追"与"逐"在这个语言环境中是同义关系。同学们想一想,编字典的人在这种问题上都出了错,以今义误解古义,那么,初学古汉语的人就更值得注意了。

3. 尽量选教材中出现的常用词。文选与词义分析举例本来就是一个有机的整体。同学们在学习文选的时候,必须要学习"词义分析举例"部分,才能更好地加深对词义的理解。"词义分析举例"的全部内容,也体现了为文选服务的精神,如果把"词义分析举例"从教材中割裂出来,这本教材就会大为逊色。

我们在选词的时候,也没有局限于教材中的常用词,还兼顾到别的方面。第一单元的"古今词义不同辨析例"39个词,就有9个不见之于文选。

这些选词原则的确立,不是任意的,是总结了多年的实践经验,使我们认识到：词义的难点在于"常",不在于僻；在于微殊,不在于迥别。

二 释义根据

对于词的释义,应当到哪里去找根据,这是一个很重要的问题。

这几年,社会上出现了不少讲文言常用词的书,这是一种可喜的现象,证明越来越多的同志认识到学习古代汉语一定要掌握一批常用词。但这类讲文言常用词的书,多数质量不高,真正有独创见解的不多,有的就是原封不动地抄袭字典、辞书。大家都这么抄来抄去,究竟有多大的意义呢?

这里涉及词义研究的一个普遍性的原则:是从辞书中去找根据呢,还是从原始语言事实中去寻求依据呢?按理说,二者并不是对立的。辞书中的释义也不是从语言事实中得出来的吗?二者有什么矛盾呢?

其实,此中问题不少。

首先,辞书的释义并不全是从语言事实中概括出来的,现在编的《辞源》《辞海》对某些词的释义是从古代的字书抄来的。有的甚至是原文照抄,连古语今译的工作都没有做。如《辞源》对"脸"字的释义是:

㊀颊。㊁面子。(2574 页)

《辞海》对"脸"字的释义是:

①头的前部;面孔。②面子;颜面。(1515 页)

《辞源》的第一个义项抄自宋人编的一部字典《类篇》(《说文》无"脸"字)。《类篇》说:"脸,颊也。"这个释义只能说是基本正确,但还欠精确。至于《辞海》的第一个义项根本不能用来解释"脸"的古义。它列的这两个义项跟《新华字典》一样,都没有涉及古义。《新华字典》这样做是对的,《辞海》这样做就欠妥了,使人怀疑它是否懂得"脸"的古今义还有区别。

其次,即使是根据语言事实做出的结论,其释义也未必周密、深透。例如《辞海》对"谤"字的释义是:

> ①指责。《国语·周语上》:"厉王虐,国人谤王。"②说别人的坏话。如诽谤;毁谤。(399页)

这两个义项都没有什么错,而且作为一部辞书来说,它的责任已经尽到了。但若仔细推敲,它的第一个义项是值得商榷的。所谓"指责",是当面指责,还是背后指责?是背后窃窃私议,还是不当面的公开指责?《辞海》的释义没有交代清楚。

鉴于这种情形,我们在编写"词义分析举例"时,不是到辞书中去找释义根据(当时新《辞海》和新《辞源》都未正式问世,旧《辞海》和旧《辞源》也基本上没有问津),主要是到语言事实中去找根据。所以,引得之类的工具书对我们有重要作用。如教材102页"毙"字条说:

> 先秦古籍用毙字最多的是《左传》,共二十三次,大多通獘,与死无关。

这一判断的做出,要做两种调查研究:第一,怎么才能了解先秦古籍中"毙"字出现的频率；第二，怎么查出《左传》"毙"字共出现二十三次。这都要利用引得。不查引得，我们就难以做出这样的结论。

由于我们是从原始语言资料中寻求释义根据，所以，教材中的"词义分析举例"，其释义的科学性、精确性，大大超出了一般辞书。如我们在"脸"字的释义中说：

> 古人所说的"脸"，范围要比现在小得多。"脸"仅仅是指颧骨部分。是古代妇女搽胭脂的地方。（111页）

又如，我们对"谤"字的释义是：

> "谤"字在上古只是指背后议论或批评别人的短处。（100页）

"谤"字释义的内容有三个方面：①背后（而不是面对面）；②是公开的议论或批评（不是窃窃私议，议论、批评不等于"指责"）；③是对方的短处（不是造谣中伤、无中生有）。这样的释义，就比"指责"要清楚明晰得多了，内容也丰富得多了。而且也可以帮助读者透彻地理解下面这样的例子：

> a. 女无面谀，退而谤予。（《史记·夏本纪》）
> b. 能谤讥于市朝，闻寡人之耳者，受下赏。（《邹忌讽齐王纳谏》）
> c. 厉王虐，国人谤王。（《国语·周语》）

"退而谤予"就是在背面议论我。例二的"谤"字,教材注释说:"不当着本人的面进行批评议论"(151页),这条注是很对的。因为议论不是当面的,下文的"闻"字才有着落。例三的"谤王"更不是当面指责王,是在背面公开非议、批评王。

我在上面讲这些话,并不是要否定《辞海》《辞源》的作用,丝毫也无意于贬低其价值。新编的《辞源》《辞海》都是我们学习古代汉语必备的工具书,应常置案头,经常查检。我的意思是:作为一个古汉语词义研究工作者,应以原始语言资料作为第一根据,辞书的释义正确与否,要拿原始语言资料来验证。凡辞书与原始语言资料相一致的地方,我们当然应该吸收、采纳。如"脸"字条,我们不取《类篇》的释义,但引证了《韵会》的说法。《韵会》说:"脸,目下颊上也。"目之下,颊之上,正是颧骨部分,与语言事实完全相符。如"红脸桃花色","笑从双脸生"。"红脸"不是说整个面部都是红的,如果理解为满面通红,这还能算个美人吗?"双脸"也不是说一个人有两张脸,而是特指脸上两边搽胭脂的地方。

又如"售"字条,我们引用了《广韵》的释义。《广韵》说:"售,卖物出手。"这个释义非常精确,有什么理由不采用!

至于采用《说文》释义的地方,那就更多了。但对《说文》,我们也是取分析的态度,而不是盲从。《说文》认为"谤"的本义是"毁也",我们批评说:"许慎的解释说明他已经不了解谤在上古的意义了"(101页),《说文》说:"恨,怨也。"我们说:"古代恨的程度比怨轻,实际是'不满'的意思。"(110页)《说文》说:"表,上衣也。"我们说:"许慎把上衣当作表的本义,这是不对的。表的本义指裘的有毛的这一面。"(359页)《说文》说:"行,人之步趋也。从彳(chì)

亍(chù)。"所谓"人之步趋",就是"走路","步"是慢步,"趋"是快步。我们指出:从甲骨文和先秦的语言资料来看,许慎对"行"字的释义是不正确的。"行"原本是个象形字,甲骨文作 ,很像十字路口,"行"的本义无疑是"道路"(见教材 372 页)。在这里,我们除了运用语言资料作为释义根据,还运用了古文字材料。本教材的词义分析举例,运用文字材料(指甲骨文、金文、小篆)作为释义根据的例子还有一些,这里就不多举例了。

三　释义方式

"词义分析举例"的释义方式,既不同于一般的字典,也有别于《古代汉语》(王力主编)中的常用词。大致说来,采取了以下四种方式:尽量断代;探求本义;突出常用义;采取分析议论的形式。

甲、尽量断代。我认为有关古汉语辞书的一个主要缺点,就是不对词义进行断代研究。而不标明词义的时代特征,释义就很难说得上精确。请看《辞源》关于"恨"的释义:

㊀ 怨恨,仇视。
㊁ 后悔,遗憾。(1118 页)

这两个义项是平列关系呢,还是本义与引申义的关系呢?按通例,第一个义项往往是本义,它产生的时代无疑要先于第二个义项。按照这个原则来要求,《辞源》那两个义项的排列就不恰当,它应该将第二个义项置于首位。因为从语言事实来看,"恨"的"后

悔、遗憾"义,比"怨恨、仇恨"义的产生要早得多。我们看"词义分析举例"对"恨"字的分析:

"恨"在古代主要是"遗憾"的意思。

先秦一般用"憾",汉代以后才常用"恨"。

"恨"在古代确实与"怨"的意思有时相近,但古代"恨"的程度比"怨"轻,到了现代则相反,程度比"怨"重得多。(《古代汉语》,110页)

这条释义不仅区分了"恨"的古今义,在古义中,又对先秦和汉以后的情形做了区分。我们并不要求《辞源》也做同样的分析,但要求它在排列义项时以时代先后为原则,这是合理的。

"词义分析举例"一般都注意了标明词义的时代性,但也有细线条粗线条之别。细线条的例子如:

101页:"币"字在上古并没有货币的意义,而是指礼物。到汉代"币"已有了"货币"的意思。

102页:"毙"在上古都是"倒下去"的意思。到汉代"毙"字已有了"死"的意义。魏晋以后,"毙"无疑已是"死"的意思。

114页:在上古,"劝"字总是用于积极的鼓励,而不用于消极的劝阻。现代"劝"的劝说义是由劝勉义引申来的。这在汉代就产生了。

这三个例子都对先秦古义和汉代古义做了区分,由于文献资料浩繁,人力有限,我们不可能对每一个词的意义演变都做出断代的分析。即使这样,在义项排列时,也还是尽可能要照顾时代的先后。

我们在具体断代时,可能有不当之处,但这个方式是应当肯定的。

乙、探求本义。"词义分析举例"的各个部分是有明确分工的,"词的本义探求例"只是其中的一个内容,但不是说别的部分就不考虑词的本义问题了。本义,是词义分析的基础,无论是分析古今义的不同,还是分析同义关系,同源关系,都要尽可能弄清该词的本义,至于讲词的引申义,就更不能离开本义了。如果不知道这个词的本义,又怎么能说清它们之间的引申关系呢!所以,"引申义分析例"中每个词的释义,第一句话就是讲本义。如:

538页:"报"字的"本义是断狱,判决罪人"。

540页:"布的本义只指麻布。"

542页:"采的本义是用手采摘植物的叶、茎。"

有的词的释义没有明确说本义是什么,如"北"字的释义是:"象背对着背的两个人"(539页),这句话讲的就是本义。

"古今词义不同辨析例"没有出现"本义"字样,事实上,不少词的第一个义项都具有本义的性质。如说"兵字在上古主要指兵器"(103页),"愤字在上古是憋闷的意思"(106页),"羹在上古是一种带汁的肉食"(107页),"上古时,'乳'本指生殖"(115页),这都是在讲本义。还有的词有几个意义,先出现的义项一般是本义。如说"爱字在上古有两个常用的意义。一是亲爱、疼爱。二是爱惜、吝啬"(100页)。这两个义项并不是平列的,"亲爱、疼爱"是本义。

《说文》:"㤅,惠也。""㤅"与"爱"本是一个词。《广雅·释诂》四:"爱,仁也。""仁"与"惠"都有"亲爱、疼爱"的意思,"爱惜、吝啬"之义由此引申而来。我们没有把这些话写进"爱"字这个条目,是因为按照体例的要求,这个单元的侧重点在于区别词的古今义,没有必要去大谈本义与引申义的关系。

"同义词辨析例"中也有一些条目注意了探求本义。如"领颈项"这个同义词组就指明"领"是脖子(865页),"颈"本是脖子的前部(866页),"项"是脖子的后部(866页)。"庙观寺庵"这个同义词组就指明"庙本是供奉祭祀祖先的地方"(866页),"观本是台观(高大的建筑物)的意思"(867页),"寺本是官署的意思"(867页),"庵本是圆形草屋"(867页)。所谓"本是"如何如何,就是指的本义。

丙、突出常用义。本教材"凡例"中已经说过:"词义分析举例,主要是引导读者学会分析词义的方法,……并非对每个词的词义都进行全面的分析。"(2页)何谓"全面分析"?以"逐"字为例。《古代汉语常用字字典》列了四个义项:

①追赶,追逐。②追求。③竞争。④赶走。(332页)

这是全面分析。我们只取①④两个义项,②③被舍弃了。作为一部字典,义项要求全备,而"举例"的要求是突出常用义。我们说:"在上古,逐字的基本意义是追赶、追捕。"(122页)这句话要从两方面来理解。一是在时代上限定于上古;二是"基本"不等于"全面"。可见,这个释义是留有余地的。

突出常用义,也不是说凡常用义都要列举出来。哪些常用义该讲,哪些常用义可以不讲,也有个原则,这个原则是什么,我们以"相"字为例。《古代汉语常用字字典》有六个义项。

①仔细看,审察。②容貌。③辅助,帮助。④辅助君主掌管国事的最高官吏。⑤古代主持礼节仪式的人。⑥互相。又表示动作偏指一方。(266页)

"引申义分析例"对"相"字的释义是:"相"字的本义是仔细看,察看。引申为辨察人的形体容色,以判断他的将来。"相"的另一意义是助,扶助。特指扶助盲人。又特指扶助君主。扶助君主的人。"相"的扶助义虚化为副词,互相。读 xiāng。又指一方对另一方,动作行为只由一方发出。(705页)

"举例"对"扶助"这个意义分析得很详细,对《字典》中②⑤两个义项则舍弃了。义项⑤被舍弃的原因是由于非常用义,义项②被舍弃的原因是由于古今完全一致,用不着分析读者也能懂,略而不论是应该的。

丁、采取分析议论的形式。旧字书释义的方式主要以单字释单字。如:"眼,目也。""步,行也。""恐,惧也。""惧,恐也。"后来的字典辞书,在解释多义词时,对义项都采取①②③④……的数字排列法。

"举例"既不以单字释单字,也不用数字排列义项,它完全采用分析议论的方式,有时还使用辩驳的方式,它用发展的历史的观点,分析各个义项之间的内在联系,多数条目都像一篇小论文,读来颇觉有趣。在分析方式上，主要有以下三种：

1. 以形求义。就是用分析字形的办法以探求本义。如：

541页："长，甲骨文作𠂉，象人披着长头发。"

547页："豆字，甲骨作🕱或豆，形似高足盘，或有盖，是用以盛食物的。"

693页："身字金文作🕱或🕱。它的本义可能是指孕妇的躯体（大肚子）。"

甲骨金文中保存了不少早期的象形字，从分析象形字入手探求词的初义，这个办法是有效的。跟什么"人言为信"，"如心为恕"，"止戈为武"的会意释义法，在性质上完全不一样。

2. 以音求义。如"同源词探求例"都是通过声音追索其意义的联系。我们说"分班判别辨半斑辩颁"等九个字都有"分"的意思，语音相同或相近是一个重要条件。这些字都是唇音，除了属月部的"别"是入声字，其余都分属真文元三个部，"月"与元部可以对转（1086—1087页）。

3. 分析假借。分析古汉语词义，必须要明假借，把假借关系分析清楚了，某些词义的引申关系才能说得清。教材中"引申义分析例"（下）共选词39个，其中指明假借义的字就有十几个。某些词的常用义就是假借义。如"须"的原意是"胡须"，后来造了一个"鬚"字，它的原义反而不被人注意了。所以"举例"说："须更常见的意义是等待。这是它的假借义。"（107页）

又如："斯"的原义是"把木柴劈开"。"举例"指出："斯的本义在先秦古书中就已经罕见，常见的是假借为代词。这，这里。"（697页）

4. 研究词义演变的过程,建立起意义与意义之间的联系,这是最主要的一种分析方法。如对"理"字的分析:

"理"的本义是治玉,即顺着玉的纹理把它从石中剖出来。引申为治理别的东西。如理丝。又为治水。把事情搞好也叫"理"。

由此引申为天下太平,与"乱"相对。决狱也可以叫"理"。"理"又引申为纹理。由此引申为抽象的条理。又引申为道理。由条理又引申为通顺、通达。(567—568页)

请同学们注意,不只是"引申义分析例"中讲了词的演变轨迹,"举例"的其他部分也力求做到说明演变的过程,阐明意义之间的联系,只是某些引申关系,一时还没有把握说得清,当然就不能牵强附会,把各种义项扯在一起。

同学们应当怎样学习"词义分析举例"呢?我提两点意见,请同学们考虑。

1. 要通读。这部分内容并不太多,通读一遍是完全做得到的。通读,并不是说一口气读完,一天读三四个字嘛,用不了一个学期就读完了。

2. 要把"词义分析举例"的学习与文选的学习配合起来。怎么配合好,应根据自己的具体条件摸索出一些经验来。

(原载《湖北电大通讯》1983年第5期)

词义札记三则

加　情　入

《曹刿论战》和《捕蛇者说》都是脍炙人口的名篇,《古文观止》和其他一些古文选本以及中学语文课本都选了这两篇文章。目前,对这两篇文章中的个别词义还存在一些不同的解释。如:"牺牲玉帛,弗敢加也"的"加","小大之狱,虽不能察,必以情"的"情","募有能捕之者,当其租入"的"入"。这三个词应当怎么讲呢?××同志在《谈〈曹刿论战〉的几条注释》一文中对"加""情"进行了解释,×××同志在《从"入"字谈起》和《也谈"施受同辞"》两文中对"入"字进行了解释。由于×文和×文《也谈"施受同辞"》都发表在《中学语文教学》上(×文见1979年第5期,×文见1981年第8期),所以,我也想占用《中学语文教学》一点篇幅,就"加""情""入"三词的意义谈一些看法,就正于×、×二同志和广大读者。

加

××同志说:"加",各注本解释为:"增加","夸大",或"以小为大,以恶为善"等,中央人民广播电台《阅读与欣赏》节目解释为:

"'移动',这里作'改变'讲。"这些解释有的不确切,有的似是而非,都是因为没有从"加"的本义进行分析。

"加",《说文解字》:"语谮相加也"。段玉裁注:"诬人曰谮,亦曰加。""诬",《说文解字》:"加也。"可见"谮","加","诬"三字义同。"加"的本义就是诬陷的意思。《左传》僖公十年:"欲加之罪,其无辞乎?""加"即为"诬"之义。

"弗敢加也,必以信。"这句话的意思是:(在祭神时所献的牺牲玉帛等物)不敢随意捏造,一定以真实数目告神。(以上三段全引自×文)

××同志批评有的注本把"加"解释为"增加"或解释为"'移动',这里作'改变'讲"。这个批评是正确的,这样的注释不只是"不确切"的问题,简直是谬误。

遗憾的是××同志批评别人没有从"加"的本义进行分析时,他自己对"加"的"本义"也完全解释错了。他把段玉裁说的"诬人曰谮,亦曰加"的"诬"字理解为"诬陷"的意思,从而认为"加"的本义就是诬陷。这说明,他既没有弄清"加"的意思,连"诬"字的意思也理解错了。《说文解字系传》:"诬,加也。臣锴曰:以无为有也。"(47页)《逸周书·官人解》:"华废而诬,巧言令色,皆以无为有者也。"朱右曾云:"诬,无实也。"在先秦的文献中,"诬"是欺骗,说假话,与事实不符的意思,一般不能理解为"诬陷"。《韩非子·显学》说:"故明据先王,必定尧舜者,非愚则诬也。"这个"诬"就是欺骗之义。有一位哲学家把这个"诬"字译为"诬陷",那也是错误的。"诬""加""谮"这三个词只是在"欺骗""说话不真实"这个意义上才可视为同义词。这一点,段玉裁已经说得很清楚:"加与诬皆兼毁誉言之,毁誉不以实,皆曰诬也。""加言者,谓凭空构架,听者所当审慎也。"(段注 97 页)今人钱钟书先生也说:"古人每曰'加诬',或曰'加增',皆言虚夸不信。"(见《管锥编》第一册 177 页)《左传》中的"弗敢加也"就是"不敢虚夸"的意思。而"虚夸"与"随意捏造"还是有区别的。杜注没有直接对"加"字进行释义,只说:"祝辞不敢以小为大,以恶为美",这条注的大意并没有什么错误,而且有助于我们对"加"的具体内容的理解。因为,如果"以小为大,以恶为美",那就是"加"(虚夸)了。

还应指出的是,××同志说:"欲加之罪,其无辞乎?"这个"加"即为"诬"之义。这也是不正确的。这个"加"是"加上"的意思。与"加诬"的"加"不是同一义项。全句的大意是:想要给一个人加上罪名,难道还没有借口吗!

情

××同志说:"情",在这里有其特殊意义。《周礼·小宰》:"以叙听其情。"郑玄注:"情,争讼之辞。"可见"情"在这里应作为古代政法名词解释。讼诉案件,本人可以叙述事实真相,答辩申诉理由,叫作"情"。

"小大之狱,虽不能察,必以情。"这句话的意思是:我(庄公)对大大小小的案件,虽不能做到明察清彻,但一定根据讼诉之辞去判案。此外,《国语·鲁语》也记载了这次战役,叙述鲁庄公之言:"余听狱虽不能察,必以情断之",也是同样的意思。(以上两段全引×文)

××同志仅仅根据郑玄对《周礼》的一条注释,就断定:这个

"情"字"有其特殊意义","应作为古代政法名词解释"。而且给"情"下了一个定义:"讼诉案件,本人可以叙述事实真相,答辩申诉理由,叫作'情'。"这里,我们应当注意一个问题:考察词义,究竟是应该从大量的原始语言材料出发呢,还是只相信个别旧注?旧注当然有重要的参考价值,但是,如果能从大量的原始语言材料出发。我们就能正确地解释词义,甚至还可以纠正某些旧注的谬误。拿"情"字来说,我就《春秋经传引得》做了一个统计,一共出现了十六次,都是"实情""真情"的意思,怎么可能"必以情"的"情"字就"有其特殊意义"呢?杜预把这个"情"字注释为"必尽己情",刘文淇在《春秋左氏传旧注疏证》中已经批评这条注解不正确(见该书155页)。郑玄把《周礼》"以叙听其情"的"情"字注解为"争讼之辞",也是错误的。所以贾公彦就没有采取他的说法。贾疏:"情,谓情实。"贾公彦的"疏"无疑是正确的。

古人在谈到审理案件的问题时,的确经常说到一个"情"字,就依××同志所言:这个"情"字"应作为古代政法名词解释",也只能解释为"实情""真情",而不能释为"争讼之辞"。下面我们举三个例子来证明:

(1)《论子·子张》:"孟氏使阳肤为士师(古代司法官名),问于曾子。曾子曰:上失其道,民散久矣。如得其情,则哀矜而勿喜!"这里所说的"得其情",就是"掌握了罪犯的真情",杨伯峻先生译为"……审出罪犯的真情"(见《论语译注》210页),也是对的。

(2)《周礼·秋官·小司寇》:"以五声听狱讼,求民情。"这里的"求民情"也就是了解诉讼者的真情,不是"讼诉之辞"。

(3)《史记·吕不韦列传》:"于是秦王下吏治,具得情实,事连相国吕不韦。"例中"情实"二字连用,更足以说明"情"就是"实情""真情"的意思,不能理解为"讼诉之辞"。

××同志在文章中还引用了《国语·鲁语》的一段文字,认为其中的"情"字也应作"讼诉之辞"解。下面我们把这段话摘录出来,略加分析,就更可以帮助我们理解《左传》的原文。《鲁语》说:

公曰:"余听狱虽不能察,必以情断之。"

对曰:"是则可以。知(有的本子没有"知"字)夫!苟中心图民,智虽弗及,必将至焉。"(《左传》的原文是:对曰:"忠之属也,可以一战。")

《左传》和《鲁语》的文字有些不同,正可以互相发明、补充。如果我们仔细研究一下,就不难得出两点结论:(一)"以情断之"是"忠"的问题;(二)能不能"察"是"智"的问题。《左传》中的"忠之属也"是对"以情断之"而言的,《鲁语》中的"智虽弗及"是对"虽不能察"而言的。

为什么"以情断之"就是"忠"呢?童书业先生在《春秋左传研究》中说:"'忠'之道德(似起于春秋时)最原始之义似为尽力公家之事。……无私为'忠',……至春秋后期,'忠'之意义渐狭隘化,……仍为积极诚恳待人之意。"(见该书269页)宋朝人胡铨在《忠辨》一文中说:"古之言忠者多矣,未有以情为忠者,余尝事斯语矣。……语曰:'上好信,则民莫敢不用情。'(见《论语·子路》)大哉,情乎!君臣父子兄弟无所不用其情,情苟至焉,不欺于君,不欺于亲,……一有不情,而欺罔无所不至矣。……夫欺为不忠,则不欺者为忠矣!"(《胡澹庵先生文集》卷三)可见,"以情断之"就是努力按照实情来断案,没有私心,不欺骗人,所以,曹刿说这是"忠"。如果像×

×同志所说的那样:"情"就是"根据讼诉之词去判案",跟"忠"有什么关系呢? 而且,仅仅根据讼诉之辞是难以把案件判好的,这应该是常识范围以内的事情。

为什么说"智虽弗及"是对"不能察"而言呢? 因为能不能"察"是个水平问题,智能问题,跟"忠"不一样,"忠"是为人的道德问题,是办事的态度问题。这里的"察"也不能泛泛地理解为"明察清彻"。"察"的内容是指"狱讼之辞"。《周礼·秋官·士师》:"察狱讼之辞。"又:"听其狱讼,察其辞。"但是,不能"察其辞",又怎么能做到按实情去断案呢? 这是因为判案子不是仅仅根据狱讼者之"辞"。《周礼·秋官·小司寇》说,要了解案件的真实情况,应做到"五听",这"五听"的内容是:"一曰辞听,二曰色听,三曰气听,四曰耳听,五曰目听。"可见"察其辞"(即"辞听"),仅仅是判案的手段之一,要弄清案件的真情还要采取多种手段,多种方式。

《左传》说的"以情"断案,和《周礼》所说的"五听",在后来的帝制社会中还有影响。如《陈书·儒林传》说:"(周)弘正议曰:'凡小大之狱必应以情,正言依准五听,验其虚实。岂可全资考掠,以判刑罪!'"(卷三十三,438页)然而,在剥削阶级占统治地位的帝制社会中、司法机关是为维护少数人的利益服务的,要做到"以情断之",并不那么容易。

入

×××同志在《也谈"施受同辞"》一文中认为"入"有"出"的意思。举的例子就是柳宗元的《捕蛇者说》中的"募有能捕之者,当其租入"。他说:此"入"字正是"出"的意思。"租入"就是要缴出的课税。根据他在文章中的介绍,我又从图书馆借阅了1979年第1期的《陕西教育》,那上面登载了他的大作《从"入"字谈起》。这篇文章说:"遍查各家注本,皆释'租入'为'赋税',笼统看去,不假思索,也就如浮云过目,不会引起什么质疑。然而,只要仔细去想,就会发现,注家对那个'入'字,注得并不明白。"为什么"不明白"呢?×××同志说:"'入'是收入。这是一般的理解。这一动词所表示的行为方向,是自外而内的。以这种平常之见去理解'入'字,就无法解释柳文的意思。因为柳文此处的意思显然是自内而外。也即,不是捕蛇者的收入,而是捕蛇者的付出。

查阅古籍,偶得《孟子·尽心章句下》第二十六章中'既入其笠'一句。此处'入'同'纳'(据杨伯峻注)。而'纳'有二义:一是收入,一是缴出。正反二义兼于一字。由是可知:'当其租入'的'入',正是'缴出'的意思。"

从以上引文可以看出,×××同志求证"入"字意义的方法是:先证明"入"同"纳","纳"有"出"义,因此"入"也有"出"义,而"出"又等于"缴出"。结论:"租入"就是要缴出的课税。这种推论的方法是不严密的。古书中,在"缴纳"和"纳入"这两个意义上,"入"和"纳"是同义关系,但并不能由此推论"入"有"出"的意思。

另外,"当其租入"的"入"并不是"缴出"的意思。人民文学出版社1976年出版的《柳宗元诗文选》把"租入"注为"缴纳的赋税",《中文大辞典》把"租入"释为"租税之纳入",这两家的解释也是不准确的。

从语法上看,《捕蛇者说》的"租入"是并列结构,都是名词。如果把"入"字理解为动词,作"缴出"解,这就成了"租税缴出",不成话。

"入"字用作名词,在古汉语中并不乏其例。如:

(1)《左传》襄公三十年:"子产请其田里,三年而复之,反其田里及其入焉。"杜注:"田里所收入。"

(2)《史记·孟尝君列传》:"孟尝君相齐,其舍人魏子为孟尝君收邑入,三反而不致一入。孟尝君问之,对曰:'有贤者,窃假与之,以故不致入。'"什么叫"收邑入"?司马贞《索隐》:"收其国之租税也。"

(3)《韩非子·难二》:"李兑(克)治中山,苦陉令上计而入多。……李兑曰:'无山林泽谷之利而入多者,谓之窕货。'……入多者,穰也,虽倍入,将奈何!"

(4)《淮南子·人间训》:"解扁为东封,上计而入三倍,有司请赏之。(魏)文侯曰:'吾土地非益广也,人民非益众也,入何以三倍?'"

(5)《后汉书·成武孝侯顺传》:"邑产最大,租入倍宗室诸家。"

(6)蔡邕《独断》:"其他功臣及乡亭他姓公侯,各以其户数租入为限。"

以上六例说明,"入"字用作名词时,有"收入""租税"的意思。例二中的"入"字,司马贞注为"租税",是完全正确的。例五例六"租入"连用,证明"租""入"二字在这个意义上是同义词。因此,把"当其租入"的"租入"释为"租税"或"赋税"并没有什么错。

(原载《中学语文教学》1982年第8期)

古汉语词义札记四则

果　枭雄　坤维　庙堂

准确地、透彻地解释古汉语词义,是古籍整理的基础工作。很难设想,于词义昏昏然,而思想、理论分析能昭昭然。解决古汉语词义方面的疑难,在通常情况下,要靠查字典,利用注本。但有的词义,注家不注,辞书失收;有的词义,众说纷纭,莫衷一是;有的词义,辞书或注本提供的释义,根本就是不可信的。因此,从事古籍整理、研究工作的同志,仍然要花费很多时间,亲自动手去查找有关的原始语言资料,以探求古词义的本来面貌,力求用现代汉语给以科学的解释。尤其是对古汉语常用词语的释义,更应给以充分注意。

果

《论语·子路》:"言必信,行必果。"这里的"果"字,1980年版《辞源》释为"有决断"(1544页),1979年版《辞海》释为"果敢"(1674页),还有的注本解为"果断"。大致意思都差不多。

把"行必果"的"果"字释为"果敢",在这一语言环境中似乎讲

"通"了。但在另外的语言环境中就不一定通。如：

《墨子·兼爱下》："言必信,行必果,使言行之合,犹合符节也,无言而不行也。"

《墨子·修身》："志不彊者智不达,言不信者行不果。"又："行不信者名必秏。"

《史记·游侠传》："然其言必信,其行必果,已诺必诚。"

上述三例告诉我们：信、果、诚,在上古汉语中原是近义词。说话兑现叫作"信",行事能做到底叫作"果",拒绝或应诺都要讲真心话叫作"诚"。这三个词有时是可以互换的。如例二"行不果"可以说成"行不信"。"已诺必诚"的否定句,可以说成"已若(诺)不信"（马王堆汉墓帛书《经法》42页,文物出版社,1976年）。贾谊《新书·道术篇》："期果言当谓之信。"《广雅·释诂》："信,诚也。"又："果,信也。"可见,"行必果",并不是"行事一定要果敢",而是"行事一定要做到底",即《墨子》所说的"无言而不行也",言行要像符和节一样相合。《史记·孟子列传》："适梁,梁惠王不果所言。"就是言行不符。"言必信,行必果"这两句话,与现代汉语的"说到做到"相当。在孔子看来,这种主张是不对的,是不知权变(义)的表现。所以孔子批评这种人是识见浅陋而固执的小人（"硁硁然小人哉！"）。那么,与小人相反的大人应该怎么做呢？孟子说："大人者,言不必信,行不必果,惟义所在。"（《孟子·离娄下》）朱熹在《四书集注》里对这几句话的意译是："大人言行,不先期于信果,但义之所在,则必从之,卒亦未尝不信果也。"他把"信果"二字连起来解释，心目中无疑是将这两个词当作近义词来处理的。郭沫若在《沁园春·祝中日恢复邦交》这首词中写道："从今后，望言行信果，和睦万邦。"也是将"信果"二字当作近义词并列连用的。

为什么很多注本和辞书都把这一"果"字释为"果敢""果断"呢？其主要原因，盖由于袭旧注而传谬。东汉时的郑玄对"行必果"一语的注释是："所欲行必果敢为之。"(转引自《论语义疏》卷十三)郑玄是大学问家，一般人都相信他的话。宋代的朱熹没有依从郑注，他在《四书集注》里注这句话的时候，把"果"字释为"必行也"。"必行"也就是"一定要做到"的意思。朱熹的意见是对的，但宋儒说经的威信远不如汉儒高，所以朱熹的意见不受后人重视。

在古代汉语中，"果敢"的"果"与"果信"的"果"，根本就是没有意义联系的两个不同的词，它们只不过语音相同才共用了一个书写形式。这一点，清代的段玉裁、朱骏声都已经注意到了。

枭雄

《资治通鉴》卷六十五："刘备天下枭雄，与(曹)操有隙，寄寓于(刘)表，表恶其能而不能用也。"何谓"枭雄"？《古代散文选》(中册)："枭雄，豪杰。枭，本来是一种凶猛的鸟，这里含有不屈居人下的意思。"(230页，1979年出版的高中《语文》第一册234页对"枭雄"的注释，基本上采用此说。)我参加编著的、由北京出版社出版的《古代汉语》(上册)对此词的注释是："枭雄：强横而有野心的人物。枭，本是一种凶猛的鸟。"(224页)现在看来，这两种注释都有可议之处，与《通鉴》胡注也不一样。胡注："《前书》张良曰：'九江

王布,楚枭将。'师古曰:'枭,言最勇健也。'"(2130页,中华书局)

首先,把"枭雄"解为"强横而有野心的人物",可能与《文选》张铣那条注文有关。《文选·陈琳〈为袁绍檄豫州〉》:"除灭忠正,专为枭雄。"铣注:"枭,恶鸟也。雄,强也。言操如恶鸟之强也。"但我以为铣对"枭雄"的解释与这个词的原意相距甚远。《通鉴》中的"枭雄"不是贬义词,鲁肃称刘备为"天下枭雄",似乎无贬意,"强横""野心"云云,实在是我们添上去的。《古代散文选》释为"豪杰",基本上是不错的。

但是,问题出在对"枭"字的解释上。不少人(包括张铣)对"枭"字的理解只停留在"是一种凶猛的鸟"上面。这不能说错,但也不能说正确,因为这是一种模糊的、不透彻的理解。原来,从枭鸟到"枭雄"之间,还有一层引申的、过渡的意思没有被揭示出来。直接拿枭鸟来释"枭雄"的"枭",就给人造成一种生硬、勉强的感觉。"枭雄"一词的产生与古代广为流行的"六博"棋艺活动有关。由棋中之"枭",引申为人中之"枭",这就是"枭雄"之"枭"的由来。这也符合颜师古、胡三省的理解。下面列举一些例证以说明"枭"的演变过程。

(1) 博者贵枭,胜者必杀枭,杀枭者,是杀所贵也。(《韩非子·外储说左下》)

(2) 夫枭棊之所以能为者,以散棊佐之也。夫一枭之不胜五散亦明矣。今君何不为天下枭,而令臣等为散乎?(《战国策·楚策三》)

(3) 湫漻寂寞,为天下枭。(《淮南子·原道训》)高诱注:

"枭,雄也。"

（4）王独不见夫博之所以贵枭者,便则食,不便则止矣。(《史记·魏世家》)

（5）八月,……北貉燕人来致枭骑助汉。(《汉书·高帝纪》)应劭注:"枭,健也。"张晏注:"枭,勇也。若六博之枭也。"

（6）夫战国交争……。咸以得人为枭。(《后汉书·张衡传》)注:"枭犹胜也。犹六博得枭则胜。"

（7）刘备有枭名。(《后汉书·刘焉传》)李贤注:"枭,即骁也。"

（8）灭迹扫尘,斩其枭帅。(伪作李陵《答苏武书》)

上述例证可以说明,从战国时候开始,"枭"就已有"雄长""人杰"的意思。例（2）是唐且劝楚相春申君的话,唐且劝他"为天下枭",这决不能理解为劝他作天下"强横而有野心的人物"。例（5）张晏注明确肯定"枭勇"与"六博之枭"的语义联系。

在古代,"枭"与"散"是反义关系,与"雄"是同义关系。"雄"的引申义也是"雄长""人杰"之义,故"枭雄"为并列结构。如果把"枭"理解为"一种凶猛的鸟",不仅词义模糊,连"枭雄"的结构也变为偏正式了。那就是:"枭中之雄"或"像枭一样的英雄",这无疑是不正确的。

盈按:关于"枭雄"的释义,至今仍有分歧。这次看校样,我又查阅了四种影响最大的辞书。它们对"枭雄"的释义都不一样。《现代汉语词典》1427页云:"枭雄:强横而有野心的人物;智勇杰出的人物;魁首。"《辞海》1278页"枭雄"条:"犹言雄长,魁首。陈琳《檄吴将校部曲文》:'争为枭雄者,不可胜数。'亦以称骁悍杰出的人物。《三国志·吴志·鲁肃传》:'刘备天下枭雄。'"《辞源》(二版)1584页"枭雄"条,㈠凶狠专横。㈡雄杰。(例省略)《汉语大词典》2592页"枭雄"条有四个义项。①凶狠专横。②指强横之徒。③骁勇雄豪。④雄豪杰出人物。(例省略)限于篇幅,在此不能细论。我只提出两个问题供读者思考:一、同一个陈琳,在两篇檄文中用了"枭雄",这两个"枭雄"难道不是一个意思吗?为何要强生分别? 二、建安年间被人称为"枭雄"的有两个人物,一是曹操,二是刘备,这两个"枭雄"的语义难道不一样吗?他们凶狠与否是由"枭雄"这个词来定性的吗?我以为《辞海》的释义值得重视。

2015年12月

坤维

李纲《喜迁莺·真宗幸澶渊》:"庙堂折冲无策,欲幸坤维江表。"唐圭璋等编著的《唐宋词选注》314页注:"坤,地。江表:长江以南的地方。这句说,他们想去的地方是长江以南,也就是准备逃避。"

这条注不仅昧于字义,且不明史实。据史书载:宋真宗景德元年,契丹攻宋,大臣王钦若、陈尧叟等人,主张皇帝出京逃跑。王是江南临江人,故请帝幸金陵;陈是四川阆州人,故请帝幸成都。李纲这两句词就是这一历史事实的写真。其中的"坤维"是一个词,在此实指成都,"江表"在此实指金陵,并非泛指长江以南。

"坤维"为何可以代称成都呢？《易·坤》说："利西南得朋。"后来就以"坤"代表西南方。古人又以四方加四隅为"八维"，西南隅属于八维之一。故"坤维"连用，代表西南方。成都在祖国的西南方，"坤维"在这里就成了成都的代称。唐朝人写的《玉泉子》5页说："路岩出镇坤维也，开远中衢，恣为瓦石所击。"（中华书局，1958年）路岩，唐懿宗时宰相，罢相后，以检校左仆射出为成都尹、剑南西川节度使。"出镇坤维"，即指为成都尹事。《中朝故事》38页："路岩出为益帅。"（中华书局，1958年）益，指益州，即剑南道。成都属于益州。两书所记实为一事，"坤维"也是成都的代称。

庙堂

范仲淹《岳阳楼记》："居庙堂之高，则忧其民。""庙堂"一词，各注本和辞书都释为"朝廷"，从未有人提出疑义。近读刘崇远著的《金华子》，其中有云："杜审权以庙堂出镇淮西。"（44页，中华书局，1958年）"以庙堂出镇淮西"自然不能解为"以朝廷出镇淮西"。足见用"朝廷"来释"庙堂"，未必正确。下面举一些用到"庙堂"的例句：

（1）故贤者伏处大山嵁岩之下，而万乘之君忧慄乎庙堂之上。（《庄子·在宥》）

（2）吾闻楚有神龟，死已三千岁矣，王巾笥而藏之庙堂之上。（《庄子·秋水》）

（3）孔子闻之曰：夫修之庙堂之上，而折冲乎千里之外

者,其司城子罕之谓乎!(《吕氏春秋·召类》,又见《新序·刺奢》)

(4) 始结言于庙堂兮,信中途而叛之。(刘向《九叹》)

(5) 肉食者失计于庙堂,藿食得不肝脑涂地!(刘向《说苑》)

(6) 故贤主独观万化之原,明于安危之机,修之庙堂之上,而销未形之患也。(《汉书·徐乐传》)

(7) 庙堂之议,非草茅所当言也。(《汉书·梅福传》)

(8) 故自汉兴,忠言嘉谋之臣,曷尝不运筹策,争于庙堂之上乎!(《汉书·匈奴传赞》)

(9) 则将军养志和神,优游庙堂,光名宣于当世,遗烈著于无穷。(《后汉书·班固传》)

(10) 寝议庙堂,借听舆皂。(任彦升《为萧扬州荐士表》)

(11) 老臣帷幄算,元宰庙堂机。(苏颋《送朔方大总管张仁亶》)

(12) 庙堂知至理,风俗尽还淳。(杜甫《上韦左相二十韵》)

(13) 上(指唐德宗)执公辅(翰林学士姜公辅)手曰:"先见之明可谓神略矣。卢杞,朕擢自郡守,坐于庙堂,自陈百口之说,何独惎我也?"(苏鹗《杜阳杂编》卷上)

(14) 乾符中,有宰相自中书还第,使人以布囊盛钱数千,沿路以施匄者。……时有朝士,投笺谏之。其略云:……不宜专政庙堂,方行小惠。(康骈《剧谈录》40页)

(15) 庙堂折冲无策,欲幸坤维江表。(李纲《喜迁莺·真宗幸澶渊》)

(16) (陈)东坐诛。(许)翰曰:吾与(陈)东皆争李纲者,

东戮都市,吾在庙堂,可乎?遂求去。(《宋史·李纲传》)

(17) 赵卫公方为左史,闻之,不俟车,亟往白庙堂曰……当国者问其繇,告以故,相与大笑。(岳珂《桯史》卷八)

(18) 今钦圣纳忠之美未白于天下,而谏官不二之心得罪于庙堂。(岳珂《桯史》卷十四)

(19) 使其衔恩,则他日执事入坐庙堂,出拥旄钺,遂大勋于时……(《李觏集》卷二十七,314页)

上述诸例,已足以说明"庙堂"一词演变的轨迹。第一,唐宋时期的"庙堂"决非"朝廷"的意思。如例(19)"坐庙堂",若以为原意是说:"坐朝廷",岂不反了!唐宋时"庙堂"是指宰相、副相议事的地方,故用来作宰相、副相的代称,既可代称其位,又可代称其人。按照这样的释义,则无例而不可解。例(12)的"庙堂"代宰相,指韦左相。旧注:"此言其宰相之能事毕矣。"注者正是以宰相释庙堂。例(15)的"庙堂"是指当时担任参知政事(即副相)的王钦若。例(17)(18)的"庙堂",都是指当权的宰执之臣。《岳阳楼记》的"居庙堂之高",意思是处在宰相(或副相)这样的高位。《金华子》"杜审权以庙堂出镇淮西",这个"庙堂"是指以宰相的身份。杜审权出镇淮西之前,是唐懿宗朝的门下侍郎,相当于宰相一级的大臣。例(11)(13)(14)(16)都是指宰相议事之处,有的可灵活译为宰相这个职位。例(11)明确说出了"元宰庙堂",例(13)中提到的卢杞,其人为德宗朝的权相,例(14)也明确提到宰相不宜专政庙堂,例(16)中的许翰当时担任尚书右丞兼权门下侍郎(相当于参知政事),为副相。总而言之,唐宋时候,"庙堂"这个词是与宰辅之臣连在一块的,与"朝廷"这个词在意义上相差甚远,二者不可混用。"朝廷"是中央王朝的代称,有时指政府,有时指国家,有时指皇上,而"庙堂"不具有这些意思。

在古代,"廊庙"这个词有时倒是可以与"庙堂"构成同义关系。如《孙子兵法·九地篇》:"厉于廊庙之上,以诛其事。"这里的"廊庙之上"就是"庙堂之上"。张预注:"兵者大事,不可轻议,当惕厉于庙堂之上,密治其事,贵谋不外泄也。"(《十一家注孙子》212页,中华书局,1962年)又如《战国策·秦策一》:"式于廊庙之内,不式于四境之外。"南宋鲍彪注:"人君之居,谓之岩廊庙堂,尊严之称。"元人吴师道在这条注文下加了一条按语:"此言宫与庙也。……刘向《九叹》王逸注:'人君为政,举事告宗庙,议于明堂。'今人称宰相为庙堂,盖误。"(《战国策校注》卷三,5页,商务印书馆《四部丛刊》本)吴师道的按语无意中为我的论证增添了有力的论据。原来元朝人也称宰相为"庙堂"。但是,吴氏不懂得词义是发展的,他用汉以前的上古义来释"庙堂"的后起义,得出了"盖误"的错误结论。我们说,"廊庙"与"庙堂"可以构成同义关系,还有两条确证。一条是"廊庙器"与"庙堂器",也是同义关系,这两个词语都是指具有宰相才干的人。可是,古书中却从不见有"朝廷器"的说法。另外,明朝诗人李东阳《登岳阳新楼》:"吴楚乾坤天下句,江湖廊庙古人情。"《怀麓堂稿杂记·南行稿》"江湖""廊庙"正是用的范仲淹《岳阳楼记》的典故。李东阳用"廊庙"一词代"庙堂",他无疑是将二者当作同义词看待的。

第二,那么,唐以前的"庙堂"是否可释为"朝廷"呢?我认为也不能。先秦到六朝,"庙堂"有三义:(a)宗庙之堂。如例(2)。这个

"庙堂",不少注本都释为"朝廷",不妥。王力先生主编的《古代汉语》(修订本)第二册392页注:"庙堂,即宗庙。"意思较好。这一义项在唐宋时代已经消失。(b)古宗庙不只是祭祀祖先的地方,又是出征前卜算吉凶之所,于是"庙堂"引申为国君与大臣计事之处。人们常说的"庙算"一词即由此而来。《孙子兵法·计篇》:"夫未战而庙算胜者,得算多也。"杜牧注:"庙算者,计算于庙堂之上也。"上文所列举的例(1)(3)(4)(5)(6)(8)(9)都是此义。在这一意义上,有时着重指宰相议事之处。如例(3),司城(即司空)子罕,乃宋之相国。例(9)那位"优游庙堂"的将军为汉明帝时的东平王苍,他"以至戚为骠骑将军辅政",位与宰相等。(c)指代权臣。如例(7)(10)都是。例(7)用"庙堂"代国之重臣,用"草茅"自喻。例(10)的原文见于《昭明文选》卷三十八。李周翰注:"庙堂,谓贵臣。……言寝息卿相之议。"这条注是正确的。唐宋时"庙堂"的常用义,即由 b、c 两项发展而来。

(原载《中国语文》1983年第1期)

答《两点质疑》

吴庆锋同志的《两点质疑》(《中国语文》1984年第1期)说：

> 朱注与郭词的言行信果云云，在造句上属于一种"分系式"。朱注"大人言行，不先期于信果"，谓"大人言，不先期于信；大人行，不先期于果"，正是对孟子"言不必信，行不必果"的注释。郭词"言行信果"，也是说的"言信行果"。《札记》的作者以为"信果"二字是"近义词并列连用"，那是把"分系式"的结构理解为主谓结构了。考辨词义，有时也是必须注意句式的。

作为《札记》的作者，我并不赞同吴同志的意见。

首先，吴文把所谓"分系式"和主谓结构对立起来，这就未必恰当。"分系式"是个修辞方式问题，杨树达先生称之为"合叙"(见《汉文文言修辞学》157页)，我参加编写的《古代汉语》叫作"并提"(下册857页)。我还没有见过任何一部语法著作用"分系式"来代替句子成分的分析。即使按吴同志所言：朱注"大人言行，不先期于信果"和郭词"言行信果"都是所谓"分系式"，这种"分系式"也是主谓关系的。我把它们"理解为主谓结构"并没有什么不可以。

其次，我在《札记》中要论证的是："信、果、诚，在上古汉语中原是近义词。"吴文并没有对此提出否定意见。如果承认"信果"是近义词，我说它们是"并列连用"也未尝不可。吴同志说："考辨词义，有时也是必须注意句式的。"这个话当然不错。问题在于我对"信果"的考辨，并不是以句式为依据的，吴同志也未能以句式为理由来否定我的考辨。何况，道理还可以反过来说：句式的分析，有时也是必须要注意词义的。对"信果"的不同理解就是一例。

（原载《中国语文》1984年第4期）

古汉语词义札记二则

神游　参乘

神游

苏轼《念奴娇·赤壁怀古》:"故国神游,多情应笑我,早生华发。"

高中《语文》课本第四册 221 页注⑪:"故国神游,神游于故国。这是想象当年周瑜破曹操的情况。"

唐圭璋等编著的《唐宋词选注》203 页注⑪:"这句说周瑜神游于三国时的战场。"

什么叫"神游"? 两条注都没有从字面上加以训释。是谁在神游? 两家的说法不一致,谁对谁错?

"神游"是对"形游"或"身游"来说的。凡是不能亲临其境,而只是想象中的游历,这就叫"神游"。如:

1. 《列子·周穆王》:"化人曰:'吾与王神游也,形奚动哉!'"

2. 《列子·黄帝》:"华胥氏之国,在弇州之西,台州之北,不知斯(距离)齐国几千万里,盖非舟车足力之所及,神游而已。"

3. 《淮南子·俶真训》:"是故身处江海之上,而神游魏阙之下。"

4.《水经注·睢水》:"是用追芳昔娱,神游千古。"

5.苏轼《初入庐山》:"自昔怀清赏,神游杳霭间。"

6.苏轼《予以事系御史台狱……作二诗授狱卒梁成,以遗子由,二首》之二:"百岁神游定何处,桐乡知葬浙江西。"注引《列子·黄帝篇》:"神游而已。"

这些"神游"都是指人的一种精神活动,是"神往",而不是"形往"。在苏轼时代,周郎早已"神""形"俱逝,怎么还"游于三国时的战场"呢?唐圭璋等先生的注释显然是大大地误解了原意。在这里,"神游于故国"的无疑是苏轼,苏轼不可能身处三国时代,只能作"神游"了,这和《水经注》说的"神游千古"意思一样,中学《语文》课本的注释比唐注要好。

参乘

"参乘"是古代汉语中的一个常用词,它的意义并不难懂,但解释起来也有不尽恰当的。请看下例:

1.《鸿门宴》:"沛公之参乘樊哙者也。"某注本说:"古时乘车,坐在车右担任警卫的人。"

2.《报任安书》:"同子参乘,袁丝变色。"有一本言文对照《古文观止》译为:"赵谈坐在车右,袁丝惊异得变色。"

古代担任车右的人都是站在车上的(车左和御者也是立乘),二书都释为"坐在……",这就昧于古制了。

《礼记·曲礼上》:"妇人不立乘。"注:"异于男子。"说明男子乘车都是立乘,只有妇女才例外。《鞌之战》的一条材料也可以为证:"綦毋张丧车,从韩厥曰:'请寓乘。'从左右,皆肘之,使立于后。韩厥俛定其右。"綦毋张"从左右"都是立着的,"立于后"当然是站立在韩厥的身后了;韩厥也是立乘,所以"定其右时"才要"俛"。原文紧接着的一句是:"逢(páng)丑父与公易位",有人译为"逢丑父与齐侯调换座位"。"易位"应译为"调换位置",不当译为"调换座位",因为是立乘,"座"从何来?

《吕氏春秋·贵因》:"如秦者立而至,有车也;适越者坐而至,有舟也。"也可证车是立乘。

(原载《中学语文教学》1984 年第 5 期)

词义辨惑

乍　平居　隐然　爪牙

乍

"乍"的最普通的意义是"初也""暂也""忽也",这是无须讨论而尽人皆知的。我们发现它在汉魏六朝时还有一个常用意义,可是一般辞书上都没有加以必要的注意。

从许多材料可以证明,"乍"这个词能够作为指示代词用,在这种情况下,总是两个"乍"字连用,构成"乍×乍×"式,分指两种相反的情形,其具体意义与文言虚字中的"或"字是相同的。例如:

1. 乌浴也者,飞乍高乍下也。(《大戴礼记·夏小正》)
2. 军乍利乍不利,终无离上心。(《史记·蒯成侯周緤列传》)
3. 一尊之身,三期之间,乍贤乍佞,岂不甚哉!(《汉书·王尊传》)
4. 天大风,建使郎二人乘小船入波中,船覆,两郎溺,攀船,乍见乍没,建临观,大笑,令皆死。(《汉书·景十三王传》)

5. 先王之道,乍存乍亡。(《史记·日者列传》)
6. 则一俯一仰,乍进乍退。(荀悦《申鉴·杂言下》)
7. 内独怖急,乍冰乍火。(《后汉书·赵壹传》)

这些"乍"字的用法都与"或"字同,从逻辑意义上看都有自己的先行词,可以翻译成"有时""有的"。有人将这些"乍"字也当作"忽然"解,致使文气扞格,语意模糊,这是不对的。

到六朝时,这种搭配关系稍微起了一点变化,"乍"字与"或"字直接组成了固定格式,成一并列复合句,这更进一步证明"乍"与"或"在词义上的关联了。

8. 乍迴迹以心染,或先贞而后黩。(孔稚珪《北山移文》)
9. 或飞柯以折轮,乍低枝而扫迹。(同上)
10. 或春苔兮始生,乍秋风兮蹔起。(江淹《别赋》)
11. 乍风惊而射火,或箭重而回舟。(庾信《哀江南赋》)
12. 乍九光(《汉武内传》"然九光之灯")而连采,或双花而並明。(庾信《灯赋》)
13. 鸟道乍穷,羊肠或断。(庾信《秦州天水郡麦积崖佛龛并序》)

但是,一些注家对这些"乍"字的注解也是不准确的,如《魏晋南北朝文学史参考资料》554页将例7注为"暂",对例8的翻译是"忽然……",《古代汉语》下册第二分册1215页将例九的"乍"字也注解为"忽然"。这样,句子就很难讲得通顺了。这都是由于不了解"乍"字与"或"能通用而且经常搭配在一起的缘故。

若上述论证不谬的话,我们还可进一步打破一桩悬了几百年的历史疑案了。

《仓颉篇》对于这个"乍"字曾有一个语焉不详的解释:"乍,两词也。"这"两词也"到底是什么意思呢? 有各种猜疑。

朱骏声在他的《说文通训定声》中表示:"未详其义",但紧接着他又说:"两,疑止网二字之误。"(见《说文通训定声·豫部第九》394页,世界书局本)

后来,杨树达先生在他的《词诠》258页中又提到这个问题,他说:"按《一切经音义》引《仓颉篇》云:'乍,两词也。'两词,疑即指下例用法言。"他所引的例句与本文例1—6是大同而小异的,为了节省篇幅就不重出了。朱、杨二位对此都用持疑的态度进行了解释。我认为:朱的臆测是完全错了;杨树达所举的例证是对的,而他仍然把它归入"表态副词",在词义的解释上还是离不开"忽也",这就欠妥当了。

其实,所谓"两词也",正是"乍×乍×"式,也就是"乍……,或……"式,它在语法作用上是一个不折不扣的指示代词,若当作表态副词处理,这种并举格式就很难解释得符合原意。

平居

杜甫《秋兴八首》:"鱼龙寂寞秋江冷,故国平居有所思。"

这"平居"二字,在冯至先生编的《杜甫诗选》228页中注为"平时居处";萧涤非先生的《杜甫研究》(下)174页注为"平日所居",意思完全一样。这两家的注解都有较大的影响,但对这个词的解释是有问题的,所以我们将它提出来讨论。

我觉得,"平居"是一个词,是不能拆开来讲的,在唐宋的作品中它出现的次数是非常之多的,可以认定它是当时人的口语,如:

1. 遇寇不守,则如勿屯。平居有残人耗国之烦,临难有启敌纳侮之祸。(《陆宣公集》卷九第一页)
2. 平居望外遭齿舌不少,独欠为人师耳。(柳宗元《答韦中立论师道书》)
3. 平居闭门,口舌无数。(柳宗元《与萧翰林俛书》)
4. 今夫平居闻一善,必询其人之姓名。(苏洵《张益州画像记》)
5. 其平居无事夷灭者,不可胜数。(苏轼《留侯论》)
6. 臣切观安石平居之间,则口笔丘、旦。(《挥麈录》288页)

这里要顺便提一下,《宋代散文选注》(上)72页在注解例5时说:"平居无事夷灭——平白无故遭到杀戮。"这也是望文生义。

"平居"就是现代汉语中所说的"平时""平常",它既不是指"平时居处",也无"平白无故"之意。它相当于先秦的一个"居"字,《论语·先进》说:"居则曰:不吾知也。"朱熹的注解是:"言女平居则言人不知我。"这就可以为证。

隐然

对于"隐然"这个词的解释也有点混乱,这是在注解曾巩那篇

《墨池记》时所出现的。"临川之城东,有地隐然而高,以临于溪,曰新城。"

《宋代散文选注》56页说:"隐然:隐约地。"
《中华活页文选》(3)716页说:"隐然而高:微微高起。"
《古代散文选》(中册)215页说:"隐然,形容牢固高起的样子。"

这三个注本,前面两家的解释是完全错了,第三个说法也只有一部分是正确的。

"隐然"这个词在宋代也是常见的。我们打开《挥麈录》就可经常见到它。

1. 累历战功,声名隐然。(196页)
2. ……窜伏汜河中。觉有物隐然,抱持而出,乃木匣一,启视之,铜印一颗……。(221页)
3. 前此以言得罪者众矣,閤下之名(指邹浩,字志完。哲宗朝遭章惇排挤,羁管新州·《宋史》有传)独隐然特出,不知何以致此?(231页)

另外,《宋史·张浚传》云:"时浚起废复用,风采隐然,军民皆倚以为重。"(11307页)

从上例可以证明,隐然者,突出也。也就是高起的意思。"隐",当然有安稳、牢固的意思,但"隐然而高",并无牢固之义。

《古代散文选》说"牢固高起",所以只能是部分正确。"隐"有高起之义,在《西征赋》中也有一例:"裁岐岮以隐嶙。"《文选》中的注是:绝起貌。《挥麈录》274页中有云:"石自壁隐出,崭岩峻立",这个"隐"字也是"绝起貌"。

爪牙

在现代汉语中,"爪牙"是个贬义词,可是,在古汉语中则完全相反,我们若拿贬义去解释它,也要出毛病的。

杜甫《壮游》诗中说:"爪牙一不中,胡兵更陆梁。"冯至先生编的《杜甫诗选》214页说:"全句说击其爪牙,可惜一击不中。"这也是差之毫厘,谬以千里了!因为这个"爪牙"本是指唐王朝的将领,并非指敌人的"爪牙",它与下句的"胡兵"是对举成文。起句与对句是"因为"与"所以"的关系:因为唐朝的将领没有击中敌人,吃了败仗,所以胡兵就更加猖獗了。

《诗经》中说:"祈父,予王之爪牙。"

《汉书·叙传》:"股肱萧曹,社稷是经;爪牙信布,腹心良平。"

《汉书·王尊传》:"诚国家爪牙之吏,折冲之臣。"

韩愈《与凤翔邢尚书书》:"今阁下为王爪牙,为国藩垣。"

《挥麈录·后录余话》卷一,285页:"(宋太祖)班太原之师,则谓将士曰:尔辈皆吾腹心爪牙。"

可见,从先秦到汉、唐、宋,"爪牙"这个词都还有褒义。

以上所辩,未必正确,特提出来,请大家指教。不过,从这四条"辨惑"中也可以看出一点问题:我们的词义研究,在从前是偏重于先秦的古籍,所以汉以后一些词义的解释,反而困难更多,人们往往直接拿现代汉语去硬套,结果就弄得望文生义。假若我们有一部好的词典,能反映每一个词的时代意义,这对于研究古籍的人就要方便得多了。然而,这样大的工程,一定需要时间,需要很多人的努力才可办到。所以,我写这篇短文决不是消极地指摘毛病,倒是有心要引起人们在词义研究方面,适当的关心一下汉以后的情况。

此文作于北大燕园 19 斋 128 号

(原载《中国语文》1965 年第 1 期)

2015 年 12 月校记:此文发表之后,是年秋我就下放到北京郊区(小红门公社龙爪树大队)参加"四清"运动(清政治,清经济,清组织,清思想),第二年六月就遭遇了"史无前例",六月三日深夜两点全体北大下放人员乘大卡车回校,听市委吴德讲话。气氛之紧张,势头之猛烈,可想而知,这以后的十余年间,沉沦于劳动,运动之中,心身备摧残,最美好的年华就这样荒废了,可记也。

词义商榷

赤子　幽人　商旅　恶　自今

赤子

"赤子"的本义是初生的婴儿,这是不成问题的。但"初生的婴儿"为什么叫"赤子"呢?颜师古说:"赤子,言其新生,未有眉发,其色赤。"孔颖达说:"子生赤色,故言赤子。"新编的《辞源》《辞海》都取孔说。

几年前,曹先擢同志对我说:"赤子"的"赤"应是"尺"的假借。我以为他的看法很正确,但语焉不详。近读清人陈作霖的《养和轩随笔》,这个问题才获得彻底解决。陈作霖说:

> 《建康实录》中"尺"字皆作"赤",或疑之。今案《说文系传》沟洫字下广若干、深若干,"尺"皆作"赤"。苏州有八尺湖,陆放翁、杨诚斋皆有《过八赤遇雨》绝句①。"八赤"即"八尺"

---

① 《杨万里集笺校》卷二八。陆游《入蜀记》卷一:"过平望,遇大雨暴风,舟中尽湿。少顷,霁,止宿八尺。"

也。程鼎臣孝廉（先甲）云：古注赤子以其长仅及尺耳。可见"尺""赤"相通，由来已久，亦假借之音也。

"赤""尺"在上古都是昌母铎部，"赤"假借为"尺"是完全可以的。在陈作霖以前，明代的焦竑在《俗书刊误》第五卷也已指出：赤通尺。其实，《辞源》在第七个义项中已经谈到"赤"通"尺"（chǐ），而且列举了《齐民要术》、汉《西岳石阙铭》等多种材料为证。但在释"赤子"时仍取孔说，真是未达一间。

在上古时代，用长度来说明年龄的大小，这是很普遍的。"尺子"就是一尺之子，"尺儿"（见《三国志·魏书·阎温传》注文552页："捕诸赵尺儿以上，及仲臺皆杀之。"）就是一尺之儿，均指初生的婴儿；"丈夫"就是一丈之夫，指成年人。《管子·乘马》有"童五尺一犁"，《孟子·滕文公上》有"五尺之童"，《论语·泰伯》有"六尺之孤"。身长五、六尺的人还算是童子，这是因为古尺比今尺要短，六尺相当于今之138公分，按年龄来说，一般指十五岁以下的人（可参阅杨伯峻《论语译注》86页）。

盈按：写这条札记时，我还没有见到杭世骏（1696—1772）的《订讹类编》。其实，"赤子"问题，杭氏早已解决，我真是孤陋寡闻。《订讹类编》卷一"义讹"第85条"赤子"云："古字尺、赤通用。《文献通考》云：深赤者，十寸之赤也，成人曰丈夫。六尺之躯、七尺之躯、三尺之童、五尺之童，皆以尺数论长短。故《曲礼》曰：'问天子之年。曰：闻之，始服衣若干尺矣。'谓赤子以初生赤色者，非也。或云：古者二岁半为一尺。愚案：二岁半为一尺之说，于《孟子》赤子匍匐入井句，其义尤通。否则，初生色赤及仅盈尺小儿能匍匐

乎。"(《订讹类编》卷一,29-30页,中华书局,1997年)

幽人

谁见幽人独往来?缥缈孤鸿影。(苏轼《卜算子》)

胡云翼《宋词选》注:"幽人,指下句的孤鸿。"唐圭璋《宋词三百首笺注》引鲖阳居士云:"幽人,不得志也。"若按胡注,就成了"谁见孤鸿独往来,缥缈孤鸿影"。孤鸿的影子看见孤鸿独自往来,显然不通。"孤鸿影"是回答问句中的"谁"的,"幽人"是指作者本人。鲖阳居士释为"不得志",也不恰当。

苏轼为什么要自称为"幽人"呢?"幽人"这个词,最早见于《易经》。《易·履》:"九二,履道坦坦,幽人贞吉。"又《归妹》:"九二,眇能视,利幽人之贞。"关于《易经》中的"幽人",旧注有两种不同的解释。一解为"幽隐之人"、隐士、高士(见孔疏及《周易姚氏学》);一说"在狱中,故称幽人"(见《集解》引虞翻说)。在后代的作品中,也有把"幽人"当作"隐士"的。如孔稚珪《北山移文》:"或叹幽人长往,或怨王孙不游。"《昭明文选》刘良注:"幽人:隐者之称。"把"幽人"作为"囚人"解的例子也有。如《易林·剥》云:"执囚束缚,拘制于吏,幽人有喜。"(幽囚被赦故喜)苏轼词中的"幽人"不能释为"隐士",这是肯定的。这首词写于黄州,乌台诗案后,苏轼出狱,贬为黄州团练副使,名义上他还是政府的官员,实际上无权过问政事,政治上没有自由,如同囚人一样。所以在这一时期,他在作品中常称自己为"幽人",寓意是深刻的。"幽人"一词确切地说明了他当时的处境,也说明了政敌对他的无情迫害。下面略举数例:

《定惠院寓居，月夜偶出》："幽人无事不出门，偶逐东风转良夜。"(《苏轼诗集》1033页)

《石芝》："空堂明月清且新，幽人睡息来初匀。"(《苏轼诗集》1048页)

《红梅三首》之三："幽人自恨探春迟，不见檀心未吐时。"(《苏轼诗集》1108页)

《寄周安孺茶》："幽人无一事，午饭饱蔬菽。"(《苏轼诗集》1165页)

《过江夜行武昌山上，闻黄州鼓角》："清风弄水月衔山，幽人夜度吴王岘。"(《苏轼诗集》1203页)

哲宗绍圣元年(1094)，苏轼贬官英州，尚未到任，又贬为宁远军节度副使，惠州安置。在《十月二日初到惠州》这首诗中，苏轼又自称为"幽人"："岭南万户皆春色，会有幽人客寓公。"

在帝王专制制度的统治下，一个臣子被贬官，"罪过"总是在臣子这一边，因为皇帝总是"圣明"的。苏轼自称为"幽人"，跟柳宗元贬官永州后自称为"僇人"一样，都是"罪人"的意思。

商旅

《岳阳楼记》："商旅不行，樯倾楫摧。"解者谓"商"为"商人"，"旅"为"旅客"，以为"商旅"是联合结构，指两种不同的人。

"商旅不行"一语出自《易·复》。郑注："资货而行曰商；旅，客也。"有人以为郑玄这条注是把"商人"和"旅客"当作两种人。其实这是误会了郑玄的意思。按郑玄的意思,"商旅"应是偏正结构,意为在外做生意的旅客。《周礼·冬官考工记》的郑注可以为证。《考工记》:"通四方之珍异以资之,谓之商旅。"郑注:"商旅,贩卖之客也。"可见郑玄认为"商旅"就是指行商,而不是商人和旅客。

但是,"商旅"到底是偏正结构还是联合结构呢?《左传》襄公十四年:"商旅于市。"杨伯峻先生注:"商旅同义词连用。"(《春秋左传注》1017页)杨先生还列举了一些例子。如《礼记·月令》:"易关市,来商旅。"《汉书·贾山传》:"庶人谤于道,商旅议于市。"我还补充两个例子,《汉书·货殖传》:"商旅之民多,谷不足而货有余。"《酉阳杂俎》前集卷一:"永贞年,东市百姓王布,知书,藏锾千万,商旅多宾之。"我以为这些"商旅"都应当作偏正结构来理解,郑玄释为"贩卖之客"是对的。因为"旅"并无"商"义,把它们看成"同义连用",似乎欠妥。

恶(wù)

《赤壁之战》:"(刘)表恶其能而不能用也。"中学语文课本第1册249页注:"恶其能,嫉妒他的才能。恶,厌恶。"这条注把"恶"解为"嫉妒""厌恶",欠妥。

"恶"在这里是担心、害怕的意思。《三国志·郭嘉传》:"表,坐谈客耳。自知才不足以御备,重任之则恐不能制,轻任之则备不为用。"又《先主传》裴注引《世说》:"备屯樊城,刘表礼焉,惮其为人,不甚信用。""恐不能制""惮其为人"与"恶其能",意思差不多。

"恐""惮"也是担心的意思,与"嫉妒""厌恶"义不相涉。

在《三国志》中,"恶"为担心、害怕的意思,并不乏其例。如:

> (韩)遂果救长离,与渊军对陈。诸将见遂众,恶之,欲结营作堑乃与战。(《三国志·魏书·夏侯渊传》271页)

> 郑度说璋曰:"左将军县军袭我,兵不满万,士众未附,野谷是资,军无辎重。……彼至,请战,勿许,久无所资,不过百日,必将自走。走而击之,则必禽耳。"先主闻而恶之,以问(法)正。正曰:"终不能用,无可忧也。"(《三国志·蜀书·法正传》958页)

自今

《左传》成公二年:"自今无有代其君任患者,有一于此,将为戮乎?"王力先生主编的《古代汉语(修订本)》(中华书局,1981年)第一册35页注:"直到目前为止,没有能代替自己国君承担患难的人。自今,从现在追溯到以前。"

"自今"并不是"从现在追溯到以前",而是"从今以后"。如《左传》襄公八年:"晋楚伐郑,自今郑国不四五年弗得宁矣。"杨伯峻注:"言郑国自此至少四五年内不得安宁。"(《春秋左传注》956页)又襄公三十一年:"自今请,虽吾家,听子而行。"这个"自今"也是从今以后的意思。《资治通鉴·唐纪六十》文宗太和七年:"八月,庚寅,册命太子,因下制:诸王自今以次出阁,授紧·望州刺史、上佐。"(卷二四四,8008页)句中的"自今"无疑只能释为从今以后,不可能有其他解释。

"自今"是"自今以往""自今以来"等句式的省略。如：

(1) 自今日以往，既盟之后，行者无保其力，居者无惧其罪。(《左传》僖公二十八年)

(2) 自今日既盟之后，郑国而不唯晋命是听，而或有异志者，有如此盟！(《左传》襄公九年)

(3) 自今以往，兵其少弭矣。(《左传》襄公二十五年)

(4) 自今以往，敢不率从。(《侯马盟书》40页)

《侯马盟书丛考》指出："盟辞中把'自今以往'作为前词，这是当时的习惯，在盟辞中是常见的。"(73页)

(5) (郑卿叔詹伯)乃就烹，据鼎耳而疾号曰："自今以往，知忠以事君者，与詹同。"乃命弗杀，厚为之礼而归之。郑人以詹伯为将军。(《国语·晋语四》)

(6) 自今以来，亶父(即单父，鲁邑名)非寡人之有也，子之有也。(《吕氏春秋·具备》)

(7) 被瞻据镬而呼曰："三军之士皆听瞻也，自今以来，无有忠于其君，忠于其君者将烹。"(晋)文公谢焉，罢师，归之于郑。(《吕氏春秋·上德》)

案：此例与例(5)说的是同一故事。例(5)作"自今以往"，这里作"自今以来"，意思完全相同。

"自今"这种用法，唐宋时亦不乏其例。如《资治通鉴》卷二百一十一《唐纪》二十七，玄宗开元二年云："五月，己丑，以岁饥，悉罢员外,试、检校官,自今非有战功及别敕,毋得注拟。"胡三省注:"此三项官,今后非有战功及别敕特行录用,吏、兵部毋得注拟。"(6817页)(盈按:关于"自今",我在《词义答问》中也有讨论,观点一样,材料有所不同,可参阅。)

此文作于北大中关园 44 楼 109 号

(原载《中国语文》1987 年第 2 期)

词义杂辨

构 诬 乘 堕 苟 屏 鼓之 比数

准确地解释古汉语词义,是提高古籍今注质量的关键所在,但这的确不是一件容易的事,有些词义的解释似乎没有什么问题了,若仔细推敲一番,觉得还有商量的必要,下面仅举八例,略陈管见,以就正于海内通人。

构

《左传》僖公三十三年:"彼实构吾二君。"句中的"构"字,现在的注本一般都释为"挑拨离间"。如:

《先秦文学史参考资料》169页:"他们实在是挑拨离间秦、晋二君的人。"

朱东润主编的《中国历代文学作品选》46页:"构,挑拨离间。"

徐中舒《左传选》89页:"构,挑拨。"

杨伯峻老师《春秋左传注》499页:"构谓进谗言以挑拨离

间,与桓公十六年传'宣姜与公子朔构急子'之构同义。构吾二君又与《诗·小雅·青蝇》'构我二人'句法同,谓挑拨秦、晋二君之关系也。"

1979年版《辞源》1615页,"构"字的第七义项:"挑拨,离间。"举"彼实构吾二君"为书证。(新《辞海》无此义项)

把"构"字释为"挑拨离间",在这个句子中似乎是讲通了。但读者若问:构字怎么会有"挑拨离间"之义呢?这就难以回答了。因为不论是从本义、引申义来看,还是从古义、今义来看,构字都没有"挑拨离间"的意思,相反,它倒是有"结""合""交""会"等意思。

《说文》:"构,盖也。"高诱《淮南子·氾论》注:"构,架也。谓材木相乘构。"原来"构"的本义就是架屋,架屋要"材木相乘构",所以"构"具有"结构"的意思,由"结构房屋"引申为一般意义上的结、合等义。如《孟子·梁惠王上》:"构怨于诸侯。"《荀子·劝学》:"邪秽在身,怨之所构。""构怨"就是"结怨"。今语"构仇""构和"之"构"也是"结"的意思。"怨之所构"的"构"是会合、会集的意思。

"彼实构吾二君"的"构"也是"结"的意思。古人称两国交战为"构兵""构难",也可只用一"构"字。如:

《孟子·告子下》:"吾闻秦楚构兵。"
《战国策·楚策》:"楚尝与秦构难,战于汉中。"
《战国策·秦策》:"秦楚之构而不离,魏氏将出兵而攻留。"

"构兵"就是交战,"构难"就是结难,最后一例的"构"也是"构兵""构难"之义。"构吾二君"就是"使吾二君构难","构"用作使动,其具体内容为"交兵结难"。宋人林尧叟将这句话译为:"言彼三帅实交构我秦晋二君。"①林氏所说的"交构"也是"结难"的意思。

杨先生说,这个"构"字"与桓公十六年传'宣姜与公子朔构急子'之构同义",此说亦可商榷。"构急子"应理解为"构陷急子"。杜注:"构会其过恶",即罗织罪名进行陷害之意。"构陷"与"挑拨"是有区别的。卫宣公强占急子之妻,与急子关系本来就很坏,无须宣姜与公子朔去搞什么"挑拨"。

至于《诗经》中的"构我二人",其句法确实与"构吾二君"同,意思应是"使我二人结怨"。郑笺:"构,合也。合,犹交乱也。"朱熹也用此说。所谓"交乱"就是"结仇""结怨"的意思。这个"构"字也可以解为"构陷"。"构我二人",即罗织罪名构陷我二人。《左传》昭十二年:"叔仲子欲构二家。"杨先生也解为"离间"义,而杜注为"欲构使相憎。"即"结仇""结怨"之义。总之,无"挑拨离间"之义。先秦时关于"挑拨""离间"这样的概念,一般用"谗""间"来表示,用"构"字来表示的例子,可以说没有。"构"与"搆"与"篝"为同源关系。《淮南子·人间训》"两人搆怨",意为"构怨""结怨"。《史记·陈涉世家》"夜篝火",《索隐》云:《汉书》作"搆",而今本《汉书·陈胜传》作"夜构火",师古曰:"构谓结起也。"即将木柴架构在一起燃烧。王力先生《同源字典》"构、篝"条说:"篝火应即今所谓篝火,是

---

① 《精校左传杜林合注》卷十四,6页,扫叶山房本。

在空旷的地方或野外架木柴燃烧的火堆。"(《王力文集》第八卷，231页，山东教育出版社，1992年)。

古书中常有"构祸"，此"构"亦为本义引申而来。《诗·小雅·四月》："我曰构祸。"毛《传》："构，成。"郑《笺》："构：犹合集也。"朱熹："构，合也。"陈奂："合集即构成之义。"朱熹译为"而我乃日日遭害。"陈子展《诗经直解》也译为"我在天天遭祸。""遭"即"合""成""结"的意思。今湖南安仁方言有"构仇"这个词，此"构"即保存古义。

诬

《易·系辞下》："诬善之人其辞游。"高亨《周易大传今注》598页："诬蔑善人之人，捏造事实，不敢坚定言之，故其辞游移。"新《辞海》390页，"诬"字的第一个义项"诬蔑"，也引"诬善之人其辞游"作为书证。

我认为把这个"诬"字解为"诬蔑"，是不恰当的，这个"诬"是妄言、夸口的意思。"诬善"就是妄言自己善，而事实上并不善，所以他的言辞虚夸而无根据。

在上古汉语中，"诬"仅仅指这样一种言论活动，即："不能行而言之，诬也。"[①]"有一言，无一行，谓之诬。"[②]可见，"诬"是说了根本

---

① 《大戴礼记·曾子立事》
② 《十大经·行守》

做不到的意思。《说文》:"诬,加言也。""加言"也是虚夸、妄言的意思。

"诬善"的结构与"诬能"一样。"诬能"是战国时的常用词语,如:

《荀子·君道》:"臣不能而诬能,则是臣诈也。"

《管子·乘马》:"臣不敢诬其所不能。"

《管子·法法》:"今以诬能之臣事私国之君,而能济功名者,古今无之。诬能之人易知也。"

帛书《伊尹·九主》:"为官者不以妄予人,故知(智)臣者不敢诬能。"

《韩非子·二柄》:"君见(xiàn)好,则群臣诬能。"

《韩非子·八奸》:"是以贤者不诬能以事其主。"

《韩非子·外储说左下》:"上不过任,臣不诬能。"

最后一例,梁启雄解为:"人臣也不冤枉有才能的人。"① 大误。例一,王先谦注:"诬能,自以为能。"② 王注比梁启雄的解释要好得多,但也不能算是的诂。因为"诬能"不只是主观上"自以为"有能耐,而是向国君夸口、妄言自己有才能,比"自以为"在性质上要严重,在政治上也更为恶劣,故法家都很反对"诬能"之臣。

"诬贤""诬情"的"诬"也是妄言、虚夸的意思。《荀子·儒效》:

---

① 《韩子浅解》,第292页,中华书局,1961年版。
② 《荀子集解》,第160页。

"身不肖而诬贤,是犹伛伸(身)而好升高也,指其顶者愈众。"(原注:"则头顶尤低屈,故指而笑之者愈众。")"诬贤"就是妄言自己贤,不能解为"诬蔑贤人"。《韩非子·说疑》:"文言多、实行寡而不当法者,不敢诬情以谈说。"梁启雄引《左昭二十六年传》注:"诬,欺也。"不妥。"诬"在古汉语中有"欺"的意思,但"诬情"不能解为"欺情"。"不敢诬情"应解为"不敢虚夸事实真情",即不敢违背真情而妄言。

"诬"有时也写作"巫"。《法言·君子》:"不果则不果矣,人以巫鼓。"注:"巫鼓,犹妄说也。""巫鼓"与"诬瞽"通。在这里,"诬"和"瞽"是同义词,都是妄言、瞎说一气的意思。

查考先秦文献,"诬"还没有"诬蔑"的意思。《睡虎地秦墓竹简》的"诬"字也只有"诬告"之义。如:

诬人盗千钱,问盗六百七十,诬者何论?毋论。(168页)
甲告乙盗牛若(或)贼伤人,今乙不盗牛、不伤人,问甲何论?端为,为诬人;不端,为告不审。(169页)

"端为"是有意诬告,"不端"是主观上无诬告之意,只是所告的罪情与事实不符。这两种情况都叫"诬人",但前者构成了诬告罪,要"反坐";后者可以"毋论"。

这里的"诬"是法律术语。在非法律性质的作品中,"诬人"就不一定有诬告人的意思。如《韩诗外传》卷五:"知之为知之,不知为不知。内不自诬,外不诬人。"这个"诬"乃"欺骗"之意,与"诬告"无关。《荀子·儒效》正作"内不自以诬,外不自以欺"。"诬"与

"欺"在这里是同义词。"诬"的欺骗义是由言语不真实、虚夸、妄言引申出来的。

乘

《荀子·儒效》:"鼓之,而纣卒易乡(向),遂乘殷人而诛纣。"

吉林人民出版社出版的《荀子选注》260页:"乘,因,依靠。"272页翻译:"开始鸣鼓进攻,纣王的兵就倒戈了,于是就借殷人的力量讨伐了纣王。"

北京大学《荀子》注释组的《荀子新注》103页:"于是凭借殷人的力量杀掉了纣王。"

由于一个"乘"字解释失当,使整个句子文意大误。周人借殷人力量杀掉纣王的事,于史无征。我这样说,肯定会有人反对。他们的证据是,《尚书·武成》云:"会于牧野,罔有敌于我师,前徒倒戈,攻于后,以北,血流漂杵。"宋蔡沈《集传》云:"纣众虽有如林之盛,然皆无有肯敌我师之志,纣之前徒倒戈,反攻其在后之众以走,自相屠戮,遂至血流漂杵。史臣指其实而言之。盖纣众离心离德,特劫于势而未敢动耳,一旦因武王吊伐之师,始乘机投隙,奋其怨怒,反戈相戮,其酷烈遂至如此,亦足以见纣积怨于民,若是其甚,而武王之兵,则盖不待血刃也。"这不是"凭借殷人的力量杀掉了纣王"吗?

据郑玄云:《武成》"建武之际亡"。今所见《武成》乃晚出之古文。此文对牧野之战的描述已乖历史事实,战国时代的孟子就说:"吾于《武成》取二三策而已矣。仁人无敌于天下,以至仁伐至不仁,而何其血之流杵也。"赵岐注:"经有所美,言事或过。……《武成》,逸《书》之篇名,言武王诛纣,战斗杀人,血流舂杵。孟子言武王以至仁伐至不仁,殷人箪食壶浆而迎其师,何乃至于血流漂杵乎?"而《集传》所谓"自相屠戮"云云,更是任意发挥。对此,明之梅鷟,清初阎若璩以及后来的朱骏声都有驳议。但他们对《荀子》"乘殷人"之"乘"都未得其正解。朱骏声的说法见《经史答问》卷三,与梅、阎所论大体一样。阎若璩的《尚书古文疏证》卷八,在介绍梅说的基础上,也讲了他自己的看法:

> 鷟曰:"(赵)岐之言云尔,平正无碍,甚得《孟子》口气。而晚出《武成》则言前徒倒戈,攻于后,以北,血流漂杵。是纣众自杀之血,非武王杀之之血,其言可谓巧矣,……且均之无辜,党与什什伍伍争相屠戮,抑独何心!且真如蔡《传》言,武王之兵则盖不待血刃者,非痴语乎!"……余谓鷟说善矣,而抑未尽也。此作伪者学诚博,智诚狡,见《荀子》有:"厌旦于牧之野,鼓之,而纣卒易乡,遂乘殷人而(进)诛纣。"盖杀者非周人,因殷人也。……魏晋间视《孟子》不过诸子中之一耳,纵错会经文亦何损!而武王之为仁人,为王者师甚著,岂不可力为回护,去其虐杀,以全吾经?故曰智诚狡。[①]

---

① 《尚书古文疏证》卷八,第630—631页,上海古籍出版社。

阎氏的驳议是对的,但他也解"乘殷人"为"因殷人",不妥。这里的"乘"原是一个军事术语。《说文》:"乘,覆也。从入桀。桀,黠也。《军法》入桀曰乘。"段注:"入桀者,以弱胜强。《书·序》云:周人乘黎。《左传》:车驰卒奔,乘晋军。"[1]王夫之《说文广义》:"乘,本从入从桀。桀,黠也。以黠而入,乘人于危之辞也。故伏兵以邀人之虚曰乘,其本训也。"[2]马宗霍《说文引群书考》卷二18页:"许君训乘曰覆,覆者从上覆之,即入桀之义也。"

"乘"作为军事术语,具体意义有三:一为"乘其不备""乘虚而入"之"乘"。《左传》宣公十二年:"士季曰:备之善。若二子怒楚,楚人乘我,丧师无日矣,不如备之。"《资治通鉴·唐纪一》高祖武德元年:"(本)密营中惊扰,将溃;(王)世充不知,鸣角收众,密因帅敢死士乘之,世充大败。"苏轼《教战守策》:"是以区区之禄山一出而乘之。"此即王夫之所说的"本训"。

二是乘胜追击,攻取之义。如段注《说文》已引用的"车驰卒奔,乘晋军"。又如《战国策·韩策二》:"公战,胜楚,(秦)遂与公乘楚。"《史记·高祖本纪》:"毋令楚乘胜于我。"又:"楚兵不利,淮阴侯复乘之。"《荀子·儒效》的"乘殷人"的"乘"也应作此解,意为"乘胜追击殷人"。因为"纣卒"虽"易乡",不过"辟易奔北耳,未必倒戈相杀也"[3]。故周人乘之。

三是凭陵掩杀,即覆压之义。马宗霍所言与此近。如《韩非子·难二》:"鼓之而士乘之,战大胜。"《吕氏春秋·贵直》:"一鼓而

---

[1] 段玉裁《说文解字注》,第237页,上海古籍出版社。
[2] 王夫之《说文广义》卷三,第374页,岳麓书社,2011年。
[3] 郝懿行语,转引自《荀子集解》。

士卒毕乘之。"《汉书·陈汤传》:"吏士喜,大呼乘之,钲鼓声动地。"师古曰:"乘,逐也。"至于《淮南子·人间训》所说的"此独以父子盲之故,得无乘城",此"乘城"虽为军事活动,但"乘"为常用意义"登也","乘城"即为守城而登上城墙。父子二人均因目盲,故不能与众人一起守城,得以保全性命。又如《汉书·高帝纪》:"宛郡县连城数十,其吏民自以为降必死,故皆坚守乘城。"师古曰:"乘登也,谓上城而守也。"

堕

邹阳《狱中上梁王书》:"披心腹,见情素,堕肝胆,施德厚。"

吴楚材、吴调侯编的《古文观止》注:"堕,落也。"(254页,中华书局1963年)

了一师主编的《古代汉语》(修订本)893页注:"堕肝胆:就是肝胆涂地的意思。"(中华书局1981年)

这两家的"注"似乎都没有把"堕"字解释清楚。所谓"肝胆涂地",大概是以为"堕"有"落"义而产生的联想。但"堕肝胆"决不可解释为"肝胆涂地"。《史记·淮阴侯列传》:"使天下无罪之人肝胆涂地",《古代汉语》716页注:"肝胆涂地,喻惨死。"与"堕肝胆"全不相干。

其实,"堕"在这里是"输"的意思。《史记·淮阴侯列传》:"臣愿披腹心,输肝胆,效愚计。"《古代汉语》716页注:"输,等于说献出。"这条注是正确的。《汉书·赵广汉传》:"吏见者皆输写心腹,无所隐匿。"二例中的"输"与"堕"同义。在古汉语中,输、堕互训的例子并不难找。

《左传》昭公四年:"寡君将堕币焉。"服虔注:"堕,输也。"《经典释文·春秋左氏音义》:"堕,许规反(huī),布也。"孔颖达《正义》:"杜(预)唯云将因诸侯会,布币乃相见,不解'堕'之义。案隐六年《公羊传》:郑人来输平。输平者何?输平犹堕成也。然则'堕'是'输'之义也。朝聘之礼,客必致币于主,据主则为受,据客则为输。襄三十一年《传》子产论币云:其输之,则君之府实也,非荐陈之,不敢输也。是谓布币为输币也。言将待输币之时乃相见,见既在后,故遣我来敢谢后见也。"①

训"输"为"堕"的例子还有,如《诗·小雅·正月》:"载输尔载,将伯助予。"郑笺:"输,堕也。"

输、堕为什么可以互训呢?段玉裁说:"以车迁贿曰委输,亦单言曰输。引申之,凡倾写皆曰输。输于彼,则彼赢而此不足,故胜负曰赢输。不足,则如堕坏然。故《春秋》郑人来输平,《公羊》《穀梁》皆曰:输者,堕也。"②段玉裁也跟陆德明一样,认为这个"堕"字应读为"隳"。其本字为"陸",其本义为"倾坏",与"堕落"之"堕"音义都不同。

《王力古汉语字典》丑集土部"堕"字条也指出:"徒果切的堕《说文》作陊,云:'落也。'许规切的堕《说文》作陸,重文墮……《说

---

① 《春秋左传正义》第五册,卷四十二,第14页,中华书局。
② 段玉裁《说文解字注》,第727页,上海古籍出版社。

文》无堕字。"(169页。此条为了一师亲手撰写)

苛

《荀子·富国》:"苛关市之征。"杨倞注:"苛,暴也。"①柳宗元《捕蛇者说》:"孔子曰:苛政猛于虎也。"冯其庸等编注的《历代文选》下册64页注:"苛酷的政令……"

将二例中的"苛"字解为"暴""苛酷",具有相当的普遍性,但我认为这个解释不妥当。

在古汉语中,"苛"可以做名词、形容词、动词。《说文》:"苛,小草也。"这是名词,也是"苛"的本义。由小草"引申为凡琐碎之称"②。这是用作形容词。如:

《史记·孝文本纪》:"汉兴,除秦苛法,约法令。"

《史记·郦生陆贾列传》:"郦生闻其将皆握齱,好苛礼自用。"

《汉书·武帝纪》:"姦猾为害,野荒治苛者,举奏。"师古曰:"治苛,为政尚细刻。"

《汉书·宣帝纪》:"今郡国二千石,或擅为苛禁,禁民嫁娶不得具酒食相贺召。"

---

① 王引之亦赞成此说,见《经义述闻》第十四"无苛政"条。
② 段玉裁《说文解字注》,第40页。

上面四例中的"苛"都是繁多的意思。"苛法"意为繁多的法令，即法如牛毛，所以要"约法令"。"苛礼"是礼仪琐碎繁缛。"苛禁"指禁令繁多，连老百姓嫁女娶亲办酒席之事都加以禁止。《捕蛇者说》的"苛政"引自《礼记·檀弓下》，是"赋税繁重"之意，柳宗元引用孔子的话意在批判当时的"赋敛之毒"。"政"通"征"，指赋敛，非"政令"之谓。在金文和先秦古籍中，征政通用是常见的事，无须举例。"苛政"指"烦琐政令"的例子也有，如《汉书·宣帝纪》："勿行苛政。"《后汉书·光武帝纪》："辄平遣囚徒，除王莽苛政。"注："《说文》曰：'苛，小草也。'言政令繁细。《礼记》曰：'苛政猛于虎。'此注将"王莽苛政"与《礼记》之"苛政"混而为一，欠妥。"

"苛"由形容词转化为动词。上面所举《荀子·富国》"苛关市之征"的"苛"，即用作动词，义为"增多""加重"，若解为"暴"字，语法上也说不通。《国语·晋语一》："骊姬曰：以皋落狄之朝夕苛我边鄙，使无日以牧田野。"句中的"苛"也是动词，意为"繁扰"，即频繁骚扰。

当然，我不是说"苛"在任何语言环境中都不能释为"暴"。《楚辞·大招》："发政献行，禁苛暴只。"《汉书·宣帝纪》："今吏或以不禁奸邪为宽大，纵释有罪为不苛。"此"苛"字亦当作"暴"解为是。

屏

《史记·魏公子列传》："公子再拜，因问。侯生乃屏人间语。"

北师大出版的《大学语文》63页注："屏人间语——躲开

众人,秘密交谈。屏:本义为遮蔽,引申为躲避。"

王伯祥《史记选》207页注:"遣开旁人,趁空当儿进言。"

释"屏"为"躲避",原是为了扣住本义而推求引申义。但魏公子竟然"躲开众人",于情理上讲不通。何况,还有类似的句子,又将作何解释呢?

《战国策·秦策三》:"秦王屏左右,宫中虚无人,秦王跪而请曰。"

《史记·孟子荀卿列传》:"客有见髡于梁惠王。惠王屏左右,独坐而见之。"

又:"寡人虽屏人,然私心在彼。"

例一的"屏左右",不可能是"躲开"左右。如果是秦王"躲开"左右,那"左右(之人)"应在宫中,怎么又说"宫中虚无人(这个"人"指秦王以外的人,即"左右")"呢?例二"惠王屏左右"之后"独坐",可见也是左右被"屏",而不是惠王"躲开"。例三承例二,文意同。总之,释"屏"为"躲避",于文理不通。

王伯祥将"屏"注为"遣开",从文意和人物身份来说,都是通的。所难通者是为何"屏"有"遣开"之义呢?《大学语文》之所以不取王注,其原因盖在于此。

《说文》:"屏,蔽也。"段玉裁认为它是名词,所以举《诗·小雅·桑扈》"万邦之屏"为证。段氏认为"屏除"是它的引申义[①]。我认

---

① 段玉裁《说文解字注》,第401页。

为上例中的"屏人""屏左右"的"屏"又是"屏除"的引申义,乃"退避"之义,在句中用作使动,习惯上读 bǐng。"屏人"意思是使人(即左右之人)退避。"屏左右"意思是使左右之人退避。《战国策·秦策三》鲍本注:"《博雅》:'屏,除也。'此谓去之。"(上海古籍出版社,1978 年,上册,185 页)"去之"也是使动用法,即使之(左右)离开。

"屏"本是不及物动词。《礼记·曲礼上》:"侍坐于君子,若有告者曰:'少间,愿有复也。'则左右屏而待。"郑玄注:"屏,犹退也。""左右屏"是左右退避。"屏左右"是不及物动词"屏"带上了宾语"左右",故用作使动。

鼓之

《左传》庄公十年:"公将鼓之。"这个"之"字怎么解释,研究文言语法的人已经争论多年了。据我所知,目前有五种说法:

1. 指代鲁军。
2. 指代齐军。
3. 上面"两种解释都讲得通,也都可以找到旁证"[①]。
4. "'之'就是指示'发动进攻'这件事。"
5. 杨伯峻先生说:"很难说它是指代词,因为不能说出它指什么,所以并不能算做宾语,似乎只是凑足一个音节。"[②]

[①] 《中学语文教学》1981 年第 10 期,第 32 页。
[②] 《文言语法》,第 167 页,北京出版社,1956 年版。

我认为这个"之"字之所以讨论不清,主要原因有二:一、怎么理解"鼓"这个词的意义?将"鼓"释为"进攻"对不对?二、例句不充分,对"鼓之"这种结构没有进行系统考察。

在古代战争中,鼓具有重要作用。击鼓的人是战争中的最高指挥者。《荀子·议兵》:"将死鼓,御死辔。"《左传》成公二年鞌之战,晋方主帅郤克受了伤,"流血及屦,未绝鼓音"。都说明了主帅和鼓的关系。击鼓的目的是什么呢?《军法》规定:"鼓以进军,钲以退之。"①《荀子·议兵》也说:"闻鼓声而进,闻金声而退。"《尉缭子·勒卒令》卷四:"鼓之则进,重鼓则击;金之则止,重金则退。"《吴子·治兵》:"金之不止,鼓之不进,虽有百万,何益于用。"《左传》僖公二十二年:"金鼓以声气也。"这些材料说明,把"鼓"字笼统地解释为"进攻"是不对的。完整准确的解释应是:指进攻的信号。这个信号的物质表现就是"鼓音",这个信号所传递的对象是己方之军,所以,"鼓"后面的"之"无疑应视为宾语,不能看成"只是凑足一个音节"。而且,这个"之"做宾语时,只能是指代信号所要传给的对象——己方之军;根本不可能是指代敌方之军,因为发出"鼓音"这一信号的目的并不是为了传递给敌军;当然,也不能认为这个信号既是发给己方的,又是发给敌方的;同样,也不能认为这个"之"是"指示抽象事物,意思比较空泛,所以很难说出它是称代什么",只不过"是动词的连带成分"②。

我们弄清了"鼓"的含义,就可以肯定:前面列举的关于这一

---

① 《淮南子·道应》,高诱注。
② 《语言学论丛》第六辑,第 66 页。

"之"字的五种解释,只有第一种是正确的,2、3、4、5种解释都不能成立。为了证明我的论断,下面列举十二个例句来进行一下分析。

1.《左传》庄公十年:"公将鼓之。"

之,代鲁军。全句意思是:庄公将对鲁军发出进攻的信号。

2.《公羊传》僖公二十二年:"已陈,然后襄公鼓之。"

之,代宋军。全句意思是:楚军已经摆好阵势,然后宋襄公对宋军发出进攻的信号。

3.《左传》襄公二十三年:"莒子亲鼓之。"

之,代莒军。全句意思是:莒子亲自对莒军发出进攻的信号。

4.《战国策·秦策二》:"甘茂攻宜阳,三鼓之而卒不上……。甘茂曰:'……请明日鼓之,而不可下,固以宜阳之郭为墓。'于是出私金以益公赏。明日鼓之,宜阳拔。"

这段话有三个"鼓之"。这三个"之"无一例外是指代秦卒。(甘茂)"三鼓之而卒不上",就是"三鼓卒而卒不上。"

5.《战国策·齐策六》:"(田单)立于矢石之所,乃援枹鼓之,狄人乃下。"

之,代田单率领的齐军。全句意思是:田单站在能受到敌军矢石所攻击的地方,拿着鼓槌击鼓向齐军发出进攻的号令,才把狄人攻下。

6.《韩非子·难二》:"赵简子围卫之郭郭(《吕氏春秋·贵直》作"附郭"),犀楯犀橹,鼓之而士不起。……简子乃去楯橹,立矢石之所及,鼓之而士乘之,战大胜。"

"鼓之而士不起",与例4的"鼓之而卒不上"完全一样,前面"之"所指代的就是"而"字后面的"士"。"鼓之而士乘之",就是"鼓士而士乘之",最后一个"之"才是指代敌军。

7.《墨子·兼爱中》:"越王亲自鼓其士而进之。士闻鼓音,破碎(萃)乱行、蹈火而死者,左右百人有余,越王击金而退之。"

"越王亲自鼓其士"和例三的"莒子亲鼓之"意思完全一样,宾语"其士"就相当于"之"。仅此一例就非常有力地证明了:①鼓,不能释为"进攻"。若将"鼓"释为"进攻",那"越王亲自鼓其士而进之",就成了"越王亲自进攻他的士卒而使士卒进攻"了。同样,"公将鼓之",就成了"鲁庄公将要进攻鲁军"了。不成话。②"鼓"后面的"之"是不折不扣的宾语,它所指代的具体对象就是"其士"。上述各例的"鼓之",全部可以换成"鼓其士",意思丝毫不差。

在古汉语中,我们又经常看到:"鼓"后面的宾语"之"可以省略。这些省略了的"之"全都可以补出来,而且译成现代汉语时,只有补出这些"之"来,对这些句子的意思才能得到一个完整的理解。请看下列各例:

8.《左传》庄公十年:"齐人三鼓(之)。"

这个省略了的"之",代齐军。《战国策·秦策二》:"三鼓之而卒不上。"可证这里的"三鼓"后面同样应有一个"之"字。

9.《左传》庄公十年:"一鼓(之)作气,再(鼓之)而(气)衰,三(鼓之)而(气)竭。"

"一鼓"后面省略兼语"之",如果不承认这里有省略,不惟"鼓"没有了对象,而且"作气"的主语又是谁呢?"再""三"后面不仅省略谓语"鼓",连宾语"之"也省略了。

10.《左传》宣公四年:"(楚子)鼓(其士)而进之,遂灭若敖氏。"

这个句子和例7的"越王亲自鼓其士而进之"基本相同,只不过省略了"其士"。

11.《左传》僖公二十二年:"寡人虽亡国之余,不鼓不成列。"

有人由于把"鼓"理解为"进攻",因此认为"不成列"是"鼓"的宾语,并据此得出了"鼓的宾语是指对方"也"讲得通"的结论。①我认为"不鼓不成列",应当作一种特殊句式来分析,可理解为"鼓"后面省略了宾语"之","不成列"前面省略了主语"敌军"。即:(寡人)不鼓(之),(敌军)不成列。意为在敌军没有排列成阵时,寡人不向士卒发出进攻的号令。

12.《墨子·鲁问》:"借设而攻不义之国,鼓而使众进战,与不鼓而使众进战而独进战者,其功孰多?"

这里的"鼓"与"不鼓",若解为"进攻""不进攻",根本就讲不通。两个"鼓"字后面也应理解为省略了宾语"之"。句中"而"字所连结的是一个动宾结构和一个递系结构,"鼓"后宾语"之"指代的就是后面出现的兼语"众"。

以上十二例证明:"鼓之"的"之"是宾语,指代对象为己方之军。在这种语言环境中,"鼓"不能释为"进攻"。

这种用法在中古仍然保存。如《资治通鉴·唐纪一》高祖武德元年:"(窦)轨自将数百骑居军后,令之曰:'闻鼓声有不进者,自后斩之!'既而鼓之,将士争先赴敌。"(5896页)

---

① 《中学语文教学》1981年第10期,第32页。

比数(数)

《晏子春秋·外篇第八》:"婢妾,东廓(郭)之野人也。愿得入身,比数于下陈。"[1]"比数"这个词语应作何解,似乎没有一致的意见。下面我们先介绍一下"比数"与别的词语相搭配的常见格式。

1. 谁比数。

> 君不见富家翁,旧时贫贱谁比数?(高适《行路难》)
> 长安布衣谁比数?反琐衡门守环堵。(杜甫《秋雨叹》)
> 平生学问止流俗,众里笙竽谁比数?(苏轼《寄刘孝叔诗》)

2. 无所(与)比数。

> 刑余之人,无所比数。(司马迁《报任安书》)
> 水灾无与比数。(《汉书·梅福传》)

3. 无(不)足比数。

> 驵卒铃奴,一时倾崄,不足比数。(王明清《挥麈录》318页)
> 秦之德义,无足比数,而卒并天下。(《望溪先生文集》卷二)
> 审音识字,度曲家无足比数矣。(刘禧延《刘氏遗著》,丛

---

[1] 中华书局1962年版,第509页。

书集成初编本7页)

4. 自比数。

某罪废流落,不复自比数缙绅间。(苏轼《与袁真州》)

关于"比数"的解释,就我所知,有以下六种意见。

《汉书·梅福传》颜师古注:"言其极多,不可比较而数也。"
旧《辞海》:"谓彼此比校而计算其数也。"
《历代文选》上册251页:"无法彼此相比而算计。"
了一师主编的《古代汉语》(修订本)903页注:"比,比并,放在一起。数(shǔ),计算。"
第二版《辞源》:"比数:同列,相提并论。"
萧涤非《杜甫研究》下卷30页:"谁比数,是说人们瞧不起,不肯关心我的死活。"

前三种意见都把"比"释为"比较",不妥,最后一种解释很笼统。《古代汉语》的解释较为贴切,但"放在一起"的说法不够严密。我认为这个"比"与《孟子·许行章》"子比而同之"的"比"意思相同。《古代汉语》308页对这个"比"字的注释是:"比,平列,等于说同等看待。"据此,"比数"也就是"平列计算"之义,"平列计算"即"同等看待"。"比数于下陈",意即"跟下陈的宫女平列计算",也就是充当宫女。"长安布衣谁比数",即"谁把(我这个)长安布衣平列计算呢?"意即不同等看待我。"刑余之人,无所比数",直译为:受过宫刑的人,是没有人(把他们)平列计算的人。即什么人都不如,极言其地位之低。"水灾无与比数",可以扩展为"水灾无所与之比数",即没有什么时候的水灾能跟现在的水灾平列计算,极言水灾之多。"不足比数",即不足以平列计算,也就是不值一提的意思。

"不足比数"这种形式,有时可不用"比"字,而意思一样。如《史记·游侠列传》:"自是之后,为侠者极众,敖(倨傲)而无足数者。"又《佞幸列传》:"自是之后,内宠嬖臣大底外戚之家,然不足数也。"《汉书·酷吏传》:"自是以至哀平,酷吏众多,然莫足数。"

"谁比数"与"谁相数"义近。李颀《放歌行答从弟墨卿》:"柏梁赋诗不及宴,长楸走马谁相数?""相"乃指代性副词,这里代李颀自己。"谁相数"意为"谁算上我啊?"

"自比数"即自己把自己与缙绅先生同等看待。

《史记》《汉书》中还有"不以为……数"的格式。如:

> 宪王雅不以长子棁为人数。(《史记·五宗世家》)
> 王、王后、太子皆不以为子兄数。(《史记·淮南衡山列传》)
> 先母之子皆奴畜之,不以为兄弟数。(《史记·卫将军骠骑列传》)
> 雅不以棁为子数。(《汉书·景十三王传》)
> 射杀山中白额虎,肯数邺下黄须儿。(王维《老将行》)

例中的"数"字都是"计算"的意思。"不以为……数",即"不把(他)当作……计算"。"不以棁为子数",就是不把棁当作儿子计算

（看待）。又与"肯"结合，表示可与……一起计算。王维《老将行》："射杀山中白额虎，肯数邺下黄须儿。"（黄须儿指曹操之子曹彰。彰"少善射御，膂力过人，手格猛兽，不避险阻。"见《三国志》本传）"肯数……黄须儿"即可与黄须儿一起计算。

这些"数"字和"比数"之"数"，都是动词，音 shǔ。《史记》"索隐"于《卫将军列传》音去声，颜师古于《汉书·景十三王传》音所具反，《佩文韵府》上声收"比数"之外，又于去声也收"数"，引司马迁"无所比数"为书证，都把"比数"当作名词，谬。《分门集注杜工部诗》卷一将"比数"之"数"音所矩切，正确。

1982年4月于北大蔚秀园28楼412室。
（原载《语海新探》第一辑，山东省语言学会编，山东教育出版社，1984年。此次收入本集，有所补充）

词 义 质 疑

场圃 败绩 猖狂 熊经 鸿鹄 计失 彼观其意

场圃

《诗·豳风·七月》:"九月筑场圃。"毛传:"春夏为圃,秋冬为场。"郑玄进一步解释说:"场圃同地。自物生之时耕治之以种菜茹,至物尽成熟,筑坚以为场。"(毛郑二说均见《十三经注疏》391页,中华书局影印本)后代解释"场圃"的人,大多依从毛郑。都以为"场"是指"打谷场","圃"就是"菜圃"。甚至对孟浩然的"开轩面场圃"(《过故人庄》),注家们也照抄此说。第二版《辞源》连"场"与"圃"的区分也不讲,只笼统地说:"场圃,收谷物、种蔬菜之地。"

我查考了上古时代有关"场圃"的资料,觉得毛郑的解说很可怀疑。许多材料证明:"场"与"圃"是同义词连用,也可以看作是同义名词构成的复合词。也就是说:"场"是种植树木的地方,"圃"也是种植树木的地方。"场圃"连言,其义就是种植园(种蔬菜、树木等)。《周礼·地官》有"场人"。场人的职责就是"掌国之场圃,而树之果瓜珍异之物"。这里的"场圃",若依毛郑的解说,根本就讲不通。因为菜茹成熟之后,到秋冬时其地诚然可改为打谷场,而果树和珍异之物（郑注："珍异,蒲桃枇杷之属。"），是不能通通挖掉的。《周礼·地官·载师》还说："以廛里任国中之地,以场圃任园地。"又说："凡任民:任农以耕事,任圃以树事,贡草木。""不树者无椁。"圃人贡的不只是"草"（指蔬菜）,而且还要贡"木"。这里说的"木"不只是果木,也包括其他经济木材,"不树者无椁"就可以为证。另外,《孟子·告子上》说："今有场师,舍其梧槚,养其樲棘,则为贱场师焉。"又《管子·八观》说："场圃接,树木茂。"这茂盛的树木就在场圃之中。这都是场圃为种植场的确证。《诗·小雅·白驹》："食我场苗。"朱熹注："场,圃也。"（《诗集传》122页）陈奂说："场圃同地。场即圃也。场圃毓草木,场有苗,非禾也。"（《诗毛氏传疏》卷四,67页,万有文库本）除了"场圃同地"是因袭郑玄之外,其余的说解都很正确。杨树达说："《诗》云:'食我场藿',知场为种菜之地。"（《积微翁回忆录》219页。）所言甚是。晚于陈奂的黄以周在解释《载师》"场圃"时,也明确指出："场圃,即九职'园圃毓草木'之地,非农夫所筑纳稼之场。"（《礼书通故·井田通故》1540页,中华书局,2007年）不过,《周礼》所说的"场圃",并非个体农户的"场圃",这种"场圃"设有专职官员"场人"来掌管,为"国"所有。《七月》这首诗一般认为是春秋时代的作品,诗中所描写的各种生产活动具有集体的性质,这种"场圃"可能属于贵族所有。

"场圃"面积有多大？张载《经学理窟·周礼》："十亩,场圃所任园地也。《诗》'十亩之间',此也。不独筑场纳稼,亦可毓草木也。"（《张载集》252页）朱熹《诗集传·魏风·十亩之间》注："十亩之间,郊外所受场圃之地也。"马瑞辰说："此诗'十亩'盖指公田十亩及庐舍二亩半,环庐舍种桑麻杂菜。"（《毛诗传笺通释》卷十,327

页)马说可从。这种"十亩"场圃,土地为公有,却在庐舍附近,与"场师"所管理之国有场圃,可能有别。国之场圃有多大,是否在"郊外",不得而知。根据有关材料推断,"国"字号场圃之内是有建筑物的。《周礼·地官·场人》:"掌国之场圃,而树之果瓜珍异之物,以时而敛藏之,凡祭祀、宾客,共其果蓏,享亦如之。"所谓"敛而藏之",是"敛""藏"于何处呢?当然是在场圃内的建筑物中。所以《国语·周语上》说:"场协入,廪协出。"韦注:"场人掌场圃,委积珍物,敛而藏之也。"(《国语》卷一,25页,上海古籍出版社)崔寔《四民月令》:"九月,治场圃,涂囷仓,修窦窖。"(《四民月令校注》65页,中华书局)崔寔把"场圃""囷仓"二者并提,因为二者都是敛藏之所,只是形状有别,所藏之物不同。可见,广义的"场圃"是指种植园,狭义的"场圃"是类似仓库的敛藏之所,《七月》的"筑场圃"就是修筑这种敛藏之所,与崔寔所言"修场圃"意思完全一样。"场圃"类似仓库这个意义,在唐朝还保存。陆贽说:"有藏于襟怀囊箧,物虽贵而人莫能窥;有积于场圃囷仓,直虽轻而众以为富。"(《陆宣公集》卷14,3页,刘铁冷编校本)文中"场圃""囷仓"连言,都是敛藏之所。

在先秦时代,"场圃"与"场园"是同义关系。《墨子·天志下》:"今有人于此,入人之场园,取人之桃李瓜姜者。"《荀子·大略》:"大夫不为场园。"这些"场园"就是"场圃"的意思。王念孙认为:"场园当为场圃,字之误也。"(转引自《荀子集解》331页)其说不可信。《韩诗外传》的"大夫不为场圃"(卷四),只能证明"场园"与"场圃"同义。

"园"与"圃"义近而微殊。《诗·郑风·将仲子》:"无踰我园,无折我树檀。"朱注:"园者圃之藩,其内可种木也。"(《诗集传》48

页)《诗·秦风·驷铁》孔疏:"有蕃曰园。"圃的篱笆(藩)叫作"园"。《齐风·东方未明》"折柳樊圃",可证这种篱笆有的是用柳条编成的。《左传》庄公十九年:"及惠王即位,取鄎国之圃以为囿。"杨伯峻先生说:"圃种菜蔬果瓜,以篱笆围绕之。"(《春秋左传注》212页)"圃"既然可以用来作为苑囿,当然就不可能仅仅是指菜园子,这样的圃也不可能到秋冬时又改作打谷场。而且,《七月》时代,人少地多,人们没有必要把打谷场挖了去种菜,又把菜园子筑成打谷场。"场"作为打谷场的意思已见于《说文》。《说文》:"场,一曰治谷田也。"但这个"场"与"场圃"的"场"原本是两个不同的义项,不可混而为一。"场圃"同义之"场",可能与《说文》此字的另一个"一曰田不耕"有关。场圃共地的方法恐怕起于秦汉之际,中国北方某些农村至今仍保持这种方法。

为什么从毛《传》开始,人们就误认为"场圃"的"场"是指打谷场呢?这主要是由于"场"作为种植园的意思随着生产关系土地所有制的变革从汉开始逐渐湮没,农业生产中所说的"场",通常都是指打谷场,这种打谷场也可敛藏农作物。如:

曹操《步出夏门行》:"钱镈停置,农收积场。"
谢朓《和王著作八公山诗》:"春秀良已凋,秋场庶能筑。"
杜甫《从驿次草堂复至东屯茅屋二首》:"筑场看敛积,一学楚人为。"

另外,后人所说的"场圃"也与上古有别,不再是种植园的意思。如:

《后汉书·仲长统传》:"使居有良田广宅……场圃筑前,果园树后。"(卷49,1644页)"果园"与"场圃"已经分家。

孟浩然《过故人庄》:"开轩面场圃,把酒话桑麻。"

杜甫《雷》:"吾衰尤计拙,失望筑场圃。"

上述三例的"场圃"都是指堆积农作物的场所,这种场地当然也用作打谷场,但并不一定就是"春夏为圃,秋冬为场"。

在中古,"场圃"还产生了一个新的义项,即泛指田园。谢玄晖《拜中军记室辞随王笺》:"故舍耒场圃,奉笔兔园。"张铣注:"舍耒:罢耕也。场圃:田园也。"(《六臣注文选》卷四十,755页。四部丛刊初篇集部,上海商务印书馆缩印宋刊本)

败绩

关于"败绩"的意义,已经有好几篇文章进行过讨论。其中影响较大的是陆宗达先生的说法。他认为"败绩"的"败"同"不","绩"同"迹"(蹟)。因此败绩就是不迹。(《训诂简论》165页)"绩"通"迹",这是对的,"败"同"不"则缺乏根据。

从语音而言,"败"是並母月部字,"不"是帮母之部字,在古书中未见过"败""不"相通的例子。

《礼记·檀弓上》:"鲁庄公及宋人战于乘丘,县贲父御,卜国为右。马惊败绩,公队(zhuì,坠)。佐车授绥。公曰:末之卜(指车右卜国)也。县贲父曰:他日不败绩,而今败绩,是无勇也。遂死之。"江永说:"败绩谓车覆。"(转引自《礼记训纂》卷三,9页)后来戴震在《屈原赋注》中秉承师说，一般注家也都视江说为确诂。

我觉得陆先生和江永的解说都值得商榷。首先我们看这个"败"字究竟是什么意思。《庄子·达生》："东野稷以御见庄公，进退中绳，左右旋中规。庄公以为文弗过也，使之钩百而反。颜阖遇之，入见曰：稷之马将败。公密而不应。少焉，果败而反。公曰：子何以知之？曰：其马力竭矣，而犹求焉，故曰败。"《吕氏春秋·适威》也记载了这个故事。其中"败"字出现了五次："其马必败"，"将何败"，"少顷，东野之马败而至"，"子何以知其败也"，"臣是以知其败也"。《荀子·哀公篇》记载这个故事时，"败"字作"佚"（读为逸，狂奔）。"其马将佚"，"东野毕之马失"。《韩诗外传》二作"马将佚"。《新序·杂事五》作"其马将失"，"须臾，马败闻矣"。"马失"或"马佚"，是指马狂奔乱跑。"马败"是指马迹（绩）败，即进退不中绳，左右旋不中规，或如《荀子·哀公篇》所说的"两骖列"（杨注："列与裂同。"俞樾说："两骖裂者，两骖断鞅而去也。两骖在外，故得自绝而去。"），《韩非子·外储说右下》"驸马败"，"渴马见圃池，去车走池，驾败"，"马惊驾败"，《史记·袁盎列传》"如有马惊车败"。这些例子都说明：马败就是马的步骤失常，也就是挣脱羁绊狂奔乱跑。所以，郑注《檀弓》的"马惊败绩"为"惊奔失列"，意思并不错。在这里，"败"还是"毁""坏"的意思。"绩"是"迹"的假借字，指马的步法，并不是指车辙。"败绩"即"绩败"。

马绩败可以导致翻车，也有可能不翻车。翻车是"败绩"所引起的后果之一，而不能说"败绩"就是"车覆"。《左传》襄公三十一年："譬如田猎，射御贯则能获禽；若未尝登车射御，则败绩厌（压）覆是惧，何暇思获！"句中的"覆"是指车覆，是败绩所引起的后果。《曹刿论战》中的"齐师败绩",也并不是兵车都翻了的意思,还是指齐军的战车被马拉着狂奔乱跑失去了常规,所以下文说"其辙乱"。

在战争中,战马狂奔乱跑,人仰车翻,这当然是军队溃败的表现,所以《左传》庄公十一年说:"大崩曰败绩。"但这已经是"败绩"的引申义。

这里还要附带说明一下,注《庄子》的人把"稷之马将败"的"败"释为"垮"或"疲困",也是不对的。同一个故事,《荀子》《韩诗外传》《新序》作"马将佚(失)"就可以为证。

猖狂

"猖狂"在先秦就已出现,至今还是常用词。它的古义与今义并不完全一样,但辞书的释义却古今莫辨。

《新华字典》(46页)和《现代汉语词典》(120页)都释为"狂妄而放肆"。

《汉语词典》:"谓纵恣而无检束。"(811页)

二版《辞源》释为"肆意妄行"(2005页)。

新编《辞海》立了两个义项:"①纵恣迷妄;②桀骜不驯。"

《新华字典》和《现代汉语词典》以及《汉语词典》的释义无可非议,因为它们是供学习现代汉语用的工具书。《辞海》的释义比《辞源》要好一些,但也欠妥。《辞源》是一本古汉语词典,它对"猖狂"

的释义与《新华字典》几乎一模一样。用这个释义来理解古书中的"猖狂",不是欠准确,就是不够用。

"猖狂"在先秦时代并非贬义词,不能释为"肆意妄行"。它的本义是漫无目标地自由自在随意行走。如:

《庄子·在宥》:"鸿蒙曰:'浮游,不知所求;猖狂,不知所往'。"
又:"朕也自以为猖狂,而民随予所往。"
《庄子·山木》:"其民愚而朴,……猖狂妄行,乃蹈乎大方(指大道)。"
成疏:"猖狂,无心。妄行,混迹也。"
《庄子·庚桑楚》:"吾闻至人尸居环堵之室,而百姓猖狂,不知所如往。"

这个意思到汉唐还保存。如:

《淮南子·俶真》:"当此之时,万民猖狂,不知东西,含哺而游,鼓腹而熙。"

王勃《滕王阁序》:"阮籍猖狂,岂效穷途之哭。"有的注本把句中的"猖狂"解为"这里用来形容行为的有类疯狂"(《中华活页文选》五,180页)。与原意相差甚远。王勃在这里选用"猖狂"一词,准确地表现了阮籍与道家的思想联系。

从构词方式来看,"猖狂"是联合式。按照朱骏声的意见,"猖"是"伥"的俗字(《说文通训定声·壮部》3590页,万有文库本)《说文》:"伥,狂也。"王筠说:"此义多作猖。"(《说文句读》卷十五,1080页)可证"猖"与"狂"原是同义词。《荀子·修身》:"人无法则伥伥然。"杨倞注:"伥伥:无所适貌,言不知所措履。"《礼记》曰:"伥伥乎其何之。"《广韵》去声四十三映:"崩,崩伥,失道貌。"又:"伥,崩伥,失道。"这些材料对我们理解"猖狂"的本义很有帮助。"随意行走"与"无所适貌""失道貌",在意思上很接近。

先秦以后,"猖狂"由"随意行走"产生了四个引申义。

(1) 形容任情奔放的样子。如:

《淮南子·诠言》:"凡人之性,少则猖狂,壮则暴强,老则好利。"

陶渊明《和胡西曹示顾贼曹》:"逸想不可淹,猖狂独长悲。"

王勃《黄帝八十一难经序》:"无猖狂以自彰,当阴沉以自深也。"(《王子安集注》卷九,268页)

柳宗元《答韦珩》:"(扬)雄之遣言措意,颇短局滞涩,不若退之猖狂恣睢肆意有所作。"(《柳河东集》卷三四)

《醉翁谈录·宪台王刚中花判》:"只因赋性太猖狂,游遍名园切(窃)尽香,今日误投罗网里,脱身惟仗探花郎。"(17页,古典文学出版社)

《项氏家说》:"决藩篱,破绳墨,而放一世于猖狂恣睢之地者,必子之言夫!"(卷七,86页)

《李觏集·上余监丞书》:"伏念觏十岁知声律,十二近文章,思虑猖狂、耳目病困者既十年矣。"(卷二十七,312页)

还有一个例子是二十多年前记下来的,现已记不清出处,姑录于此。原文是:

> 宋处士杨朴被召。其妻送诗曰:更休落魄贪杯酒,亦莫猖狂爱咏诗。

> 2015年12月校记:《苏轼文集》卷六十八《题杨仆妻诗》,以及《东坡志林·书杨朴事》均记此诗。但此处所记当另有出处。

(2)瞎闯乱撞,即"无所适貌""失道貌"的意思。如:

> 董仲舒《春秋繁露·深察名号》:"民者瞑也。以瞑言者,弗扶将则颠陷猖狂。"

> 《吴越春秋·夫差内传》:"吴王……胸中愁忧,目视茫茫,行步猖狂。"

在敦煌变文中也写作"獐狂"。如:

> 《伍子胥变文》:"子至吴国,入于都市,泥涂其面,披发獐狂,东西驰走,大哭三声。"(《敦煌变文集》卷一,15页)

> 又:"举头忽见一人,行步獐狂,精神惚恍。"(《敦煌变文集》卷一,5页)

(3)肆意妄行。如:

《三国志·魏书·董二袁刘传》"评曰"裴松之"注":"袁术无毫芒之功,纤介之善,而猖狂于时,妄自尊立,固义夫之所扼腕,人鬼之所同疾。"(卷六,217 页注二)

《宋书·王僧达传》:"窃以无恩不可终报,尸素难可久处,故猖狂芜谬,每陈所怀。"(卷七十五,1952 页)

卢文弨《说文解字读序》:"唐宋以来,如李阳冰……之流,虽未尝不遵用,而或以私意增损其间。……逮于胜国(指明朝),益猖狂灭裂,许氏之学浸微。"(段玉裁《说文解字注》790 页,上海古籍出版社)

《李觏集·常语上》:"董卓、李傕之猖狂,献帝虽在,无献帝矣。"(卷三十二,387 页)

(4) 形容气焰嚣张或气势猛烈的样子。如:

《汉书·赵充国传·杨雄〈赵充国颂〉》:"先零昌狂,侵汉西疆。"(2995 页)

柳开:"臣近随天兵深入贼界,虽则部领粮草,颇亦经涉阵场,见犬戎之猖狂,知边鄙之捍御。"(《河东集》卷十,2 页,《四部丛刊初编》)

柳宗元《招海贾文》:"海若嚣货号风雷,巨鳌领首丘山颓,猖狂震虩(xì)翻九垓。"(《柳河东集》卷十八)

例一、二都是指敌方气焰嚣张。

熊经

熊经是古代的一种导引术,类似现在的气功。前人对于"熊经"有不同的解释:

1.《庄子·刻意》:"吹呴呼吸,吐故纳新,熊经鸟伸,为寿而已矣,此道引之士、养形之人、彭祖寿考者之所好也。"

司马彪注:"熊经,若熊之攀树而引气也。"

成玄英疏:"如熊攀树而自经。"

2.《淮南子·精神》:"熊经鸟伸,凫浴蝯躩,鸱视虎顾,是养形之人也。"

高诱注:"经:动摇也。"

3.《后汉书·华佗传》:"是以古之仙者为导引之事,熊经鸱顾,引挽腰体,动诸关节,以求难老。"

李贤等注:"熊经:若熊之攀枝自悬也。"

4.《文选·高唐赋》:"倾岸洋洋,立而熊经。"

张铣注:"熊经,如熊攀树而立,其身偻佝。"

5.《文选·长笛赋》:"熊经鸟伸,鸱视狼顾。"

吕延济注:"熊经,谓以前足凭木而立。"

6. 郝懿行《晒书堂笔记·导引书》卷下:"熊经者,熊罴之属冬则穴,穴者蛰也,熊将蛰,登百尺木,手抱其蔱(原注:《方言》云:"木细枝谓之蔱。"),悬而坠之,令气四周,乃入蛰。养气者效之,反交两手,引气而上,用足末为踵,植于地,如椓木槊,歈开其手,体如悬坠而下,若此者凡五度或十度,是谓熊经。"

7. 陶炜《课业余谈》卷中:"熊经:身不动而回顾,导引者学其法也。"

上述八种说法,可以分为四类。

一是"攀树引气";二是"攀树自经",即"攀枝自悬",郝懿行的说法实际上也是"攀枝自悬";三是"攀树而立",即"以前足凭木而立";四是把"经"解为"动摇",陶炜的意见与此相近。前面三种说法都与"攀树"有关。今人陈鼓应释"经"为"直立的意思"(见《庄子今注今译》395页,中华书局1983年),大概是从"攀树而立"推断出来的。若依"自悬""自经"的说法,则"经"是"悬挂"的意思。郝懿行说:"经者,磬也",并引《礼·文王世子》"磬于甸人"为据,郑注:"悬缢杀之曰磬。"(见《十三经注疏》1409页)归纳起来,对"熊经"的"经"字有三种不同的解释:动摇;直立;悬挂。诸说中以"攀树自悬"影响最大,《辞源》和我们编的《古代汉语》(王力、林焘校订,上册,220页,北京出版社,1981年)都取此说。

20世纪70年代初,长沙马王堆三号汉墓出土了一种《导引图》,其中第41图为"熊经"。图像着棕灰色衣服,束腰,半侧身作转体运动状,两臂微向前。这个图像的出土,为我们研究"熊经"的具体形状提供了宝贵的资料。唐兰先生根据图像否定了司马彪、李贤的说法,对"熊经"做出了新的解释。他说:"从新发现的这个图看,它根本不像是攀枝自悬,尤其不像人的自经即上吊的样子,图中的熊经,只像熊的摩仿人那样走路,那末,这个经字可能当作经过的经讲,有行走的意思,题记似从人作俓,也可作径的意义。这个图出于汉初,可见战国时人所说的'熊经'就应该是这种形式。"(《导引图论文集》6页)

唐先生的解释,似难成立。把"经"解为"行走的意思",熊经就是"像熊的摩仿人那样走路",这跟导引术的特点不符。"导引者,擎手而引欠也。"(《黄帝内经素问集注》50页注文)"擎手"是双手运动的姿势,"引欠"是呼吸吐纳的运气活动。如果熊经只是跟走路一样,是在行走中运动,那跟熊的活动有什么必然的联系呢?另外,"像熊的摩仿人那样走路"一语与"熊经"的语法结构不符。"熊经"的"熊"是名词做状语,表示比喻,正确的解释应当是人像熊那样……。

根据马王堆出土的图像和题记,再斟酌前人对"熊经"的解释,我认为"熊经"这种导引方式应是:

1. 像熊那样直立。熊的直立要靠后两足着地,"前足凭木而立",图像两臂微向前,正是模仿熊前足凭木的样子。《高唐赋》说的"立而熊经",已明确说到"熊经"是一种"立"的姿势,而不是走路的样子。这种立式也不是挺身正立,因为两臂微向前,又半侧身作转体运动,所以张铣说"其身偻佝"。

2. 唐兰先生指出:熊经的"经"题记似从人作俓,也可作径的意义。这条材料很重要。"径"或"俓"都有"直"的意思,"熊俓"就是熊直立的意思。释"径"为"直立",不仅与图像一致,与古代的训诂资料也大体上一致。另外,古书上即使把"熊俓"的"俓"写作"经",但它的读音不是平声而是去声,《庄子·刻意》的"熊经",《释文》引李说,"经"音古定反。又,《三国志·华佗传》作"熊颈","颈"

为"俓"之同音假借。

3."熊经"这种导引术也不是一成不变的。以上对"熊经"的解释当是战国至东汉时的方式,至于郝懿行所描述的"熊经"与马王堆出土的图像显然不合,这可能是明清时代的方式。

鸿鹄

《史记·陈涉世家》:"嗟乎!燕雀安知鸿鹄之志哉!"句中的"鸿鹄"是指一种鸟,还是"鸿"与"鹄"分指两种鸟,历来就有分歧。

颜师古认为是两种不同的鸟。他说:"鸿,大鸟,水居;鹄,黄鹄。"(《汉书·陈胜传》注)王筠《句读》认为"鸿鹄二字为名,与黄鹄别,此鸟色白,异于黄鹄之苍黄也。"我参加编写的《古代汉语》也把"鸿"与"鹄"解释为两种鸟,即大雁与天鹅(《古代汉语》上册,170页)。

司马贞认为是一种鸟。他说:"鸿鹄是一鸟,若凤皇然,非谓鸿雁与黄鹄也。"(《史记·陈涉世家》1949页注4)宋人袁文在《甕牖闲评》卷七也讨论了"鸿鹄"问题,未有明确结论。清代的段玉裁、朱骏声和《辞源》第二版以及中学语文课本都解释为一种鸟,但都未论证,所以分歧依然不能彻底解决。

我赞同鸿鹄是一种鸟的说法,而且认为"鸿鹄"即"黄鹄",也就是"黄鹤"。

(1)以文献资料为证。

a. 宁与鸿鹄比翼乎,将与鸡鹜争食乎?(《楚辞·卜居》)

宁与燕雀翔，不随黄鹄飞。(《阮步兵咏怀诗》之八)

b. 夫鸿鹄一举千里。(《韩诗外传》卷六)

夫黄鹄一举千里，……臣将去君，黄鹄举矣。(《韩诗外传》卷二)

c. 夫鸿鹄一举千里。(《新序·杂事》卷五)

黄鹄白鹤，一举千里。(同上)

d. 鸿鹄高飞，一举千里。(《史记·留侯世家》)

黄鹄一远别，千里顾徘徊。(《文选》卷二九，545页)

以上四组例子中的"黄鹄"与"鸿鹄"，意思完全一样。段玉裁说："凡经史言鸿鹄者皆谓黄鹄。"(《说文解字注》"鹄"字注文)这个结论是完全正确的。

(2) 以语音资料为证。

"鸿"与"黄"在语音上相通，"鹄"与"鹤"在语音上也相通。

"鸿""黄"都属匣母；"鸿"属东部，"黄"属阳部，二者为旁转关系。古人把"黄帝"称为"帝鸿"(见《左传》文公十八年，又见《史记·五帝纪》正义)。"帝鸿"即鸿帝，也就是黄帝。顾颉刚说："至称之曰'帝鸿氏'者，黄与……鸿音转变甚易。江苏无锡县有皇山，为泰伯墓所在，而一作'鸿山'，……知'皇'之可转为'鸿'，则知'帝鸿'即'帝黄'，颠倒其字耳。"(《史林杂识初编》184页，中华书局)顾说极是。所谓"颠倒其字"，实际是个构词方式问题。"帝鸿"这种构词方式与"后稷""公刘"一样，都是以大名冠小名。

"鹄""鹤"均匣母字；"鹤"属药部，"鹄"觉部，二者旁转。《庄子·庚桑楚》："越鸡不能鹄卵。"《释文》："鹄，本亦作鹤，同。"《庄子·天运》："夫鹄不日浴而白。"疏："鹄，古鹤字。"《乐府诗集·艳歌何尝行》题解："鹄"一作"鹤"（576页）。杨慎《转注古音略》："鹤，古音鹄，亦音鹄。鹄亦音鹤。"（卷五）他如武昌黄鹤楼的所在地，古名黄鹄矶。袁中道《东游日记》解释说："鹄与鹤一也，鹄即鹤音之转。……鹤鹄二字，古人通用。"（《珂雪斋近集》卷一）古书中不仅有"鸿鹄""黄鹤"，也有"鸿鹤"。《拾遗记》："帷有黄发老叟五人，或乘鸿鹤，或衣羽衣。"（卷三，79页，中华书局，1981年）这都是"鹄""鹤"通用的确证。

（3）"鸿鹄"是一种什么鸟。

朱骏声说："形似鹤，色苍黄，亦有白者，其翔极高。一名天鹅。"（《说文通训定声·孚部》1130页，万有文库本）这段描写文字大体上是正确的。只是"黄鹤"并非因"色苍黄"而得名。"黄鹤""鸿鹄"都是偏正式，"黄""鸿"都是"大"的意思。"鸿鹄"即"大鹄"，也就是"大鹤"。从古书对其生活习性和外形的描写来看，朱骏声认为它就是"天鹅"，这是可信的。

《管子·戒》："今夫鸿鹄春北而秋南，而不失其时。"可证这是一种候鸟。

《汉书·昭帝纪》注："黄鹄，大鸟也，一举千里者；非白鹄也。"可证此鸟能远距离高飞，且与白鹤不同。《新序》"黄鹄白鹤"并提，也可证"黄鹄"不等于"白鹤"，尽管黄鹄的颜色也可以是白的。

《乐府诗集》的《黄鹄曲》引《列女传》："悲夫黄鹄之早寡兮，七年不双。"（663页）旧题苏武《别诗》之二："愿为双黄鹄，送子俱远飞。"可证此鸟为雌雄结伴。

《战国策·齐策》："黄鹄因是以游于江海。"《新序·杂事二》：

"鸿鹄嬉游乎江汉,息留乎大沼。"可证此鸟常栖息于江湖及沼泽地带。

《韩诗外传》:"夫黄鹄……止君园池,食君鱼鳖……"(卷二)《汉书·昭帝纪》:"黄鹄飞兮下建章,羽肃肃兮行跄跄。金为衣兮菊为裳,唼喋荷荇,出入蒹葭。"可证此鸟以鱼和水生植物为食。

以上这些特点,天鹅都具备,所以我相信鸿鹄即天鹅的说法。

计失

《史记·淮阴侯列传》:"夫听者,事之候也;计者,事之机也;听过计失而能久安者,鲜矣。"

王伯祥先生的《史记选》对"计失"的注释是:"定计失算"。(人民文学出版社,1973年版,371页)

《中华活叶文选》合订本(4)的注释是:"打错了主意。"(中华书局,1962年版,289页)

《古代汉语》综合两说,注为:"定计失算,也就是打错了主意。"(中华书局,1981年版,718页)

上述三家注释只是措词有别,意思完全一样。我以为把"计失"释为"定计失算"是不准确的。"计失"原本的意思是:"失去了好的计谋",即"没有采纳好的计谋"。《淮阴侯列传》里的"听过计失"用的是典故。《战国策·秦二·齐绝楚》:"计者,事之本也;听者,存亡之机。计失而听过,能有国者寡也。"这是楚使陈轸劝说秦王的话,与蒯通说韩信的那段话几乎完全一样,其中的"计失"也是不采纳好的计谋的意思。《秦策二》还有一个例子,意思更为明确。原文是:"计失于陈轸,过听于张仪。"所谓"计失于陈轸"当然不能解释为"陈轸打错了主意",或"陈轸定计失算"。恰恰相反,故事说的是楚怀王没有采纳陈轸的计谋。姚本注为"坐不从陈轸之计故也",准确地解释了原意。

"计失"也可以变为动宾式"失计",意思不变。如《战国纵横家书》:"故韩是(氏)之兵非弱也,其民非愚蒙也,兵为秦禽,知(智)为楚笑者,过听于陈轸,失计韩倗(朋)。"(文物出版社,1976年版,107页)《韩策一》作"失计于韩朋"。意思是韩王没有采纳韩朋的计谋。

《辞海》和《辞源》都把"失计"和"失算""失策"等同起来。《辞海》的书证有《史记·越王勾践世家》:"今王知晋之失计,而不自知越之过。"(1979年版,缩印本77页)《辞源》的书证有《韩非子·六反》:"赴险殉诚,死节之民,而世少之曰:失计之民也。"《大戴礼记·保傅》:"故成王中立而听朝,则四圣维之,是以虑无失计,而举无过事。"《辞源》《辞海》把这些"失计"都释为"计谋错误"。从结构上看都是主谓关系,从词性看,"失"成了形容词。我认为这三个"失计"都是动宾结构,与"失算""失策"意义有别。"失计之民"是指不采用正确计虑的人,梁启雄释为"可谓失计算之人"(《韩子浅解》428页),意思较好;"虑无失计"是说虑事没有丢掉正确计谋,意即能采纳好的计谋;"知晋之失计"意为知道晋国失去了好的计虑。

古书中的"失计"也有"错误的计谋""失算""失策"的意思,但这是引申义。如《文选·为幽州牧与彭宠书》:"内听娇妇之失计。"明黄淳耀《诸葛亮论上》:"今伐吴之失计,群臣皆能知之。"(《陶庵文集》卷三)这个引申义始于何时,还有待进一步查考。

彼观其意

司马迁《报任安书》:"(李陵)身虽陷房,彼观其意,且欲得其当而报于汉。"何谓"彼观其意",众说纷纭。

《昭明文选》刘良注:"彼观,犹观彼也。"清初吴楚材、吴调侯的《古文观止》取此说。(卷五,221页)

《马氏文通》说:"以上下文言之,'彼'当太史公自谓,不应用'彼'字。而遍查各本,皆用此字,实无他书可为比证。未敢臆断,附识于此。"(上册60页)

杨树达《马氏文通刊误》引高元《新标点之用法》云:"彼""其"二字并指李陵,马氏以为"彼"当太史公自谓,不应用"彼"字,此大谬。"彼"乃句之主词,"且欲得其当而报汉",其谓词也。"观其意"为插注的散动,乃句之孤立部,例无主词,不得曰"吾观其意"也。此句若以破折标易读点分之,则意更晓矣。如:

彼,——观其意,——且欲得其当而报汉。

杨树达认为"高君之说甚当,足以解马氏之疑矣"(中华书局,1983年版,28—29页)。

我在《古代汉语讲授纲要》里说:"彼,指李陵。观,示,显示给

人看。意思是李陵表示出他的意思。"（中央广播电视大学出版社，1983版，上册238页）

我的解释跟以上各家的意见都不同，但不少读者来信感到犹欠论证，故在此做些补充。

首先，各家解释之所以失误，主要是错解了"观"字。"观"在古汉语中既有"看"的意思，也有"给人看"的意思。《尔雅·释言》："观，示也。"郝疏引《玉篇》云："示者，语也，以事告人曰示也。"《考工记·栗氏》："嘉量既成，以观四国。"注："以观示四方，使放象之。"（《十三经注疏》917页）《庄子·大宗师》："彼又恶能愦愦然为世俗之礼以观众人之耳目哉！"《经典释文·庄子音义》注："观，古乱反，示也。"①《汉书·严安传》："调五声使有节族，杂五色使有文章，重五味方丈于前，以观欲天下。"孟康曰："观，犹显也。"师古曰："显示之使其慕欲也。"（2810页）朱骏声说："以此视彼曰观，故使彼视此亦曰观。"（《说文通训定声·乾部》2821页，万有文库本）都足以证明我把"观"释为"显示给人看"是有充分根据的。

其次，把"观其意"当作插入成分，认为"观其意"的逻辑主语是司马迁，即司马迁观李陵之意。此说在情理上很难讲通。司马迁与李陵天各一方，不通音问，凭什么"观其意"？很显然，"欲得其当而报于汉"的意图，是李陵本人表现出来的。他在投降前，命令残部"各鸟兽散，犹有得脱归报天子者"（《汉书·李陵传》）。归报的内容是什么，史书未详言。但那逃回来的人中，一定有人谈起过李

---

① 古注"观瞻、观示，有平去之分"。钱大昕说："人之观我，与我之观于人，义本相因，而魏晋以后经师强立两音。"（《潜研堂文集》卷一五，215页）

陵有意假投降。司马迁应是据此而说"彼观其意"云云。《汉书·李陵传》更直截了当地说:"彼之不死,宜欲得当以报汉也。"旧题李陵《答苏武书》也说:"子卿视陵岂偷生之士而惜死之人哉!宁有背君亲、捐妻子而反为利者乎?然陵不死有所为也,故欲如前书之言,报恩于国主耳。"(《昭明文选》卷四一)这些材料说明假投降是李陵的原意,应看作是"彼观其意"的最好注脚。

1984年12月完稿于中关园44楼109室

(原载《古汉语研究》第一辑,中华书局,1996年)

词义琐谈之一

报 俭 分 控 三尺 塞责 猖獗(蹶)

因为教"古代汉语"的关系,常参考一些社会上流行的古文注本,受益匪浅。偶尔也发现某些词句有释义欠妥之处,于是略加考辨,顺手写成札记,名曰"词义琐谈",现抄录数条,以求教于学人。

报

《韩非子·存韩》:"今若有卒报之事,韩不可信也。"句中的"报"字是什么意思呢?这个问题本来俞樾已经初步解决,但语焉不详,梁启雄先生在《韩子浅解》中对俞樾的意见做了错误的理解,因此还有申述的必要。

俞樾说:"报读为赴疾之赴。《礼记·少仪篇》:'毋报往'。《丧服小记篇》:'报葬者报虞'。郑注并云:'报,读为赴疾之赴'是也。"(转引自王先慎《韩非子集解》)盈按:"赴疾"即快速。《释名·释饮食》:"脬,赴也。夏月赴疾作之,久则臭矣。"

梁启雄说:"猝(卒借为猝)报之事,指突然向韩国赴报的紧急军事。"

很显然,梁先生对郑注和俞樾的意见都未正确理解,把"报"译为"赴报",全句理解为"向韩国……"云云,这就完全错了。

按汉人注经"读为"之例,就是要用本字来说明假借字。郑注《礼记》"报读为赴疾之赴",意思是说句中的"报"字乃"赴"字之假借,它的意义跟"疾"一样,是急速之义。所谓"毋报往",就是"毋速往",和上一句"毋拔来"相对成文,"拔"也是急速的意思。"报葬"就是不到一定日期就急急速埋葬。"报虞"就是急速举行虞祭(古时既葬而祭叫虞)。

那么,《存韩》中这句话应如何翻译就很清楚了,在这里,"卒报"都是假借字,即"猝赴",二者是同义词,都是急速的意思。全句大意是:如果发生突然事变,韩国是不可信的。

在古语中,还把"脍切"称之为"报切"。《礼记·少仪》:"牛与羊鱼之腥,聂而切之为脍。"郑注:"聂之言牒也。先藿叶切之,复报切之则成脍。"段注《说文》:"脍,所谓先藿叶切之(即切为薄片),复报切之也。报者,俗语云急报,凡细切者必疾速下刀。"段玉裁的意见是对的。

又,汉乐府《焦仲卿妻》"吾今且报府"与"吾今且赴府"并见于篇,"报"即"赴"之假借。

"报"借为"赴",在语音上是有根据的。"报""赴"上古都是双唇音。"报",幽部字;"赴",按段玉裁的分部为幽之入,各家归侯之入,无论是幽入还是侯入,都是可以与"报"相通的。

俭

司马迁在《报任安书》中说李陵能"恭俭下人"。"恭俭"本是一对常用词,不少注家却未能得其确解。王力先生主编的《古代汉语》说:"恭俭,是偏义复词,着重在恭。"(见该书 862 页)这是因为没有弄清楚"俭"在句中的实际意义,就当作"偏义复词"来处理了。"恭俭"连用,在《论语》中就已经出现了。"夫子温良恭俭让以得之"(《学而》篇)就是一例。杨伯峻先生在《论语译注》中把"俭"译为"节俭",也不恰当。"节俭"主要是从物质方面来说的,它与待人有什么关系呢。从上下文来看,也很难讲得通。

《说文》:"俭,约也。"段玉裁注:"俭者,不敢放侈之意。"这就对了。其实,朱熹在《论语》注中早已指出:"俭,即容貌收敛而不放肆,非俭约之说。"(朱熹所说的"俭约"是节约的意思)王聘珍《大戴礼记解诂·文王官人》:"其色俭而不谄。"注:"俭,卑谦也。"(189页)司马迁所说的"恭俭下人"的"俭"也是不放肆、态度谦谨的意思。

分

《滕王阁序》的"星分翼轸"一语,各家都把"分"字联上注,解为"星空的分野"。如朱东润主编的《中国历代文学作品选》说:"星分翼轸:星空的分野属于翼轸……。据《越绝书》,豫章郡古属楚国地,当翼轸二星的分野。又《晋书·天文志上》谓豫章属吴地,吴越扬州当牛斗的分野,所以下文言'龙光射牛斗之墟'。"王力主编的《古代汉语》说:"豫章古为楚地,所以说'星分翼轸'。"人民教育出版社编的《古代散文选》说:"古人以天上的某个星宿对着地面的某个区域,叫作'某星在某地之分野'。"该书也引用《越绝书》证明翼轸是豫章的分野。

上述三家都把"星分"看作偏正结构,即星的分野;都把翼轸当作豫章的星宿分野。这样一来,就出现了三个问题。

1. 豫章的分野明明是属于牛斗,地处吴越扬州,南昌本属吴地,这里为什么又说是翼轸呢?朱注已摆出了这种矛盾,却没有做出合理的解释。似乎豫章既可以归翼轸,又可以归牛斗。同一个王勃,在同一篇文章之中,会出现这种常识性的差错吗?王注虽没有细说,也和该书的"古代文化常识(一)"天文部分的论述相矛盾(见790页星宿分野表)。这里不详述。

2. 从文意来看也成问题。"星分翼轸,地接衡庐",两句相对成文,都是写南昌的接壤地。如果认为第一句是写南昌本身,第二句是写接壤地,这就和王勃的原意大相径庭了。

3. 《滕王阁序》是一篇漂亮的骈体文,它的平仄、对仗都是很讲究的。从平仄来说,两句的格式应是:

平平仄仄,仄仄平平。

而分字如理解为"分野"的"分",就应该读去声。《春秋》僖公三十一年及《左传》昭公二十六年杜注"分野",《经典释文》都音"扶问反"。《汉书·地理志上》"所封封域皆有分星",颜师古注:"分音扶问反。"(1542页)《文选·皇甫士安〈三都赋序〉》"考分次之多少","分"注"去",即读去声。陈其元《庸闲斋笔记》卷四:"分野之'分'是去声。"(95页)但此"分"读去声,则于平仄不合,可见不能作"分野"解。

从对仗而言,"分"与"接"是动词对动词,如果把"分"字当名词看,于对仗也有所乖违。

因此,我的意见:"分"在这里是"分界"的意思。这两句都不是写豫章本身,而是写豫章的邻境。上句是从天空的分野而言,与翼轸相分界,下句是从地面的接壤而言,与衡庐相接连(用衡山代表衡州,庐山代表江州)。这样,才不至于和下文的"龙光射牛斗之墟"相矛盾,而且也与历来有关州国分野的记载相吻合。平仄和谐,对仗工整,这是读者一看就能明白的了。

"分"和"接"连用时,作为"分界"的意思,在王勃的作品中还有类似的例子:

《游冀州韩家园序》:"星辰当毕昴之墟,风俗是唐虞之国。虽接燕分晋,称天子之旧都,而向街当衢,有高人之甲第。"所谓"接燕分晋",是说冀州与燕晋相接壤。这里的"分""接"与《滕王阁序》的用法丝毫不差,而且"分"与"接"在句中可以互换,基本意思不变。如说"星接翼轸,地分衡庐",未尝不可,所不可者,只平仄不谐耳。

剩下一个问题是怎么解释《越绝书》的说法[①]。原来《越绝书》认为豫章属楚地,分野属翼轸,并不错。它所说的那个"豫章"和王勃所说的这个"豫章",名同而实异。注家不明乎此,就把古豫章和隋唐时代的豫章拉扯到一块了。宋人吴曾在《能改斋漫录》中已指出:"春秋之豫章为濒楚,在江夏之间。"又说:"予江西人,尝考今之豫章,非春秋之豫章……按宋武帝讨刘毅,遣王镇恶先袭至豫章口。豫章口去江陵城二十里(盈按:可阅《宋书·王镇恶传》),乃知

[①] 《越绝书·越绝外传记军气,第十五》。

春秋之豫章去江陵甚近,与今洪州全不相干。"(见该书卷九,251—252页)因此,注家引《越绝书》来证明《滕王阁序》中的"星分翼轸",对材料的时代性没有鉴别,结果"证"而不"明"。由于"分"字失解,有人批评王勃"星分翼轸,分野尤差。"(叶大庆《考古质疑》卷五,51页)有人强作解说,顾前不顾后,音韵训诂均失据。

控

控、引曾经是同义词,我们今天的读者已经不大能理解了。《滕王阁序》中"控蛮荆而引瓯越"。这个"控"字,从《古文观止》以来,就有些不贴切的注解。《古文观止》注:"荆楚主南蛮之区,此则控扼之。"《中华活页文选》不唯"控"字没注清,连"引"字也误解了。它把这句话译为:"西控两湖,东扼浙江。"(见合订本卷5,174页)还有的注本说:"控、引:这里都有控制的意思。"

《说文》:"控,引也。"段注:"引者,开弓也。引申之凡引远使近之称。""控蛮荆而引瓯越",正是以豫章为中心,"引远使近"的意思。在这里,"控"和"引"就是一对同义词,并非"控制""控扼"的意思。

王勃这个句子是从左思的《吴都赋》"控清引浊"脱胎而来。"控清引浊"也不能理解为控制清流和浊流,而是说大海接引清流和浊流,即清流浊流都归大海的意思。李周翰注:"控,亦引也。"这是对的(按:清、浊原本指济水、黄河。《史记·苏秦列传》"燕王曰:'吾闻齐有清济、浊河可以为固'。"这里是泛指)。

"控"作接引解,在古汉语中也是不乏其例的。如陆机《齐讴行》"洪川控河济,崇山入高冥",左思《魏都赋》"同赈大内,控引世资",班固《西都赋》"泛舟山东,控引淮湖,与海通波"。我统计了一下,"控"字在《昭明文选》共出现十八次,基本上都是"引"或"接引"的意思。用作"控制"或"控扼"的,一例也没有。

又,《梁书·张缵传·南征赋》:"青溢、赤岸,控汐引潮。"(498页)张元幹《芦川归来集·水调歌头(陪福帅燕集,口占以授官奴)》:"引三巴,连五岭,控百弯。"(80页)"引"、"连"、"控"同义。《芦川归来集·代洪仲本上徐漕书》:"某家世豫章之为郡,襟带江湖,控引夷越,乃东南一都会。"(153页)可证,控引同义,古无分歧。

三尺

王勃在《滕王阁序》中称自己是"三尺微命,一介书生"。什么叫"三尺微命"呢？王力先生主编的《古代汉语》是这么注的:"三尺,指衣带结余下垂的部分(绅)的长度。《礼记·玉藻》:'绅长制,士三尺。'微命,指卑贱的官阶。《周礼·春官·典命》郑注:'王之下士,一命。'王勃曾为虢州参军,所以自比于一命之士,而说'三尺微命'(依高步瀛说)。"人民教育出版社编的《古代散文选》也依高步瀛说,故与王注几乎完全一样。

三尺,本来可用于指人的身长,引申为指人的年龄。在这里,是"童子"一词的代称。"童子"在战国时候通常为"五尺"。《孟子·滕文公上》:"虽使五尺之童适市,莫之或欺。"《管子·乘马》:"童五尺一犁。"到了唐代,往往用"三尺"指童子。由五尺减到三尺,当然不能误解为唐代的童子要比战国时候的童子矮一截,而是名物制度有异。例子有:《杨盈川集·少室山少姨庙碑》:"童子三尺,盖谈霸后之臣;冠者六人,惟述明王之道。"《新唐书·李泌传》:"杨炎视朕如三尺童子,有所论奏,可则退,不许则辞官。"王勃写《滕王阁序》时,年纪尚轻,自己谦称为"三尺",未尝不可,而且上文有"童子何知,躬逢胜饯",与此正好相照应。从文献资料看,称童子为三尺,宋代尚然。胡铨《戊午上高宗封事》:"夫三尺童子,至无知也,指仇敌而使之拜,则怫然怒。"

由于高步瀛对"三尺"的注释不对,对"微命"的解释也失之牵强。事实上,郑注《周礼》所说的"一命"与王勃所说的"微命"没有任何关系。"微命"这个词语,早已见之于屈原的《天问》:"蜂蛾微命力何固。"这里所说的"微命"就是微小的生命。郭沫若先生译为:"蜜蜂和蚂蚁尽管微渺,而力量何以又那么顽强?"这是完全正确的。像王勃这样的文学家,由于受当时文风的影响,对《昭明文选》这样的作品都是读得滚瓜烂熟的,他作品中的许多词语都可以从《文选》找到出典。"微命"又是一例。如祢衡《鹦鹉赋》:"托轻鄙之微命,委陋贱之薄躯。"谢灵运《初发石首城》:"寸心若不亮,微命察如丝。"殷仲文《解尚书表》:"伫(又作抒)一戮于微命,申三驱于大信。"例中的"微命"都是渺小微弱的生命的意思,和"一命""王命"没有丝毫联系。我们把"微命"解释清楚了,那么,"三尺微命"的意思就不难理解了。上下文的关系也不难理解了。王勃说自己是三尺童子渺小微弱,是为了引出下面的"无路请缨……";说自己是"一介书生",是为了紧扣下文的"有怀投笔……"。三尺童子无路请缨,一介书生有怀投笔,文理严密,丝丝入扣,做任何别的解释都会使文意扞格不通。

塞责

"塞责"这个词语在古书上是常见的,究其实应作何解,似乎尚无确说,翻开辞书一查,出现了五花八门的说法。

《辞源》说:"塞责,谓免于责备也。《史记》:吾责已塞,死不恨矣"。(348页)

《联绵字典》:"隔塞其责让也。《汉书·游侠·原涉传》:诛臣足以塞责"。(247页)

《汉语词典》:"塞责,谓完其责任。如,前犹与母处,是以战而北也,辱吾身;今母殁矣,请塞责"。(1043页)

商务出的《辞源》二版第一册:"塞责,尽责,当责。"接着列举了两个例证。例一与《汉语词典》同,例二出自《史记·项羽本纪》:"故欲以法诛将军以塞责。"这例二在《中华活页文选》(4)16页的注解中又不一样。它说:"塞责——掩饰自己的责任。"

上述诸解,可分为两类。"免于责备","隔塞其责让"为一类。"究其责任","尽责""掩饰……责任"为一类。

我觉得,这些说法都欠妥帖。古汉语中的"塞责"与今义并不完全一样。它的古义应当是"弥补罪过"的意思。我们还用上面那些例句来做点分析。

1. "吾责已塞,死不恨矣"。出自《史记·张耳陈余列传》。这话是赵相贯高说的。贯高曾鼓动赵王张敖反叛汉王朝,事泄,汉王朝逮捕了张敖,贯高被迫自首,说出了事情的真相,张敖才得以无罪开释。因此，贯高说：我的罪过已经弥补了，虽死也没有什么遗憾了。从上下文看，《辞源》"免于责备"之说就不对了。

2. "诛臣，足以塞责"。语出《汉书·游侠传》。王莽执政时，曾经要把游侠漕中叔抓起来，而中叔与强弩将军孙建关系很好，王莽疑心孙建将他隐藏起来了。孙建说："臣名善之，诛臣足以塞责。"（3719页）所谓"足以塞责"，也是弥补（漕中叔的）罪过。如果解释成"隔塞其责让"，那是很难讲通的。

3. "今母殁矣，请塞责"。语出《韩诗外传》卷十。说这话的人叫卞庄子。他在战争中"三战三北"，当然是有罪的，而他之所以当逃兵，理由是家有老母，需要照顾。后来，他的母亲去世了，故卞庄子请求给他机会，让他弥补从前当逃兵的罪过。下文说："遂走敌而斗，获甲首而献之，请以此塞一北，又获甲首而献之，请以此塞再北，……又获甲首而献之曰：请以此塞三北。将军止之曰：足。请为兄弟。卞庄子曰：夫北以养母也。今母殁矣，吾责塞矣。吾闻之，节士不以辱生。遂奔敌，杀七十人而死。君子闻之曰：三北已塞责，又灭世断宗，士节小具矣，而于孝未终也"。文中的"塞一北"，就是弥补一次逃跑的罪过，"塞再北"，"塞三北"，理同。"三北已塞责"，就是三次逃跑的罪过已经弥补了。若解为"完其责任"，这些"塞"字就一个也讲不通了，最后一句成了"三次逃跑已完成责任"，这成什么话呢？

4. 至于《项羽本纪》中的"故欲以法诛将军以塞责"一语，《中华活页文选》的注释也是似是而非。这句话的本意是：赵高想诛章邯以弥补自己的罪过，并非掩饰责任的意思。

这样的例子还可以列举一些，如《文子·符言》："治不顺理则多责,事不顺时则无功。妄为要中,功成不足以塞责,事败足以灭身。"杨恽《报孙会宗书》:"当此之时,自以夷灭不足以塞责。"《后汉书·刘盆子传》:"必欲杀盆子以塞责者,无所离(避也)死。"《宋书·范晔传》:"晔妻……回骂晔曰:'君不为百岁阿家,不感天子恩遇,身死固不足塞责,奈何枉杀子孙。'"(1828页)欧阳修《乞根究蒋之奇弹疏札子》:"臣若有之,万死不足以塞责。"(见本集709页,世界书局本)也都是弥补罪过的意思。

"塞"字有"弥补"的意思,前人已注意到了。《汉书·于定国传》:"今丞相御史将欲何施,以塞此咎。"颜师古注:"塞,补也。""塞咎"等于"塞责",也是弥补过错的意思。

"责"字由"责求""诛责"引申为"罪责",在古汉语中也是常见的意义。直到宋朝还这样用。《包孝肃公奏议》卷一第十页:"盖负责之人,自忿废绝,不能振起。""负责"即"负罪"。今成语还有"罪责难逃"。

猖獗(蹶)

"猖獗"的今义是人所共知的,正因为如此,就很容易用今义来理解它的古义,以至把一些文句弄得半通不通,请看下面两个例子:

1.《三国志·诸葛亮传》:"而智术短浅,遂用猖獗,至于今日。"

陈中凡编的《汉魏六朝散文选》注为:"盗贼势盛貌。此指曹操势焰说。"(88页)

《历代文选》注:"猖蹶:偏义复词。即蹶,颠仆,跌倒,引申为挫

败意。"(上册323页)

1963年第十期的《文字改革》译为："可是智力谋术够不上，(奸臣)就越来越猖狂，到了今天这个局面。"(这篇译文又见1964年出版的《中学语文课本文言课文的普通话翻译》一书)

2. 丘迟《与陈伯之书》："沉迷猖獗，以至于此。"

朱东润主编的《中国历代文学作品选》注："猖獗，狂妄。"(上编第二册1313页)

哈尔滨师范学院中文系编的《中国古典文学作品选》注："意思说伯之一时被北魏的狂肆之势所迷惑。"(226页)

这些情况说明，对"猖獗"一词的误解，具有相当的普遍性，提出来讨论一下，并非多此一举。

把例一的"猖獗"注为"盗贼势盛貌""奸臣越来越猖狂"，例二的"猖獗"注为"狂妄"，"北魏的狂肆之势"，都是错误的，错在以今义释古义，以至连句子的主语都偷换了。似乎一说"猖獗"，就是指"盗贼""奸臣"之类的坏人或敌对势力。可是，李白说："嗟余沉迷，猖獗(一作"蹶")已久，五十知非，古人常有"。(《李太白全集·雪谗诗赠友人》卷九，490页)这个"猖獗"的主语是指谁呢，难道不是指李白自己吗！从刘备到李白都说自己"猖獗"，足见，中古汉语的"猖獗"断乎不同于今义。这里应当补充说明的是，把"猖獗"解为"盗贼势盛貌"，并不始于陈中凡先生，几十年前出版的《辞源》就是这么说的(见该书972页)，其影响就更广了。

其次，《历代文选》的注释虽然比较可取，但也只把问题说对了一半。它说"蹶"是颠扑，跌倒，引申为挫败义。这是对的。而"偏义复词"的说法就不对了。

从构词法来说,"猖蹶"是联合式。《说文》中没有"猖"字,朱骏声认为它是"伥"字的俗体(见《说文通训定声》壮部,万有文库本3590页),这是对的。按《说文》:"伥,狂也。……一曰:仆也"。"仆"也是跌倒的意思。那么,猖蹶是由同义词组成的双音词,意思就是遭受挫折,跌跤子。刘备说自己智术短浅,因此受到挫折。丘迟批评陈伯之迷失方向,以至受挫折。跟"盗贼势盛"几乎全无关联。"猖蹶"在中古是常用词。《晋书·王彪之传》:"无故悤悤,先自猖蹶。"又《殷浩传》:"不虞之变,中路猖蹶。"都是跌跤子、受挫折的意思。

盈按:写这条"琐谈"时,尚不知清人赵翼在《陔余丛稿》卷二十二已讨论过"猖獗",所得结论为:"凡此皆有倾覆之意,与常解不同。"(424页。河北人民出版社,2003年)但本人所论意在匡谬正俗,且论说亦有新意,可补赵说之不足。

1979年9月完稿于海淀黄庄北大附中宿舍楼
(原载北京大学《语言学论丛》第七辑,
商务印书馆,1981年)

词义琐谈之二

厉　逢　突　斸　已诺　徒行　取容

《语言学论丛》第七辑登载过我的一篇《词义琐谈》，故把这个续篇称为"之二"。

厉

《辞海》(修订本)厂部"厉"字的第六义项是："河水深及腰部可以涉过之处。"我已经看到有两篇文章批评这条释文。

1. 张涤华同志说："河水深及腰部，可以涉过"的话，说得似乎过于确凿。《尔雅·释水》虽然说"由带以上为厉"，但郝懿行《义疏》已经指出"亦略举大概而言。实则由带以下亦通名厉"。……可见不必说什么"深及腰部"，只依《释水》另一解释"以衣涉水为厉"就行了。(《辞书研究》1981年1期,230页)

2. 刘君惠同志不仅不同意"河水深及腰部"的释义，且亦不同意"以衣涉水""由带以上为厉"的说法。他同意戴震的意见，《诗》"深则厉"，《说文》引作"深则砅"。砅，履石渡水也。《诗》之意以水深必依桥梁乃可过。砅就是桥，一声之转则为"梁"，后来就称为桥梁。他还说,"厉"字无论就形、音、义来说,都无法得出"以衣涉水"或"水深至心"的义训。(《四川师院学报》1980 年 4 期)

这个问题在乾嘉时代就产生过争论。首先据《说文》以驳《尔雅》的是戴震(《答江慎修先生论小学书》,《戴东原集》上卷 49 页,万有文库本),段玉裁在《诗经小学》中赞同师说,在《古文尚书撰异》和《说文解字注》中就不同意戴说了。邵晋涵的《尔雅正义》也批评了戴说。邵段二人的论证已经很充分[①],刘君惠还搬出戴说以驳《辞海》,实在没有必要。

(1)"砅"并不等于桥。"履石渡水如今人蹈砖石过泥泞,此水之至浅者。"《说文》只不过假"砅"为"厉"。(《古文尚书撰异》,《段玉裁遗书》109 页)

(2)把"深则厉"的"厉"理解为石桥,于事理上讲不通。"谓水深则渡石桥,倘其地无石桥,则将待构之乎!绝非《诗》之语意。"(同上)

(3)《诗经》中的"厉"字有几个义项,不得专主一解。邵晋涵列举了下列七例证明"厉"有"以衣涉水"之义(《尔雅正义·释水》)。

  a. 径陵赴险,越壑厉水。(《史记·司马相如列传》3034 页)

  b. 互折窈窕以右转兮,横厉飞泉以正东。(《史记·司马相如列传》3058 页)

  c. 櫂舟杭以横沴兮,济湘流而南极。(刘向《九叹》)

  d. 惜往事之不合兮,横汨罗而下沥。(刘向《九叹》)

[①] 王引之在《经义述词》卷五,亦不同意戴说,论述甚详,可参阅。

e. 悬水三十仞,圜流九十里,有一丈夫,方将厉之。(《列子·说符篇》)

f. 陆德明引《韩诗》云:"至心曰厉。"(《毛诗音义·邶风·匏有苦叶》)

g. 许慎解"涉"字云:"徒行厉水也。"(《说文解字·㳇部》239页)

这些例证不见得都可作"以衣涉水"解,但全与渡水有关,而与"桥梁"毫无关系,尤其是最后一例,可证"许氏未尝不以'厉'为涉水矣"(邵晋涵语)。

(4) 我认为"厉"字作为涉水的意思,它的发展有三个阶段。

第一阶段是指"至带曰厉",或言"至心曰厉",也就是《辞海》说的"水深及腰部"。如《诗·邶风》"深则厉"。

第二阶段引申为泛指"以衣涉水","由膝以上"也包括在内了。如"方将厉之","徒行厉水"之类。

第三阶段再引申为泛指"渡水",如"櫂舟航以横沥"等例。

为什么"由带以上为厉"呢?这是因为"厉"有"带"的意思。

a. 《方言》四:"厉谓之带。"(《方言疏证》111页)

b. 《小尔雅》:"带之垂者为厉。"

c. 《诗·小雅·都人士》:"彼都人士,垂带而厉。"

d. 《广雅·释器》:"厉,带也。"

"厉"既然可以释为"带",那么"由带以上为厉"的说法也就不难理解了。相反,把"深则厉"的"厉"释为"桥",于古训无据(戴震引"吐谷浑于河上作桥,谓之河厉"以证明"桥有厉之名",这是晚出的材料,不足为证)。刘君惠说砅"一声之转为梁",这是滥用因声求义,不可取。盈按:此文发表之后,才见到汪中《释厉字义》,汪文也是为戴说而发,不赞同戴说。他说:"《说文》砅或作沴,厉乃沴之省文。二文正通,非《尔雅》之失,履石渡水为厉,以衣涉水,由带以上亦为厉,一文二义,未可偏废。……涉水则垂者先濡,此义因由带以上之厉转相训而生是名也。深则厉之义,以《尔雅》为长。"(《新编汪中集》353、354页,广陵书社,2005年)

逢

《左传》成公二年有逢丑父,《孟子·离娄》有逢蒙,《后汉书·逸民列传》有逢萌,这个"逢"字有的人读为 féng,有的人读为 péng。

读 féng 是不对的,读 péng 亦无据。《广韵·江韵》"逢,姓也,出北海。《左传》齐有逢丑父。"音薄江切,与"庞"同音。所以,逢丑父、逢蒙、逢萌的"逢",按今音应该读作 páng,《新华字典》正作 páng,只是字形作"逢"。可是,上古文献中,姓逢的"逢"字或写作"蓬""蠭",不见有写作"逄"的,这是为什么呢?因为汉魏以前,还没有产生"逄"字,钱大昕认为是"六朝人妄造无疑"(《十驾斋养新录》107页)。"妄造"的说法不可信。"逄"应是"逢"的区别字,在两汉以前的读音应是[bong],属並母东韵。

关于这个字的读音,颜师古已不得其解。他说:"逄姓者,盖出于逢蒙之后,读当如其本字,更无别音。今之为此姓者,自称乃与'庞'同音。"这条材料透露出唐朝时候姓"逢"的人,还自读为páng。颜师古不尊重语言事实,硬说这是"妄为释训",所以郭忠恕批评说:"《刊(匡)谬正俗》,混说逄逢。"(颜说见《匡谬正俗》卷八,郭说见《佩觿》卷上。元李文仲《字鉴》四江对"逄"字的读音也有辨正)《后汉书·刘盆子传》:"(樊)崇同郡人逄安。"李贤等注引"《东观记》曰逄,音庞。"(478页)袁文《甕牖闲评》卷一10页也讨论了逢丑父,逢蒙的读者,"当读作庞字。"俞樾对此有评说,(上海古籍出版社1985年李伟国校点本作为"附录"收入《甕牖闲评》),认为"古有逢字无逄字,《玉篇》犹然。"(104页)可从。但"逄"字的产生是形音分化的结果,"误作"之说不可信。

突

《庄子·逍遥游》:"我决(xuè)起而飞,枪榆枋而止;时则不至,而控于地而已矣。""枪"也作"抢"。支遁(字道林)注:"抢,突也。"现在有几种注本不知道这个"突"字的确切意思,于是有的释"抢"为"突过"(《古代汉语》修订本379页,中华书局,1981年版);有的释"抢"为"突,冲上"(《庄子浅注》4页,中华书局,1982版)。

这样释"抢",则"抢榆枋"就成为"突过了榆树、枋树",或"冲上了榆树、枋树",这跟原文的意思很不相合。

首先,我们应了解,"抢"和"突",在这里是同义词。都是"触"或"撞"的意思。如《战国策·魏策四》:"布衣之怒,亦免冠徒跣,以头抢地尔。"注:"抢,突也。"黄丕烈《札记》:"今《说苑》作'顿地耳'。"可见,"抢""突""顿"义同。"以头抢地"不能解为"以头突过地",也不能释为"以头冲上地"。"抢地"也可以说成"触地",如《吕氏春秋·疑似》:"其子泣而触地曰。"

"突"亦作"揬"。《广雅·释诂》:"触、冒、搪、敠、冲,揬也。""敠"与"敵""柍"通,都是"撞"的意思。《众经音义》卷三引《三仓》云:"敵,撞也。""唐突"在古书中常见,是"冲撞"的意思,"冲"也是"冲撞"的意思。(参阅王念孙《广雅疏证》489页,万有文库本)

其次,"抢榆枋"这句话还涉及一个校勘问题。现在流行的本子"枪榆枋"后面脱"而止"二字,所以译为"突过",语气还顺。但《庄子阙误》引文如海本、江南古藏本均有"而止"二字(可参阅蒙文通《道书辑校十种·重编陈景元〈庄子注〉》885页),我们弄清了"抢"是"撞"的意思,就知道"而止"二字必不可少。全句意思是碰到了榆树、枋树就止落其上,有时如果还飞不到榆树、枋树,就"控于地"罢了。"控于地"是与"止"于榆枋相对待的两种情况。

齭

《说文·齿部》有个"齭"字,许慎的释义是:"齿伤酢也。从齿,所声,读若楚。"段玉裁说,字"亦作齼"。"所""楚"都是鱼部字,由"齭"变作"齼"是可以理解的。明代岳元声的《方言据》就写作"齼",释文如下:

> 有所畏谓之齼(楚去声),京师亦有是语。此字原谓"齿怯"。今借通用。曾茶山《和人赠柑诗》云:"莫向君家樊素口,鉢犀微齼远山颦。"

由牙齿怕醋(酢)酸,引申为怕其他酸物(齿怯),再引申为"有所畏",这就是"齼"义的演变过程。这个词在现代汉语中并没有消失。请看《新华字典》60 页:

憷 chù,害怕,畏缩:他遇到任何难事,也不发～。

"憷"就是"齼",也就是"䰲"。由"齿"旁变为"忄"旁,反映了词义的演变,由"所"声变为"楚"声,反映了读音的演变。

已诺

"已诺必诚"(《史记·游侠列传》),"刑赏已诺,信乎天下矣"(《荀子·王霸》),"已诺不专"(《鹖冠子·王铁》卷中。陆佃注:"反诺为已。《礼》曰:'与其有诺责也,宁有已怨。'"),"已诺不信"(《马王堆帛书经法》)。上述诸例中的"诺"都是"许也"的意思,"已"是"不许也"的意思(请参阅《荀子·王霸》杨倞注),"已"和"诺"原是一对反义词,这一点郭在贻同志已经论证过了(《漫谈古书的注释》,《学术月刊》1980 年 1 期)。

最近,读到刘百顺同志的一篇文章(《"已诺"辨析》,《学术月刊》1982 年 1 期),不赞同古人将"已"解为"不许"的说法,不赞同郭在贻的论证。我认为郭的论证是不可动摇的。如果说郭文所列举的例证还不足以服人的话,下面我再补充三个例证:

a. 已诺无决,曰弱志者也。(《逸周书·官人解》)

b. 扶之与提,谢之与让,得之与失,诺之与已,相去千里。(《文子·上德篇》,又见《淮南子·说林训》)

c. 诚必不悔,决绝以诺。(枚乘《七发》)

例一"已诺无决"是说"应许还是不应许犹疑不决",所以说这种人是"弱志"。如果像刘百顺同志那样,把"已诺"解为"已经许诺",这句话就讲不通了。既然已经许诺,还说什么"无决"呢。

例二就更明显了。"扶提""谢让""得失"都是反义关系,"已"和"诺"无疑也是反义关系。在这里,"已"决不能看作是副词"已经",也不能看作是动词"践履"之义。

例三"决绝以诺",古人已不得其解。李善注:"事之决绝,但以一诺,不俟再三。(《昭明文选》卷34,641页)李善把"以"字理解为介词,释义为"用,凭",完全错误。《中国历代文学作品选》也承此谬误(见该书474页)。《汉魏六朝赋选》19页说:"以,同'已'。"这就对了。古书中,假"以"为"已"的例子,不胜枚举。但是释义仍然错误。把全句话译为"已经许诺的,就决计实行",不仅词义失误,也不符合原句的结构。事实上,"决绝"是一对反义词,"以(已)诺"又是一对反义词。"决"指决定,应许,与"诺"相应;"绝"指拒绝,不应许,与"已"相应。与上一句"诚必不悔"相照应,是表示一种干脆痛快的风格。

现在我们来讨论刘百顺同志的反证。刘同志引用了《史记·灌夫传》"已然诺"一语,同时引了司马贞《索隐》:"谓已许诺,必使副前言也。"以此证明释"已"为"不许"是不正确的。这是只顾其一,不计其二。"已然诺"的"已"解为动词"践履",这是对的,"然诺"在这里是作为宾语出现的。"已然诺"是一个述宾结构,和前面所有例句中的"已诺",在语法结构上是不相同的。当然,词汇意义也并不一样。"已"有"已经""践履"(即兑现)的意思,并不排斥它可以有"不许"之义[①]。下面这个例子更为典型。"圣人之诺已也,先论其理义,计其可否。义则诺,不义则已;可则诺,不可则已。"(《管子·形势解》)"已"的"不许"义实际上就是"已"的本义"止也"的今译。吴世拱曰:"已,止也,诺之反辞。"(黄怀信《鹖冠子汇校集注》176页)甚确。

我们也不是说,不论在任何时候"已诺"连用都表示反义关系。有时候它是偏义复词。如范摅《云溪友议》卷上四页:

濠梁人南楚材者,旅游陈颍。岁久,颍守慕其仪范,将欲以子妻之。楚材家有妻,以受颍牧之眷深,忽不思义,而辄已诺之。

这个"已"既不是"已经",也不是"践履",更不是"不许",无义。

徒行

《后汉书·列女传》:"及(蔡)文姬进,蓬首徒行,叩头请罪。"(2800页)《古代汉语读本》21页注:"徒行,赤足行走。"蔡文姬虽然

[①] 裴学海《古书虚字集解》27页说:"以"字或作"已"。"已然诺","言灌夫有然诺也",可备一说。

困窘,何至于打赤脚走路呢,这条注是不正确的。[①]"打赤脚走路"古人叫作"徒跣"。"徒跣"与"徒行"义不相混。"徒行"是出无车马,徒步行走的意思,从先秦到唐宋都应作如此解。如:

a. 吾不徒行以为之椁。以吾从大夫之后,不可徒行也。(《论语·先进》)
b. (叔)向曰:子无二马二舆,何也?献伯曰:……班白者多以徒行,故不二舆。(《韩非子·外储说左下》)
c. 舐痔结驷,正色徒行。(赵壹《刺世嫉邪赋》)
d. 郑子戏之曰:美艳若此而徒行,何也?白衣(女妖任氏)笑曰:有乘不解相假,不徒行何为?(沈既济《任氏传》)
e. 出或徒行无驴。(《归潜志》143页)

古人也称涉水为"徒行",但它的意思也不是"赤足行走",还是强调不凭借舟车的意思。如《说文·沝部》:"涉,徒行沥(厉)水也。"段注:"许云徒行者,以别于以车及方之、舟之也。"(《说文解字注》567页,上海古籍出版社)

取容

《辞海》(修订本):"取容,犹言取悦,谓取得别人的欢喜。"书证

[①] 唐末邱光庭《兼明书》卷五"徒行"条云:"范晔《后汉书》,蔡琰见曹公,蓬首徒行而入。明曰:不乘车谓之徒行,不履袜者谓之徒跣。今文姬盖徒跣,非徒行也。故下文云:曹公与之巾袜。"此乃改原文立说,不必讨论。

有《汉书·张释之传》："以不能取容当世，故终身不仕。"

二版《辞源》第一册452页："取容，曲从讨好，取悦于人。"书证有《吕氏春秋·任数》："人臣以不争持位，以听从取容。"又《似顺》："夫顺令以取容者众能之。"

这两本辞书都把"取容"的"容"释为"喜悦"，"取容"就是取得别人的喜悦。这是错误的。主要原因是对"容"字理解有误。《说文·宀部》："容，盛也。"盛东西的"盛"是"容"的本义。所以胡秉虔说："容专为容纳之容，而容仪之容作颂。"（《说文管见》，卷中）《新华字典》"容"字的第一个义项是"容纳，包含，盛（chéng）"。说明"容"的本义古今一致。"取容"的"容"就是用的本义。"听从取容"，"顺令以取容"，就是唯命是从以取得国君的容纳，也就是以此保住自己的饭碗的意思。《管子·形势解》："小人者枉道而取容。"《淮南子·主术训》："守职者以从君取容，是以人臣藏智而弗用。"司马迁《报任安书》："苟合取容"。《汉书·朱建传》："行不苟合，义不取容。"《后汉书·蔡邕传》："盍亦回途要至，俛仰取容。"《文选·夏侯孝若〈东方朔画赞〉》："明节不可以久安也，故诙谐以取容。"王嘉《拾遗记》卷六140页："幸爱之臣，竞以妆饰妖丽，巧言取容。"都是取得容纳的意思。李贺《南园》之七："长卿牢落悲空舍，曼倩（东方朔之字）诙谐取自容。""取容"之间加一"自"字，语意更显豁。"容"的否定式是"不容"，"不能取容当世"意思等于"不容于世"（邹阳《上梁王书》）。"颜回曰：夫子之道至大，天下莫能容。虽然，夫子推而行之，不容何病，不容然后见君子！"（《史记·孔子世家》）《宋书·王玄谟传》："时朝政多门，玄谟以严直不容。"这些"不容"都是不被容纳的意思。

在古书中，有"容悦"连用的例子，但二字的意义并不同。如《孟子·尽心上》："有事君人者，事是君则为容悦者也；有安社稷臣者，以安社稷为悦者也。"杨伯峻先生把这段话译为：

> 有侍奉君主的人，那是侍奉某一君主，就一味讨他喜欢的人；有安定国家之臣，那是以安定国家为高兴的人。(《孟子译注》308页)

把"则为容悦者"译为"就一味讨他喜欢的人"，与原义不符。"为容悦"等于"为容身而悦"，这个"悦"和下面的"以安社稷为悦者"的"悦"，意思完全一样，"悦者"都是臣子，而不是国君。这个问题，黄生在《义府》中解释得很好。他说：

> 《孟》："事是君则为容悦者也"，与下以"安社稷为悦""悦"字一意，言心所慊者在此也。"事君人者"苟得君而事，心无他念，惟以容身保位为主。王深甫云：事君者以见容于吾君为悦。此解得之。(《义府》卷上30页)

1983年4月于北大蔚秀园
（原载北京大学《语言学论丛》第十三辑，
商务印书馆，1984年）

词义琐谈之三

承　鉤（钩）　入日　拱

承

《吕氏春秋·贵信》："于是明日将盟，庄公与曹翙皆怀剑至于坛上。庄公左搏桓公，右抽剑以自承，曰：'鲁国去境数百里，今去境五十里，亦无生矣。钩其死也，戮于君前。'"高诱注："承，佐也。"这条注前人已指出不妥，但陈奇猷认为："高训承为佐不误。佐，助也。此文谓庄公左手搏桓公，右手抽剑以自助，示刺桓公之意。……梁释'自承'为'以剑自向'者，盖误解下文庄公'戮死君前'之语为自杀于君前耳。殊不知庄公之所以说'戮死君前'者，乃庄公知其刺桓公之后，必为桓公之卫士戮死，故云然。梁因误解'戮死君前'为自杀君前，遂不得不释'自承'为以剑自向矣"（《吕氏春秋校释》1308页）。

陈奇猷所批驳的"梁释"，即梁履绳（仲子）的解释。梁释"自承"为"以剑自向"，无论是从上下文来看，还是从词义来说，都是很确切的。鲁庄公并不是要刺杀齐桓公，所谓"戮于君前"，就是要自杀于齐桓公之前。至于陈奇猷说的"必为桓公之卫士戮死"，这完全是陈氏自己的主观推想，文中并无此意。

"承"有指向义,《辞源》《辞海》均不载,然古书中不乏其例:

《左传》昭公二十一年:"使子承宜僚以剑而讯之,宜僚尽以告。"

《左传》昭公二十七年:"执羞者坐行而入,执铍者夹承之,及体,以相授也。"

《左传》哀公十六年:"告之故,辞;承之以剑,不动。"

《晏子春秋·杂篇上》:"戟钩其颈,剑承其心。"

例一"承宜僚以剑",就是以剑指向宜僚。例二"夹承之",是两旁的执铍者用铍指向执羞者。孔疏:"铍之锋刃及进羞者体也。"例三"承之以剑",就是用剑指向他。杜注:"拔剑指其喉。"正是以"指"释"承"。例四"剑承其心",《论衡·命义》作"直兵指胸"。"直兵"就是剑,"指"就是"承"的对译。

《吕氏春秋》的"抽剑以自承"就是抽出剑来指向自己。在先秦时代,"自"做宾语时总是前置,所以"自承"即"承自"。从"承"的使用规律来看,凡与刀、剑等兵器联系在一起时,总是"指向"的意思,找不出有"佐助"义的例子。而且解为"抽剑以自助",在事理上也是不通的。陈奇猷先生只知"承"有"佐"义,而不知"承"有指向义,故斥梁释为"误解",曲护高注,以至曲解原文。

"桓公劫于鲁庄"(《荀子·王制》)的故事,历史记载有分歧。《管子·大匡》的记载与《吕氏春秋·贵信》所述大体相合。原文如下:

庄公自怀剑,曹刿亦怀剑,践坛,庄公抽剑其怀,曰:"鲁之境去国五十里,亦无不死而已。"左椹(应作揕)桓公,右自承,曰:"均之死也,戮死于君前。"

尹知章注云:

> 左手举剑将椹(揕)桓公,且以右手自承而言曰:齐迫鲁境亦死,今杀君亦死,同是死也。将杀君,次自杀。故曰:均之死也,戮死于君前。

《贵信篇》说是"左搏桓公",《大匡》说是"左揕桓公"。这一字之差,说明剑的指向对象不同。"搏"在这里是用手抓住的意思,"揕"是用剑击刺。从左右手的分工习惯而言,《贵信篇》的记载是可信的,鲁庄公应该是左手抓住齐桓公,右手拿着剑。荆轲刺秦王时的动作是:"臣左手把其袖,右手揕其匈。"(《索隐》:"揕谓以剑刺其胸也。")这是事先设想。后来行动时也是"左手把秦王之袖,而右手持匕首揕之。"(《史记·刺客列传》)用左手拿剑刺人,这个动作不符合习惯。但即使如《大匡》所言,"自承"的"承"也非"助"义,而是用右手指着自己,故尹注说:"将杀君,次自杀"。

鉤(钩)

《辞源》(二版 3179 页)"鉤"字义项㈣为"圆规"[①],列举的书证有二:

---

① 第三版已改为:"木工取曲线的工具。"(4182 页,商务印书馆,2015 年)

> 《庄子·胠箧》:"毁绝钩绳,而弃规矩。"
>
> 《汉书·扬雄传·反离骚》:"带钩矩而佩衡兮。"注引应劭:"钩:规也。"

《辞海》(1703页)"钩"字义项②为"圆规",所举书证亦为扬雄《反离骚》句,并引应劭说。在"钩绳"词条下说:"钩,正圆之器。"书证有二:

> 《庄子·马蹄》:"匠人曰:'我善治木,曲者中钩,直者应绳。'"
>
> 王勃《福会寺碑》:"班匠献钩绳之巧。"

《古汉语常用字字典》(85页)"钩"字义项③为"木匠用来画圆的工具",书证亦为《庄子·马蹄》的"曲者中钩"。

以上三部辞书都认为"钩"有"圆规"义,但训诂家对这个"钩"字释义颇有分歧。作为木工工具的"钩"字在《庄子》中共出现六次。除《胠箧》一次外,《马蹄》出现两次,《骈拇》两次,《徐无鬼》一次。原文:

> 且夫待钩绳规矩而正者(《骈拇》)
> 曲者不以钩(《骈拇》)
> 岂欲中规矩钩绳哉(《马蹄》)
> 吾相马,直者中绳,曲者中钩,方者中矩,圆者中规。(《徐无鬼》)

(其余两例,上文已出现)

唐朝成玄英把这些"钩"字解释为"曲"。如《骈拇》:"且夫待钩绳规矩而正者,是削其性者也。"成疏:

> 钩,曲;绳,直;规,圆;矩,方也。夫物赖钩绳规矩而后曲直方圆也,此非天性也。

王先谦的《庄子集解》采取成疏,亦训"钩"为"曲"。叶玉麟的《庄子》白话译解把"钩"译为"钩子"。曹础基的《庄子浅注》释为"用来画曲线"的工具。欧阳景贤、欧阳超的《庄子释译》释为"曲尺"。

归纳起来,分歧有四:1.画圆的工具;2.画曲线的工具;3.曲尺;4.钩子。

"钩子"这个意思很含混,根本不能成立,可以置而不论。"圆规"与"曲尺"这两说,也不能成立。因为在《庄子》中"钩绳规矩"是作为四种不同的木工工具相提并论的。如果说"钩"就是"圆规",则"钩"与"规"同义重复,而"规"是画圆的工具,这是用不着讨论的。所以,《辞源》《辞海》释"钩"为"圆规",完全错误。这种错误盖源于汉之应劭。应劭在《反离骚》中释钩为规,颜师古加以引用,以讹传讹,于是"钩"与"规"混而为一。

"曲尺"说则是将"钩"与"矩"混而为一。曲尺是木工用来求直角的尺。曲尺者,矩尺也。《史记·礼书》索隐云:"矩,曲尺也。"《骈拇》说:"曲者不以钩,方者不以矩。"《马蹄》说:"方者中矩,……

曲者中钩。"可证曲尺(矩尺)不等于"钩"。

《礼记·乐记》有段文字,也可证"钩"既不是圆规,也不是曲尺。原文:

> 故歌者上如抗,下如队(坠),曲如折,止如槁木,倨中矩,句中钩,累累乎端如贯珠。

朱彬的《礼记训纂》解释说:

> 倨中矩者,音声雅曲如中于矩也。句(即勾字)谓大屈也,音声屈曲如中于钩也。……倨则不动,不动者方之体,故中矩。句则不直,不直者曲之体,故中钩。

朱彬的解释是正确的。根据这个解释可以断定:矩是量方体的工具,钩是量曲体的工具。其实,成玄英释"钩"为曲,本来不错,只是文字太简练,容易使后人发生误解。他对"钩绳规矩"的训释是:"钩,曲;绳,直;规,圆;矩,方也。"有人误以为这个"曲"是曲尺,是钩子,与成的本意不合。把成玄英的训释译为现代汉语,应是:

> 钩:取曲线的工具;绳:取直线的工具;规:求圆形的工具;矩:求方形的工具。

《淮南子·原道》:"规矩不能方圆,钩绳不能曲直。"又《齐俗》:"譬犹冰炭钩绳也。"冰与炭相反,钩与绳相反。以上二例有助于对"钩"形的理解。

关于"钩"作为木工工具的本义上文已经讲清了,可为什么从应劭以来就有人释为"圆规"呢?此中必有原因。几经查考,我以为他们是把"钩"的引申用法当成木工工具的本义了,因为曲线是可以演变为圆形的。《庄子·达生》云:"东野稷以御见庄公……庄公以为文弗过也,使之钩百而反。"成《疏》:"任马旋回,如勾之曲。"《释文·庄子音义》:"司马云:稷自矜其能,圆而驱之,如钩复迹,百反而不知止。"宋人林希逸《庄子鬳斋口义》卷六云:"钩,御马而打围也。"所谓"打围",也就是"打转",也就是"圆而驱之"。这是不严整的,宽泛意义上的"圆",只能说是引申用法。

入 日

《山海经·海外北经》:"夸父与日逐走,入日。"袁珂的《山海经校译》把"入日"译为"走进太阳炎热的光轮里"(208页)。我参加编写的《古代汉语》说:"入日:意思是追赶上了太阳。"(北京出版社,7页)还有的译为"到了太阳的热力圈中","并闯进了太阳里面去"。

这些译解都把"入日"理解为动宾关系,这是不对的。"入日"就是"日入"。这种谓语在前,主语在后的语法形式,不是偶然的现象,甲骨文里已有例子:

戊戌卜,内:乎雀栽于出日于入日宰。(合178)

《书·尧典》中也有类似的例子：

> 寅宾出日（恭敬地迎接太阳出来）
> 寅饯纳日（恭敬地饯别太阳落下）

"纳日"就是"入日"，也就是太阳落下。这种谓语前置的结构在先秦典籍中已属罕见，到《史记·五帝本纪》这两个句子被译为：

> 敬道日出（敬对译寅，道对译宾）
> 敬道日入

"日出"就是"出日"，"日入"就是"纳日"。由于这种谓语前置的语法形式后来已被淘汰，人们对《山海经》的"入日"已不理解，于是有人把"入日"径改为"日入"。《史记·礼书》裴骃《集解》所引《山海经》，即作"夸父与日逐走，日入"（1166页）。何焯、黄丕烈、周叔弢等人也都将"入日"校改为"日入"。

古人把"入日"改为"日入"，文意通了，而原文的面貌、时代特点被改掉了；今人虽未轻信错误的校改，但由于对这种残存的语法形式缺乏认识，结果把文意搞错了。

拱

杜甫《北征》："鸱鸟鸣黄桑，野鼠拱乱穴。"《辞源》"拱"字义项㉔引此作为书证，释为"用身体顶动，撞开"（二版1252页）。我参加编写的《古代汉语》则释为"钻进去"（959 页）。我以为这两种解释都欠妥。

《北征》所说的"野鼠"，实际上就是古书上所说的"拱鼠"，也称之为"礼鼠"。

刘敬叔《异苑》三："拱鼠形如常鼠，行田野中，见人即拱手而立。人近欲捕之，跳跃而去。秦川有之。"《北征》所描写的"野鼠"正在秦川的范围之内。

罗愿的《尔雅翼》也有关于拱鼠的记载："今河东有大鼠，能人立，交两脚于颈上，或谓之雀鼠。韩退之所谓'礼鼠拱而立'者也。"（丛书集成本 259 页）

很显然，"野鼠拱乱穴"，只能解释为野鼠"拱手而立"于乱穴之前，与"撞开""钻进去"，义不相涉。

1988 年 7 月完稿于北大中关园 44 楼 109 室

（原载《古汉语研究》1988 年第 1 期）

词义琐谈之四

徐趋 重足 累足 比邻

徐趋

"徐趋"这种古代步法,今人已很不理解,有关注释往往不得要领。《战国策·赵策四》"触龙说赵太后"的故事有"入而徐趋"一语,王力先生主编的《古代汉语》注解说:

> 徐,慢慢地。趋,快步走。当时臣见君,按礼当快步走,只因触詟(盈按:应作龙)脚上有毛病,所以只能徐趋,其实只不过作出"趋"的姿势罢了。(修订本125页)

初中《语文》课本第五册的注释是:

> 徐趋,形容费力向前紧走的样子。徐,慢。趋,快步走。古代臣见君应该快步走,这是一种礼节。触龙脚有毛病,只能"徐趋"。(155页)

这些解释不确。《礼记·玉藻》说:

> 君与尸行接武,大夫继武,士中武,徐趋皆用是[①];疾趋则欲发,而手足毋移。圈(quān)豚行[②],不举足,齐(zī,本又作'齍',指下衣的锁边)如流。

可见,古人行礼时,有两种"趋"法。一曰徐趋,二曰疾趋。国君、大夫、士都有"徐趋"步法,因地位不同,步法亦不同。国君的徐趋"接武",即后足及前足之半。朱彬说:"武,迹也。接武者,二足相蹑,每蹈于半,未得各自成迹。"(《礼记训纂》卷13)大夫徐趋"继武",即后足紧接前足,两足迹相继。士徐趋"中武","中"是间隔的意思,后足与前足间隔一足之地,乃蹑之也。徐趋足不离地,举前足,曳后踵,踵趾相接,旋转如圈,故为圈豚,言其圈而循行(《玉藻》郑注:"豚之言若有所循。")。

疾趋没有接武、继武、中武等步法,但手足要直正,不得低邪摇动。

触龙属于大夫一级,他的徐趋为继武。《论语·乡党》说孔子出使外国举行典礼时,"足蹜蹜如有循",也是"继武"式的徐趋。郑注:"足蹜蹜如有循,举前曳踵行。"朱熹注:"蹜蹜,举足促狭也。如

[①] 王夫之《礼记章句》云:"徐,步也。'皆用是'者,步趋有疾迟,……"标点者在原文"徐""趋"之间加顿号(768页,岳麓书社,2011年)。与原义大不符。又,王梦鸥《礼记今注今译》将此句注为"谓步趋有快慢……"。(416页,天津古籍出版社,1987年)同样不可从。"徐趋""疾趋"都是偏正结构,"徐""疾"均为修饰成分。

[②] 圈豚行:"圈,转也;豚,循也。曳转足循地而行。"(《正义》)

有循,《记》所谓'举前曳踵',言行不离地,如缘物也。"《说文》段注"缩"字云:"《论语》'足缩缩如有循'。郑注曰'举前曳踵行也'。'曳踵行'不遽起,故曰缩缩。俗作'蹜蹜',非,踵,足跟也。"(644页)这是关于徐趋的具体描写,有助于我们正确理解"入而徐趋"一语。《礼记·曲礼下》说的"行不举足,车轮曳踵",也是徐趋的步法。其意为"行时则不得举足,但起前曳后,使踵(脚后跟)如车轮曳地而行"(《礼记正义》,《十三经注疏》本1256页)。可见,"徐趋"的主要特点就是用脚后跟曳地而行[①]。

重足　累足

《史记·汲郑列传》:"必汤也,令天下重足而立,侧目而视矣。"

王伯祥《史记选》:"重足而立,两脚并拢来站住,形容不敢跨步。重,重叠;复合。读平声,引申有并拢的意义。"(472页)

《汉语成语小词典》:"重足:一只脚踩着另一只脚。……指不敢迈步走路。"(47页)

《辞海》:"重足:迭足而立,不敢前进,形容非常恐惧的样子。"(85页)

《现代汉语词典》:"重足而立:后脚紧挨着前脚,不敢迈步。"(150页)

《现汉》的释义,孙德宣先生在《论释义的科学性》(《辞书研究》1981年3期)一文中讲了一点根据。现摘录如下:

[①] 关于"徐趋",还可参阅《仪礼·士相见礼》注疏。

当时编写这一条的时候,参考了有关的资料,同时也注意到古代还有"累足"的说法。《诗·小雅·正月》:"不敢不蹐。"《毛传》:"蹐,累足也。"《说文解字》:"蹐,小步也。"段玉裁注:"累足者,小步之至也。"按"累"不仅指上下重叠,也可以指两个个体前后紧挨着。……把"重足"的颜师古注①和《毛传》《说文》"蹐"字注联系起来看,可以说"重足"就是"累足",也就是段氏所谓"小步之至",也就是后脚紧挨着前脚。

孙先生列举的资料只能证明"累足"有小步义,有"后脚紧挨着前脚"义,而不能确切证明"重足"就是累足。

在古汉语中,"重""累"为同义关系,这是不成问题的。如:

《后汉书·仲长统传》:"彼君子居位为士民之长,固宜重肉累帛,朱轮四马。"

《搜神后记》卷十:"重门累阁,拟于王侯。"

"重足"和"累足"也是同义关系,但二者又有区别。从语言资料来看,"累足"有三种形式,也就是有三个意义。

1. 小步也。这个意义上的"累足"等于《诗经》中的"蹐"。但请注意,这是行进中的动态,很显然不同于"重足"而立的静态。古人对此理解不谬。杜甫《入衡州》:"销魂避飞镝,累足穿豺狼。"注:"累足,行步惊恐之义。"惊恐的具体表现就是"后脚紧挨着前脚",

---

① 颜注见《汉书·汲黯传》,原文是:"重累其足,言惧甚也。"

小步行进。

2. 上面说的是步行中的"累足",还有一种卧式"累足"。《大般涅槃经》卷中:"尔时世尊与诸比丘,入娑罗林,至双树下,右胁著床,累足而卧,如师子眠。"(199页)这种"累足"就是"上下重叠"式,是左足叠于右足之上。参观过北京香山卧佛寺的人,对释迦的卧式累足会有一个形象化的了解。

3. 立式"累足"。在这个意义上,"累足"与"重足"同。古书中的"累足"多为此义。如:

《史记·吴王濞列传》:"今胁肩累足,犹惧不见释。"《汉书·吴王传》作"絫足"。颜师古注:"絫,古累字。累足,重足也。"《辞源》2559页"胁肩累足"条引此为书证,释义为"缩敛肩膀,小步走路"。2411页"累足"条亦用此为书证,而释义为"犹重足。两足相叠,不敢正立"。《辞源》对"累足"的释义,一则前后矛盾,二则都不正确,只有"犹重足"三字可取。

这种语境中的"累足""重足",应取王伯祥说,意为:"两脚并拢站住,形容不敢跨步。""重""累"都是相连的意思。两足相连,比并而立,收敛肩膀,屏住呼吸,都是恐惧的表现。下面举几个例子来说明这一点。

《史记·秦始皇本纪》:"使天下之士,倾耳而听,重足而立,拑口而不言。"

《后汉书·陈龟传》:"龟既到职,州郡重足震慄,鲜卑不敢近塞。"

《诸葛亮集·将苑》:"束肩敛息,重足俯听,莫敢仰视者,

法制使然也。"(据前人考证,《将苑》非诸葛亮作品)

《罗隐集·广陵妖乱志》:"破灭者数百家。将校之中,累足屏气焉。"

《史记·汲郑列传》的"重足而立",与上述例中的"重足""累足"一样,不可能是"后脚紧挨着前脚"的意思。在实际生活中,也不可能存在这种"立"的姿势。

比邻

《辞源》《辞海》都收了"比邻"这个词条,二书都释为"近邻"。《辞源》列举了三个书证。

《汉书·孙宝传》:"宝徙入舍,祭灶请比邻。"
《曹子建集·赠白马王彪》:"丈夫志四海,万里犹比邻。"
王勃《杜少甫之任蜀州》:"海内存知己,天涯若比邻。"

第三例《唐诗选注》(上)也释为"近邻"(2页,北京出版社)。但在串讲这个句子时,又译为"邻居"。注者大概没有意识到:"近邻"并不等于"邻居"。"近邻"是附近的邻居,这是把"比"字译为形容词"近"。"邻居"是把"比邻"当作同义名词连用,故对译为"邻居"。

我认为,注为"近邻"是不对的。"比"虽有"近"义,但在这里却是个名词。"比"在古代是一种基层组织。《周礼·地官·大司徒》:"令五家为比,使之相保。""比"与"邻"连用,就是"邻居"的意思。还有一点可以为证,就是"比邻"可以逆序为"邻比"。如:

《三国志·魏书·管辂传》注引《辂别传》:"与邻比儿共戏土垠中,辄画地作天文及日月星辰。"(811页)

《搜神记》卷三:"旻之妻已私邻比,欲媾终身之好。……郡守命未得行法,呼旻问曰:'汝邻比何人也?'曰:'康七。'遂遣人捕之。"(39页,中华书局)

"私邻比"即与邻居私通,"邻比何人"即邻居是谁。这些"邻比"都无法译为"近邻"。就结构而言,"比邻""邻比"都是联合结构,而不是偏正结构。

按照旧的注音,这个意义上的"比"字应当读去声。为了适应格律的需要,在近体诗中也有读作平声的。如:杜甫《将赴成都草堂途中有作先寄严郑公五首》之二:"休怪儿童延俗客,不教鹅鸭恼比邻。"《九家集注杜诗》卷25:"比,频脂切。近也。"(《切三》作房脂反)这个平声音应是后起音,无关乎意义,注家以"近也"释之,不妥。

1988年7月完稿于北大中关园44楼109室
（原载《古汉语研究》1989年第3期）

词义拾零

翳桑 药石 州部 想 屈 校勘

翳桑

《左传》宣公二年:"宣子田于首山,舍于翳桑。"杜预解"翳桑"为"桑之多荫翳者。"新编《辞源》(2512页,1981年修订本)和徐中舒的《左传选》(116页)主此说。清代的江永、王引之认为翳桑是地名,王力主编的《古代汉语》(修订本29页)和杨伯峻的《春秋左传注》(661页)主此说。今人陈其猷则认为"翳桑谓枯死之桑也"(《吕氏春秋校释》897页)。我赞同陈先生的解说,理由如下。

关于翳桑饿人的故事,除《左传》外,还有下列一些记载:

《吕氏春秋·报更篇》:"昔赵宣孟将上之绛,见骫(wěi)桑之下有饿人。"
《公羊传》宣公七年:"子某时所食活我于暴桑下者也。"
《淮南子·人间》:"赵孟宣活饥人于委桑之下。"
《史记·晋世家》:"(赵)盾常田首山,见桑下有饿人。"

这四条记载，《晋世家》作"桑下"，无疑为桑树之下，非地名。其余"骩桑""暴桑""委桑"，均与《左传》的"翳桑"义同，也跟地名无关。"骩""委""暴""翳"，都是树木枝叶枯萎的意思。除"暴"字外，其余三字实属同源关系，"萎"本是"委"的区别字。

"骩"本是弯曲的意思（见《说文》《玉篇》），《史记·司马相如传》注、《汉书·淮南厉王长传》注、《枚乘传》注、《后汉书·赵壹传》注，都认为"骩"乃"古委字"。二字同音，均于诡切。可证"骩桑"即"委桑"。

"暴"是叠韵联绵字"暴乐"（亦作"爆烁"）的单用。《尔雅·释诂》："毗刘，暴乐也。"郭璞注："谓树木叶缺落荫疏。"《方言笺疏》卷13引钱同人说："'暴桑'当训'暴乐'之暴，亦毗废之意。""暴"的本字应是"槃"。《说文》："槃，木叶陊也。读若薄。"盈按：朱骏声《说文通训定声》将"暴""槃"二字均归入他的小部（即宵部）《玉篇》："槃，落也。"

"翳"字陈其猷引《诗·大雅·皇矣》传："（木）自毙为翳。"可谓确证。还可以补充一条材料。《尔雅·释木》："木……蔽者翳。""蔽"古本作"毙"，死也。（见郝懿行《义疏》）朱骏声认为"翳"是"殪"的假借字，《韩诗》作"殪"（《说文通训定声》2420页）。《释名·释丧制》："殪，翳也。"《说文》："殪，死也。"可证"翳桑"应即"殪桑"，乃枯死之桑，与"荫翳"无关。

王引之说："自公羊氏传闻失实，始云'活我于暴桑下'，而《吕氏春秋·报更篇》《淮南·人间篇》《史记·晋世家》，并承其误。"（《经义述闻》18）王氏所谓"传闻失实"，"并其承误"，实无任何证据。他断言"翳桑是地名"，也只不过按文例加以推断而已。他说：

"若是翳桑树下,则当曰'舍于翳桑下','翳桑下之饿人'。今是地名,故不言'下'也。"《左传》"不言'下'",只能看作是行文不周,汉代的刘向就把这个"下"字给补出来了。《说苑·复恩》云:"赵宣孟将上之绛,见翳桑下有卧饿人不能动。"

药石

宋人袁文《瓮牖闲评》说:"余尝问人药石之义,答者多不同。"(卷七)这说明对于"药石"的释义,宋代已存在分歧。下面列举几种有影响的意见。

袁文说:"夫'药'固无可疑者;若'石'则砭石也。……人有病患,有用药者,有用砭石者,此所以谓之药石。"《辞源》《辞海》的释义与此相同。

王引之说:"药石谓疗疾之石,专指一物言之,非分'药'与'石'为二物。……药字并与疗同义,药石犹疗石耳。"(《经义述闻》18)

什么叫作"疗石"?今人胡厚宣说:"因石可以疗疾,所以古籍中又称药石"。"药石所以刺病,刺病曰砭,所以古籍中又称砭石。"(《论殷人治疗疾病之方法》,见《中国语文研究》第七期)

王瑶说:"药石,药物中也有用石类的,药石就是药。"(王瑶编注的《陶渊明集》59页)。

杨伯峻说:"药谓草木之可治病者。石谓如钟乳、礜、磁石之类可用治病者。或谓古针砭用石,谓之砭石。"对"石"的释义,杨先生兼采二说。(《春秋左传注》1081页)

按袁文、杨伯峻的释义,"药石"乃二物,为并列名词词组;依王引之的释义,"药石"是一个词,为偏正式;王瑶也认为"药石"是一个词,但释义不同于王引之。

在先秦古籍中,"药石"并不常见。《诗》《书》《墨子》《庄子》《韩非子》均无"药石"连用的例子。《春秋》三传只《左传》襄公二十三年出现一例:

> 臧孙曰:"季孙之爱我,疾疢也;孟孙之恶我,药石也。美疢不如恶石。夫石犹生我,疢之美,其毒滋多。"

从这条材料来看,"药石"就是"石"。药与石并非二物。但这个"石"是砭石(疗石)还是口服的钟乳、磁石之类的药呢?我以为是后者。《史记·仓公传》的一段话为我们提供了有力的证据。

> 齐王侍医遂病,自练五石服之[①]。……臣意(淳于意)即诊之,告曰:"公病中热。论曰'中热不溲者,不可服五石'。石之为药精悍,公服之不得数溲,亟勿服。色将发臃。"遂曰:"扁鹊曰'阴石以治阴病,阳石以治阳病'。夫药石者有阴阳水火之齐。故中热,即为阴石柔齐治之;中寒,即为阳石刚齐治之。"(2811页)

这里也是"石"与"药石"并用,而且是口服药。显然,"药石"之"石"

[①] 《汉书·王莽传下》:"威斗者,以五石、铜为之。"注引"李奇曰:'以五色药石及铜为之。'"《抱朴子·内篇·金丹》:"五石者,丹砂、雄黄、白礜、曾青、慈石也。"

绝非砭石。另外,《集韵·爻韵》"夒"(náo)字释义:"夒沙,药石。"《集韵·阳韵》"硭"字释义:"硭硝,药石。"这些都是口服用的石药。

在古书中,"药石"可易位为"石药"。《素问·腹中论》:"帝曰:夫子数言热中消中,不可服高梁芳草石药,石药发癫,芳草发狂。"注:"石药,金石之药也。"又:"岐伯曰:夫芳草之气美,石药之气悍。"注:"石药者,其性坚劲于下沉,故非中心和缓之人,服之则中气易于虚散也。"(《黄帝内经素问集注》156页)所谓石药"性坚劲"与《史记》说的"石之为药精悍",意思一样。

从概念来说,"药"与"石"本是属概念和种概念的关系。《周礼·天官·疾医》有"五药"。郑玄注:"五药:草、木、虫、石、谷也。"就构词方式而言,"药石"为偏正式。

药石由专指石药,经过引申也可泛指药物。如:

枚乘《七发》:"今太子之病,可无药石、针刺、灸疗而已。"

陶渊明《示周续之祖企谢景夷三郎》诗:"药石有时闲,念我意中人。"

苏轼《上韩持国》(韩维,字持国,元祐中官门下侍郎)诗:"犯时独行太嵼嶵,回天不忌真药石。"

州部

《韩非子·显学》:"宰相必起于州部。"梁启雄认为"似指州官的衙署"(《韩子浅解》499页)。《辞源》"州部"条亦引此例,释为

"地方行政机构"。

《庄子·达生》:"宾于乡里,逐于州部。"曹础基《庄子浅注》288页:"州部,州邑。"

按《辞源》和梁氏之说,"部"为"衙署",即"行政机构";按曹说,"部"相当于"邑"。二说均不确。其实,"州部"乃泛指基层组织。

部,在先秦时代是州里以下的组织。《墨子·号令》篇多次谈到"部"这个基层单位。下面列举数例:

例一:"因城中里为八部,部一吏,吏各从四人,以行冲术及里中。里中父老(小)不举守之事及会计者,分里以为四部,部一长,以苛往来不以时行、行而有他异者。"

例二:"吏行其部至里门。"

例三:"部吏亟令人谒之大将,大将使信人将左右救之,部吏失不言者,斩。"

例四:"诸吏卒民,非其部界而擅入他部界,辄收以属都司空若侯。"

里之下可以分为四个部,也可以分为八个部,部有部长,有部吏。他们的职责是在道路上查问来往行人,维护治安,保卫州里。各部有一定的分管地段,诸卒吏民,不得擅自进入其他部界。按组织规模而言,一个里只有 25 人家,部则是里下面的一个居民小组。只管辖几户人家。

从汉代开始,"州部"的词义已有变化。汉武帝元封五年,在全国设立十三部,也叫十三州。州的意义与古之九州、十二州的"州"相同,而不同于《韩非子》中"州部"的"州"。作为基层组织的"州",是里以上的组织(里十为州),据说 2500 家为一州,而十三州的"州"则是大的按察区。"州部"连用,乃同义连文,不是州下的部。

《文选·齐故安陆昭王碑文》:"监督方部之数。"注:"方部,四方州部也。"这个"州部"为刺史按察区,与先秦时代的"州部"不同。

想

王力先生主编的《古代汉语》对"思"与"想"的辨别是:"在思考的意义上,只能用'思',不能用'想'。"(1605页)任学良先生在他的新著《〈古代汉语·常用词〉订正》里说:"'思'是文言,'想'是口语,这才是它们的区别。……二者意义上的区别是不存在的。"(186页)任先生为了证明"思"与"想"不存在区别,列举了五个例证。我们就对这五个例证进行讨论,看看"思"与"想"究竟有无区别。

例一:《吕氏春秋·知度》(按:这个篇题,任先生误认为《勿躬》):"去想去意,静虚以待。"

任说:"这个'想'是'思考'的意思。"

例二:《吕氏春秋·情欲》:"胸中大扰,妄言想见。"

任说:"这是表示希望的'想'。"

例三:《韩非子·解老》:"人希见生象也,而得死象之骨,案其图以想其生也,故诸人之所以意想者,皆谓之象也。"

任说:"这是'想象'的'想'。"

例四:《素问·痿论》:"思想无穷,所愿不得。"

例五:《素问·上古天真论》:"外不劳形于事,内无思想之患。"

任说:"'思想'成为一个词,作'思考'讲,更证明了二者意义上的区别是不存在的。"

我认为任先生对这些"想"字的解释,都可商榷。

例一的"想"和"意"是同义关系,所谓"去想"并不是去掉"思考",而是要去掉空想。

例二的"想"与"妄"是近义关系,根本不能释为"表示希望"。所谓"妄言",是指病人无根据的胡言乱语;所谓"想见",是指病人的幻想、幻觉。《论衡·订鬼》:"凡人不病则不畏惧,故得病寝衽,畏惧鬼至,畏惧则存想,存想则目虚见。"又:"凡天地之间有鬼,非人死精神为之也,皆人思念存想之所致也。"这些"想"字也是指病人产生的"幻想""臆想"。其中的"存想则目虚见",即《情欲》所说的"想见",即"活见鬼"之类的幻觉。《辞源》释《订鬼》之"存想"为"构思,想象"(0782页)。高中语文课本第四册释"存想"为"想念",都不确。

例三任先生释为"想象",虽可疏通文意,但梁启雄先生释为"臆度或臆测"(《韩子浅解》158页),更符合原意。

例四、例五"思想"连用,很难说这是"一个词",我以为是两个同义词连用。"思"是思考,"想"是臆想。臆想太多,所以难得如"愿",以致成"患"。

除上述五例外,还可以补充一例。《周礼·春官·眡祲》:"掌十煇之法,以观妖祥,辨吉凶。一曰祲,二曰象,……十曰想。"郑注:"想,杂气有似可形想。"疏:"想,杂气有似可形想者,以其云气杂有所象似,故可形想。"(《十三经注疏》808页)这个"想"字,也是主观臆测的意思。

"思""想"之别,《说文》区分得很清楚。"思,容也。"(段玉裁改为"睿也")"想,冀思也。"(段玉裁改为"覬思也")李士珍《字训》说:"想,冀思也,希冀而思之也。字从心相。本无其相,而思之所结,若有相焉,故想者心中所呈之幻相也。"(卷三)《说文》以"想"为形声字,而李氏当作会意字,很有道理。

金岳霖先生的《知识论》有"分论思与想","思与想底分别何在呢?这分别最好从内容与对象着想。我们以后会叫思为思议,叫想为想像……想像的内容是像,即前此所说的意像;思议底内容是意念或概念。想像的对象是具体的个体的特殊的东西,思议底对象是普遍的抽象的对象。"(297、298页,商务印书馆,2003年)我们当然不能把金先生的这种区分搬到古代去,但"思""想"有同有别,这是古今一致的。

屈

"屈"在唐宋时期有"请"义,《辞源》《辞海》都失收。《广韵》《康熙字典》也未载此义。只有《集韵·迄韵》说:"屈,曲也,请也。"下面我们列举一些语言资料来证明"屈"有"请"义。

例一:牛僧孺《玄怪录》107页:"一人握刀拱手而前,曰:'都统屈公。'公惊曰:'都统谁耶?'曰:'见则知矣。'公欲不去,使者曰:'都统之命,仆射不合辞。'……垂帘下有大声曰:'屈上阶。'阴知其声,乃杜司徒佑也。"

例中的"都统屈公",即"都统请公"。"屈上阶"即"请上阶"。

例二:刘崇远《金华子》卷下53页:"光德相国崇望举进士(刘崇望,咸通十五年进士),因朔望起居郑太师从谠,阍者已呈刺,适遇裴侍郎后至,先入从容,公乃命屈刘秀才以入。"

例中的"屈秀才",即"请刘秀才"。

例三：王定保《唐摭言》27页："宰相既集，堂吏来请名纸，生徒随座主过中书，宰相横行，在都堂门里叙立。堂吏通云：'礼部某姓侍郎，领新及第进士见相公。'俄有一吏抗声屈主司，乃登阶长揖而退。"

例中的"屈主司"，即"请主司"。

例四：沈括《梦溪笔谈》25页："百官于中书见宰相，九卿而下，即着吏高声唱一声'屈'，则趋而入。宰相揖及进茶，皆抗声赞唱，谓之'屈揖'。"

《辞源》（二版）"屈"字下收有"屈揖"这个词条，但由于不了解"屈"有"请"义，把"高声唱一声'屈'，则趋而入"，误解为"屈躬而入"。

例五：陶宗仪《南村辍耕录》卷八："又段成式《庐陵下官记》（盈按：此书今已不存）：韦令去西蜀时，彭州刺史被县令密论诉。韦前期勘知，屈刺史诣府陈谢。"（104页）"屈刺史"即"请刺史"。

《敦煌变文集·八相变》中"屈请"连用。如"屈请将来"，"屈请将来令交相"，"大王屈请圣仙才"（332、333页）。按："屈"有"请"义，在此文之后才知蒋礼鸿先生《敦煌变文字义通释》（190页）已谈到，但我所举例证为个人读书所得，故与蒋文无重复者，可对蒋文做补充。

校勘

《辞源》《辞海》对"校勘"的释义只有一个义项："比较审定。特指将书籍的不同版本和有关资料加以对比，审定原文的正误真伪。"（《辞源》1558页）我们发现"校勘"还有"对照检查、检讨"的意思。如：

例一：明黄渊耀《存诚录》上："学道须得路头清，先将宋五子书就自家身上校勘一番，次将象山、姚江之书细细参究，便不走入歧途。"

所谓"先将宋五子就自家身上校勘一番"，就是用宋代周敦颐、张载、二程及朱熹等五人的著作对照自己进行检查。

例二：《存诚录》上："将五经、四子书向自家身上校勘一番，何者我已能，何者我未能。"这是说用五经、四书来对照自己进行检查。

例三：《存诚录》中："近日校勘自家弊病，力求变化，觉得一时强制，济不得事。"这是说检讨自己的毛病。

例四：《存诚录》下："近同伯氏与同志诸君子作'直言社'，每当相聚时，各举平时日录互相校勘。有善必劝，有恶必惩。""互相校勘"即互相检查。

盈按：本文完稿后，读到曾运乾遗著《古语声后考》（何泽翰整理，《湖南师大学报》1986年增刊），曾氏也认为"暴乐""本字当为槀落"，"槀落语转则为暴乐"。但曾氏认为"暴乐原系附尾语词"，非叠韵联绵字。所谓附尾语词，即上一字音义兼备，举上即可以赅下。如举"暴"可代"暴乐"。

1988年元月完稿于北大中关园44公寓109室
（原载《湖北大学学报（哲学社会科学版）》1988年第6期）

《庄子》札记(一)

去以六月息者也(《逍遥游》)

这句话有好几种不同的解释。有人译为:大鹏是乘着六月风而飞到南海去的;有人解为:鹏飞半年至南溟才歇息下来;一说:鹏鸟一飞,半年才呼吸。均与原意相距甚远。这句话的主语"鹏"承上省略,"去以六月者也"是谓语部分,其中的"去"是谓语动词,意思是"离开"。注家释为"飞去南海","至南溟",均与"去"的原义不符。先秦时代的"去"还没有产生到什么地方去的意思。"以六月息"是介词结构做补语,"息"是名词,指大风,"六月"做"息"的定语。译为现代汉语,句中的补语成分照例可译为状语。全句意思是:[大鹏]凭着六月的大风飞离了北冥。

正确理解这个句子,一方面要把结构层次搞清楚,另外就是对"去""息"这两个关键性的词要解释得当。上面已经说了,"去"只能释为"离开";至于"息"字,在这里用的是比喻义,前人释为"风",联系上下文和全篇的主题思想来看,无懈可击。有的注家以为这个"息"是动词,释为"休息","止息","呼吸",不仅文意不合,就是对句子结构的内在联系也理解错了。解"六月"为半年,亦不当。

野马也，尘埃也，生物之以息相吹也（《逍遥游》）

从下面几种译文可以看出，对这个句子结构的误解带有相当的普遍性。结构被误解，释义也就成问题了。

叶玉麟《白话译解庄子》译为："诸如春日田野中的游丝水气，天空中像尘埃充满似的积气，以及一切生物所出的气息，都是鹏鸟赖以飞腾天空的。"（7页）

《庄子内篇译解和批判》译为："像野马般的游气（春天阳气发动，远远遥望，它好像奔驰的野马），飞扬着的尘埃，在空中活动着的微小生物，都是被风吹着在空中游荡的呀！"（69页）

《庄子今注今译》："野马般的游气，飞扬的游尘，以及活动的生物被风吹而飘动。"（5页）

三家译文都没有把"生物之以息相吹"的结构搞清楚，共同的错误是把"生物"与"野马""尘埃"作为等价的并列成分。叶玉麟的误译尤为突出，凭空添进"都是鹏鸟赖以飞腾天空的"意思，这是袭郭注而传谬。郭象的注释是："此皆鹏之所凭以飞者耳。"

"野马也，尘埃也"是全句的主语部分，二者是并列关系。至于什么叫作"野马"，在这里不详加讨论。闻一多说："《庄子》盖以野外者为野马，室中者为尘埃，故两称而不嫌。"（《古典新义》238页）我基本上同意这种看法。"生物之以息相吹也"是谓语部分，其中特别值得注意的是"相"字。按照通常的说法，"相"是个指代性副词。就指代作用而言，相当于代词"之"，在这个句子中指代主语

"野马""尘埃";就副词作用而言,它和介词结构"以息"一起做动词"吹"的状语。"以息相吹"就是以息吹之。即:野马,尘埃,都是生物用气息吹拂起来的。我参加编写的《古代汉语》解为"……用气息互相吹拂",也是一种误解。因为"相"在这里的作用是指代接受动作的一方,不是表示相互对待的关系。

句中的"息"字与上文"六月息"之息释义不同,而它们的深层含义却"息息相关"。六月息指风,生物之息也变成风;大鹏因风而起,野马、尘埃也因风而起;小大不同,其因风则一也。这些似乎离题的"闲笔"文字,实则为"犹有所待者也"而发。

王勃《上刘右相书》:"以息相吹,时雨郁山川之兆。"此乃用两典说明一意,用语巧妙。只不过"吹"的对象不是"野马、尘埃",而是"山川之兆"。"兆"是什么?《礼记·孔子闲居》云:"清明在躬,气志如神,嗜欲将至,有开必先,天降时雨,山川出云。"所谓"山川之兆"就是"云"。郑注云:"清明在躬,气志如神,谓圣人也。嗜欲将至,谓其王天下之期将至也。神有以开之,必先为之生贤知(智)之辅佐,若天将降时雨,山川为之先出云矣。""云"是"时雨"之先兆,而"云"从何而来,是"以息相吹"的结果。勃用此典,自"吹"又"吹"刘(刘祥道,龙朔三年迁右相),言在此而意在彼,不露痕迹。年未及冠的"神童",对"以息相吹"的理解很准确,故加援引以证吾解之不谬。

犹然笑之(《逍遥游》)

有的注家认为"犹"即"繇",乃古今字,释为"笑的样子"。"犹然"也见于其他古籍,亦作"逌然""逌尔"。

《荀子·哀公》:"故犹然如将可及者,君子也。"杨倞注:"犹然,舒迟之貌。"

《逸周书·官人》:"喜色犹然以出。"注:"犹然,舒和貌。"

《列子·力命》:"终身逌然,不知荣辱之在彼也,在我也。"《释文》:"逌,音由。逌然,自得貌。"

《昭明文选·班固·答宾戏》:"主人逌尔而笑。"注:"逌,宽舒颜色之貌也,读若攸。"又:"逌尔,宽闲之貌。"

我引的这四条材料都有古注,这些注释材料说明,"犹然"不能笼统地释为"笑的样子",其确切含义是宽舒自得的样子。说"犹""貁"是古今字,也不正确。"犹然"的"犹",其本字应是"逌"。《说文·乃部》:"逌,气行貌。"徐灏《说文解字注笺》认为,《列子·力命篇》的"逌然",《答宾戏》的"逌尔","皆与气行之义相近"。桂馥、王筠、朱骏声在解释"气行貌"时,都引有关"逌然"的材料作为书证。无疑,犹然自得乃"气行貌"之引申义。

肌肤若冰雪(《逍遥游》)

这句话注家多理解为:肌肤如冰雪一般洁白。《辞源》0326页"冰雪"条释为"比喻晶莹洁白。"《辞海》不同,它的"冰雪"条有二音二义:①比喻纯净清澈;②读 níng,"冰雪"即凝雪,释为"脂膏"。书证有:

> 《尔雅·释器》:"冰,脂也。"郭璞注,"《庄子》云:'肌肤若冰雪。'冰雪,脂膏也。"(365页)

《辞海》的注音是对的,释义照抄郭注,不太明确。

在《说文》中,仌和冰是形音义均不同的两个字。仌,是我们现在所说的冰;而《说文》的冰字读 níng,俗体作凝。古书中多借冰为仌,凝字取代正体冰字,"冰"的本音本义渐渐不为人们所知。

《尔雅》"冰,脂也"的"冰"就是凝字,郝懿行《尔雅义疏》说:"郭引《庄子·逍遥游篇》文以冰雪为脂膏,冰亦音凝也。"

席世昌《读说文记》也指出:"肌肤若冰雪,绰约若处子。'冰雪'与'处子'对文,以冰为凝可知。"

郭庆藩的《庄子集释》也说:"冰,古凝字,肌肤若冰雪,即《诗》所谓肤如凝脂也,……冰脂以滑白言,冰雪以洁白言也。"(29页)郭庆藩说的"冰(níng)雪以洁白言"是很正确的。在先秦作品中,没有以冰(bīng)来形容肌肤洁白的,就是"冰雪"连用也罕见。后来的文学作品也以雪来形容肌肤洁白。如韦庄《菩萨蛮》:"垆边人似月,皓腕凝双(本亦作"霜")雪。"苏轼《洞仙歌》:"冰肌玉骨,自清凉无汗。"有注家认为这是"用《庄子·逍遥游》'肌肤若冰雪'语意"。果如是,只能说明苏轼对《逍遥游》"语意"不甚了然。我以为不必附会。南宋初年第一位注坡词的傅幹也不云此语典出《庄子》。此语实脱胎孟昶诗"冰肌玉骨清无汗",与庄子无关也。

总之,《逍遥游》的"冰雪"应读为"凝雪",意为凝结的白雪。郭注《尔雅》引此文为证,不错;而释为"脂膏",不精确。注家将"冰雪"理解为两个名词连用,则纯属误解。

宋人资章甫而适诸越(《逍遥游》)

《庄子浅注》将句中的"资"释为"购取";《庄子今注今译》释为"货,卖"。《辞源》释为"鬻,售"(2960页)。均非的诂。

《说文》:"资,货也。"段玉裁注:

> 资者,积也。旱则资舟,水则资车,夏则资皮,冬则资絺绤(盈按:《国语·越语上》《史记·货殖列传》均有类似的话),皆居积之谓。(《说文解字注》279页)

"资章甫"显然不是一般情况下的"购取章甫"或"售卖章甫",而是指囤积、收购。段注有助于我们理解"资"的古义。

而独不见之调调之刁刁乎(《齐物论》)

《庄子浅注》:"调调、刁刁,都是形容摇动的样子。"(17页)

"调调"与"刁刁"应该有别。《说文》:"卥,草木实垂卥卥然。读若调。"段注:"《庄子》曰:'之调调,之刁刁。'之,此也。调调谓长者,刁刁谓短者。调调即卥卥也。"叶德辉《说文读若考》亦指出:"此卥卥即调调之本字,风吹草木之实卥卥然也。"

"刁刁"本亦作"刀刀",音同。卢文弨曰:"旧俱作刁,俗;今改依正体。"(转引《庄子集释》49页)而《正字通》认为：刁"俗讹作刀"《说文》无"刁"字。既然"旧俱作刁"，从旧即可。

謋然已解(《养生主》)

成玄英《疏》："謋然，骨肉离之声也。"历来的注家多采此说。以"謋"为象声词。

《广雅·释诂》："捇，劃，裂也。"王念孙《疏证》："捇者，《说文》：'捇，裂也。'《庄子·养生主篇》云：'动刀甚微，謋然已解。'謋与捇同。……捇劃声并相近。"王说可信。古书也假霍为劃(kuò)。《荀子·议兵》："劳苦烦辱则必奔，霍然离耳。"劃与劇同。《玉篇》："劇 kuò，解也。劃，籀文。"

謋、捇、劃(劇)，字异音近义同。謋、捇均晓母字，劃(劇)属溪母，都是牙音，意思都是裂也，解也。"謋然"做"解"的状语，并非形容牛解体时发出的声音，而是形容牛解体时的状态，形容速度很快。陈鼓应先生的《庄子今注今译》释"謋"为"解散"，并引用了王闿运等人的说法，这是对的。我在此列举的材料，可证陈注之不谬。

无门无毒(《人间世》)

分歧主要在"毒"字。古人早已指出，"毒"是个错别字，《庄子》原文应该是"每"字。《庄子浅注》及《庄子释译》《庄子今注今译》等仍然就"毒"字立训，使一个已经解决了的问题至今纠缠不清。

判断"毒"为"每"之误,有如下根据:

1. 以版本为据。《经典释文·庄子音义》:"崔本作'每'。云:贪也。"崔即东晋人崔譔,一说为晋初人。

2. 每之所以误作毒,乃形近所致。小篆每作㞢,毒作㞢。《说文》:"每,从屮母声。""毒,从屮毒声。"

3. 清人姚鼐已指出:"止、每,已为韵。"即"入则鸣,不入则止。无门无每,一宅而寓于不得已,则几矣"为韵。"几"字也应看作韵脚。"止""每""已"均之部字,"几"属微部,之微通韵。若是"毒"字则不叶,"毒"为入声字。

4. 何谓"无门无每"? 焦竑的解释最为精确:"广大无门,澹泊无每。"广大无门,不开一隙,则对方无可乘之机;心志淡泊,不存贪欲(盈按:贾谊《鵩鸟赋》:"品庶每生。"《文选》注引"孟康曰:每,贪也。"《史记·伯夷传》《索隐》云:"邹诞本作'每生'。每者,冒也,即贪冒之义。"),才能做到"一宅"。

以上四点理由都是能成立的,所以朱骏声在注《说文》"每"字时就引《庄子》的"无门无每"为证,马其昶的《庄子故》也作"无门无每"。他们都将"毒"字径改为"每",一扫无稽之谈。每又作拇。《方言》十三:"拇,贪也。"《广雅·释诂》:"拇,贪也。"王念孙的《广雅疏证》、钱绎的《方言笺疏》在引用《庄子》"无门无毒"时,均以崔譔本作"每"为是。"拇"亦讹作"挴"。葛信益《广韵丛考》已指出:"海韵'拇',《王二》《王三》均作'拇',与贿韵'挴'字同,作'挴'讹误。"(82页,北京师范大学出版社,1993年)

其脰肩肩(《德充符》)

《庄子集释》引李桢曰:

> 《考工记·梓人》文:"数目顅脰。"注云:顅,长脰貌。与"肩肩"义合。知肩是省借,本字当作顅。

《说文》"顅"字:"头鬓少发也。《周礼》曰:'数目顅脰。'"段玉裁注:"许说《周礼》与先郑(指郑众)同,后郑(指郑玄)易之曰:顅,长脰也。非许义。证以《庄子》'其脰肩肩',则后郑是也。肩即顅。"(420页)

李桢、段玉裁认为《考工记》的"顅脰"与《庄子》的"其脰肩肩"义合,"肩"是顅的假借字,并依郑玄释为"长脰貌",完全正确。后人不明假借,望文生训,认为"其脰肩肩",是"其脰肩于肩"之省,句意为:"两个肩膀扛着一个脑袋的人"。其说虽辩,恐非《庄子》原意。而且,对《考工记》的"顅脰"又作何解?《经典释文·庄子音义》"肩肩"条,收录了三种旧注。李颐说:"羸小貌。"简文云:"直貌。"二家都把"肩肩"当作叠字形容词,释义也与郑注《考工记》相近,这是值得我们重视的。

穿池而养给(《大宗师》)

《庄子浅注》105页:"穿,贯穿,通过。穿池,意谓离开水池,游到江湖去。"这是以后起义解古义。先秦时代"穿"字并无"离开",

"通过"义。《说文》:"穿,通也。从牙在穴中。"许慎说的"通"不是"通过"的意思,而相当于现代汉语的"穿透,凿通"。《诗·召南》:"何以穿我屋","何以穿我墉"。二"穿"字正是用的本义。由穿透引申为挖掘。古书中说的"穿井""穿窦窖""穿池"即此义。叶玉麟《白话译解庄子》将"穿池而养给"译为:"掘个池子得些水就是够养活了。"大意不错。成玄英大概认为"穿池"非人力所为,而是鱼类自身的活动,故解为:"鱼在大水之中,窟穴泥沙,以自资养供给也。"成《疏》求之过深,近于穿凿,不如叶译明白、准确。

造适不及笑,献笑不及排(《大宗师》)

《庄子浅注》107页注:"意谓适意的心境出现时,往往还来不及笑;从内心发出的笑声,出于自然,往往也来不及安排。"《浅注》对句式理解有误。这是两个否定性的比较句。"不及"并非"来不及",而是赶不上,比不上。《逍遥游》的"小知不及大知,小年不及大年",句法与此大体相同。用"安排"来解释"排",也不妥当。将下文的"安排而去化"的"安排"释为"安于自然的安排",同样不妥当。郭象注:"排者,推移之谓也。""安排"即"安于推移",也就是顺应自然,随物变化。在《庄子》中,这是很高的精神境界。这两句话可译为:适意比不上欢笑,美好的欢笑比不上随物推移。

犹涉海凿河而使蚊负山也(《应帝王》)

《庄子内篇译解批判》257页将"涉海凿河"释为"于大海之中

凿河",认为"这与庄子精神相合"。《庄子今注今译》也取此说,译为"就如同在大海里凿河"。此说甚谬,与原意大相径庭。

涉海、凿河、使蚊负山本是三件事情,都是无法办得到的。涉海、凿河都是动宾结构。涉的本义是"徒行沥水"(见《说文》),即不要舟桥徒步从水中蹚过去。这里正是用的本义。徒步不能蹚过大海,比喻事情无法办得成。凿河也是不可能的,"河"不宜泛解为一般的河流,应是特指黄河。黄河源远流长,非人力所能开凿。

块然独以其形立(《应帝王》)

注家多释"块然"为"如土块"。似不确。"块然"形容孤独无偶的样子。成《疏》:"块然无偶也。"可信。

《荀子·君道》:"块然独坐,而天下从之如一体。"《史记·滑稽列传》:"今世之处士,时虽不用,崛然独立,块然独处。"《昭明文选·刘越石·答卢谌》:"块然独坐,则哀愤两集。"注:"块然,独居貌。"这些"块然"都不能释为"像土块那个样子"。"块然"又作"傀然""魁然"。《荀子·性恶》:"傀然独立天地之间而不畏,是上勇也。"杨倞注:"或曰:傀与块同,独居之貌。"《汉书·东方朔传》:"今世之处士,魁然无徒,廓然独居。"颜师古注:"魁,读曰块。"

使天下簧鼓以奉不及之法(《骈拇》)

《经典释文·庄子音义》:"簧鼓,音黄,谓笙簧也。鼓,动也。"这条注本来很正确。但王先谦《庄子集解》误以"簧鼓"为并列结构,释为"如簧如鼓"。现在的注家多取王说,并进而发挥说:"簧鼓,应为并列的两个名词,这里用如动词,意即如簧如鼓。又,簧为吹奏的乐器,鼓为打击乐器,故簧鼓亦即今语吹吹打打之意。"(《庄子释译》188页)"簧鼓作动词用,吹笙打鼓,鼓吹,比喻宣传吹捧。"(《庄子浅注》123页)孤立来看,这些解释似乎不错,但在先秦作品中,"簧"有花言巧语的比喻义,而"鼓"无吹捧义。鼓与簧连用时,不论是"鼓簧"还是"簧鼓",都不是并列性的名词结构。《诗·小雅·巧言》:"巧言如簧,颜之厚矣。"《疏》:"如簧,如笙之鼓簧也。"又《鹿鸣》:"吹笙鼓簧,承筐是将。"《疏》:"吹笙之时,鼓其笙中之簧以乐之。"例中的"鼓簧"均动宾结构。还应指出,与簧相联系的动词是"鼓",而不是"吹"。至于"簧鼓"则是状动结构。簧本是乐器中用苇或竹、金属制成的薄片,用以振动发声,当然是名词。在这里用作状语,修饰动词"鼓",意为如簧一样鼓动,比喻用动听的花言巧语迷惑人,跟《诗经》"巧言如簧"意义相通。《辞源》对"簧鼓"的释义也可为我们提供佐证,现抄录如下,供读者参考。

【簧鼓】笙竽等皆有簧,吹之则鼓动出声。喻以巧言惑人。(2373页,商务印书馆,1982年)

无所去忧也(《骈拇》)

《骈拇》:"是故凫胫虽短,续之则忧;鹤胫虽长,断之则悲。故性长非所断,性短非所续,无所去忧也。"何谓"无所去忧"?本来不难理解，而从郭象开始，这句话的注解就与原意不符。现在的注家更是众说纷纭。《庄子今注今译》："没有什么可忧虑的。"《庄子浅注》："去，抛弃。无所去忧，没有什么忧愁，所以无须抛弃。"《庄子释译》认为："'所'用同'可'。去，似宜训'藏'，去忧，藏忧，意即'怀忧''置虑'。……无所去忧，即'无可藏忧''无可怀忧''无可置虑'之意。"有几种注本引用了高亨的说法。高亨认为"去，借为怯"。诸说均难以成立。

"无所"是古汉语中一种常见的格式，它的作用是表示一种否定的动宾关系。"无"是个动词，"所去忧"是个名词性词组，做"无"的宾语。"所"是个特殊指示代词，在这里指代与行为有关的办法。"无所去忧"，即"没有什么办法去掉忧伤。"这是一个表示原因的分句，前一个分句"故性长非所断，性短非所续"是表示结果的。整个复句可以译为：

所以天生就很长的不能砍断它，天生就很短的不能接长它，因为没有什么办法能去掉忧伤呀。

这个"忧"字与"续之则忧"的"忧"意思完全一样。从字面上看只谈到无法"去忧"，实际上也包括无法"去悲"，这就是不能"断"也不能"续"的原因。

呴俞仁义（《骈拇》）

《庄子今注今译》："呴俞：爱抚。"《庄子浅注》："呴俞，吹嘘。"

《庄子释译》:"呴俞,犹言嬉皮笑脸。"三家对"呴俞"的注释,差别很大,似乎都有旧说作为根据。

呴,字亦作欨。《说文》:"欨,吹也。"大概是《浅注》释为"吹虚"的根据。"一曰:笑意。"大概是《释译》解为"嬉皮笑脸"的依据。成《疏》:"呴俞,犹妪抚。"当是《今译》释为"爱抚"的原因。"呴俞"是叠韵联绵字,上古均属侯部。也写作"呴谕""呕喻""欨愉"。

《淮南子·原道》:"呴谕覆育,万物群生。"注:"呴谕,温恤也。"

《汉书·王襃传》:"是以呕(xū)喻受之。"注:"和悦儿。"

《昭明文选·嵇康·琴赋》:"其康乐者闻之,则欨愉欢释。"注:"欨愉,喜悦貌。"

《方言》十二:"怤(fū)愉,悦也。"郭璞注:"怤愉,犹呴愉也。"钱绎《笺疏》:"怤愉,言颜色和悦也。"

《广雅·释诂》:"怤愉,喜也。"王念孙《疏证》:"呕喻、呴喻、怤愉,皆语之转耳。"

"呴愉"可叠用为"愉愉呴呴"。《汉书·东方朔传》:"故卑身贱体,说(yuè)色微辞,愉愉呴呴,终无益于主上之治。"颜师古注:"愉愉,颜色和也。呴呴,言语顺也。"

上述材料足以说明,"呴俞"既不能释为吹虚,也不能释为爱抚,更不能释为嬉皮笑脸,应解为和颜悦色,言语柔顺的样子。"呴俞仁义"就是为了行仁义而故意和颜悦色,言语柔顺。在这句话中,"呴俞"活用为动词。

人大喜邪，毗于阳（《在宥》）

"毗"是什么意思？俞樾已经有了正确的答案。他说：

> 此毗字当读为"毗刘，暴乐"之"毗"。《尔雅·释诂》："毗刘，暴乐也。"合言之则曰"毗刘"，分言之则或止曰"刘"，或止曰"毗"。此言"毗于阳""毗于阴"是也。（《诸子平议》349页）

有的注家似乎不以俞说为然。《庄子浅注》释毗为"偏"。"偏于阳就表现为阴虚或阴亏病症，偏于阴就表现为阳虚或阳亏病症。"（144页）1986年出版的《庄子释译》仍取司马彪的说法，释毗为"助也"。"太喜则助长了阳气偏旺，太怒则助长了阴气偏旺。……如此解说，似乎文亦可通，理亦可顺。"（221页）

注家不接受俞樾的意见，也可能是俞说太简略，今人已不能透彻地理解，故有申述的必要。

毗字《说文》作"𣬉"，本义是人的肚脐。"毗于阳"之"毗"与此无关，无疑是假借字。从它出现的语言环境判断，应是联绵字"毗刘"的单用。

在古汉中，有一批以来母字为第二个音节的复音词，如"果蓏""瓠卢""不律""蒲卢""无虑"等，"毗刘""暴乐"也属于这种类型。我个人把这类复音词也归在联绵词中，曾运乾认为这是附尾语词，语尾音仅限于来母。他说："暴乐原系附尾语词，本字当为槀落。……槀落语转则为暴乐，又转则为毗刘，皆以双声相转而义无别。"

(《古语声后考》,何泽翰整理,《湖南师大学报》1986年增刊)曾运乾对"橐落"声转的分析是对的,但与其他附尾语词不同,"毗刘"可以分用,俞樾已经谈到。这里补充一个例证。《方言》十三:"𣬉,废也。"这个"𣬉"就是"毗刘"之毗。"毗刘"原本指"树木叶缺落荫疏"(郭注《尔雅》语)。对人体而言,就是"损伤""伤害",与《方言》所说的"废也"可吻合。俞樾说:"喜属阳,怒属阴,故大喜则伤阳,大怒则伤阴,毗阴毗阳,言伤阴阳之和也。"俞氏以"伤"对译"毗",非常贴切。我还从医书中觅得一例。《素问·阴阳应象大论篇》:"暴怒伤阴,暴喜伤阳。……喜怒不节,寒暑过度,生乃不固。"注:"多阳者多喜,多阴者多怒,喜属阳而怒属阴也。是以卒暴而怒,则有伤于阴矣;卒暴之喜,则有伤于阳矣。""伤阴""伤阳"与"毗阴毗阳"义同。

子不闻夫越之流人乎(《徐无鬼》)

《经典释文》:"越,远也。司马云:流人,有罪见流徙者也。"《庄子浅注》和《庄子今注今译》均依旧注,释"流人"为"流放之人"。"流人"实际上是指航海者,与流犯全然无关。我们把《庄子》中的整段文字引出来,再与《吕氏春秋·听言》中类似的文字对照,这个问题就可迎刃而解了。

《徐无鬼》:子不闻夫越之流人乎?去国数日,见其所知而喜;去国旬月,见所尝见于国中者喜;及期年也,见似人者而喜矣。不亦去人滋久思人滋深乎!

《听言》:"夫流于海者,行之旬月,见似人者而喜矣;及其期年也,见其所尝见物于中国者而喜矣。夫去人滋久而思人滋深欤!"

这两段文字大同小异,可以互相补充。《徐无鬼》所说的"流人",显然与《听言》的"流于海者"意思一样(参阅陈奇猷,1991年)。《听言》提到了"海",可证"流人"并非流犯。《徐无鬼》提到了"越",可证在战国时代,濒海而居的越人已经掌握了丰富的航海经验,他们可以终年在大海上航行,足迹远达"似人者"的异国他邦。所谓"似人者",大概指海外不同肤色、不同人种的居民,或指尚未开化的原始部落。陈奇猷先生对《听言》这段话有一条注文。他说:"据此,秦以前已有流于海至期年之久者,则着陆美洲已是意料中事。然则中国人发现美洲之说,当上溯至秦以前矣。"(《吕氏春秋校释》701页)人们也许要问,先秦时代越人有如此高超的航海技术吗?这个问题,当时留传下来的古籍没有明确的记载,然而考古资料却提供了充足的证据。1973年,在浙江余姚河姆渡村发现了一处新石器时代的遗址,从遗址中出土了一条船橹。这就是说,到战国时期越人已经有四五千年的航海历史了。陈连开先生谈道:"以福建闽侯县昙石山遗址为代表的昙石山文化,与台湾省凤鼻头文化属于同一个系统,可见在公元前2000—前1000年以前,中国大陆东南沿海的先民已跨越台湾海峡创造了同一类型文化。"(《中华民族多元一体格局》126页)孔老夫子在发牢骚时也说过:"道不行,乘桴浮于海。"《史记·封禅书》还谈道:"自威、宣、燕昭使人入海求蓬莱、方丈、瀛洲。"说明当时一些濒临大海的诸侯国(如齐国、燕国、吴、越等），都有长年生活在海上的"流人"，如果没有一代接一代的"流人"，秦代的"入海方士"是不可能产生的。

眦㴋可以休老（《外物》）

《庄子浅注》："眦，上下眼睑接合的地方，即内外眼角。㴋，通搣，按摩。眦㴋，对眼角进行按摩，犹眼功操。"这条注盖源于郭嵩焘。然郭氏只是以推测的口气："似谓以两手按摩目眦"。紧接着又说："然与上下二句文义不类。"《浅注》进一步肯定"眦㴋""犹眼功操"。但有两个问题不好解决。一、"眦㴋"本亦作"揃搣"，"眦""揃"声近，假借为"揃"；一说"眦㴋"即"揃搣"，"字并从手"，《庄子》从目作"眦"盖形之误（朱起凤《辞通》2481页）。不论是假借还是形误，可以肯定这个"眦"字用的不是本义，不是指"内外眼角"。二、如何分析"眦㴋"的结构，从异文"揃搣"来看，"眦㴋"乃并列结构，由两个近义动词构成，而按《浅注》的释义，则是宾语在前，动词在后，不符合汉语的构词规律。因此，《浅注》的释义不可信。

清代《说文》家对"眦㴋"有两种不同的释文。段玉裁说："《庄子》'眦㴋可以休老'，本亦作'揃搣'。揃搣者，道家修养之法，故《庄》云'可以休老'。"又说："搣者，摩也。然则搣颊旁者，谓摩其颊旁，养生家之一法。……眦㴋即揃搣之假借字。"（《说文解字注》599页）朱骏声基本上同于段玉裁。他在乾部"揃"字条说："《庄子·外物》'眦㴋可以休老'，盖擘挚按摩之法以休养理体者。"（《说文通训定声》3060页。王云五主编万有文库本，民国26年。）

徐灏坚决反对段说。他说："庄子、史游所云'沐浴揃搣'，即翦理鬓发之义,道家修养岂别有所谓揃搣者而特为之专造此二字乎!""养生家亦未闻有所谓摩颊旁之术也。"史游即《急就篇》的作者。《急就篇》说:"沐浴揃搣寡合同。"颜师古注:"揃搣,谓鬓拔眉发也,盖去其不齐整者。"成玄英亦解"眦𡟎"为"翦齐发鬓"。大概唐人对这个词语的释义不存在什么分歧。又,《宋本玉篇》"搣"字下引"《庄子》云:'揃搣',拔除也"(116 页)。今人张舜徽先生也说:"揃搣二字皆从手,其本义谓以手拔去之也。段注附会《庄子·外物篇》'眦𡟎可以休老',其异文作揃搣,因谓揃搣为道家修养之法,非也。"(《说文解字约注》"揃"字注)我赞同颜注和成疏。要补充的是"眦"(从母)、"揃"(精母)都是齿音,可以通假,"眦𡟎"即"揃搣"。

今者阙然数日不见(《盗跖》)

《庄子浅注》的标点是:"今者阙然,数日不见。"注:"阙,缺,不在。"(454 页)注者误以"阙然"是"不在"的意思,把它当作谓语动词,加以逗断,自成一句。就"阙然"与句中前后词语的关系而言,应这样切分:

今者/阙然数日不见

"阙然"做状语,直接修饰"数日"。表时间,而不是表人的行为。《昭明文选·司马迁·报任少卿书》:"阙然久不报。"两个"阙然"意思一样。《汉书·司马迁传》颜师古注:"谓中间久不报也。"

王力、林焘校订的《古代汉语》(中册)对"阔然"的注释是:"指时间隔了很久。"(392页,北京出版社1982年)《庄子》中的"阔然数日不见",可译为"隔了好些天没有见到你"。

内周楼疏(《盗跖》)

《释文》引李颐注:"重楼内匝,疏轩外通,谓设备守具。"成《疏》:"舍院周回,起疏窗楼。"这都是用后起义解"楼疏"。

《说文》:"楼,重屋也。"这已经是"楼"的后起义。《释名·释宫室》:"楼,言牖户诸射孔娄娄言也。"这条材料很重要,可证"楼"的本义是"射孔",即建筑物上的"箭眼"。今湖南安仁方言仍称窗户为箭眼,说明窗户与射孔曾经有密切关系。楼应是娄的区别字。《说文》:"娄,空也。"空、孔同义,射孔多在建筑物的高处,引申为重屋曰娄,并分别出一个"楼"字。

现在说"疏"。疏是甪的假借字。《说文》:"甪,门户疏窗也。"又:"櫳,房室之疏也。"段注:"疏当作甪。疏者,通也;甪者,门户疏窗也。"(256页)疏窗也具有射孔的作用。所以,《庄子》中的"楼疏"为同义连用,指建筑物上的射孔。"内周楼疏",大意是院墙屋舍布满了射孔。

好经大事,变更易常,以挂功名,谓之叨(《渔父》)

成《疏》释"叨"为"叨滥之人"。《庄子浅注》释为"叨窃,意即不应当占有而占有了"(473页)。"叨"是"饕"的或体字。《说文·食部》:"饕,贪也。叨,俗饕。"《方言》二:"叨,㑦,残也。"《汉书·礼乐志》:"贪饕险诐,不闲义理。"颜师古注:"贪甚曰饕。"《后汉书·岑晊传》:"父豫,为南郡太守,以贪叨诛死。"注引"《方言》曰:'叨,残也。'"《书·多方》:"亦惟有夏之民,叨懫日钦。"《正义》:"叨饕,谓贪财贪食也。"(《十三经注疏》228页)王符《潜夫论》:"灭典礼而行贪叨。"这些材料都说明,叨与贪、残义近。释为"叨滥""叨窃",不妥。下文说:"专知擅事,侵人自用,谓之贪。"也可证"叨"与"贪"属于同一意义范畴,都是指在政治上有贪心有野心的人。《庄子》叨、饕并用,《骈拇》说:"不仁之人,决性命之情而饕贵富。"那些"好经大事,变更易常,以挂功名"的人,不就是"不仁之人"吗,不就是"决性命之情"吗!

叨、饕后来分化为二字,各有专义。《广韵·豪韵》:"饕,贪财曰饕。"又:"叨,叨滥。"由于叨、饕分用,今人对于饕、叨原为正俗关系,已不甚了然。

(原载《北京大学学报(哲学社会科学版)》1992年第3期)

《庄子》札记(二)

以言其老洫也(《齐物论》)

句中的"洫"字应作何解,仅崔大华的《庄子歧解》就列举了成玄英、林希逸、章炳麟、阮毓崧、朱桂曜、杨树达、于省吾等人的说法,还有戴震、王先谦等人的解说没有收入。为节省篇幅计,诸说的具体内容就不一一介绍了。

解决这个难题,先要确定"洫"是本字还是假借字及"洫"的音韵地位。《庄子》"洫"字共出现两次,除了《齐物论》这个"洫"字,《则阳》还有"与世偕行而不替,所行之备而不洫"。这两个"洫"字意思一样。《经典释文·庄子音义》对《齐物论》"洫"字注云:

> 本亦作溢,同,音逸。郭许鵙(按:字亦作鶪)反,又已质反。

对《则阳》"洫"字注云:

> 音溢。郭许䦆反,李虚域反,滥也。王云:坏败也。

根据《释文》的注音和对字形的认定,《集韵》就将"洫"字分归质韵和锡韵。质韵音弋质切(即郭象的已质反。《释文》的音逸、音溢也是弋质切),注云:"深意。《庄子》'老而愈洫',郭象读。"并以"洫"作为"溢"之或体,即《释文》所谓的"本亦作溢,同"。但《释文》这个"同"是指有的本子作"洫",有的本子作"溢",其意思一样,其音都音逸,并不是说"洫"和"溢"就是异体字,而《集韵》处理为异体字,这就有问题了。实际上"老洫"的"洫"用的是假借字,作"溢"可能是形近而误。

还有,《集韵·锡韵》收了两个"洫"字,一个注云:"深意。郭象曰:'老而愈洫。'"音况壁切,与郭象的许的反读音同。另一个注云:"水名,在渔阳。"音呼吴切,与郭象的许鵙(鵙)反同,但意义为水名,与"老洫"之"洫"无关。

有一点值得注意,《集韵·质韵》"洫"释为"深意",不见于《释文》,这可能不是郭象等人的释义。而且用"深意"来解释"老洫"或"不洫"均不确。戴震在《毛郑诗考正》"假以溢我"句下也讨论过"老洫"问题,认为其本字作"谧",是慎、静的意思。"然则谧之为溢为洫,亦声音字形转写讹失。"[①]戴说颇有影响,但我以为与"老洫"句的语境不合,不可从。至于林希逸将"老洫"之"洫"释为"谓其如坠于沟壑也",将"不洫"之"洫"释为"泥着而陷溺之意也"[②]。乃望文生训,更不可信。

我以为还是王叔之(字穆夜,晋末宋初人)释《则阳》的"洫"字

[①] 戴震《毛郑诗考正》,《清人诗说四种》,第87页,华中师范大学出版社,1986年。
[②] 林希逸《庄子鬳斋口义》,周启成校注,中华书局,1997年。

为"坏败也"①施于两处均可通。讲得通不等于讲得对,所以还要从语境来进一步检验。

> 其发若机栝,其司是非之谓也;
> 其留如诅盟,其守胜之谓也;
> 其杀若秋冬,以言其日消也,其溺之所为之不可使复之也;
> 其厌也如缄,以言其老洫也,近死之心莫使复阳也。

以上是我的标点,与各家都不同。诸家均在"以言其日消也""以言其老洫也"之后用分号,将本来的四个层次误分为六个层次。又,各家在"其溺之所为之""近死之心"后分别加逗号,致使整个语段文意不畅,句子之间关系不清。现在的标点把"若机栝""如诅盟""若秋冬""如缄"四者并列,并认为两个"言"字后面都有复杂的宾语成分。

言 { 其日消也
其溺之所为之不可使复之也

言 { 其老洫也
近死之心莫使复阳也

这样,语段制约句子,句子制约词语,不容有歧解。关于"其溺之所

---

① 郭庆藩《庄子集释》卷八(下),第886页,中华书局,1982年。

为之不可使复之也"问题最多。马其昶的《定本庄子故》在注文中说此"十二字为一句",而正文的标点还是分为两句。句中三个"之"字各家的解释也很乱。有的把第一个"之"字释为"于","溺之"犹"溺于"。林希逸把"上之字"释为"助语也",后两个"之"字都释为"往也"。我以为第一个"之"字相当于"其","溺之所为"即"溺其所为";第二个"之"是一个名词化标记,其作用是使主谓结构名词化,各家都在这个"之"字后面加逗号,看作"为"的宾语,大误;第三个"之"是指示代词,"复之"就是恢复"其日消也"之前的状态。"其日消也"与"其溺之所为之不可使复之也"是因果关系,因为"其溺之所为……",所以"其日消也",于是"杀若秋冬"。"其老洫也"与"近死之心莫使复阳也"也是因果关系,因为"老洫",所以近乎死亡的心已没有办法使之复苏。"老洫"就是老朽,将"洫"解为"坏败"是正确的。解为"深""沟洫""静""慎"等,与"近死之心莫使复阳"就失去了内在联系。成了前言不搭后语、不知所云了。《则阳》篇的"与世偕行而不替,所行之备而不洫",王先谦《庄子集解》解为:"与物偕行而无所替废,所行皆备而无所败坏。"以"败坏"释"洫"是完全正确的。

"洫"为何有"坏败"义?我以为"洫"是"烕"之假借。《说文·火部》:"烕,灭也。《诗》曰:赫赫宗周,褒姒烕之。"大徐音许劣切(xuè)。烕为晓母月部,洫为晓母质部,音近可假。《庄子·徐无鬼》:"若邮若失",《淮南子·道应》作"若灭若失"。这个"邮"也是"烕"的假借字。烕、灭同源,灭是烕的分化字。"若邮"的"邮"虽然不能译为"败坏",但可译为"消失"。"老洫"的"洫"可译为"败坏",也可译为"腐朽""衰败"等。总之,其义都来自"烕,灭也"。

至于"溢"是否可假借为"威",我一时不敢断言。《释文》所说的"泚"与"溢"同,或说"泚"音溢,音逸,我怀疑这些说法并没有实际语音为据,很有可能是先误其形,后误其音,经过《集韵》一肯定,似乎"泚"的确有质韵、锡韵之别,"泚"也可写作"溢"了。《集韵》有集古之功,却疏于考古,利用《集韵》时,应该慎重,不可盲从。

蚊虻僕缘(《人间世》)

《人间世》"适有蚊虻僕缘"的"僕",在晋初就有歧解。崔譔解为"僕御",向秀不取此说,解为:"僕僕然蚊虻缘马稠概之貌。"宋人大体上取向说。如林希逸《庄子鬳斋口义》(74页)将此句释为:"忽有蚊虻聚于其身。"又说:"僕缘者,僕僕然缘聚也。"到了清朝,王念孙推倒旧说,别作新解:

> 念孙案:向崔二说皆非也。僕之言附也,言蚊虻附缘于马体也;僕与附声近而义同。《大雅·既醉篇》:"景命有僕"。毛《传》曰:"僕,附也。"郑《笺》曰:"天之大命,又附著于女。"《文选·子虚赋》注引《广雅》曰:"僕,谓附著于人。"[1]

王与向的分歧主要是:"僕缘""有僕"是否为本字。从王氏的声训来看,他以为这个"僕"就是"僕人"之"僕",读並母,段玉裁也是这么看的。他说:

---

[1] 王念孙《读书杂志·余编》上卷,第15页,中国书店,1985年。

《大雅》:"景命有仆。"毛《传》:"仆,附也。"是其引申之义也。《大雅》:"芃芃棫朴。"毛曰:"朴,枹木也。"《考工记》"朴属",此皆取附著之义。字当作"僕",《方言》作"樸"。①

段比王走得更远,竟然以"樸"为"僕"之假借字。朱骏声就不这么看。朱氏将"景命有仆"之"仆"、《子虚赋》注引《广雅》之"仆",以及《人间世》"僕缘"之"僕",都看作是"業"之假借。②《说文》:"業,渎業也"。即烦多烦猥之义。对草木而言就有丛生、丛聚、稠密之义,故产生了樸、樕、穙等字,"附著"是从烦多、丛生引申而来,并非由"僕人"之"僕"引申而来。"僕"有僕人、丛聚二义,读音是不同的。在前一个意义上读並母,在后一个意义上读滂母,《释文》音普木反,徐邈音敷木反。他们对这样一个常用字要特意注音,就是提醒读者"僕缘"之"僕"不是僕人之僕。据此,《集韵·屋韵》"僕"字有两个反切,意义不同。读普木切的"僕"注云:"群飞儿。《庄子》:'蚊虻僕缘。'"读步木切的"僕"注云:"给事者。"

现在讨论"僕缘"的意义与结构问题。依王解,"僕"与"缘"为并列关系。依向解"僕"是修饰动词"缘"的,附著义落实在"缘"字上,向所说的"僕僕然""稠概"都是烦多、密集的意思。"僕缘"意为密集地附著,即很多蚊虻叮在马身上。

《周礼·考工记·叙官》:"凡察车之道,欲其朴属而微至;不朴属,无以为完久也。"郑注:"朴属,犹附著坚固貌也。"这是指车轮的

---

① 段玉裁《说文解字注》,第103页,上海古籍出版社,1981年。
② 朱骏声《说文通训定声·需部》,第1482页,万有文库本。

各个部分要牢固地附着在一起,与"僕缘"结构同。"属"(zhǔ)为"附著","坚固貌"由"樸"义而生。

《方言》三:"撲(段玉裁引作"樸"),聚也。"郭注:"撲属藂相著貌。"钱绎《笺疏》:"撲,通作僕。"接着他引了"景命有僕"、《文选》李善注引《广雅》的材料和《大雅》"棫樸"、《考工记》"樸属"等,云:"皆丛聚之意也。"①

其人之葬也不以翣资(《德充符》)

《德充符》:"战而死者,其人之葬也不以翣资。"句中的"资"作何解,从六朝以来一直使注《庄》诸家感到困惑,只能勉强给一个说法。《释文》引李云:"资,送也。"这个李不知是晋之李颐还是李轨。唐人成玄英解为"是知翣者武之所资……无武则翣无所资"(《庄子集释》211页)。到了宋之林希逸就直接解"资"为"用也"(《庄子鬳斋口义》91页)。后人也有在"翣"字下断句,让"资"字属下句的。只有清人孙诒让在《周礼正义》中做出了正确解释,可今之注《庄》者,似乎无人注意孙说,还是把"资"释为"送""供给资助"等,不管文意通不通。现将孙说引述于下,并略加申说。《周礼·天官·缝人》:"衣翣柳之材。"郑玄注:"故书'翣柳'作'接槤'。郑司农云:'接读为歰,槤读为柳,皆棺饰。'"孙诒让《正义》:

段玉裁云:"槤从木从贸声,贸从贝从卯声,而先郑槤为

---

① 钱绎《方言笺疏》卷三,第33页,上海古籍出版社,1984年。

柳,此于叠韵求之也。"(盈按:段说见《古文尚书撰异·尧典》"昧谷"条)案:段说是也。《庄子·德充符篇》云:"战而死者,其人之葬也不以翣资。"资盖即槿之讹文,翣资即翣柳也。①

孙说可信。翣与柳均为棺饰,无可置疑。"柳"又写作"槿",段玉裁以为只是叠韵关系,他不知道柳与槿在声母上原本有联系,古有[mr/l]这样的复辅音声母,分化之后,有的方言作[m-],有的方言作[l-],即使同一个字,也有或读[m-]或读[l-]的。"贸"加木旁作"槿"虽见于"故书",却不见于《说文》,在《庄子》中可能就是"翣贸","贸"与"资"形近,因而误为"翣资"。崔本作"翣枕"又如何解释呢？我以为也是形近而误。《庄子》在传抄过程中,有人将"翣贸"写成"翣槿","槿"字的右边或烂坏磨损,于是就错成"枕"了。后之注家强作解人,说:"音坎,谓先人坟墓也。"鲁鱼亥豕,遂成千古疑案矣。

用志不分,乃凝于神(《达生》)

《达生》:"用志不分,乃凝于神。"宋人林希逸《庄子鬳斋口义》云:"凝于神,凝定而神妙也。"(289页,中华书局,1997年)今人陈鼓应《庄子今注今译》译为,"用心不分散,凝神会精。"(473页,中华书局,1983年)按:"凝"是错字,原本作"疑",意为比拟。从苏轼到俞樾、王先谦、叶德辉、张文治、王叔岷等已一再指出这一点。

---

① 孙诒让《周礼正义》卷十五,第601页,中华书局,1987年。

苏说见《东坡续集》卷五《与潘彦明书》，又见于《仇池笔记》。南宋张淏《云谷杂记》卷三："疑凝二字"条（46页，中华书局，1958年）、叶德辉《书林余话》卷上（3页，上海古籍出版社，1957年）、张文治《古书修辞例》（71页，中华书局，1996年）均引其说，我不再重复。

值得强调的是：苏说有版本为据，当时的蜀本《庄子》就作"疑"。在小篆中，"凝"乃"冰"（读 níng）之俗体。《在宥》篇的"其寒凝冰"，《庄子》原本肯定不如是作。南宋孝宗年间葛立方《韵语阳秋》卷十五云："其庄周所谓'用志不纷，乃疑于神'者乎？"也可为苏说作证。

《达生》还有一个借"疑"作"拟"的例子："祭之所以疑神者，其由是与？"陈鼓应也作本字看待，译为"乐器所以被疑为神工，就是这样吧！""疑神""疑于神"都是可以跟神灵相比拟的意思，古书中借"疑"为"拟"的例子是很多的。而且"疑于神"为述补结构，若解为"凝定"或怀疑，则与结构内在意义大不符。

十日戒，三日斋（《达生》）

古礼只有"七日戒"的制度，此处作"十"，无疑乃"七"字之误，注家却从未表示怀疑。

杜佑《通典》卷147有"散斋不废乐议"条，云："后汉仲长统论散斋可宴乐，御史大夫郗虑奏改国家斋日从古制：诸祭祀皆十日。致斋七日，散斋三日。""十日"制是符合古礼的，三、七开也是对的。如果是"十日戒，三日斋"，就变成了十三日了，古无此制。但郗虑把"致斋"和"散斋"的天数说反了。《礼记·祭统》云："故散斋七日以定之,致斋三日以齐(qí)之。夫人亦散斋七日,致斋三日。"又《礼器》:"七日戒,三日宿。"郑玄注:"戒,散斋也。宿,致斋也。"①又《坊记》:"子云:七日戒,三日斋。"郑玄注:"戒,谓散斋也。"(同上,1612页)又《郊特牲》:"三日斋,一日用之。"《正义》曰:"凡祭,必散斋七日,致斋三日。"(同上,1449页)

"戒"就是"散斋",为期七天,从未有作"十日"的。"戒"与"斋"的区别,即"散斋"与"致斋"的区别。《礼记·祭义》谈到了"致斋"与"散斋"有何不同,可参阅。斋与戒析言有别,统言均可称为斋。故《庄子·达生》有"斋三日""斋五日""斋七日"的说法,《六韬·文韬·守国》也有"王即斋七日"的说法。

古文献中"七"误为"十"的例子甚多。《荀子·礼论》:"故有天下者事十世。"杨倞注:"(十)当为七。《穀梁传》作天子七庙。"王先谦说:"《大戴礼》《史记》皆作七。"②同篇"故天子棺椁十重"。《读书杂志·荀子补遗》云:"引之曰:十疑当作七(原注:凡经传中"七""十"二字多互讹,不可枚举)。"③孙诒让《札迻》卷六:"案王说是也。《庄子·天下篇》述丧礼正作'天子七重……',足证此文之误。"④

"七"字不仅误为"十",有时也误为"小"字。《周礼·天官·小宰》:"七事者"。郑玄注:"七事,故书为小事。"(《十三经注疏》,654页)

"七"为何容易误为"十",实因二字形近难辨。在卜辞中,"七"

---

① 《十三经注疏》,第1439页,中华书局,1980年。
② 王先谦《荀子集解》卷十三,第4页,商务印书馆,民国二十二年。
③ 王念孙《读书杂志》下册,第12、44页,中国书店,1985年。
④ 孙诒让《札迻》卷六,第187页,中华书局,1989年。

与"十"区别明显,"十"字为一竖画,后变为╋或十,与"十"(七)之别仅在于横画略短。睡虎地秦简及先秦陶文[①]"七"与"十"之别还是"七"字横画略长"十"字横画略短,传写过程中最容易发生混淆。

饰小说以干县令(《外物》)

"夫揭竿累、趣灌渎、守鲵鲋,其于得大鱼难矣;饰小说以干县令,其于大达亦远矣。"成《疏》解"县令"为"高名令闻"。林希逸解"县令,犹揭示也。县与悬同,县揭之号令,犹今赏格之类"(《庄子鬳斋口义》419页)。今之注《庄》者,或取成《疏》,或取林义,但二说均不可信。"令"虽有"令闻"之义,"县"怎么会有"高名"义?林希逸就不满意此说了,故别创新解。他以"县令"为动宾结构,将"令"直解为"赏格",可前面的动词"干"他就不管了。"干求高悬赏格",不成话。

现在的辞书和注家多以为"县令"作为官名始见于《韩非子》,故不敢将此处的"县令"解为官名,都没有深入考察。请琢磨一下上下文。

上文说"举着小竿绳,到小水沟里,守候着鲵鲋小鱼,那要想钓到大鱼就很难了"。这是陈鼓应的译文,一连用了三个"小"字,准确地传达了原文的意思。下文也是小大之比,上文这个比喻就是要说明下文的。大意是:用识见短浅的言说来干求小小的县令,想取得显贵的地位就差得太远了。"大达"在这里指在政治上取得高

---

① 高明、葛英会《古陶文字徵》,中华书局,1991年。

位以实现自己的理想。县令太小,求他也没有大用处,故诗人李贺就改为求天官了。他的《仁和里杂叙皇甫湜》诗云:"欲雕小说干天官,宗孙不调为谁怜!"上一句显然是套用《庄子》的话,他把"干县令"改为"干天官",亦可证他是把"县令"作为职官来理解的。清人王琦《李长吉歌诗汇解》先引了《庄子》的"饰小说以干县令",证明这句诗的来历。接着说:"长吉以天潢之裔,淹久不调,故欲上书天官,乞其见怜之事。"[①]二十多年前,我就是读了这首诗之后,才认识到成《疏》对"县令"的解释是错误的。去年,我又读了宋人马永卿《嬾真子》的有关材料,更坚定了自己的看法。且深感自己读书太少,九百多年前的宋人已解决了的问题,我竟然不知。诚如戴震所言:"古经难治,类若是矣。"现将马说抄录于下:

> 《庄子》"饰小说以干县令"。而《疏》云:县字古"悬"字,多不著"心"。县,高也。谓求高名令闻也。然仆以上下文考之,"揭竿累以守鲵鲋,其于得大鱼亦难矣;饰小说以干县令,其于大达亦远矣"。盖"揭竿累"以譬"饰小说"也,"守鲵鲋"以譬"干县令"也。彼成玄英肤浅,不知庄子之时已有县令,故为是说。《史记·庄子列传》,庄子与梁惠王、齐宣王同时。《史记·年表》(盈按:指《六国年表》):秦孝公十二年并诸小乡聚为大县,县一令。是年乃梁惠王之二十二年也(盈按:应为二十年)。[②]

[①] 王琦等《李贺诗歌集注》,第129页,上海古籍出版社,1977年。
[②] 马永卿《嬾真子》,第28页,中华书局,1985年。

《四库全书总目》称《㸙真子》"考证之文为多,皆引据确凿,不同臆说"。所举例子就有批评成玄英的这一条。且《外物》应是庄子后学所作,篇中出现"县令"一词,不足为奇。

宋元君夜半而梦人窥阿门(《外物》)

《外物》:"宋元君夜半而梦人被发窥阿门。"何谓"阿门"? 有人说是"旁门,侧门";有人说是"旁曲处的小门";有人说是"寝门名";有人说是"阿旁曲室之门"。这些说法的共同缺点是不明白"阿"作为古代建筑术语究竟是什么意思。

"阿门"与"阿阁"的具体意义不同,但构词方式是一样的。"阿阁"就是有阿之阁。《文选·古诗十九首》之五:"交疏结绮窗,阿阁三重阶。"李善注:"《尚书中候》曰:'昔黄帝轩辕,凤皇巢阿阁。'《周书》曰:'明堂咸有四阿。'然则阁有四阿谓之阿阁。郑玄《周礼注》曰:'四阿,若今四注者也。'"[①]郑《注》见《周礼·冬官·匠人》。"阿门"是门之有阿者。阁阿有四注(即屋檐四向流水处),而门只有前后屋檐。另外,此处之门不是指旁门、寝门,而是指国君宫殿前具有防卫意义的台门。《考工记·匠人》云:"王宫门阿之制五雉。"又云:"门阿之制以为都城之制。"孙诒让对"门阿"有详细考证。如云:"盖中高为阿,而内外各两下为霤,是其制也。""此门阿,依后《注》即台门之阿,则是天子诸门之通制。""郑以栋训阿者,非

---

① 昭明太子撰,李善并五臣注、六臣注《文选》,《四部丛刊初编》编印本,第540页,商务印书馆。

谓栋有阿名,谓屋之中脊其当栋处名阿耳。阿之训义为曲。……其在宫室,则凡屋之中脊,其上穹然而起,其下必卷然而曲。其曲处即谓之阿。……《考工记》于四注者曰四阿,于两下者曰门阿,然则阿为中脊卷曲之处明矣。中脊者栋之所承,故郑以当阿为当栋耳。"(此为孙诒让引胡承珙语)"阿"有"四阿"与"门阿"之别,其共同点就是指"中脊卷曲之处"。孙诒让还在《正义》中讨论了"阿门"的意义。他说:

> 《庄子·外物篇》"窥阿门",阿门亦即谓门台之有阿者。彼《释文》引司马彪云:"阿,屋曲檐也。"屋曲檐即所谓反宇,与阿栋上下悬殊,非正义也。(《周礼正义·考工记·匠人》3472页)

"门台之有阿者"即台门有阿者。《礼记·郊特牲》:"台门而旅树。"孔颖达疏:"台门者,两边起土为台,台上架屋曰台门。"(《礼记正义》1448页)屋之中脊卷曲,故谓"阿门"。

(原载《北京大学学报(哲学社会科学版)》2003年第1期)

《辞源》午集释义商榷

年来,分工担任《王力古汉语字典》午集的编写工作,以《辞源》(1981年12月修订版)午集作为主要参考书。在参考过程中,发现《辞源》午集的某些释义值得商榷,现在整理出来,就正于海内方家。

玷　刮

2053页"玷"义项一:"玉的斑点。引申为过失、缺点。《诗·大雅·抑》:'白圭之玷,尚可磨也;斯言之玷,不可为也。'《释文》:'《说文》作刮。'"这里涉及"刮"字的释义,下面一并讨论。

0346页"刮,缺点。'玷'的本字。《说文》引《诗》:'白圭之刮。'今《诗·大雅·抑》作'白圭之玷'。"

《辞源》认为"刮"是"玷"的本字,这是对的。段玉裁已指出:"刮、玷,古今字。"(段"刮"字注,182页,上海古籍出版社)这里要讨论的有两点:(1)刮的本义是什么?(2)"白圭之玷"的"玷"是什么意思?

《说文》:"刮,缺也。"这是刮的本义。所谓"缺"并非缺点的意思,乃"亏缺""缺损"之义。《辞源》释为"玉的斑点",尤为不确。

"白圭之玷"的"玷",正是用的本义,古代的注释家几乎没有异议。

  毛传:刮,缺也。
  郑笺:玉之缺尚可磨锡而平。
  正义:白玉为圭,圭有损缺,犹尚可更磨锡而平。
  诗集传:盖玉之玷缺,尚可磨锡使平。

其他一些训诂资料也可以为证。《礼·缁衣》引《诗》"白圭之玷"。注:"玷,缺也。言圭之缺尚可磨而平之,言之缺无如之何。"《汉书·韦玄成传》:"玄成复作诗,自著复玷缺之艰难。"注:"玉缺曰玷。"《后汉书·李王邓来列传赞》:"款款君叔,斯言无玷。"注:"玷,缺也。"

  将"玷"的本义释为"玉的斑点",并非始于《辞源》。《广韵·忝韵》多忝切收有三个 diàn 字:

  玷:玉瑕。
  刮:研。
  䤼:《说文》,缺也。

所谓"玉瑕",就是"玉的斑点"。上文已指出:刮、玷乃古今字。因玉缺曰玷,后人造了一个从玉旁的"玷"字,与"玉瑕"义不相涉。䤼与刮亦为同义关系。段玉裁"䤼"字注:"刀缺谓之刮,瓦器缺谓之䤼。《诗》云:'白圭之刮',引申通用也。"(225 页)刮、玷、䤼三字同源,《广韵》的释义不得要领。

珥 衈 衈祈

2055页"珥"义项七:"祭时用鸡血涂器。通'衈'。《周礼·春官·肆师》:'以岁时序其祭祀及其祈珥。'注:'珥当为衈,衈珥者衅礼之事。'"

与此有关的"祈"字,亦可讨论。

2265页"祈"字义项四:"通'刉'。见'祈珥'。"

2267页"祈珥,古时杀牲取血以祭之礼"。

2265页"祈羊,杀羊而祭"。

以上四条材料涉及"衈"的释义和"祈"的本字、本义问题。

"祈,通刉",这是郑玄的意见,不可取。《说文》无刉有畿,释为"鬼俗也",与此处文义毫不相关。段玉裁《周礼汉读考·春官·肆师》认为"此刉即《说文》之'既'字'嘅'字……而血部又有'衋'字,然则礼家有定此字作'衋'者。"段说亦不可从。畿、刉、刉三字同源,但"祈"的本字是"刉(刉)"。祈、刉音近通用。《周礼·秋官·士师》正作"刉珥"。《山海经·中山经》:"刉一牝羊。"《说文》:"刉,划伤也。"划伤即刺破、割破,这是刉的本义。王筠《说文句读》"刉"字注:

> 《广韵》八微居依切内收"刉"字,云:"刺也,刉伤也。"与此"划伤"义同。(卷八,531页)

"刉"与"衈"都属于衅礼。郑玄在《周礼·夏官·小子》注文中讲了二者的区别:"用毛牲曰衈,羽牲曰衈。"刺取犬羊之血以祭叫作衈,刺取鸡血以祭叫作衈。段玉裁说:"许云'划伤'者正谓此。礼不主于杀之,但得其血涂祭而已。"(段"刏"字注,179页)因此,把"祈珥"释为"杀牲取血",把"祈羊"释为"杀羊"云云,都不确切。"杀牲取血"可改为"割(或"刺")牲取血","杀羊"当改为"割羊"。虽止一字之差,但涉及礼仪制度问题。

用羽牲之血涂祭为什么叫作"衈"呢?

《礼记·杂记》郑注:"衈,谓将刲割牲以衅,先灭耳旁毛以荐之。耳听声者,告神欲其听之。"(盈案:郑注谓"刲割牲",而不说"杀牲",亦取划伤、刺伤之义。)

《礼记·杂记》:"其衈皆于屋下。"意谓刺鸡血流于屋下以祭。可见"衈"祭并非专用于"涂器"。《周礼·春官·肆师》贾疏把这句话释为"在屋下杀鸡",亦昧于古礼。

衈祭不只是用鸡,也可用鱼。《山海经·东山经》:"祠,毛①用一犬祈,衈用鱼。"

古代还用人之鼻血"衈社"。《穀梁传》僖公十九年:"用之者,叩其鼻以衈社也。"范宁注:"衈者,衅也,取鼻血以衅祭社器。"范注欠精确。钟文烝《穀梁补注》云:"范言衅器,非也。衈社者,以血衅社,谓祭社也。"(284页)

根据这些材料,《辞源》"珥"字义项七:"祭时用鸡血涂器",似可改为"祭时割刺鸡血或取其他生物之血以祭"。

---

① "毛"乃"屯"之讹字,形近而误。屯,皆也。可参阅朱德熙先生《释"屯(纯)、镇、衡"》。见《朱德熙文集》第5卷,商务印书馆,1999年。

琫

2064页"琫":"佩刀鞘上装饰。"这条释义承旧说而误,应改为"佩刀刀把上的装饰"。

《说文》:"琫,刀上饰也。天子以玉,诸侯以金。"段玉裁注:"琫之言奉也,奉俗作捧。刀本曰环,人所捧握也,其饰曰琫。"("琫"字注,14页)朱骏声说:"琫者,刀颖饰也。佩刀手所握处,其饰曰琫。"(214页)《诗·大雅·公刘》:"鞞琫容刀。"王力主编《古代汉语》第二册502页:"鞞(bǐng),刀鞘上的装饰物。琫(běng),刀柄的装饰物。"

字亦作"鞛"。《左传》桓公二年:"藻率鞞鞛。"杨伯峻《春秋左传注》:"鞛同琫,音崩,上声,佩刀刀把处之装饰。"(88页)

珰

2076页"珰":"屋橼头装饰。"书证引《史记·司马相如传》:"华榱璧珰。"

"珰"究竟为何物,《史记》司马贞《索隐》列举了两种不同的意见。

> 韦昭曰:"裁玉为璧,以当榱头。"司马彪曰:"以璧为瓦当。"(3027页)

《汉书·司马相如传》颜师古注也列举了两种意见:

> 璧珰,以玉为椽头,珰即所谓璇题、玉题者也。一曰,以玉饰瓦之当也。

《后汉书·班彪传》及《文选·上林赋》《西都赋》注,均采用韦昭的说法,以"珰"为"椽头"。新编《辞海》合二说为一:"屋椽头的装饰,即瓦当。"按"椽头"又名"榱题""椽头","瓦当"乃筒瓦之头,有圆形及半圆形,《辞海》合而为一,显然不当。

《说文》新附收有"珰"字,释为"华饰也"。郑珍说:"瓦当,与《韩子·外储说》'玉卮无当,瓦卮有当'同作底解,知古止作'当',俗因以璧为之,增从玉。"(《说文新附考》卷一,7页)可证"珰"乃"当"的分别字。筒瓦有当,椽头根本无所谓当。另外,"华榱璧珰",本是分写二物。"华榱"指雕画的椽头,"榱"在这里实指榱题;"璧珰"即班固《西都赋》的"裁金璧以饰珰",也就是用圆形的璧装饰的筒瓦头。

韦说欠当,司马彪的意见是正确的。中华书局出版的《两汉文学史参考资料》在《上林赋》的注文中也取司马彪说。这条注文很明确,现抄录于下:

> 珰,古代宫殿屋顶所用的筒瓦的前端,通称瓦当;璧珰,指用玉嵌饰瓦当。(51页)

氅

2088页"氅"义项三:"饰,结。"书证引李贺《出城别张又新酬李汉》:"光明霭不断（按:"断"字误。原诗作"发"），腰龟徒甃银。"

"饰"与"结"义不相涉，这是撮合两种旧注所致。王琦《李长吉诗歌汇解》卷四327页:"甃，结也。"另一种旧注:"甃，犹饰也。"王琦的释义欠妥。他认为"腰龟徒甃银"是"徒然腰佩龟纽之银印而已"，亦误。这里"龟"指"龟袋"。唐官制:三品以上龟袋饰金，四品饰银。"甃"应是饰的意思。徒然饰银与上句"光明霭不发"正相照应。

用

2100页"用"义项二:"效劳，出力。"书证引《商君书·靳令》:"六虱成群，则民不用。"

这个"用"字与义项一"使用"并无不同，"不用"即不愿意被使用。《靳令》还有"六虱不用，则兵民毕竞劝，而乐为主用"。这两个"用"字也是"使用"的意思。"六虱不用"即不使用六虱。

"用"的义项五:"器用。"书证为《书·微子》:"今殷民乃攘窃神祇之牺牷牲用，以容将食，无灾。"从标点到释义均有问题。正确的标点应在"牲"字下逗断。"用以容"，"将食无灾"为两个句子。屈万里《尚书今注今译》的译文是:

　　现在殷的人民，居然顺手偷窃祭神用的整个的纯色的牲畜，而政府竟宽容（他们），取去吃了而没有一点灾殃。

这个译文大体上是正确的，但"用"字为何义，不清楚。有的注家认为这个"用"字"指用刑，宾语省略"，不可信。裴学海《古书虚字集释》认为这个"用"字可释为"犹",意为"犹见宽容而食之无灾也"(85页)。在各种说解中,裴说为优。

畜

2111页"畜"字义项三:"限制。"书证为《孟子·梁惠王下》:"畜君何尤?"朱熹《四书集注》释"畜君"为"畜止其君之欲"。"畜止"即"限制"。但赵岐释为"臣悦君"。《孟子》也说:"畜君者,好君也。"杨伯峻《孟子译注》将"畜君"译为"喜爱国君"。可取,因此这个义项应改为"取悦,讨好"。

畸

2125页"畸"义项一:"零片土地。"引《说文》"畸,残田也"为证。"残田"是指"田形不正,不整齐",并非"零片土地"。段玉裁说:"残田者,余田不整齐者也。"(695页)《广雅》卷二:"畸,衺也。"王念孙《疏证》:"《说文》:'畸,残田也。'亦田形之不正者也。"(70页)。

疢

2133页"疢"义项二:"嗜好成癖。"书证引《左传》襄公二十三年:"季孙之爱我,疾疢也;……疢之美,其毒滋多。"

"疢"与"疾"同义,都是疾病的意思。这里用作比喻,意谓季孙"常志相顺从,身之害"(杜预注,见《十三经注疏》1977页),与"嗜好成癖"毫不相干。

"疢疾"也可以组成"疢疾"。《孟子·尽心上》:"人之有德慧术知者,恒存乎疢疾。"朱熹注:"疢疾,犹灾患也。言人必有疢疾,则能动心忍性,增益其所不能也。"

瘅

2143页"瘅"字释义为"足气病"。用词不当,容易使人误以为是"脚气病"。

《玉篇》:"瘅,足气不至,转筋也。"朱骏声《说文通训定声·履部》:"瘅,……今俗所谓转筋。""足气病"当改为"脚转筋"。

瘳

2145页"瘳"义项二:"减损。"书证为《国语·晋语二》:"君不度而贺大国之袭,于己也何瘳?"

《辞源》的释义取自韦昭的注解。韦注:"瘳,犹损也。"但韦注不可信,"瘳"并无"损"义。"瘳"的本义为病愈,引申为益处,好处。"于己也何瘳",意为对自己有什么好处。《左传》昭公十三年:"其何瘳于晋?"杜注:"差也。"杨伯峻说:"差即病稍痊可之差,意谓……于晋有何好处。"(《春秋左传注》1361页)其说甚是。

瘿

2148页"瘿"字义项二:"咽喉病。"书证为《吕氏春秋·尽数》:

"轻水所,多秃与瘿人。"

这条释义可能是以高诱的注解为根据。高诱释"瘿"为"咽疾",但"咽疾"并不就是今之"咽喉病"。

《说文》:"瘿,颈瘤也。"《淮南子·地形》:"险阻之气多瘿。"高诱注:"上下险阻,气冲喉而结,多瘿咽也。"《释名·释疾病》:"瘿,婴也,在颈婴喉也。"《三国志·魏书·贾逵传》注引《魏略》:"(贾)逵……乃发愤生瘿,后所病稍大,自启愿欲令医割之。"(481页)这些瘿字都是指颈部的肿瘤。因为是肿瘤,故可"令医割之"。高诱所谓的"咽疾"也应理解咽喉之肿瘤。义项二应与义项一合并。

碆 卢

2248页"碆卢"的释义:"用弓发射打鸟的石箭头。"书证为《战国策·楚策四》:"方将修其碆卢①,治其矰缴。"

这条释义不明晰。"碆"和"卢"本为两物。碆是石箭头,卢是黑弓。可参阅王力主编《古代汉语》第一册112页关于这句话的注释。

硪

2254页"硪"字释义为"砺石"。

---

① 本亦作"茇卢"。朱起凤《辞通·七虞》:"茇卢"即"蒲卢","茇"与"蒲"通,"蒲卢可以为矢。"(0346页)此乃据"蒲卢"立训,当另说。

这条释义是以《说文》《广雅》《玉篇》对"碫"的解释作为根据的。但砺石是指磨刀石,碫并非磨刀石。段玉裁认为《说文》"碫(应作碫),厉石也"乃"碫,碫石也"之误。他说:"段与厉绝然二事,碫石、厉石必是二物。""是则碫石者,石名","此石可为椎段之椹质者。"(449页)又《诗经小学》"取厉取锻"条云:"毛云碫是锻石,《说文》云碫是厉石,其说不同,而毛为是。"《诗·大雅·公刘》郑笺:"锻石,所以为锻质也。"锻,本亦作碫。我以为《辞源》的释义应取段注、郑笺。

磺

2260页"磺"的释义为"矿石,硫磺"。这是将"磺"字的二音、二义混而为一。作为"矿石"的"磺"应读kuàng,乃"矿"的异体字。《集韵》"磺"字注:"或作矿",并引《说文》:"铜铁朴石也。"《广韵》只作"矿",不收"磺"字。作为"硫磺"这个意义,应读huáng。《集韵》注:"石名。"

礧

2260页"礧"义项一:"大石。同礌。"书证有庾信《拟咏怀诗》:"罗梁犹下礧。"

这条释义用的是旧注,太宽泛。应改为:"礧石,古代战争中用礧石打击敌人。"

礣

2260页"礣"的释义:"砺石。"应依《玉篇》《广韵》《集韵》释为"黑砥石"。"砥""砺"虽云同类,但毕竟有别。

祠

2267页"祠"义项二:"祈祷。"书证有《周礼·春官·小宗伯》:"祷祠于上下神示(祇)。"

这条释义只适应于"祷"字,与"祠"义不符。《小宗伯》的注文对"祷""祠"已有辨析:"求福曰祷,得求曰祠。"所谓"得求曰祠",是指对神的酬谢,报答。故义项二应改为"酬神,还愿"。

穖

2319页"穖"的释义:"禾穗的粟粒。"书证有《吕氏春秋·审时》:"得时之禾,……疏穖而穗大。"

"穖"的意义前人已有不少考证。王筠《说文句读》"穖"字注:

"穖,吾乡谓之马,其疏密各有种族,秋分稀马,密马是也。"(931页)

所谓"马",就是禾穗的分支。程瑶田《九谷考》云:"禾采(suì,同

"穗")成实,离离若聚珠相联贯者谓之穖。与珠玑之玑同义。"(《程瑶田全集》第三册21页,黄山书社)禾穗的分支如聚珠相联贯,显然非单颗的粟粒。详说可参阅陈其猷先生的《吕氏春秋校释》1786页。

穣

2320页"穣"义项一:"黍茎的内包部分。"书证引《说文》:"黍䬼已治者。"

王筠据玄应《一切经音义》引《说文》,改为"穣,黍治竟者也"。他说:"治者,击其穗以下其粒也;竟者,尽也。未治时为穗,治之既尽,所余者为穣。"据此,"穣"的释义似应改为"已脱粒的穗子"。

稰

2321页"稰"义项二:"选择。"书证有《楚辞·招魂》:"稻粢稰麦,挐黄粱些。"王注:"稰,择也。择麦中先熟者。"

《辞源》的释义是以王逸的注文作为根据的。而这是对王注的误读。所谓"择也"近乎声训,王注的重点是"麦中先熟者"。"稻、粢、稰、麦",四个名词并列,都是指粮食。将"稰"释为动词"选择",文意扞格不通。洪兴祖补注已不取王说。洪注:"稰,音揟。稻处种麦也。"蒋骥《山带阁注楚辞》:"稰麦,麦之先熟者。一云:稻下种麦也。"蒋氏将稰、麦合为一物,亦不妥。陆侃如、高亨等人的《楚辞选》释"稰"为"麦的一种"(114页)。其实,"稰"就是早收的麦稻等谷物，义项二应与义项一合并。至于作"择也"解的应是"擽"字，见《广雅·释诂》。王念孙据王逸注，认为"穛与擽通"，并无其他语言资料可证。

《说文》无"穛"字，米部有"糕"（zhuō）。段注："穛即糕字，亦作穱，古爵与焦同音通用也。《大招》、《七发》皆云'穱麦'……《吴都赋》云：'穱秀苽穗'。《广韵》云：穱者，'稻处种麦'。皆与早取之义合，凡早取谷皆得名穛，不独麦也。"（331页）又，《说文》"虋，爵麦也。"段注亦可参阅。（33页）

窕

2328页"窕"义项一："放肆。见《说文》。"义项二："细。"书证有《左传》昭公二十一年："小者不窕。"

这两个义项均可议。《说文》："窕，深肆极也。"所谓"深肆"，并非"放肆"之义。段玉裁说："窕与窘为反对之辞，……凡此皆可证窕之训宽肆。""宽肆"就是宽绰的意思。训"窕"为"放肆"，盖始于郭璞。《尔雅·释言》："窕，肆也。"郭注："轻窕者好放肆。"郝懿行已指出郭注不当。郝说："窕者，下文云：'闲也。''闲'有宽意，与深远意近。故《说文》云：'窕，深肆极也。'既言深，又言肆者，义本《尔雅》。郭云'轻窕者好放肆'，盖读窕为佻，《释文》因之，而云：'窕，吐彫反。'此皆误矣。"（《尔雅义疏》437页）桂馥《说文解字义证》也指出："肆即深肆，郭注臆说也。"（641页）段玉裁亦讥之为"真愦愦之说"（346页）。

"窕"亦无"细"义。《左传》"小者不窕"，段玉裁的解释是："谓虽小而处大,不使多空廫之处也。"(《说文解字注》346页)其说甚是。这个"窕"字还是宽绰、空旷的意思。故义项二可与义项一合并。

1988年11月于中关园44楼109室

(原载《王力先生纪念论文集》,商务印书馆,1990年)

从"叔远甫"谈起

《核舟记》的"虞山王毅叔远甫刻"的"叔远甫",本来是王毅的字,这是不应该有什么疑问的。可是有人认为:叔远甫的"甫"字应释为"始",或者是"初"。"叔远甫刻"即"叔远始刻"的意思。我认为这是一个常识性错误。其原因在于不了解古人称字的习惯方式。

据《礼记·檀弓》记载,我国周代有"幼名、冠字、五十以伯仲"的习俗。一个贵族婴儿生下三个月之后,由父亲命名,这是"幼名"的意思。到了二十岁举行冠礼,由来宾给他取字,这就叫"冠字"。"冠字"的方式是:"曰伯某甫,仲叔季,唯其所当。"(《仪礼·士冠礼》)可见,"字"的全称是三个字组成。如伯阳父(《国语·周语上》)、仲山甫(《诗·大雅·烝民》)、叔原父(陈公甗)之类。叔远甫那个时候虽然"冠字"的礼俗早已消失,但这种取字的方式无疑是反映了周代礼俗的遗风。

这种由三个字构成的"字"是有一番讲究的。第一个字是表排行的,所以用伯、仲、叔、季这样的字。排行是"生而已定",就是说,谁是老大,谁是老二,这是出生时就已经注定了的,所以,行冠礼命字时,并不包括这个字在内,而且在五十岁之前,一般习惯只称"且字",五十以后才加上排行。孔颖达说:"年二十有为人父之道,朋友等类不复呼其名,故冠而加字;年五十耆艾,转尊,又舍其二十之字,直以伯仲别之。"(《周礼正义》,见《十三经注疏》1286页)段玉裁也说:"'五十以伯仲',乃称'伯某甫'、'仲某甫'……而五十以前,但称'某甫'也。"(段注《说文》第八篇"仲"字注,367页)

第二个字是"字"的核心部分,是行冠礼时给取的,这是"表德之字,谓之且字"(段注《说文》十四篇"且"字注,716页)。什么叫"且字"呢?段玉裁说:"'冠字'者,为之且字也。且字也者,若尼甫、嘉甫是也。"(段注《说文》第八篇"仲"字注)又说:"且者,荐也。五十以伯仲乃谓之字,以下一字为伯仲叔季之荐,故曰且字也。"(段注《说文》第三篇"甫"字注,128页)这里还应该注意一点,就是字与名在意义上总要有某种联系,或相反,或相成。这种习俗一直保存到后代。如王毅,字叔远甫,就是取义于"士不可以不弘毅,任重而道远"(《论语·泰伯》)。

第三个字:"甫"。段玉裁说:"甫则非字,凡男子皆得称之,以男子始冠之称,引申为始也。"(段注《说文》第三篇"甫"字注)这个话不全面,不准确。古人早已指出:用作"字"的"甫"是"父"的假借字。既可写作"父",亦可写作"甫"。"甫"在后来成了男子的美称,但当初未行冠礼之前的男子是不能称"父"的,只有行冠礼之后方得通称为"父",这意味着一个贵族成年男子已具有父权,已取得了履行贵族义务和享有贵族特权的资格(可参阅杨宽《冠礼新探》,《中华文史论丛》第一辑)。

按照周代的习惯,男子的字也可以不用全称。有的省去"伯仲叔季",不称排行;有的省去"父"(甫)字。如孔丘的字,全称为"仲尼父",有时只称"仲尼",有时只称"尼父";周公的长子叫"伯禽父",有时称"伯禽",有时称"禽父"。也有根本不以排行为字的,也有名和字一起称呼的,如孔父嘉、弗父何、正考父之类。

周代这种"伯某父"或"叔某父"的取字方式,到春秋末年就已经罕见了。但在整个封建社会中,于字后加一"父"(甫)字的现象却并不罕见。如明末吕维祺的《同文铎》,在卷首开列了一个订正者的名单,字后全都有"父"字。即"姑苏姚希孟孟长父,徽歙毕懋康孟侯父,华亭董其昌玄宰父,太仓张溥天如父"等等。

这种情形也见之于题款。如《胡澹庵先生文集》卷一的题款是:"宋庐陵胡铨澹庵甫著",《助语辞》的题款是:"钱唐胡文焕德甫校"。这种题款方式与"虞山王毅叔远甫刻"完全一样。难道我们可以这样说:"澹庵甫著"即"澹庵始著","德甫校"即"德始校",岂不荒谬!

1983年5月完稿于蔚秀园28楼412室
(原载《中学语文教学》1983年第9期)

"亭午"解

《水经注·三峡》："自非亭午夜分,不见曦月。"注家都把"亭午"释为"正午",这是对的。但作为一个语文教员,他往往要回答这样的问题:"亭午"为什么是"正午"呢?有人说:亭、正是假借字,"亭"和"正"的古读都是 deng。

我觉得讲成假借是不恰当的。我在和蒋绍愚合著的《古汉语词汇讲话》中已经说过:"假借必须同音,不能反过来说,同音就可以假借"(见该书 41 页)。何况"亭"与"正"在古代并不完全同音,"亭"是浊声母字,"正"是清声母字,怎么可以一律拟为"d-"呢?

从词义看,"亭午"的"亭"原本是动词。《淮南子·原道训》:"味者甘立而五味亭矣。"张双棣《校释》引俞樾云:"《说文·高部》:'亭,民所安定也'。是亭有定义。故《文选》谢灵运《初去郡诗》注引《苍颉》曰:'亭,定也。'亦通作停。《释名·释言语》曰:'停,定也,定于所在也。''五味亭矣',《文子·道原篇》正作'定',可证也。"(《淮南子校释·原道训》91 页,北京大学出版社,1997 年)又《说文》段注"亭"字:"亭定叠韵,亭之引申为亭止,俗乃制停、渟字。"(《说文解字注》227 页)晋代孙兴公(即孙绰)《游天台山赋》:"尔乃羲和亭午,游气高褰。"刘良注:"亭,至也。"清代陶炜《课业余谈》卷上:"亭午,日中则亭也。"颜延之《纂要》:"日在午曰亭午,在未曰昳。"(原书已佚,转引自《初学记》卷一)这些材料都说明亭午的原意是指太阳停留在午时。"亭"即"停"字,"午"相当于今之十一二点钟。

1983年元月完稿于蔚秀园28楼412室
(原载《中学语文教学》1983年第4期,2015年略有补充)

"家人"解诂辨疑

——兼论女强人窦太后

在先秦两汉,"家人"乃常用词。注家多有随文解诂。现有几种涉古的大型辞书,如《辞源》《辞海》《汉语大词典》《汉语称谓大词典》均立专条,详加解释。明末清初方以智《通雅·称谓》也有"家人"条目,清道光年间俞正燮《癸巳存稿》卷七有"家人言解",近人杨树达《汉书窥管》卷一"有两龙见兰陵家人井中"条也对"家人"的诸多例句进行了讨论,钱钟书《管锥编·史记会注考证·儒林列传》在讨论"家人"一词时,批评"俞说似深文",赞同"家人谓匹夫、庶民"说,2003 年第 3 期《语文研究》发表了赵彩花的《〈史记〉、〈汉书〉"家人"解》。综览各种资料,对某些句中的"家人"究竟应作何解,往往互相抵牾;甚至"家人"到底有几个义项,各义项产生的时代,四种辞书的处理也同中有异。也就是说,"家人"一词的解诂,至今仍是诸说纷纭,莫衷一是。原因之一是颜师古等人对"家人"的注释就欠准确,后人亦多受其误导;但最根本的原因是注家及辞书编撰者往往因循旧说,未考镜源流,进行系统探求。

"家人"作为一个具有社会、伦理意义的常用词有三个不同的来源。三个来源之间既有联系，又有性质上的差别。解诂者往往将来源不同的"家人"混为一谈，加之又不明白"家人"与"庶人"也是既有联系又有区别这样的事实，于是错解文句，扞格难通，即使是通人大家之言，或亦非的诂也。

一 "家人"的常用义

来源之一是《诗经·周南·桃夭》的"宜其家人"。毛《传》释"家人"为"一家之人"。郑《笺》略有不同，他说："家人，犹室家也。"《正义》加以发挥说："桓十八年《左传》曰：'女有家，男有室。'室家谓夫妇。此云'家人'，'家'犹夫也，犹妇也。以异章而变文耳，故云'家人，犹室家也。'"（《十三经注疏》279页）依此解，"家人"谓夫妇二人，诗意乃赞美"男女以正，婚姻以时"。

毛、郑二说并不矛盾。夫妇为家庭之本，郑说强调了家庭核心成员的作用，强调了婚姻为人伦之始。而毛《传》的解释，正如陈奂所言："此逆辞释经之例。"陈奂还指出：

> 此篇上二章就嫁时言，末章就已嫁时言。《礼记·大学篇》引末章而释之云："宜其家人，而后可以教国人。"正所谓家齐尽宜之道也。《传》意实本《大学》为说。
>
> （《诗毛氏传疏》卷一，16页，万有文库本，商务印书馆，1930年）

现代辞书中的"家人"都有"一家之人""家中的人"这个义项，即源自"宜其家人"。从古至今，此义一直保存。

但,"一家之人"乃全称,"家中的人"乃特指。后者是前者的引申。如:

《汉书·外戚传·孝景王皇后》:"初,皇太后微时所为金王孙生女俗,在民间,盖讳之也。武帝始立……乃车驾自往迎之。其家在长陵小市,直至其门,使左右入求之。家人惊恐,女逃匿。"(《汉书》卷九七上,3947—3948页)

《汉书·五行志中之上》:"其后帝(指成帝)为微行出游,常与富平侯张放俱称富平侯家人,过阳阿主作乐,见舞者赵飞燕而幸之。"(《汉书》卷二七中之上,1395页)

例一为"一家之人",指全家;例二指"家中的人",即富平侯家里的人。

"一家之人"又引申为"人家",即"凡人之家"。

例一,《左传》哀公四年:"蔡昭侯将如吴,诸大夫恐其又迁也,承公孙翩逐而射之,入于家人而卒。"《正义》释"家人"为"凡人之家"。(《十三经注疏·春秋左传正义》,2158页)

例二,《史记·汲黯传》:"河内失火,延烧千余家,上使黯往视之。还报曰:'家人失火,屋比延烧,不足忧也。'"(《史记》卷一二〇,3105页)这里的"家人"也即"人家","凡人之家"(意为非官府)。

例三,《汉书·惠帝纪》:"春正月癸酉,有两龙见兰陵家人井中。"(《汉书》卷二,89页)此"家人"亦"人家"义。钱大昭在《汉书辨疑》中指出:

> 家人,《汉纪》(荀悦著)作"人家"。案《五行志》:"癸酉,有两龙见于兰陵廷东里温陵井中。"(见《汉书》卷二七下之上,

1466页)则作"人家"者是。

(《汉书辨疑》卷一,8页)

此例颜师古释为"庶人之家"①;"刘向以为龙贵象而困于庶人井中"(《汉书》二七下之上,1466—1467页)。他们所说的"庶人"也就是"凡人",普通"人家"。杨树达批评"钱说非也"(《汉书窥管》卷一,30页),将"人家"与"庶民"对立起来,似不妥。

但"凡人之家"并不是在一切情况下都等于"庶人之家"。请看下面三例。

例一,《汉书·佞幸传·董贤》:

> (王)闳为(董)贤弟驸马都尉宽信求(萧)咸女为妇,咸惶恐不敢当,私谓闳曰:"董公(指董贤)为大司马,册文言'允执厥中',此乃尧禅舜之文,非三公故事,长老见者,莫不心惧。此岂家人子所能堪耶!"闳性有知略,闻咸言,心亦悟。乃还报恭(恭,董贤之父),深达咸自谦薄之意。

(《汉书》卷九三,3738页)

颜师古说:"家人犹言庶人也。盖咸自谓。"(3738页)颜说欠妥。

萧咸何许人也?萧咸为王闳岳父,乃"前将军望之子也,久为郡守,病免,为中郎将",故"(董)贤父恭慕之,欲与结婚姻"(3738页)。萧咸也是高官,即使"自谦",也非"庶人"可比。这里的"家

---

① 《汉书》卷二,第89页,颜注,中华书局,1962年。

"家人"解诂辨疑——兼论女强人窦太后

人"只能解释为"凡人之家",因为当时的董贤"权与人主侔"。萧咸与之相比,"自谦薄"为"凡人之家",有不敢高攀之意。"家人子"无疑非萧咸实际身份。

例二,《盐铁论·崇礼》:

> 大夫曰:"夫家人有客,尚有倡优奇变之乐,而况县官乎?"(县官:指天子)

杨树达《盐铁论要释》:"汉人谓庶民为家人。"(70页,上海古籍出版社,2007年)将此"家人"与"庶民"画等号,甚为不当。案之此例中的"家人",只可释为"凡人之家",而非"庶民"。"庶民"招待客人如有"倡优奇变之乐",这是什么样的"庶民"?汉代的"庶民"多是农民或无任何官阶爵位的人。能享有"倡优奇变之乐"者,无疑属于上层社会人士,可对"县官"(天子)而言,他们当然就是平常人家了,但绝不是"庶人"。

例三,《汉书·谷永传》:

> 陛下(指成帝)弃万乘之至贵,乐家人之贱事。
> 　　　　　　　　　　　　　　　　(《汉书》卷八五,3461页)

颜师古曰:"谓私畜田及奴婢财物。"依颜注,这里的"家人"也只能解释为"凡人之家",一般"庶民"可以"私畜田及财物",如有"奴婢",这就跟"庶民"的社会地位不相符合了。

二 《周易·家人》卦及窦太后与"家人言"的风波

现在,我们谈"家人"的第二个来源,即《周易》中的"家人"。

各辞书均将此"家人"作为独立义项,这无疑是正确的。而《辞源》(0836页,1980年版)无释义,只说此乃"《易》卦名"。《汉语大词典》指出:"内容是论治家之道。"此释义也不得要领。

如果仅从卦名而言,的确看不出此"家人"与《诗经》中的"家人"有什么不同。朱熹的《周易本义》就说:"家人者,一家之人。"这个释义与此卦的精神实质全然不符,不可信。原来这里的"家"已非家庭之家,乃特指妇、妻。"家人"就是妇人、妻子。

《左传》僖公十五年晋国卜筮之史有占辞说:"逃归其国,而弃其家。"

杜注:"家谓子圉妇怀嬴。"《正义》:"夫谓妻为家,弃其家谓弃其妻,故为怀嬴也。"[①]

屈原《离骚》:"固乱流其鲜终兮,浞又贪夫厥家。"王逸注:"妇谓之家……贪取其家,以为己妻。"[②]

此两例乃"家"有"妇""妻"义之确证。

从《家人》卦的内容来看,也不是对"一家之人"而言的,所言全属妇女问题。

[①] 《十三经注疏·春秋左传正义》,第1806页,中华书局,1980年。
[②] 《楚辞补注》上册,第17页,中华书局,1957年。

"家人"解诂辨疑——兼论女强人窦太后

《家人》的卦象为离下巽上：☲①。这个卦象的符号意义是什么？六二、六四为阴爻。"巽一索而得女，故谓之长女。""离再索而得女，故谓之中女。"②

《家人》的卦辞为："利女贞。"马融曰："家人以女为奥主，长女、中女各得其正，故特曰'利女贞'矣。"（《周易集解》卷八，1页）王弼对"彖"辞"女正位乎内，男正位乎外"的解释是："家人之义，以内为本者也，故先说'女'矣。"（同上引）

马、王的注很明确："家人"卦的内容不是泛言"治家之道"，而是讨论为妇之道的。用今天的观点来看，就是在家庭范围之内如何管束妇女，让家庭主妇自觉自愿地处于被压制的地位。于是，第一爻的爻辞就毫不客气地提出了：

初九　闲有家。悔亡。

此话是什么意思？表述了什么样的传统伦理观念？下面我们引述王弼、欧阳修、王夫之、朱骏声等人的有关言论来做答辞。王弼注：

> 凡教在初，而法在始。家渎而后严之，志变而后治之，则悔矣。处家人之初，为家人之始，故宜必以闲有家，然后悔亡也。

（《十三经注疏·周易正义》，38页，中华书局，1980年）

"教"的对象是谁？家"法"管的是谁？"家渎"的原因在谁？谁

---

① 《十三经注疏·周易正义》卷四，第50页，中华书局，1980年。
② 《十三经注疏·周易正义·说卦》卷九，第94页，中华书局，1980年。

"志变"了？谁"处家人之初"？谁"为家人之始"？全部矛头均指向一个目标：女子。或曰家庭中新嫁过来的女子。

欧阳修撰《新五代史》，将宗室后妃传称之为《家人传》，其理论根据就来自《周易·家人》。他在《梁家人传》序文中说：

> 梁之无敌于天下，可谓虎狼之强矣。及其败也，因于一二女子之误。至于洞胸流肠，刲若羊豕，祸生父子之间，乃知女色之能败人矣。自古女祸大者亡天下，其次亡家，其次亡身，身苟免矣，犹及其子孙，虽迟速不同，未有无祸者也。然原其本末，未始不起于忽微。《易·坤》之初六曰："履霜，坚冰至。"《家人》之初九曰："闲有家，悔亡。"其言至矣，可不戒哉！

(《新五代史》卷十三，127页，中华书局，1974年)

"女祸"历史观，从夏商周至近现代，一直被男权统治者奉为圭臬，从未动摇。防范的药方就是《周易》时代已经总结出来的三个大字："闲有家"。欧阳修的这篇序文就是用男权史观剪裁历史事实为"闲有家"做注脚的。

何谓"闲"？下引朱骏声文会谈到。我们先问：为什么对女子要"闲"，何以"闲"？这就要听王夫之的慷慨陈词了。王夫之说：

> 闲之于下，许子以制母；威之于上，尊主以治从；而后阴虽忮忌柔慢以为情，终以保贞而勿失矣。

(《周易外传·家人》，913页，岳麓书社，2011年)

又说：

> 《家人》中四爻（盈按：指代表男位的初九、九三、九五、上九四阳爻）皆得其位，而初、上（指初九、上九）以刚"闲"之，阳之为德充足而无间，御其浮游而闲之之象也，故化行于近，而可及于远……
>
> ……而知为家之道，唯女贞之为切也。阳之德本和而健于行，初无不贞之忧；所以不贞者，阴杂其间，干阳之位；而反御阳以行，是以阳因失其固有之贞而随之以邪。岂特二女之嫔虞，太姒之兴周，妹（应作妹）喜、妲己、褒姒之亡三代，为兴衰之原哉！即士庶之家，父子兄弟天性之合，自孩提稍长而已知爱敬，其乖戾悖逆因乎气质之凶顽者，百不得一也。妇人一入而乱之，始之以媚惑，终之以悍鸷，受其惑而制于其悍，则迷丧其天良，成乎凶悖，而若不能自已。人伦斁，天理灭，天下沦胥于禽兽，而不知其造端于女祸。圣人于此惧之甚，戒之甚，而曰"利女贞"，言女贞之不易得也。女德未易贞，而由不贞以使之贞，唯如"家人"之"严君"，刚以闲之，绝其媚而蚤止其悍，使虽为"哲妇"①"艳妻"②，而有所制而不得逞。……
>
> "闲"者，御其邪而护之使正也。家人本无不正，尤必从而闲之，谨之于微，母教也。虽若过于刚严，而后悔必亡。
>
> （《周易内传·家人》卷三，312、313、315页，岳麓书社，2011年）

---

① 《诗·大雅·瞻卬》："哲妇倾城。"
② 《诗·小雅·十月之郊》："艳妻煽方处。"毛《传》："艳妻，褒姒。"

依照王夫之的逻辑，阳德原本"和而健于行，初无不贞之忧"，阳之所以"失其固有之贞"，都是阴干阳位造成的。因此，妇人是犯有"原罪"的。呜呼！在西方的《圣经》中亚当和夏娃都犯有原罪，而中国的《易经》中，亚当本无"不贞之忧"，"不贞者"乃夏娃，夏娃自己"不贞"使亚当也"不贞"。这也是中西文化传统的巨大差异。

　　王夫之也全盘接受了男权社会对妹喜、妲己、褒姒的诬枉之辞，并进而推论到"士庶之家"，父子兄弟间之所以有"乖戾悖逆"的"凶顽"之徒，全是由于"妇人一人而乱之"。弄得家不家，国不国，人伦天理丧灭，"天下沦胥于禽兽"，这样的"家人"还不该"闲"之而又"闲"之吗！可是，唐太宗率长孙无忌等于玄武门诛杀皇太子建成、齐王元吉，胁迫其父让位；雍正残酷迫害杀戮自己的亲兄弟，还有数不清的"人伦斁，天理灭"，行同禽兽的故事，有几件是"妇人一人"造成的呢？细读历史就知道：妹喜、妲己、褒姒之类的人物，多数是受害者，即使有罪，也应该与亚当相提并论才公正呀。亚当、夏娃这一对"家人"，岂可随意轩轾！

　　《家人》卦标榜的是"利女贞"，而数千年来，此卦对妇女真是有万害而无一"利"！国内外那么多易学大师，有谁能为中国的夏娃鸣不平？

　　《家人》中的妇女观早已浸透了国人的骨髓，不仅奉为经典，而且深入到民间俗谚中去了。

　　19世纪的朱骏声是《说文》大家，介绍一下他对"闲有家"的解诂，对我们了解《周易》的"家人"一词是会有帮助的。他说：

　　　　牖户之内谓之家。闲，阑也。木设于门，所以防闲也。处家宜和,治家宜严,颜之推曰:"教子婴孩,教妇初来。"此之谓也。

(朱骏声《六十四卦经解·家人》卷五,160页,中华书局,1958年)

这里要说明的是:朱氏所引颜之推云云,并不是颜氏个人的言论。此话出自颜之推的《颜氏家训·教子》篇。原文作:

> 俗谚曰:"教妇初来,教儿婴孩。"

"教妇初来"的"俗谚"与"初九"爻辞"闲有家",意思完全一致。所谓"教",就是诸多禁忌,诸多防范,诸多服从。一言以蔽之曰"闲"。

行文至此,我相信我已经把《家人》卦的确切含义弄清楚了。现在要做的就是拿语言材料来证明。下面两个例子在古代都是很有影响的。

例一,取自《汉书·游侠传·原涉》:

> 或讥(原)涉曰:"子本吏二千石之世,结发自修,以行丧推财礼让为名……何故遂自放纵,为轻侠之徒乎?"涉应曰:"子独不见家人寡妇邪?始自约敕之时,意乃慕宋伯姬及陈孝妇,不幸壹为盗贼所污,遂行淫失,知其非礼,然不能自还。吾犹此矣!"

(《汉书》卷九二,3715页,中华书局,1962年)

这是一段名言,也是一个名典。南宋戴埴《鼠璞·柳子厚文》(丛书集成初编本,43页)、俞文豹《吹剑录》"原涉"条(10页)、清人钱大昕《十驾斋养新录·河间传》条,都认为柳宗元的小说《河间传》,"盖本于此","其意正相类"。

妇人河间,原本是一个很"有贤操"的女子,"自未嫁"至"既嫁","谨甚,未尝言门外事",恪守为妇之道,"以贞顺静专为礼",是当地声望甚佳的模范"新妇",后因"族类丑行者""必坏之",逐渐堕落为"淫妇人"①。戴埴等人将柳宗元这篇小说溯源于原涉的"家人寡妇"论,完全正确。可我现在要进一步提问:原涉所谓的"家人"又出自何处?答案只有一个:出自《周易·家人》。原涉的话正好是"初九,闲有家"及俗谚"教妇初来"生动、贴切的演绎。

可是,杨树达谓"家人谓庶民,汉人常语"时,亦举原涉此话为证(《汉书窥管》卷一,31页),这显然是讲不通的。不唯"庶民"与"寡妇"不能相提并论,而且下文"壹为盗贼所污,遂行淫失",也与"庶民"毫不相干。何谓"污"与"淫",柳宗元笔下的河间即是一例。唯一可信的结论,原涉所谓的"家人"只能是"利女贞"之"女","教妇初来"之"妇",也就是《河间传》中称之为"新妇"的已婚女子。总而言之,是妇道人家。

例二,这个例子涉及本文副标题中所谓的"女强人窦太后"。

> 窦太后好《老子》书,召辕固生问《老子》书。固曰:"此是家人言耳。"太后怒曰:"安得司空城旦书乎?"乃使固入圈刺豕。景帝知太后怒而固直言无罪,乃假固利兵,下圈刺豕,正

---

① 《柳河东集·外集·河间传》卷上,第67页,商务印书馆国学基本丛书简编本。

中其心,一刺,豕应手而倒。太后默然,无以复罪,罢之。居顷之,景帝以固为廉直,拜为清河王太傅。久之,病免。

(《史记·儒林列传·辕固生》,3123页,中华书局,1959年)

这是一段气氛相当恐怖而又妙趣横生的史文,今日读来犹如身临其境。现场人物有三:窦太后、书呆子辕固先生、汉景帝。还有一只猪。古今中外,以刺豕来对决学术胜负,大概仅此一例吧。窦太后的狂野风度,可谓空前绝后。

全部矛盾是由"家人"这个词引起来的。

司马贞《索隐》:"服虔云:'如家人言也。'案:《老子道德篇》近而观之,理国理身而已,故言此家人之言也。"(《史记》,3123页)

《汉书·辕固传》师古注:"家人言僮隶之属。"(《汉书》卷八八,3613页)

俞正燮《癸巳存稿·家人言解》:"宫中名家人者,盖宫中无位号,如言宫女子、宫婢。……'家人言'本意谓仁弱似妪媪语,而家人又适为宫中无位号者……窦太后始为家人,故怒,怒其干犯,非仅以有仁弱之讥也。"[①]俞说与颜注接近,"宫婢"与"僮隶"无本质差别。

杨树达谓"家人谓庶民",亦举此例为证。杨说与颜、俞大不相同。博学多闻的钱钟书为了证明此例之"家人"即"人家",即"匹夫""庶人"之义,还援引魏收《魏书·崔浩传》浩论《老子》曰:"袁(盈按:原书作韦,钱先生误为袁)生所谓家人筐箧中物,不可扬于

[①] 《癸巳存稿》卷七,第199页,辽宁教育出版社,2003年。

王庭也!"(钱说见《管锥编》第一册,372页,中华书局,1979年)崔浩说的"韦生",为三国时的韦曜。曜在回答孙晧问"瑞应"时说:"此人家筐箧中物耳!"(《三国志·吴书》,1462页)应该说,韦曜所说的"人家"与辕固所说的"家人"毫无关系。而崔浩改"人家"为"家人",又与批判老庄之书联系起来,已与韦氏原意大不相同,倒是与辕固相呼应了。所以,我认为这个"家人"未必不是指妇道人家。何谓"筐箧中物"?当然不是指书本或男士的衣物,应该跟妇女有关。《周易·归妹》"女承筐",《诗·豳风·七月》"女执懿筐"。"筐"也可以是妇女盛衣物的箱子。这里"筐箧"连用,喻老庄书为妇女所用衣物,"故不可扬于王庭也"(《魏书·崔浩传》,812页)。

现代辞书举辕固语证时,多取颜注。如《辞源》《汉语大词典》《汉语称谓大词典》均释为"仆人""仆役"。《辞海》"家人"的义项③"旧时称仆人",只举《红楼梦》中的例子为证,大概是有意回避"家人言"这个例子吧。杨氏的"庶民"说也有一定的影响。如台湾六十教授合译的《白话史记》译为:

这只是庶人之言罢了。

(《白话史记》下册,1051页,岳麓书社,1987年)

从服虔到杨树达、钱钟书,对辕固这句"家人言"有四种不同的解释。不仅杨、钱不同于颜,司马贞与服虔也是不同的。司马的按语似乎是对服注的申说,实则大相径庭,下文再细说。

辕固这句话为什么如此难解呢?

如果仅从字面求解,必然难以定论。只有联系当时的环境,深入分析窦、辕、景帝三人的情态,尤其是景帝与窦、辕的微妙关系,这个谜是不难破译的。

矛盾的主要方面是窦太后。

窦太后这个人物,无论从哪种意义来说,都是值得一论的。本文副标题说她是"女强人",是从身世、政治权力、学术专制三方面来立论的。

窦太后乃汉初赵地清河郡观津县人。景帝年间观津又划归分置的信都国,其地在今之衡水市武邑境内。"吕太后时以良家子选入宫",这是《汉书·外戚传》的说法;《史记·外戚世家》不用"选"字,只说"以良家子入宫侍太后"。《汉书》的表述远不如《史记》准确。窦氏的出身是很凄苦的,早年丧父,其弟四五岁被人"略卖",家贫且贱。她的入宫实为生活所迫,与"选"妃子根本不是一回事。《史记》说"侍太后",表明了她的身份只不过是吕后的贴身丫头,与《红楼梦》里的鸳鸯、平儿差不多。

可窦丫头运气实在太好了,幸福之花似乎专为她而开。她碰上了一个有利于自己攀升的时代,当时的皇帝们不计较后妃的出身门第,故"汉初妃后多出微贱"[1]。她又碰上"太后出宫人以赐诸王"的机会,她原本想"如赵,近家",结果却被主持此事的宦者"误置代伍中",感谢上苍这一"误","至代,代王(即后来的文帝)独幸窦姬"。"独幸"的原因似非色与艺,按年龄她应该长于代王,之所以取得代王"独幸",恐怕与其少也贱,故谦谨、历练、勤敏,善于体贴年轻的代王有关。她又为年轻的代王生了一个儿子,即后来的

---

[1] 赵翼《廿二史劄记》卷三,第46页,辽宁教育出版社,2000年。

景帝。上帝又让她一枝独秀，代王王后及王后所生四男全都自然死亡，故代王立为皇帝时，景帝没有任何竞争就被立为太子，窦姬也理所当然地成为皇后。文帝崩，景帝立，窦皇后就成了皇太后；景帝崩，武帝立，她成了太皇窦太后。她卒于武帝建元六年（前135年）。文帝去世之后她还活了22年。这22年中，她管着儿子（景帝）和孙子（武帝），直接干预朝政，操纵学术方向，功大于过，所谓"文景之治"，窦氏乃关键人物。如果从立为皇后之日（前179年）算起，她在位有45年之久，始终未离开权力中心、学术中心。她既保护了景帝、武帝（即位时才16岁），又必然会和自己的儿子、孙子在政见及学术趣味上产生种种矛盾。

在窦太后与辕固这场火药味极浓的学术论战中，同时也暴露了儿子景帝与母亲窦太后之间存有不可明言的矛盾。书呆子辕固敢于当面口出狂言顶撞窦太后，而又没有被窦太后整死，留下了一条老命，居然还拜为太傅，显然是景帝为他撑腰，巧妙地保护了他。景帝为什么不站在母亲一边打压辕固反而支持辕固呢？

就学术趣味而言，景帝乃至后来的武帝，都不喜欢黄老之言。道理很明显，儒术是为加强巩固君权服务的；黄老之言只能削弱君权，有利于母后干政。《外戚传》说得很清楚：

> 窦太后好黄帝、老子言，景帝及诸窦不得不读《老子》尊其术。
>
> （《汉书》卷九七，3945页）

"不得不"三字显示了母后的威权，也道出了景帝无可奈何的处境。

景帝即位时已经32岁了,身后还站着这样一位强势母亲来管着自己,帝王的权威何在!他多么渴望用儒术来为自己的皇权造声势,辕固这样的儒术中坚正是反对妇人干政、皇权的铁杆捍卫者,他能不保护辕固吗!

这母子二人更深层的矛盾还不在学术取向,而在"窦太后心欲以孝王为后嗣"[①],这是景帝无论如何不能容忍的。窦太后为文帝生了两个儿子,小儿子即梁孝王刘武。太后偏爱这个小儿子,必欲以刘武来继景帝位,梁王也因此无法无天,派出刺客杀害朝中那些反对由他"为后嗣"的"议臣"。当景帝要查办刺客且"由此怨望于梁王"时,梁王有意"匿于长公主园",造成失踪假象。太后泣曰:"帝杀吾子!"后来梁王薨,"窦太后哭极哀,不食,曰:'帝果杀吾子!'"[②]给景帝造成极大压力。

不难理解,学术趣味的对立正是皇权遭遇母后挑战的意识形态化。按儒学的机制,妇人是不能干政的;君为臣纲,子承父业,梁孝王的行为完全违背了"三纲"学说。

讲清了这些背景、关系之后,我们应该明白了:辕固说的"此是家人言耳",乃一语双关,有双重指向性。既指向《老子》其书,也指向窦太后其人。

所以,这里的"家人言"就是指妇人之言,即妇道人家的见解。

辕固一语出口,捅了马蜂窝。此言刺伤了太后的自尊心,直挑太后的价值观。

---

① 《史记·梁孝王世家》卷五八,第2084页,中华书局,1959年。
② 同上书,第2086页。

从表层意义来看,是说《老子》提倡"无为""不争",提倡"绝学无忧","以贱为本"①,提倡"无为自化,清静自正"②,等等,全是妇人之见。从深层看,窦太后原本就有过"家人"(宫婢)经历,如今虽然能管着皇帝,一个无法改变的事实是,她还是女人身。女人不宜过问朝政的礼制,她当然心知肚明。窦太后焉能不愤怒!她的回答充满了杀机:到哪里去找让罪人"司空城旦"读的书呢!

辕固这个时候应该是七八十岁的老年人了③,要辕固去"刺豕",无异于让他去送死。好在景帝"假固利兵",又好在那头猪"应手而倒",才"无以复罪"。设若辕老头子遭遇的是王小波笔下那种"特立独行的猪",那只"一百人也逮不住"的猪,那只能躲开手枪与火枪射击的猪,他就死定了。即或不死,也得与"城旦"为伍了。

这绝对不是危言耸听。武帝初年,窦老太太还逼死了两位儒生。《史记·儒林列传》有明文记载:

> 太皇窦太后好老子言,不说(yuè)儒术,得赵绾、王臧之过以让上(斥责武帝),上因废明堂事,尽下赵绾、王臧吏,后皆自杀。
>
> (《史记》卷一二一,3122页)

---

① 见《老子》。
② 《史记·老子传》卷六三,第2143页。
③ 汉武帝元光五年(前130年)辕固90余岁。见《资治通鉴》卷一八,第602页。

"家人"解诂辨疑——兼论女强人窦太后

《汉书·武帝纪》于建元二年(前139年)也记载了赵绾、王臧自杀事件。应劭有一条很重要的注:

> 礼,妇人不豫政事,时帝已自躬省万机。王臧儒者,欲立明堂辟雍。太后素好黄老术,非薄《五经》。因欲绝奏事太后(即不再向太皇太后奏事),太后怒,故杀之。
>
> (《汉书》卷六,157页。按:"请毋奏事太皇太后"者,乃御史大夫赵绾。因此案受牵连的丞相窦婴、太尉田蚡均被免职。武帝本人也受到皇太后的警告,要他设法取悦太皇窦太后。)

将应劭此注与服虔在《史记·儒林传》中那条注联系起来分析,我们就会发现:在颜师古之前的东汉,应劭、服虔他们对辕固说的"家人言"还是能正确理解的。

《索隐》引服虔云:"如家人言也。"比原文只多了一个"如"字,几乎是同语反复,等于没有解说。

没有解说就是解说。他没有用"僮仆"或"庶人"来作注,就已经证明:辕固所说的"家人"既非仆人也非平民。"家人"就是"家人",而"老子言"毕竟不就是"家人言",所以要加个"如"字。"如"什么呢?"如"《周易》中的"家人",即妇人。

应劭并未给辕固的话作注,而他指出了"礼,妇人不豫政事",事实上就是拿儒家"闲有家"的根本大法来指责窦太后。

有"闲"者就有被"闲"者。辕固、应劭、服虔乃至景帝,在理论上都是"闲"者,而窦太后在理论上却处于被"闲"者的地位,可事实上实权为窦太后所牢牢控制。这就如同王夫之说的:"阴杂其间,

干阳之位,而反御阳以行。"辕固、景帝作为"闲者",就是要"御其邪而护之使其正也"。正如王夫之所言:

> 闲之于下,许子以制母;咸之于上,尊主以治从。

"家人言"三字,涉及辕固本人、窦太后、景帝这三个人的核心价值观。因此,辕固不能不"直言",窦太后不能不发"怒",景帝不能不保护辕固"以制母",全都取决于核心利益。看似闹剧,实则各有大义存焉。

辕固要捍卫的是儒术的核心价值——三纲学说;窦太后要维护的不只是自己的权威,还有政权的稳定;景帝要维护的是手中的皇权,他与辕固有共同的契合点。

所以,将这里的"家人"释为"僮隶之属",既与《老子》一书的内容不切合,也有悖于当时的语言环境、人物身份。辕固虽然敢于"直言",还不至于以"僮隶"来直射太后,这样的用语也不符合其儒者的身份、学术理念;再则,景帝虽与其母在内心深处有某些龃龉,但绝不可能容忍辕固以"僮隶"这样的恶语来伤害自己的亲生母亲,为人子者岂能听了"尔母,婢也"这样的攻击还能肯定其"直言无罪"吗?如果自己的母亲喜欢的是"僮隶"之言,景帝本人岂不成了"家人"子吗?景帝的现场反应是解开"家人"之谜的重要依据。

为什么"庶民"说也是错的呢?如果辕固说的"家人"就是"庶民",窦太后犯不着如此怒不可遏,犯不着用"使固入圈刺豕"的狂野手段来决此争端,而且《老子》学说也不代表"庶民"的主张,辕固也没有必要拿"庶民"来说事,儒家什么时候反对过"庶民"呢!

"家人"解诂辨疑——兼论女强人窦太后

我既非帝党,也非后党,更不是辕派,只是就事论事而已。

就事实而言,用人性的眼光来看历史,所谓"闲有家",所谓"礼,妇人不豫政事",以及所谓"家人之言",都是违背人性、大成问题的。而中国数千年的史书都是男性写出来的,是非折中于夫子,几乎听不到妇女的声音。窦太后是第一个敢于公然"非薄《五经》"的女性,是第一个批判"儒者文多质少"[①]的女性,是第一个用"刺豕"的方法来处罚儒生的女性。说她是女强人,是女中豪杰,我以为不算过分。

据《妒记》一书记载,晋代谢安的刘夫人反对谢安"立妓妾",有人拿《关雎》《螽斯》"有不忌之德"来讽喻。这位刘夫人乃问:"谁撰此诗?"答云:"周公。"夫人曰:"周公是男子,相为尔。若使周姥撰诗,当无此也。"[②]尽管周祖谟师的老丈人、也是我的乡先贤余嘉锡先生"疑是时人造作此言,以为戏笑耳"[③],而"戏笑"之言也道出了颠扑不破的真理。

同理,我们也可以替窦太后发问:应劭所谓的"礼"是谁制的?答案也是:"周公"。窦太后一定会说:"若使周姥制礼,当无'妇人不豫政事'之理也。"

要之,"妇人之见"与男子之见,不论高下如何,从话语权而言是同等的,是神圣不可侵犯的。

何况,汉朝初年,经连年战乱之后,民不聊生,社会破败,黄老的清静无为之术,有利于休养生息,恢复元气,促进社会稳定。"文

---

① 《资治通鉴·汉纪九》武帝建元二年,卷一七,第564页。
② 《艺文类聚·人部·妒》卷三五,615页,上海古籍出版社,1965年。
③ 余嘉锡《世说新语笺疏》,第696页,中华书局,1983年。

景之治"就可以为证。在中国历代的皇帝中,汉文帝是体恤民生疾苦,严格节俭克己的典范,那是一个大体上没有贪官没有酷吏的时代,黄老术岂能一概否定。文帝死后,窦氏作为母亲监督景帝,景帝死后又以祖母太皇太后的身份,监管16岁的小孙子武帝,她不也是为了刘氏王朝能平安无事吗? 她在干预朝政时也有各种各样的错误,尤其是偏袒梁孝王,对儒生过于严酷,都无益于社会发展,可人世间有不犯错误的统治者吗!

不得不指出的是,窦太后一驾崩,武帝就迫不及待地"绌黄老、刑名百家之言,延文学儒者数百人"[①],汉王朝从此进入了矛盾重重的多事之秋。可以说,窦太后之死,标志着一个清静无为时代的结束,也意味着儒术独尊的开端。研究中国学术思想史,如果抛开窦太后不论,历史的拐点就成了盲点,我说的不对吗?

三 主家的奴仆:家人、家人子

最后,我们讨论"家人"的第三个来源。在封建制度时代(指周王朝的封土建国),天子诸侯曰国,卿大夫曰家。家有主,有隶属于主家的奴仆。具有这种隶属身份的人就是"家人"。封建制度崩溃之后,各色各样的"家主"还存在,奴仆也一直存在。所以,"家人"的奴仆义在整个古代社会也一直存在。这个"家"字既不是"家庭"之家,也不是特指"妇"、"妻",而是指"主家"。《汉书·外戚传·孝文窦皇后》说:"(窦后之弟)少君独脱不死。自卜,数日当为侯。从

---

① 《史记·儒林列传》,第3118页。

其家之长安,闻皇后新立,家在观津,姓窦氏。"①何谓"从其家"？颜师古注："从其主家也。"这时候的少君就是奴仆,是隶属于"之长安"的主家的奴仆。靠其姊为皇后的关系,一夜之间由奴仆而封侯,身份产生了质的变化。

古代的僮奴大体上有四个来源。

一是战俘。俞正燮说："《史记》列国《世家》所谓'家人',即奴虏。"②"奴虏"意为以俘虏为奴(引申为泛指奴隶)。

《史记·鲁周公世家》："二十四年,楚考烈王伐灭鲁。顷公亡,迁于下邑,为家人,鲁绝祀。"③

日人泷川资言《史记会注考证》引冈白驹曰："家人,齐民也。"又引韦昭云："庶人之家也。谓居家之人无官职也。"④

《史记·晋世家》："静公二年,魏武侯……灭晋后而三分其地。静公迁为家人,晋绝不祀。"⑤

泷川资言《会注考证》云："家人,庶人也。"⑥

这两例中的"家人",《会注考证》的释义均与俞说相矛盾。我以为《史记》用"家人"而不用"庶人",说明这两个词是有原则性区别的。如果仅仅是削职为民,可以说是"免为庶人"或"废为庶人",而鲁顷公、晋静公都是亡国之君,为敌方所俘,与"居家之人无官职"者大不相同,他们不仅失去了土地,失去了君位,更重要的是失

---

① 《汉书》卷九七上,第3944页。
② 俞正燮《癸巳存稿》卷七,第199页,辽宁教育出版社,2003年。
③ 《史记》卷三三,第1547页。
④ 《史记会注考证》卷三三,第55页,北岳文艺出版社,1999年。
⑤ 《史记》卷三九,第1687页。
⑥ 《史记会注考证》卷三九,第94页,北岳文艺出版社,1999年。

去了人身自由,成了监管对象。比较而言,我以为俞之"奴虏"说是可信的。

下面这个例子也是有分歧的。

《史记·魏豹传》:"魏豹者,故魏诸公子也。其兄魏咎,故魏时封为宁陵君。秦灭魏,迁咎为家人。"①

《汉书·魏豹传》将"迁咎为家人"五个字改为"为庶人"②。杨树达据此断言:"尤家人即庶人之明证。"③

事情恐怕不这么简单。《汉书》不只是改"家人"为"庶人",尤应注意的是删去了"迁"字。按《汉书》的文意是,秦灭魏国之后,魏咎变成了庶人,也就是平民。而按《史记》的文意,魏咎被强制迁徙到别的地方去了,这意味着他失去了人身自由,受到刑法制裁。

如果不是《汉书》编者所见的原始材料与《史记》不同,那么这种文字加工就完全是错误的。《汉书》乱改《史记》,使《史记》的原意走样,这样的例子不少。

因此,我对杨树达所谓的"明证",不敢苟同。此例也应依俞说才是。

二是罪人。所谓"罪人"不见得都有罪,权势者认定他(她)有罪就成了"罪人"。也不是所有的罪人都等同于"家人",只有那些没入官府或豪门从而成为男女僮仆的人,或被废黜的后妃等同罪犯的人才有可能成为"家人"。如:

《汉书·宣元六王传·东平思王宇》:"姬朐臑故亲幸,后疏远,

---

① 《史记》卷九〇,第 2589 页。
② 《汉书》卷三三,第 1845 页。
③ 《汉书窥管》卷一,第 31 页,上海古籍出版社,2006 年。

"家人"解诂辨疑——兼论女强人窦太后

数叹息呼天。宇闻,斥朐臑为家人子,扫除永巷,数笞击之。"①

颜师古对"家人子"的注释是:"黜其秩位。"②

这条材料要说明的有两点:"家人子"是一个词,并不等于"家人"的子女。此例中的"家人子"很显然是一个完整的称谓,不能拆开来讲。这个"子"是什么意思呢?《后汉书·王符传·浮侈篇》"葛子升越"注:"子,细称也。"③在"家人子"中"子"既表示年幼、细小,也表示地位低下,带有词尾性质,这是一;第二点,"家人子"是一种身份,据《汉书·外戚传》载:汉代宫廷女子共有 14 等级位④,而"家人子"在等外,是地位最低的仆人。朐臑斥贬为"家人子"的境遇也可以为证。颜注"黜其秩位"是对的。由"姬"黜为"家人子",身份、待遇、处境,有天渊之别。

《汉书·外戚传·中山卫姬》:"卫后(汉平帝之母)日夜啼泣,思见帝……(王)宇(王莽长子)复教令上书求至京师。会事发觉,莽杀宇,尽诛卫氏支属。卫宝(平帝之舅)女为中山王后,免后,徙合浦。唯卫后在,王莽篡国,废为家人。"⑤

由母后"废为家人",降为仆役,无以存活,故"岁余卒"。

在《外戚传》中,"庶人"与"家人"完全是两种不同的身份。请注意下列各例:

《孝昭上官皇后》:"且用皇后为尊,一旦人主意有所移,虽欲为

---

① 《汉书》卷八〇,第 3323、3324 页。
② 《汉书》卷九七上,第 3959 页。
③ 《后汉书》卷四九,第 1635 页。
④ 《汉书》卷九七上,第 3935 页。
⑤ 《汉书》卷九七下,第 4009 页。

家人亦不可得。"①此例的"家人"颜师古注为："言凡庶匹夫。"②当然也解得通。我以为这个"家人"与上例卫后"废为家人"意思一样，也是仆役。上官安（霍光女婿）的意思是：如果"谋杀（霍）光"、废除皇帝而立上官桀（安之父）的阴谋一旦败露，即使想当仆役也不可能，言外之意就是会招来杀身之祸。结果桀、安皆被处以死罪，皇后因为"年少不与谋"，又是霍"光外孙，故得不废"③。

《孝成赵皇后》："哀帝于是免新成侯赵钦、钦兄子成阳侯䜣，皆为庶人，将家属徙辽西郡。"④

又："今废皇后为庶人，就其园。"⑤

《孝元冯昭仪》："上不忍致法，废为庶人，徙云阳宫。"⑥

又："（宜乡侯）参女弁为孝王后，有两女，有司奏免为庶人，与冯氏宗族徙归故郡。"⑦

又："（张）由前诬告骨肉，（史）立陷人入大辟……以取秩迁，获爵邑，幸蒙赦令，请免为庶人，徙合浦。"⑧

上述五例中的"庶人"，皇后为"废"，其余为"免"，都是贬黜为平民。例中的"庶人"均不可改为"家人"。因为这两类人有性质上的差别。

---

① 《汉书》卷九七下，第3959页。
② 同上书，第3960页。
③ 同上书，第3959页。
④ 同上书，第3996页。
⑤ 同上书，第3999页。
⑥ 同上书，第4007页。
⑦ 同上。
⑧ 同上书，第3996页。

所谓"上（哀帝）不忍致法"，说明黜为庶人，并不是法律制裁。而"废为家人"，就人身自由也没有了，户籍也没有了。

"庶人"乃"良人""良家子"，"家人"乃罪人，乃"奴婢"，根本没有自己独立的户籍。据王仲荦考证，"奴婢上户籍始于北魏"，但也只是"可以附载在主人的户籍之上"（《𪩘华山馆丛稿》，77页，中华书局，1987年）。

"家人"，也就是奴仆，其身份不等于"庶人"，从元帝时贡禹上书所言也可以得到确证。他说："诸官奴婢十万余人戏游亡事，税良民以给之，岁费五六钜万，宜免为庶人，廪食，令代关东戍卒，乘北边亭塞候望。"①"官奴婢"有男有女，均非民籍，与"家人"身份是一样的。所谓"免为庶人"，即免除其"奴婢"身份使之成为"庶人"。汉高祖时也赦免过私家奴婢，诏曰："民以饥饿自卖为人奴婢者，皆免为庶人。"（《汉书·高帝纪》，54页）王后"免为庶人"是黜贬，而奴婢"免为庶人"是解放。

贡禹建议元帝解放奴婢以代戍卒，因为这些奴婢属于皇家。如不转换其身份，他们是不许离开皇宫的。

汉代的从军者也有民间富豪的"家人子"。《史记·冯唐传》云：

> 夫士卒尽家人子，起田中从军，安知尺籍伍符？
>
> （《史记》卷一〇二，2759页）

---

① 《汉书·贡禹传》卷七二，第3076页。

例中的"家人子"应作何解？也有分歧。

司马贞《索隐》："谓庶人之家子也。"[1]杨树达所谓的"家人谓庶民,汉人常语"亦举此例[2]。《汉语大词典》"家人子"有专条,第一个义项"平民的子女"即举此例[3]。此解有以今律古之嫌,在后代的文献中,"家人子"确有此义,但西汉时代冯唐所说的"田中""家人子",应从俞正燮解。俞云：

> 《冯唐列传》："士卒尽家人子,起田中从军,安知尺籍伍符。"即苍头军亦私属,朱家买季布置之田是也。又与"七科谪"皆非民籍,故不知尺籍伍符。
>
> （《癸巳存稿》卷七,199、200页,辽宁教育出版社,2003年）

俞正燮为了证明自己的观点,用了三种资料。一是由"家人子"组成的军队即苍头军。何谓"苍头"？奴仆即苍头。《汉书·鲍宣传》："奈何独私养外亲与幸臣董贤,多赏赐以大万数,使奴从宾客浆酒霍肉,苍头庐儿皆用致富！非天意也。"注引孟康曰："汉名奴为苍头,非纯黑,以别于良人也。"臣瓒曰："《汉仪注》官奴给书计,从侍中已下为苍头青帻。"[4]第二条材料以季布为例。季布被汉高祖定为罪人,"罪及三族"。逃匿于濮阳周氏家。周氏为他设一藏身之计,即"髡钳季布,衣褐衣,置广柳车中,并与其家僮数十人,之

---

[1] 《汉书·冯唐传》颜师古注与《索隐》一字不差,第2315页。
[2] 《汉书窥管》卷一,第30页。
[3] 《汉语大词典》(缩印本)上卷,第2060页。
[4] 《汉书》卷七二,第3090页。

"家人"解诂辨疑——兼论女强人窦太后

鲁朱家所卖之。朱家心知是季布,迺买而置之田"①。朱家为高祖时大侠,"所臧活豪士以百数,其余庸人不可胜言"②。周氏一次卖给他的家僮就有"数十人"之多,可证汉初在"田中"从事劳动的"家人子"其数量之多不可胜记③。冯唐说"夫士卒尽家人子",这有什么奇怪的呢!第三条材料是将"家人子"与"七科谪"相提并论。所谓"七科谪"④,就是汉代的"黑七类"分子,"皆非民籍"而谪戍边疆。据《大宛传》张守节《正义》引张晏云,这七种人指吏有罪、亡命、赘婿、贾人、故有市籍、父母有市籍、大父母有籍等七科⑤。汉武帝时代,"贾人有市籍者,及其家属,皆无得籍民田,以便农。敢犯令,没入田僮"⑥。但在此六七十年前冯唐与汉文帝对话时,还没有"禁兼并之涂"⑦,那个时候戍边的"家人子"应来自豪门及商贾人家的"田僮"。俞正燮这三条材料可以确证,冯唐说的"家人子"非"庶人之家子"。而且,我在前文已说过,"家人子"为一词,司马贞将其拆开来解,已曲解了原意。"子"的词尾化迹象,王力先生认为:"在上古时代……特别是像《礼记·檀弓下》'使吾二婢子夹我'(疏:婢子,妾也),只有把'子'字认为词尾,才容易讲得通。"(《王力文集·汉语语法史》卷十一,11页,山东教育出版社,1990

---

① 《史记·季布传》卷一〇〇,第2729页。
② 《汉书·游侠传·朱家》卷九二,第3699页。
③ 汉武帝元鼎三年实行"告缗"法,"得民财物以亿计,奴婢以千万数,田大县数百顷,小县百余顷"(《汉书·食货志下》,第1170页)。
④ 《史记·大宛传》:"发天下七科适(zhé),及载糒给贰师。"
⑤ 《史记》卷一二三,第3176页。
⑥ 《史记·平准书》卷三〇,第1430页。
⑦ 《汉书·武帝纪》卷六,第180页。注引文颖曰:"兼并者,食禄之家不得治产,兼取小民之利;商人虽富,不得复兼畜田宅。"

年)日人太田辰夫举的例子为《左传》僖公二十二年:"寡君之使婢子侍巾栉……"①

《史》《汉》中的"家人子"与先秦时代的"婢子"一样,"子"均表细称、贱称,处于词尾化的进程中。

三是良家子。这是僮奴的又一个来源。何谓"良家子"?《史记·李将军列传》司马贞《索隐》引如淳云:良家子"非医、巫、商贾、百工也"。(2867页)"良家子"原本属于民籍,而一旦入宫,又无位号,就落入"家人"行列了。俞正燮说:"宫中名'家人'者,盖宫人无位号,如言宫女子、宫婢。"②《汉书·外戚传》序中有"上家人子""中家人子"。颜师古曰:"家人子者,言采择良家子以入宫,未有职号,但称家人子也。"③颜师古这条注是很好的,好在将"家人子"看作一个完整称号,而不是拆开来讲。可换一个语境,他就又糊涂了。如《汉书·娄敬传》:

上竟不能遣长公主,而取家人子为公主,妻单于。

(《汉书》卷四三,2122页)

师古注:"于外庶人之家取女而名之为公主。"(2123页)此"家人子"即《外戚传》里的"家人子"。高祖放着宫中的"家人子"不用,

---

① 太田辰夫著、蒋绍愚等译《中国语历史文法》,第85页,北京大学出版社,2003年。按:周法高《中国古代语法·构词编》亦举此例为"名词的后附语"。
② 《癸巳存稿》卷七,第199页。
③ 《汉书》卷九七上,第3935、3936页。按:元帝时,"单于自言愿婿汉氏以自亲。元帝以后宫良家子王墙(嫱)字昭君赐单于。"(《汉书·匈奴传》卷九四下,第3803页)这里说的"良家子",实即"后宫"之"家人子"。

有必要到宫外"庶人之家取女"来冒充吗？这样做岂不泄密，能骗得了单于吗？所以周寿昌批评说："颜注讹。"①可是周寿昌也只知其一不知其二。他接着说："《冯唐传》：'士卒尽家人子'，则是庶人之家子，不能与此同解也。"另一个湖南老乡王先谦又说："据《匈奴传》'使敬奉宗室女翁（《史记》作"公"）主为单于阏氏'，是'家人子'，乃宗室女也。"②（王氏所据为《汉书·匈奴传》）

话分两头。先说周寿昌对《冯唐传》的"家人子"的理解，还是受前人解诂的影响，不可取，我在前文已有讨论。

至于王先谦所言，有《汉书·匈奴传》为据，如何解说？

《娄敬传》（《史记》作《刘敬传》）与《匈奴传》的矛盾，《史》《汉》完全一样。《汉书》后出，并未纠正、统一。从事实层面而言，有两种可能：一是实为"家人子"，"而令宗室……诈称公主"③。二是原本打算用"家人子""诈称"，后来实际奉送的乃"宗室女翁主"。这种矛盾，今人已无法说得清了。从语言层面而言，"家人子"正如周寿昌所言，即《外戚传》中的"家人子"，所以刘敬说是"诈称"。如果"家人子"等于"宗室女"，就与"诈称"之"诈"不符了。而且刘敬的诈谋中有两种身份完全不同的人，一是"宗室"之女，二是"后宫"之宫人，即"家人子"。依《史记·匈奴传》奉送的是"宗室女公主"，仍然是"诈称"，却与"后宫"之"家人子"无关；若依《汉书·匈奴传》，奉送的是"宗室女翁主"，乃诸侯王之女。虽非"诈称"，可与"后宫"

---

① 转引自泷川资言《史记会注考证·刘敬传》卷九九，第9页。
② 同上。
③ 《史记·刘敬传》卷九九，第2719页。

之"家人子"也不相关。颜师古曰:"诸王女曰翁主者,言其父自主婚。"①天子不自主婚,故其女为"公主"。王先谦将"宗室女"与"家人子"混为一谈,纯属望文生义,失之深考。

其实,刘敬建议"以适(dí)公主妻"单于事,史家已指出:"此事未可信"。高祖长女鲁元公主早已嫁给了赵王张敖为后,钱大昕说:"讵有夺赵王后以妻单于之理乎?"②

还有,《史》《汉》关于此次和亲的记载,两《传》内部自相矛盾,两书之间又有抵牾:嫁给单于的到底是"公主"还是"翁主",还是"家人子",要另加考证。不过,从后来"文帝复遣宗人女翁主为单于阏氏"③的记载来看,这个"复"字告诉我们:似乎以"翁主"说为可信(《史记·匈奴传》作"……宗室女公主")。

"家人"多指宫女,也指男性"宫人"。《史记·孝武本纪》云:"栾大,胶东宫人。"《集解》引服虔曰:"(胶东)王家人。"④这位栾大"家人"是一个超级大骗子,骗得汉武帝晕头转向,连女儿都搭进去了。(《史记·封禅书》云:"又以卫长公主妻之。"《索隐》:"卫子夫之……女曰卫长公主。是卫后长女,故曰长公主。"(1391页))最后戏法败露,被诛。如果老祖母太皇窦太后还在世,这样的丑剧能上演吗!老祖母的经验智慧,是汉王朝的福祉祯祥。

四是略卖。汉代略卖人口为奴的情况颇为常见。前文说到窦太后之弟少君四五岁时就"为人所略卖",而且"其家不知其处。传

---

① 《汉书·匈奴传上》卷九四上,第3754页。
② 《廿二史考异》卷五,第72页,上海古籍出版社,2004年。
③ 《汉书·匈奴传上》卷九四上,第3759页。
④ 《史记》卷一二,第462、463页。

十余家"①。还有,"(栾)布为人所略卖,为奴于燕。为其家主报仇"②。这些被"略卖"为奴的人也是"家人"。又:"始梁王彭越为家人时,尝与布游。穷困,赁佣于齐,为酒人保。"这条材料有两点分歧:《索隐》以为这个"家人""谓居家之人,无官职也"③。这条注是不正确的。"彭越为家人"就是彭越为仆役。宋人叶廷珪《海录碎事》的"奴婢门"就引此例为证(中华书局2002年版,298页)。另一点分歧是:有人以为"穷困,赁佣于齐"的主语为栾布。如台湾六十教授合译的《白话史记》译为:

栾布家里穷困,在齐国当佣工,做了酒店的酒保。
(《白话史记》,886页,岳麓书社,1987年)

这段译文是错误的。"为人酒保"的主语是彭越,所谓"家人",在这里就是指被人雇佣为酒保。为什么当雇工?"穷困"。在字面上看不出彭越是被"略卖",但"赁佣"也有卖身为奴的性质。"奴婢"虽与"佣保"有别,若对主家而言,他们都是"家人"。故《艺文类聚》卷三五"佣保"类引《史记》:

又曰:栾布与彭越为家人。
(《艺文类聚》卷三五,636页,上海古籍出版社,1965年)

---

① 《史记·外戚传》卷四九,第1973页。
② 《史记·栾布传》卷一〇〇,第2733页。
③ 同上。

按唐代欧阳询的理解：栾布、彭越都曾"赁佣于齐为酒人保"，所以都是"佣保"，又都是"家人"。依欧阳询解，则"穷困"的主语为彭越、栾布二人，"游"的具体内容就是一起为"佣保"。此解可能更合原意。

汉代的奴隶买卖情形如何？蜀郡王褒于宣帝神爵三年(59年)写的《僮约》①提供了许多细节知识。虽为文学作品，当有事实为据。

奴仆，这种既黑暗又丑恶的压迫制度，在中国有数千年的历史，直到清王朝仍然盛行。清人福格《听雨丛谈·满汉官员准用家人数目》云：

> 本朝康熙年，粤都周有德(？～1680)……值吴三桂之叛，起为四川总督，闻命陛辞，选带家丁四百名，星夜前进。时四川文武已降贼，周有德至广元县，大败之，遂克其城……初未尝以仆从多寡定其人也，后因督抚置买奴仆太多，有至千人者，迺于康熙25年，议准外任官员，除携带兄弟妻子外，汉督抚准带家人50人，藩臬准带40人，道府准带30人，同通州县准带20人，州同以下杂职准带10人，妇女亦不得过此，厨役等不在此数。旗员外官，蓄养家人，准照此例倍之。按此则仆从多寡，不以所司繁简而论，均以职分尊卑而定，以示等威也。

福格说的是清王朝明令规定的"蓄养家人"制度，这些"家人"是怎

---

① 唐徐坚等著《初学记·奴婢》卷一九，第466页，中华书局，1962年。

"家人"解诂辨疑——兼论女强人窦太后

么来的？乃由"置买奴仆"而来。如何"置买"？不外乎"略卖"、拐卖、设计骗卖，自愿卖身为奴等等。在此，福格还追溯了古代的情况。他说：

> 古之为将者，必有家卒。《春秋传》"冉求以武城人三百为己徒卒"①。《三国志·吕虔传》："（太祖以虔）领泰山太守"，"将家兵到郡"，郭祖、公孙犊等皆降②。《晋书·王浑传》：为司徒。"楚王玮将害汝南王亮，浑辞疾归第，以家兵千余人闭门拒玮，玮不敢逼。"③是古人家兵之多，于此可见。

（《听雨丛谈》卷五，117、118页，中华书局，1984年）

冉求与吕、王二人似有不同。后二人的"家兵"是完全隶属于自家的军队，其成员带有僮奴性质。冉求的"己徒卒"其社会身份乃"武城人"，当为自由民，非僮奴为兵。

《司马法》中有一个名词叫"家子"。曹操注《孙子兵法·作战篇》云："家子一人，主保固守衣装。"杜牧注引《司马法》云："炊，家子十人，固守衣装五人。"④蓝永蔚认为："家子当即《汉书·冯唐传》的'家人子'……指乡遂未成年的奴隶子弟。"⑤他的看法在一

---

① 《春秋左传正义》卷五八，《十三经注疏》，第2166页，中华书局，1980年。
② 《三国志·魏书》卷一八，540页，中华书局，1959年。按：《吕虔传》云："郭祖、公孙犊等数十辈，保山为寇，百姓苦之。"
③ 《晋书·王浑传》卷四二，第1204页，中华书局，1974年。
④ 《十一家注孙子·作战篇》卷上，第21页，中华书局，1962年。今传《司马法》此文已佚。
⑤ 《春秋时期的步兵》，第75页，中华书局，1979年。

定程度上印证了我对《冯唐传》中"家人子"的解释。蓝永蔚将这两条材料沟通,很有意义。

本文对"家人言""家人子"做了新的解释,也纠正了有关"家人"例句的错误认识;同时,也探讨了对"家人"这样的社会制度词的研究方法,即联系历史实际,伦理意识,溯源竟流,祛含混,别同异,求真求实,这后一点更为重要。

2013年4月清明节于北京蓝旗营抱冰庐
(原载《民俗典籍文字研究》第十二辑,2013年)